ŒUVRES

COMPLÈTES

DE FÉNÉLON.

LITTÉRATURE.

IMPRIMERIE DE L. GAUTHIER.

OEUVRES

COMPLÈTES

DE FÉNÉLON,

ARCHEVÊQUE DE CAMBRAI.

DIALOGUES SUR L'ÉLOQUENCE,
LETTRE A L'ACADÉMIE, L'ODYSSÉE.

TOME XXI.

A PARIS,

CHEZ GAUTHIER FRÈRES et Cie, LIBRAIRES,
RUE HAUTE-FEUILLE, N° 18;
MÊME MAISON DE COMMERCE, A BESANÇON.

M. DCCC. XXX.

DIALOGUES

SUR

L'ÉLOQUENCE EN GÉNÉRAL,

ET SUR CELLE

DE LA CHAIRE EN PARTICULIER.

DIALOGUES SUR L'ÉLOQUENCE.

PREMIER DIALOGUE [*].

Contre l'affectation du bel esprit dans les sermons. Le but de l'éloquence est d'instruire les hommes, et de les rendre meilleurs : l'orateur n'atteindra pas ce but, s'il n'est désintéressé.

A. Hé bien ! monsieur, vous venez donc d'entendre le sermon où vous vouliez me mener tantôt? Pour moi, je me suis contenté du prédicateur de notre paroisse.

B. Je suis charmé du mien; vous avez bien perdu, monsieur, de n'y être pas. J'ai arrêté une place pour ne manquer aucun sermon du carême. C'est un homme admirable : si vous l'aviez une fois entendu, il vous dégoûteroit de tous les autres.

A. Je me garderai donc bien de l'aller entendre, car je ne veux point qu'un prédicateur me dégoûte des autres; au contraire, je cherche un homme qui me donne un tel goût et une telle estime pour la parole de Dieu, que j'en sois plus disposé à l'écouter partout ailleurs. Mais puisque j'ai tant perdu, et que vous êtes plein de ce beau sermon, vous pouvez, monsieur, me dédommager : de grâce, dites-nous quelque chose de ce que vous avez retenu.

B. Je défigurerois ce sermon par mon récit : ce sont cent beautés qui échappent; il faudroit être le prédicateur même pour vous dire....

A. Mais encore ? Son dessein, ses preuves, sa mo-

[*] Les interlocuteurs sont désignés par les lettres A, B, C.

rale, les principales vérités qui ont fait le corps de son discours? Ne vous reste-t-il rien dans l'esprit? est-ce que vous n'étiez pas attentif?

B. Pardonnez-moi, jamais je ne l'ai été davantage.

C. Quoi donc ! vous voulez vous faire prier?

B. Non ; mais c'est que ce sont des pensées si délicates, et qui dépendent tellement du tour et de la finesse de l'expression, qu'après avoir charmé dans le moment elles ne se retrouvent pas aisément dans la suite. Quand même vous les retrouveriez, dites-les dans d'autres termes, ce n'est plus la même chose, elles perdent leur grâce et leur force.

A. Ce sont donc, monsieur, des beautés bien fragiles; en les voulant toucher on les fait disparoître. J'aimerois bien mieux un discours qui eût plus de corps et moins d'esprit; il feroit une forte impression, on retiendroit mieux les choses. Pourquoi parle-t-on, sinon pour persuader, pour instruire, et pour faire en sorte que l'auditeur retienne?

C. Vous voilà, monsieur, engagé à parler.

B. Hé bien ! disons donc ce que j'ai retenu. Voici le texte : *Cinerem tanquam panem manducabam,* « Je man- » geois la cendre, comme mon pain. » Peut-on trouver un texte plus ingénieux pour le jour des Cendres? Il a montré que, selon ce passage, la cendre doit être aujourd'hui la nourriture de nos âmes ; puis il a enchâssé dans son avant-propos, le plus agréablement du monde, l'histoire d'Artémise sur les cendres de son époux. Sa chute à son *Ave Maria* a été pleine d'art. Sa division étoit heureuse ; vous en jugerez. Cette cendre, dit-il, quoiqu'elle soit un signe de pénitence, est un principe de félicité; quoique elle semble nous humilier, elle est une source de gloire ; quoique elle représente la mort, elle est un remède qui donne l'immortalité. Il a repris cette division en plusieurs manières, et chaque fois il donnoit un nouveau lustre à ses antithèses. Le reste du discours n'étoit ni moins poli, ni moins brillant : la diction étoit pure, les pensées nouvelles, les périodes nombreuses ; chacune finissoit par quelque trait surprenant. Il nous a fait des peintures morales où chacun se trouvoit : il a fait une anatomie des passions du cœur humain, qui égale les Maximes de M. de La Rochefoucauld. Enfin, selon moi, c'étoit un ouvrage achevé. Mais vous, monsieur, qu'en pensez-vous ?

A. Je crains de vous parler sur ce sermon, et de vous ôter l'estime que vous en avez : on doit respecter la parole de Dieu, profiter de toutes les vérités qu'un prédicateur a expliquées, éviter l'esprit de critique, de peur d'affoiblir l'autorité du ministère.

B. Non, monsieur, ne craignez rien. Ce n'est point par curiosité que je vous questionne : j'ai besoin d'avoir là dessus de bonnes idées ; je veux m'instruire solidement, non-seulement pour mes besoins, mais encore pour ceux d'autrui, car ma profession m'engage à prêcher. Parlez-moi donc sans réserve, et ne craignez ni de me contredire, ni de me scandaliser.

A. Vous le voulez, il faut vous obéir. Sur votre rapport même, je conclus que c'étoit un méchant sermon.

B. Comment cela ?

A. Vous l'allez voir. Un sermon où les applications de l'Ecriture sont fausses, où une histoire profane est rapportée d'une manière froide et puérile, où l'on voit régner partout une vaine affectation de bel-esprit, est-il bon ?

B. Non sans doute : mais le sermon que je vous rapporte ne me semble point de ce caractère.

A. Attendez, vous conviendrez de ce que je dis. Quand le prédicateur a choisi pour texte ces paroles, *Je mangeois la cendre comme mon pain*, devoit-il se contenter de trouver un rapport de mots entre ce texte et la cérémonie d'aujourd'hui ? Ne devoit-il pas commencer par entendre le vrai sens de son texte, avant que de l'appliquer au sujet?

B. Oui, sans doute.

A. Ne falloit-il donc pas reprendre les choses de plus haut, et tâcher d'entrer dans toute la suite du psaume? N'étoit-il pas juste d'examiner si l'interprétation dont il s'agissoit étoit contraire au sens véritable, avant que de la donner au peuple comme la parole de Dieu?

B. Cela est vrai : mais en quoi peut-elle y être contraire?

A. David, ou quel que soit l'auteur du psaume CI, parle de ses malheurs en cet endroit. Il dit que ses ennemis lui insultoient cruellement, le voyant dans la poussière, abattu à leurs pieds, réduit (c'est ici une expression poétique) à se nourrir d'un pain de cendres et d'une eau mêlée de larmes. Quel rapport des plaintes de David, renversé de son trône et persécuté par son fils Absalon, avec l'humiliation d'un chrétien qui se met des cendres sur le front pour penser à la mort, et pour se détacher des plaisirs du monde?

N'y avoit-il point d'autre texte à prendre dans l'Ecriture? Jésus-Christ, les apôtres, les prophètes, n'ont-ils jamais parlé de la mort et de la cendre du tombeau, à laquelle Dieu réduit notre vanité? Les Ecritures ne sont-elles pas pleines de mille figures touchantes sur cette vérité? les paroles mêmes de la Genèse, si propres, si naturelles à cette cérémonie, et choisies par l'Eglise même, ne seront-elles donc pas dignes du choix d'un prédicateur? Appréhendera-t-il, par une fausse délicatesse, de redire souvent un texte que le Saint-Esprit et l'Eglise ont voulu répéter sans cesse tous les ans? Pourquoi donc laisser cet endroit, et tant d'autres de l'Ecriture, qui conviennent, pour en chercher un qui ne convient pas? C'est un goût dépravé, une passion aveugle de dire quelque chose de nouveau.

B. Vous vous échauffez trop, monsieur : il est vrai que ce texte n'est point conforme au sens littéral.

C. Pour moi, je veux savoir si les choses sont vraies, avant que de les trouver belles. Mais le reste ?

A. Le reste du sermon est du même genre que le texte. Ne le voyez-vous pas, monsieur? A quel propos faire l'agréable dans un sujet si effrayant, et amuser l'auditeur par le récit profane de la douleur d'Artémise, lorsqu'il faudroit tonner et ne donner que des images terribles de la mort?

B. Je vous entends, vous n'aimez pas les traits d'esprit. Mais sans cet agrément que deviendroit l'éloquence? Voulez-vous réduire tous les prédicateurs à la simplicité des missionnaires ? Il en faut pour le peuple ; mais les honnêtes gens ont les oreilles plus délicates, et il est nécessaire de s'accommoder à leur goût.

A. Vous me menez ailleurs : je voulois achever de vous montrer combien ce sermon est mal conçu ; il ne me restoit qu'à parler de la division, mais je crois que vous comprenez assez vous-même ce qui me la fait désapprouver. C'est un homme qui donne trois points pour sujet de tout son discours. Quand on divise, il faut diviser simplement, naturellement : il faut que ce soit une division qui se trouve toute faite dans le sujet même ; une division qui éclaircisse ; qui range les matières, qui se retienne aisément, et qui aide à retenir tout le reste ; enfin une division qui fasse voir la grandeur du sujet et de ses parties. Tout au contraire, vous voyez ici un homme qui entreprend d'abord de vous éblouir, qui vous débite trois épigrammes ou trois énigmes, qui les tourne et retourne avec subtilité ; vous croyez voir des tours de passe-passe. Est-ce là un air sérieux et grave, propre à vous faire espérer quelque chose d'utile et d'important ? Mais revenons à ce que vous disiez : vous demandez si je veux donc bannir l'éloquence de la chaire ?

B. Oui ; il me semble que vous allez là.

A. Ha ! voyons : qu'est-ce que l'éloquence ?

B. C'est l'art de bien parler.

A. Cet art n'a-t-il point d'autre but que celui de bien parler ? les hommes en parlant n'ont-ils point quelque dessein ? parle-t-on pour parler ?

B. Non, on parle pour plaire et pour persuader.

A. Distinguons, s'il vous plaît, monsieur, soigneusement ces deux choses : on parle pour persuader, cela est constant ; on parle aussi pour plaire, cela n'arrive que trop souvent. Mais quand on tâche de plaire, on a un autre but plus éloigné, qui est néanmoins le principal. L'homme de bien ne cherche à plaire que pour inspirer la justice et les autres vertus en les rendant aimables ; celui qui cherche son intérêt, sa réputation, sa fortune, ne songe à plaire que pour gagner l'inclination et l'estime des gens qui peuvent contenter son avarice ou son ambition : ainsi cela même se réduit encore à une manière de persuasion que l'orateur cherche ; il veut plaire pour flatter, et il flatte pour persuader ce qui convient à son intérêt.

B. Enfin vous ne pouvez disconvenir que les hommes ne parlent souvent que pour plaire. Les orateurs païens ont eu ce but. Il est aisé de voir dans les discours de Cicéron, qu'il travailloit pour sa réputation : qui ne croira la même chose d'Isocrate et de Démosthène ?

Tous les anciens panégyristes songeoient moins à faire admirer leurs héros, qu'à se faire admirer eux-mêmes ; ils ne cherchoient la gloire d'un prince, qu'à cause de celle qui leur devoit revenir à eux-mêmes pour l'avoir bien loué. De tout temps cette ambition a semblé permise chez les grecs et chez les romains : par cette émulation, l'éloquence se perfectionnoit, les esprits s'élevoient à de hautes pensées et à de grands sentimens ; par là on voyoit fleurir les anciennes républiques : le spectacle que donnoit l'éloquence, et le pouvoir qu'elle avoit sur les peuples, la rendirent admirable, et ont poli merveilleusement les esprits. Je ne vois pas pourquoi on blâmeroit cette émulation, même dans des orateurs chrétiens, pourvu qu'il ne parût dans leurs discours aucune affectation indécente, et qu'ils n'affoiblissent en rien la morale évangélique. Il ne faut point blâmer une chose qui anime les jeunes gens, et qui forme les grands prédicateurs.

A. Voilà bien des choses, monsieur, que vous mettez ensemble : démêlons-les, s'il vous plaît, et voyons avec ordre ce qu'il en faut conclure; surtout évitons l'esprit de dispute; examinons cette matière paisiblement, en gens qui ne craignent que l'erreur; et mettons tout l'honneur à nous dédire dès que nous apercevons que nous serons trompés.

B. Je suis dans cette disposition, ou du moins je crois y être; et vous me ferez plaisir de m'avertir si vous voyez que je m'écarte de cette règle.

A. Ne parlons point d'abord des prédicateurs, ils viendront en leur temps : commençons par les orateurs profanes, dont vous avez cité ici l'exemple. Vous avez mis Démosthène avec Isocrate; en cela vous avez fait tort au premier : le second est un froid orateur, qui n'a songé qu'à polir ses pensées et qu'à donner de l'harmonie à ses paroles; il n'a eu qu'une idée basse de l'éloquence, et il l'a presque toute mise dans l'arrangement des mots. Un homme qui a employé selon les uns dix ans, et selon les autres quinze, à ajuster les périodes de son Panégyrique, qui est un discours sur les besoins de la Grèce, étoit d'un secours bien foible et bien lent pour la république contre les entreprises du roi de Perse. Démosthène parloit bien autrement contre Philippe. Vous pouvez voir la comparaison que Denys d'Halicarnasse fait des deux orateurs, et les défauts essentiels qu'il remarque dans Isocrate. On ne voit dans celui-ci que des discours fleuris et efféminés, que des périodes faites avec un travail infini pour amuser l'oreille ; pendant que Démosthène émeut, échauffe et entraîne les cœurs : il est trop vivement touché des intérêts de sa patrie pour s'amuser à tous les jeux d'esprit d'Isocrate ; c'est un raisonnement serré et pressant, ce sont des sentimens généreux d'une âme qui ne conçoit rien que de grand, c'est un discours qui croît et qui se fortifie à chaque parole par des raisons nouvelles, c'est un enchaînement de figures hardies et touchantes ; vous ne sauriez le lire sans voir qu'il porte la république dans le fond de son cœur : c'est la nature qui parle elle-même dans ses transports ; l'art est si achevé, qu'il n'y paroît point ; rien n'égala jamais sa rapidité et sa véhémence. N'avez-vous pas vu ce qu'en dit Longin dans son *Traité du Sublime ?*

B. Non : n'est-ce pas ce traité que M. Boileau a traduit ? est-il beau ?

A. Je ne crains pas de dire qu'il surpasse à mon gré la *Rhétorique* d'Aristote. Cette *Rhétorique,* quoique très-belle, a beaucoup de préceptes secs, et plus curieux qu'utiles dans la pratique ; ainsi elle sert bien plus à faire remarquer les règles de l'art à ceux qui sont déjà éloquens, qu'à inspirer l'éloquence et à former de vrais orateurs : mais le *Sublime* de Longin joint aux préceptes beaucoup d'exemples qui les rendent sensibles. Cet auteur traite le sublime d'une manière sublime, comme le traducteur l'a remarqué ; il échauffe l'imagination, il élève l'esprit du lecteur ; il lui forme le goût, et lui apprend à distinguer judicieusement le bien et le mal dans les orateurs célèbres de l'antiquité.

B. Quoi ! Longin est si admirable ! Hé ! ne vivoit-il pas du temps de l'empereur Aurélien et de Zénobie ?

A. Oui ; vous savez leur histoire.

B. Ce siècle n'étoit-il pas bien éloigné de la politesse des précédens ? Quoi ! vous voudriez qu'un auteur de ce temps-là eût le goût meilleur qu'Isocrate ? En vérité, je ne puis le croire.

A. J'en ai été surpris moi-même, mais vous n'avez qu'à le lire ; quoiqu'il fût d'un siècle fort gâté, il s'étoit formé sur les anciens, et il ne tient presque rien des défauts de son temps. Je dis presque rien, car il faut avouer qu'il s'applique plus à l'admirable qu'à l'utile, et qu'il ne rapporte guère l'éloquence à la morale ; en cela il paroît n'avoir pas les vues solides qu'avoient les anciens grecs, surtout les philosophes : encore même faut-il lui pardonner un défaut dans lequel Isocrate, quoique d'un meilleur siècle, lui est beaucoup inférieur ; surtout ce défaut est excusable dans un traité particulier, où il parle, non de ce qui instruit les hommes, mais de ce qui les frappe et qui les saisit. Je vous parle de cet auteur, parce qu'il vous servira beaucoup à comprendre ce que je veux dire : vous y verrez le portrait admirable qu'il fait de Démosthène, dont il rapporte des endroits très-sublimes ; et vous y trouverez aussi ce que je vous ai dit des défauts d'Isocrate. Vous ne sauriez mieux faire, pour connoître ces deux auteurs, si vous ne voulez pas prendre la peine de les connoître par eux-mêmes en lisant leurs ouvrages. Laissons donc Isocrate ; et revenons à Démosthène et à Cicéron.

B. Vous laissez Isocrate, parce qu'il ne vous convient pas.

A. Parlons donc encore d'Isocrate, puisque vous n'êtes pas persuadé ; jugeons de son éloquence par les règles de l'éloquence même, et par le sentiment du plus éloquent écrivain de l'antiquité : c'est Platon ; l'en croirez-vous, monsieur ?

B. Je le croirai s'il a raison ; je ne jure sur la parole d'aucun maître.

A. Souvenez-vous de cette règle, c'est ce que je demande : pourvu que vous ne vous laissiez point dominer par certains préjugés de notre temps, la raison vous persuadera bientôt. N'en croyez donc ni Isocrate ni Platon ; mais jugez de l'un et de l'autre par des principes clairs. Vous ne sauriez disconvenir que le but de l'éloquence ne soit de persuader la vérité et la vertu.

B. Je n'en conviens pas, c'est ce que je vous ai déjà nié.

A. C'est donc ce que je vais vous prouver. L'éloquence, si je ne me trompe, peut être prise en trois manières : 1° comme l'art de persuader la vérité, et de rendre les hommes meilleurs ; 2° comme un art indifférent, dont les méchans se peuvent servir aussi bien que les bons, et qui peut persuader l'erreur, l'injustice, autant que la justice et la vérité ; 3° enfin comme un art qui peut servir aux hommes intéressés à plaire, à s'acquérir de la réputation, et à faire fortune. Admettez une de ces trois manières.

B. Je les admets toutes, qu'en concluerez-vous?

A. Attendez, la suite vous le montrera ; contentez-vous, pourvu que je ne vous dise rien que de clair, et que je vous mène à mon but. De ces trois manières d'éloquence, vous approuverez sans doute la première.

B. Oui, c'est la meilleure.

A. Et la seconde, qu'en pensez-vous?

B. Je vous vois venir, vous voulez faire un sophisme. La seconde est blâmable par le mauvais usage que l'orateur y fait de l'éloquence pour persuader l'injustice et l'erreur. L'éloquence d'un méchant homme est bonne en elle-même ; mais la fin à laquelle il la rapporte est pernicieuse. Or, nous devons parler des règles de l'éloquence, et non de l'usage qu'il en faut faire ; ne quittons point, s'il vous plaît, ce qui fait notre véritable question.

A. Vous verrez que je ne m'en écarte pas, si vous voulez bien me continuer la grâce de m'écouter. Vous blâmez donc la seconde manière ; et pour ôter toute équivoque, vous blâmez ce second usage de l'éloquence.

B. Bon, vous parlez juste ; nous voilà pleinement d'accord.

A. Et le troisième usage de l'éloquence, qui est de chercher à plaire par des paroles, pour se faire par là une réputation et une fortune, qu'en dites-vous ?

B. Vous savez déjà mon sentiment, je n'en ai point changé. Cet usage de l'éloquence me paroît honnête ; il excite l'émulation, et perfectionne les esprits.

A. En quel genre doit-on tâcher de perfectionner les esprits ? Si vous aviez à former un état ou une république, en quoi voudriez-vous y perfectionner les esprits ?

B. En tout ce qui pourroit les rendre meilleurs. Je voudrois faire de bons citoyens, pleins de zèle pour le bien public. Je voudrois qu'ils sussent en guerre défendre la patrie, en paix faire observer les lois, gouverner leurs maisons, cultiver ou faire cultiver leurs terres, élever leurs enfans à la vertu, leur inspirer la religion, s'occuper au commerce selon les besoins du pays, et s'appliquer aux sciences utiles à la vie. Voilà, ce me semble, le but d'un législateur.

A. Vos vues sont très-justes et très-solides. Vous voudriez donc des citoyens ennemis de l'oisiveté, occupés à des choses très-sérieuses, et qui tendissent toujours au bien public ?

B. Oui, sans doute.

A. Et vous retrancheriez tout le reste ?

B. Je le retrancherois.

A. Vous n'admettriez les exercices du corps que pour la santé et la force ? Je ne parle point de la beauté du corps, parce qu'elle est une suite naturelle de la santé et de la force pour les corps qui sont bien formés.

B. Je n'admettrois que ces exercices-là.

A. Vous retrancheriez donc tous ceux qui ne serviroient qu'à amuser, et qui ne mettroient point l'homme en état de mieux supporter les travaux réglés de la paix et les fatigues de la guerre?

B. Oui, je suivrois cette règle.

A. C'est sans doute par le même principe que vous retrancheriez aussi (car vous me l'avez dit) tous les exercices de l'esprit qui ne serviroient point à rendre l'âme saine, forte, belle, en la rendant vertueuse?

B. J'en conviens. Que s'ensuit-il de là? Je ne vois pas encore où vous voulez aller, vos détours sont bien longs.

A. C'est que je veux chercher les premiers principes, et ne laisser derrière moi rien de douteux. Répondez, s'il vous plaît.

B. J'avoue qu'on doit à plus forte raison suivre cette règle pour l'âme, l'ayant établie pour le corps.

A. Toutes les sciences et tous les arts qui ne vont qu'au plaisir, à l'amusement et à la curiosité, les souffririez-vous? Ceux qui n'appartiendroient ni aux devoirs de la vie domestique, ni aux devoirs de la vie civile, que deviendroient-ils?

B. Je les bannirois de ma république.

A. Si donc vous souffriez les mathématiciens, ce seroit à cause des mécaniques, de la navigation, de l'arpentage des terres, des supputations qu'il faut faire, des fortifications des places, etc. Voilà leur usage qui les autoriseroit. Si vous admettiez les médecins, les jurisconsultes, ce seroit pour la conservation de la santé et de la justice. Il en seroit de même des autres professions dont nous sentons le besoin. Mais pour les musiciens, que feriez-vous? ne seriez-vous pas de l'avis de ces anciens grecs qui ne séparoient jamais l'utile de l'agréable? Eux qui avoient poussé la musique et la poésie, jointes ensemble, à une si haute perfection, ils vouloient qu'elles servissent à élever les courages, à inspirer les grands sentimens. C'étoit par la musique et par la poésie qu'ils se préparoient aux combats ; ils alloient à la guerre avec des musiciens et des instrumens. De là encore les trompettes et les tambours qui les jetoient dans un enthousiasme et dans une espèce de fureur qu'ils appeloient divine. C'étoit par la musique et par la cadence des vers qu'ils adoucissoient les peuples féroces. C'étoit par cette harmonie qu'ils faisoient entrer, avec le plaisir, la sagesse dans le fond des cœurs des enfans : on leur faisoit chanter les vers d'Homère, pour leur inspirer agréablement le mépris de la mort, des richesses, et des plaisirs qui amollissent l'âme ; l'amour de la gloire, de la liberté et de la patrie. Leurs danses mêmes avoient un but sérieux à leur mode ; et il est certain qu'ils ne dansoient pas pour le seul plaisir : nous voyons, par l'exemple de David, que les peuples orientaux regardoient la danse comme un art sérieux, semblable à la musique et à la poésie. Mille instructions étoient mêlées dans leurs fables et dans leurs poèmes : ainsi, la philosophie la plus grave et la plus austère ne se montroit qu'avec un visage riant. Cela paroît encore par les danses mystérieuses des prêtres, que les païens avoient mêlées dans leurs cérémonies pour les fêtes des dieux. Tous ces arts qui consistent ou dans les sons mélodieux, ou dans les mouvemens du corps, ou dans les paroles, en un mot, la musique, la danse, l'éloquence, la poésie, ne furent inventés que pour exprimer les passions, et pour les inspirer en les exprimant. Par là on voulut imprimer de grands sentimens dans l'âme des hommes, et leur faire des peintures vives et touchantes de la beauté, de la vertu et de la difformité du vice : ainsi tous ces arts, sous l'apparence du plaisir, entroient dans les desseins les plus sérieux des anciens pour la morale et pour la religion. La chasse même étoit l'apprentissage pour la guerre. Tous les plaisirs les plus touchans renfermoient quelque leçon de vertu. De cette source vinrent dans la Grèce tant de vertus héroïques, admirées de tous les siècles. Cette première instruction fut altérée, il est vrai, et elle avoit en elle-même d'extrêmes défauts. Son défaut essentiel étoit d'être fondée sur une religion fausse et pernicieuse. En cela les grecs se trompoient, comme tous les sages du monde, plongés alors dans l'idolâtrie : mais s'ils se trompoient pour le fond de la religion et pour le choix des maximes; ils ne se trompoient pas pour la manière d'inspirer la religion et la vertu; tout y étoit sensible, agréable, propre à faire une vive impression.

C. Vous disiez tout-à-l'heure que cette première institution fut altérée; n'oubliez pas, s'il vous plaît, de nous l'expliquer.

A. Oui, elle fut altérée. La vertu donne la véritable politesse; mais bientôt, si on n'y prend garde, la politesse amollit peu à peu. Les grecs asiatiques furent les premiers à se corrompre; les ioniens [1] devinrent efféminés; toute cette côte d'Asie fut un théâtre de volupté [2]. La Crète, malgré les sages lois de Minos, se corrompit de même : vous savez les vers que cite saint Paul [3]. Corinthe fut fameuse par son luxe et par ses dissolutions. Les romains, encore grossiers, commencèrent à trouver de quoi amollir leur vertu rustique. Athènes ne fut pas exempte de cette contagion; toute la Grèce en fut infectée. Le plaisir, qui ne devoit être que le moyen d'insinuer la sagesse, prit la place de la sagesse même. Les philosophes réclamèrent. Socrate s'éleva, et montra à ses citoyens égarés que le plaisir, dans lequel ils s'arrêtoient, ne devoit être que le chemin de la vertu. Platon, son disciple, qui n'a pas eu honte de composer ses écrits des discours de son maître, retranche de sa république tous les tons de la musique, tous les mouvemens de la tragédie, tous les récits des poèmes, et les endroits d'Ho-

---

[1] Motus doceri gaudet Ionicos. HOR. lib. III, *Od.* VI, v. 21. — [2] Les Fables Milésiennes. — [3] *Tit.* I. 12.

mère même qui ne vont pas à inspirer l'amour des bonnes lois. Voilà le jugement que firent Socrate et Platon sur les poètes et sur les musiciens : n'êtes-vous pas de leur avis ?

B. J'entre tout-à-fait dans leur sentiment; il ne faut rien d'inutile. Puisqu'on peut mettre le plaisir dans les choses solides, il ne le faut point chercher ailleurs. Si quelque chose peut faciliter la vertu, c'est de la mettre d'accord avec le plaisir : au contraire, quand on les sépare, on tente violemment les hommes d'abandonner la vertu; d'ailleurs, tout ce qui plaît sans instruire amuse et amollit. Hé bien ! ne trouvez-vous pas que je suis devenu philosophe en vous écoutant ? Mais allons jusqu'au bout, car nous ne sommes pas encore d'accord.

A. Nous le serons bientôt, monsieur. Puisque vous êtes si philosophe, permettez-moi de vous faire encore une question. Voilà les musiciens et les poètes assujétis à n'inspirer que la vertu; voilà les citoyens de votre république exclus des spectacles où le plaisir seroit sans instruction. Mais que ferez-vous des devins ?

B. Ce sont des imposteurs, il faut les chasser.

A. Mais ils ne font point de mal. Vous croyez bien qu'ils ne sont pas sorciers : ainsi ce n'est pas l'art diabolique que vous craignez en eux.

B. Non, je n'ai garde de le craindre, car je n'ajoute aucune foi à tous leurs contes; mais ils font un assez grand mal d'amuser le public. Je ne souffre point dans ma république des gens oisifs qui amusent les autres, et qui n'aient point d'autre métier que celui de parler.

A. Mais ils gagnent leur vie par là; ils amassent de l'argent pour eux et pour leurs familles.

B. N'importe; qu'ils prennent d'autres métiers pour vivre : non-seulement il faut gagner sa vie, mais il la faut gagner par des occupations utiles au public. Je dis la même chose de tous ces misérables qui amusent les passans par leurs discours et par leurs chansons : quand ils ne mentiroient jamais, quand ils ne diroient rien de déshonnête, il faudroit les chasser ; l'inutilité seule suffit pour les rendre coupables : la police devroit les assujétir à prendre quelque métier réglé.

A. Mais ceux qui représentent des tragédies, les souffrirez-vous ? Je suppose qu'il n'y ait ni amour profane, ni immodestie mêlée dans ces tragédies ; de plus, je ne parle pas ici en chrétien : répondez-moi seulement en législateur et en philosophe.

B. Si ces tragédies n'ont pas pour but d'instruire en donnant du plaisir, je les condamnerois.

A. Bon ; en cela vous êtes précisément de l'avis de Platon, qui veut qu'on ne laisse point introduire dans sa république des poèmes et des tragédies qui n'auront pas été examinés par les gardes des lois [1], afin que le peuple ne voie et n'entende jamais rien qui ne serve à autoriser les lois et à inspirer la vertu. En cela vous suivez l'esprit des auteurs anciens, qui vouloient que la tragédie roulât sur deux passions ; savoir, la terreur que doivent donner les suites funestes du vice, et la compassion qu'inspire la vertu persécutée et patiente : c'est l'idée qu'Euripide et Sophocle ont exécutée.

B. Vous me faites souvenir que j'ai lu cette dernière règle dans l'*Art poétique* de M. Boileau.

A. Vous avez raison : c'est un homme qui connoît bien, non-seulement le fond de la poésie, mais encore le but solide auquel la philosophie, supérieure à tous les arts, doit conduire le poète.

B. Mais enfin, où me menez-vous donc ?

A. Je ne vous mène plus, vous allez tout seul : vous voilà arrivé heureusement au terme. Ne m'avez-vous pas dit que vous ne souffrez point dans votre république des gens oisifs qui amusent les autres, et qui n'ont point d'au-

[1] *De legibus.*

tre métier que celui de parler? N'est-ce pas sur ce principe que vous chassez tous ceux qui représentent des tragédies, si l'instruction n'est mêlée au plaisir? Sera-t-il permis de faire en prose ce qui ne le sera pas en vers? Après cette sévérité, comment pourriez-vous faire grâce aux déclamateurs qui ne parlent que pour montrer leur bel esprit?

B. Mais les déclamateurs dont nous parlons ont deux desseins qui sont louables.

A. Expliquez-les.

B. Le premier est de travailler pour eux-mêmes : par là ils se procurent des établissemens honnêtes. L'éloquence produit la réputation, et la réputation attire la fortune dont ils ont besoin.

A. Vous avez déjà répondu vous-même à votre objection. Ne disiez-vous pas qu'il faut non-seulement gagner sa vie, mais la gagner par des occupations utiles au public? Celui qui représenteroit des tragédies sans y mêler l'instruction gagneroit sa vie ; cette raison ne vous empêcheroit pourtant pas de le chasser de votre république. Prenez, lui diriez-vous, un métier solide et réglé; n'amusez pas les citoyens. Si vous voulez tirer d'eux un profit légitime, travaillez à quelque bien effectif, ou à les rendre vertueux. Pourquoi ne direz-vous pas la même chose de l'orateur?

B. Nous voilà d'accord : la seconde raison que je voulois vous dire explique tout cela.

A. Comment? dites-nous-la donc, s'il vous plaît.

B. C'est que l'orateur travaille même pour le public.

A. En quoi?

B. Il polit les esprits; il leur enseigne l'éloquence.

A. Attendez : si j'inventois un art chimérique, ou une langue imaginaire, dont on ne pût tirer aucun avantage, servirois-je le public en lui enseignant cet art ou cette langue?

B. Non, parce qu'on ne sert les autres qu'autant qu'on leur enseigne quelque chose d'utile.

A. Vous ne sauriez donc prouver solidement qu'un orateur sert le public en lui enseignant l'éloquence, si vous n'aviez déjà prouvé que l'éloquence sert elle-même à quelque chose. A quoi servent les beaux discours d'un homme, si ces discours, tout beaux qu'ils sont, ne font aucun bien au public? Les paroles, comme dit saint Augustin [1], sont faites pour les hommes, et non pas les hommes pour les paroles. Les discours servent, je le sais bien, à celui qui les fait; car ils éblouissent les auditeurs, ils font beaucoup parler de celui qui les a faits, et on est d'assez mauvais goût pour le récompenser de ses paroles inutiles. Mais cette éloquence mercenaire et infructueuse au public doit-elle être soufferte dans l'état que vous policez? Un cordonnier au moins fait des souliers, et ne nourrit sa famille que d'un argent gagné en servant le public pour de véritables besoins. Ainsi, vous le voyez, les plus vils métiers ont une fin solide: et il n'y aura que l'art des orateurs qui n'aura pour but que d'amuser les hommes par des paroles! Tout aboutira donc, d'un côté, à satisfaire la curiosité et entretenir l'oisiveté de l'auditeur; de l'autre, à contenter la vanité et l'ambition de celui qui parle! Pour l'honneur de votre république, monsieur, ne souffrez jamais cet abus.

B. Hé bien! je reconnois que l'orateur doit avoir pour but d'instruire, et de rendre les hommes meilleurs.

A. Souvenez-vous bien de ce que vous m'accordez là; vous en verrez les conséquences.

B. Mais cela n'empêche pas qu'un homme s'appliquant à instruire les autres ne puisse être bien aise en même temps d'acquérir de la réputation et du bien.

A. Nous ne parlons point encore ici comme chrétiens; je n'ai besoin que de la philosophie seule contre vous.

---

[1] *De Doct. Christ.* lib. IV. n. 24 : tom. III, pag. 73.

Les orateurs, je le répète, sont donc, selon vous, des gens qui doivent instruire les autres hommes, et les rendre meilleurs qu'ils ne sont : voilà donc d'abord les déclamateurs chassés. Il ne faudra même souffrir les panégyristes qu'autant qu'ils proposeront des modèles dignes d'être imités, et qu'ils rendront la vertu aimable par leurs louanges.

B. Quoi ! un panégyrique ne vaudra donc rien, s'il n'est plein de morale ?

A. Ne l'avez-vous pas conclu vous-même ? Il ne faut parler que pour instruire ; il ne faut louer un héros que pour apprendre ses vertus au peuple, que pour l'exciter à les imiter, que pour montrer que la gloire et la vertu sont inséparables : ainsi, il faut retrancher d'un panégyrique toutes les louanges vagues, excessives, flatteuses ; il n'y faut laisser aucune de ces pensées stériles qui ne concluent rien pour l'instruction de l'auditeur ; il faut que tout tende à lui faire aimer la vertu. Au contraire, la plupart des panégyristes semblent ne louer les vertus que pour louer les hommes qui les ont pratiquées, et dont ils ont entrepris l'éloge. Faut-il louer un homme ? Ils élèvent les vertus qu'il a pratiquées au-dessus de toutes les autres. Mais chaque chose a son tour : dans une autre occasion, ils déprimeront les vertus qu'ils ont élevées, en faveur de quelque autre sujet qu'ils voudront flatter. C'est par ce principe que je blâmerai Pline. S'il avoit loué Trajan pour former d'autres héros semblables à celui-là, ce seroit une vue digne d'un orateur. Trajan, tout grand qu'il est, ne devroit pas être la fin de son discours ; Trajan ne devroit être qu'un exemple proposé aux hommes pour les inviter à être vertueux. Quand un panégyriste n'a que cette vue basse de louer un seul homme, ce n'est plus que la flatterie qui parle à la vanité.

B. Mais que répondrez-vous sur les poèmes qui sont

faits pour louer des héros? Homère a son Achille, Virgile son Enée : voulez-vous condamner ces deux poètes ?

A. Non, monsieur : mais vous n'avez qu'à examiner les desseins de leurs poèmes. Dans l'Iliade, Achille est, à la vérité, le premier héros ; mais sa louange n'est pas la fin principale du poème. Il est représenté naturellement avec tous ses défauts ; ces défauts mêmes sont un des sujets sur lesquels le poète a voulu instruire la postérité. Il s'agit dans cet ouvrage d'inspirer aux grecs l'amour de la gloire que l'on acquiert dans les combats, et la crainte de la désunion comme de l'obstacle à tous les grands succès. Ce dessein de morale est marqué visiblement dans tout ce poème. Il est vrai que l'Odyssée représente dans Ulysse un héros plus régulier et plus accompli ; mais c'est par hasard ; c'est qu'en effet un homme dont le caractère est la sagesse, tel qu'Ulysse, a une conduite plus exacte et plus uniforme qu'un jeune homme tel qu'Achille, d'un naturel bouillant et impétueux : ainsi Homère n'a songé, dans l'un et dans l'autre, qu'à peindre fidèlement la nature. Au reste, l'Odyssée renferme de tous côtés mille instructions morales pour tout le détail de la vie ; et il ne faut que lire, pour voir que le peintre n'a peint un homme sage, qui vient à bout de tout par sa sagesse, que pour apprendre à la postérité les fruits que l'on doit attendre de la piété, de la prudence et des bonnes mœurs. Virgile, dans l'Enéide, a imité l'Odyssée pour le caractère de son héros ; il l'a fait modéré, pieux, et par conséquent égal à lui-même. Il est aisé de voir qu'Enée n'est pas son principal but ; il a regardé en ce héros le peuple romain, qui en devoit descendre. Il a voulu montrer à ce peuple que son origine étoit divine, que les dieux lui avoient préparé de loin l'empire du monde ; et par là il a voulu exciter ce peuple à soutenir, par ses vertus, la gloire de sa destinée. Il ne pouvoit jamais y avoir chez les païens une morale plus importante que celle-là. L'unique chose sur laquelle on peut soupçonner Virgile est d'avoir un peu trop songé à sa fortune dans ses vers, et d'avoir fait aboutir son poème à la louange, peut-être un peu flatteuse, d'Auguste et de sa famille. Mais je ne voudrois pas pousser la critique si loin.

B. Quoi! vous ne voulez pas qu'un poète ni un orateur cherche honnêtement sa fortune.

A. Après notre digression sur les panégyriques, qui ne sera pas inutile, nous voilà revenus à notre difficulté. Il s'agit de savoir si les orateurs doivent être désintéressés.

B. Je ne saurois le croire : vous renversez toutes les maximes communes.

A. Ne voulez-vous pas que dans votre république il soit défendu aux orateurs de dire autre chose que la vérité ? Ne prétendez-vous pas qu'ils parleront toujours pour instruire, pour corriger les hommes, et pour affermir les lois ?

B. Oui, sans doute.

A. Il faut donc que les orateurs ne craignent et n'espèrent rien de leurs auditeurs pour leur propre intérêt. Si vous admettez des orateurs ambitieux et mercenaires, s'opposeront-ils à toutes les passions des hommes ? S'ils sont malades de l'avarice, de l'ambition, de la mollesse, en pourront-ils guérir les autres ? S'ils cherchent les richesses, seront-ils propres à en détacher autrui ? Je sais qu'on ne doit pas laisser un orateur vertueux et désintéressé manquer des choses nécessaires : aussi cela n'arrive-t-il jamais, s'il est vrai philosophe, c'est-à-dire tel qu'il doit être pour redresser les mœurs des hommes. Il mènera une vie simple, modeste, frugale, laborieuse ; il lui faudra peu : ce peu ne lui manquera point, dût-il de ses propres mains le gagner ; le surplus ne doit pas être sa récompense, et n'est pas digne de l'être. Le public lui pourra rendre des honneurs et lui donner de l'autorité ; mais s'il est dégagé des passions et désintéressé, il n'usera de cette autorité que pour le bien public, prêt à la perdre toutes les fois qu'il ne pourra la conserver qu'en dissimulant, et en flattant les hommes. Ainsi l'orateur, pour être digne de persuader les peuples, doit être un homme incorruptible ; sans cela, son talent et son art se tourneroient en poison mortel contre la république même : de là vient, que selon Cicéron, la première et la plus essentielle des qualités d'un orateur est la vertu. Il faut une probité qui soit à l'épreuve de tout, et qui puisse servir de modèle à tous les citoyens ; sans cela on ne peut paroître persuadé, ni par conséquent persuader les autres.

B. Je conçois bien l'importance de ce que vous me dites : mais, après tout, un homme ne pourra-t-il pas employer son talent pour s'élever aux honneurs ?

A. Remontez toujours aux principes. Nous sommes convenus que l'éloquence et la profession de l'orateur sont consacrées à l'instruction et à la réformation des mœurs du peuple. Pour le faire avec liberté et avec fruit il faut qu'un homme soit désintéressé ; il faut qu'il apprenne aux autres le mépris de la mort, des richesses, des délices ; il faut qu'il inspire la modestie, la frugalité, le désintéressement, le zèle du bien public, l'attachement inviolable aux lois ; il faut que tout cela paroisse autant dans ses mœurs, que dans ses discours. Un homme qui songe à plaire pour sa fortune, et qui par conséquent a besoin de ménager tout le monde, peut-il prendre cette autorité sur les esprits ? Quand même il diroit tout ce qu'il faut dire, croiroit-on ce que diroit un homme qui ne paroitroit pas le croire lui-même ?

B. Mais il ne fait rien de mal en cherchant une fortune dont je suppose qu'il a besoin.

A. N'importe : qu'il cherche par d'autres voies le bien dont il a besoin pour vivre ; il y a d'autres professions qui peuvent le tirer de la pauvreté : s'il a besoin de quelque chose, et qu'il soit réduit à l'attendre du public, il n'est pas encore propre à être orateur. Dans votre république, choisiriez-vous pour juges des hommes pauvres, affamés? Ne craindriez-vous pas que le besoin les réduiroit à quelque lâche complaisance? Ne prendriez-vous pas plutôt des personnes considérables, et que la nécessité ne sauroit tenter?

B. Je l'avoue.

A. Par la même raison, ne choisiriez-vous pas pour orateurs, c'est-à-dire pour maîtres, qui doivent instruire, corriger et former les peuples, des gens qui n'eussent besoin de rien, et qui fussent désintéressés? et s'il y en avoit d'autres qui eussent du talent pour ces sortes d'emplois, mais qui eussent encore des intérêts à ménager, n'attendriez-vous pas à employer leur éloquence, jusqu'à ce qu'ils auroient leur nécessaire, et qu'ils ne seroient plus suspects d'aucun intérêt en parlant aux hommes?

B. Mais il me semble que l'expérience de notre siècle montre assez qu'un orateur peut parler fortement de morale, sans renoncer à sa fortune. Peut-on voir des peintures morales plus sévères que celles qui sont en vogue? On ne s'en fâche point, on y prend plaisir; et celui qui les fait ne laisse pas de s'élever dans le monde par ce chemin.

A. Les peintures morales n'ont point d'autorité pour convertir, quand elles ne sont soutenues ni de principes ni de bons exemples. Qui voyez-vous convertir par là? On s'accoutume à entendre cette description; ce n'est qu'une belle image qui passe devant les yeux; on écoute ces discours comme on liroit une satire; on regarde celui qui parle comme un homme qui joue bien une espèce de comédie; on croit bien plus ce qu'il fait que ce qu'il dit. Il est intéressé, ambitieux, vain, attaché à une vie molle; il ne quitte aucune des choses qu'il dit qu'il faut quitter : on le laisse dire pour la cérémonie ; mais on croit, on fait comme lui. Ce qu'il y a de pis est qu'on s'accoutume par là à croire que cette sorte de gens ne parle pas de bonne foi : cela décrie leur ministère ; et quand d'autres parlent après eux avec un zèle sincère, on ne peut se persuader que cela soit vrai.

B. J'avoue que vos principes se suivent, et qu'ils persuadent, quand on les examine attentivement : mais n'est-ce point par pur zèle de piété chrétienne, que vous dites toutes ces choses ?

A. Il n'est pas nécessaire d'être chrétien pour penser tout cela : il faut être chrétien pour le bien pratiquer, car la grâce seule peut réprimer l'amour-propre ; mais il ne faut être que raisonnable pour reconnoître ces vérités-là. Tantôt je vous citois Socrate et Platon, vous n'avez pas voulu déférer à leur autorité ; maintenant que la raison commence à vous persuader, et que vous n'avez plus besoin d'autorités, que direz-vous, si je vous montre que ce raisonnement est le leur ?

B. Le leur ! est-il possible ? J'en serai fort aise.

A. Platon fait parler Socrate avec un orateur, nommé Gorgias, et avec un disciple de Gorgias, nommé Calliclès. Ce Gorgias étoit un homme très-célèbre ; Isocrate, dont nous avons tant parlé, fut son disciple. Ce Gorgias fut le premier, dit Cicéron, qui se vanta de parler éloquemment de tout ; dans la suite, les rhéteurs grecs imitoient cette vanité. Revenons au dialogue de Gorgias et de Calliclès. Ces deux hommes discouroient élégamment sur toutes choses, selon la méthode du premier ; c'étoient de ces beaux esprits qui brillent dans les conversations, et qui n'ont d'autre emploi que celui de bien parler : mais il paroît qu'ils manquoient de ce que Socrate cherchoit dans les hommes, c'est-à-dire des vrais principes de la morale et des règles d'un raisonnement exact et sérieux. Après que l'auteur a bien fait sentir le ridicule de leur caractère d'esprit, il vous dépeint Socrate, qui, semblant se jouer, réduit plaisamment les deux orateurs à ne pouvoir dire ce que c'est que l'éloquence. Ensuite Socrate montre que la rhétorique, c'est-à-dire l'art de ces orateurs-là, n'est pas un art véritable : il appelle l'art « une discipline réglée, qui apprend » aux hommes à faire quelque chose qui soit utile à les » rendre meilleurs qu'ils ne sont. » Par là il montre qu'il n'appelle arts que les arts libéraux, et que ces art dégénèrent toutes les fois qu'on les rapporte à une autre fin qu'à former les hommes à la vertu. Il prouve que les rhéteurs n'ont point ce but-là; il fait voir même que Thémistocle et Périclès ne l'ont point eu, et par conséquent n'ont point été de vrais orateurs. Il dit que ces hommes célèbres n'ont songé qu'à persuader aux Athéniens de faire des ports, des murailles, et de remporter des victoires. Ils n'ont, dit-il, rendu leurs citoyens que riches, puissans, belliqueux, et ils en ont été ensuite maltraités : en cela ils n'ont eu que ce qu'ils méritoient. S'ils les avoient rendus bons par leur éloquence, leur récompense eût été certaine. Qui fait les hommes bons et vertueux est sûr, après son travail, de ne trouver point des ingrats, puisque la vertu et l'ingratitude sont incompatibles. Il ne faut point vous rapporter tout ce qu'il dit sur l'inutilité de cette rhétorique; parce que tout ce que je vous en ai dit comme de moi-même est tiré de lui; il vaut mieux vous raconter ce qu'il dit sur les maux que ces vains rhéteurs causent dans une république.

B. Je comprends bien que ces rhéteurs étoient à craindre dans les républiques de la Grèce, où ils pouvoient séduire le peuple et s'emparer de la tyrannie.

A. En effet, c'est principalement de cet inconvénient que parle Socrate ; mais les principes qu'il donne en cette occasion s'étendent plus loin. Au reste, quand nous parlons ici, vous et moi, d'une république à policer, il s'agit non-seulement des états où le peuple gouverne, mais encore de tout état soit populaire, soit gouverné par plusieurs chefs, soit monarchique; ainsi je ne touche pas à la forme du gouvernement : en tous pays les règles de Socrate sont d'usage.

B. Expliquez-les donc, s'il vous plaît.

A. Il dit que, l'homme étant composé de corps et d'esprit, il faut cultiver l'un et l'autre. Il y a deux arts pour l'esprit, et deux arts pour le corps. Les deux de l'esprit sont la science des lois et la jurisprudence. Par la science des lois, il comprend tous les principes de philosophie pour régler les sentimens et les mœurs des particuliers et de toute la république. La jurisprudence est le remède dont on se doit servir pour réprimer la mauvaise foi et l'injustice des citoyens; c'est par elle qu'on juge les procès et qu'on punit les crimes. Ainsi, la science des lois doit servir à prévenir le mal, et la jurisprudence à le corriger. Il y a deux arts semblables pour les corps : la gymnastique, qui les exerce, qui les rend sains, proportionnés, agiles, vigoureux, pleins de force et de bonne grâce; (vous savez, monsieur, que les anciens se servoient merveilleusement de cet art que nous avons perdu :) puis la médecine, qui guérit les corps lorsqu'ils ont perdu la santé. La gymnastique est pour le corps ce que la science des lois est pour l'âme; elle forme, elle perfectionne. La médecine est aussi pour le corps ce que la jurisprudence est pour l'âme; elle corrige, elle guérit. Mais cette institution si pure s'est altérée, dit Socrate. A la place de la science des lois, on a mis la vaine subtilité des sophistes, faux philosophes qui abusent du raisonnement, et qui, manquant des vrais principes pour le bien public, tendent à leurs fins particulières. A la jurisprudence, dit-il encore, a succédé le faste des rhéteurs, gens qui ont voulu plaire et éblouir : au lieu de la jurisprudence, qui devoit être la médecine de l'âme, et dont il ne falloit se servir que pour guérir les passions des hommes, on voit de faux orateurs qui n'ont songé qu'à leur réputation. A la gymnastique, ajoute encore Socrate, on a fait succéder l'art de farder les corps, et de leur donner une fausse et trompeuse beauté : au lieu qu'on ne devoit chercher qu'une beauté simple et naturelle, qui vient de la santé et de la proportion de tous les membres ; ce qui ne s'acquiert et ne s'entretient que par le régime et l'exercice. A la médecine on a fait aussi succéder l'invention des mets délicieux et de tous les ragoûts qui excitent l'appétit des hommes ; et au lieu de purger l'homme plein d'humeurs pour lui rendre la santé, et par la santé l'appétit, on force la nature, on lui fait un appétit artificiel par toutes les choses contraires à la tempérance. C'est ainsi que Socrate remarquoit le désordre des mœurs de son temps ; et il conclut en disant que les orateurs, qui, dans la vue de guérir les hommes, devoient leur dire, même avec autorité, des vérités désagréables, et leur donner ainsi des médecines amères, ont au contraire fait pour l'âme comme les cuisiniers pour le corps. Leur rhétorique n'a été qu'un art de faire des ragoûts pour flatter les hommes malades : on ne s'est mis en peine que de plaire, que d'exciter la curiosité et l'admiration ; les orateurs n'ont parlé que pour eux. Il finit en demandant où sont les citoyens que ces rhéteurs ont guéris de leurs mauvaises habitudes, où sont les gens qu'ils ont rendus tempérans et vertueux. Ne croyez-vous pas entendre un homme de notre siècle qui voit ce qui s'y passe, et qui parle des abus présens ? Après avoir entendu ce païen, que direz-vous de cette éloquence qui ne va qu'à plaire et qu'à faire de belles peintures, lorsqu'il faudroit, comme il le dit lui-même, brûler, couper jusqu'au vif, et chercher sérieusement la guérison par l'amertume des remèdes et par la sévérité du régime ? Mais jugez de ces choses par vous-même : trouveriez-vous bon qu'un médecin qui vous traiteroit s'amusât, dans l'extrémité de votre maladie, à débiter des phrases élégantes et des pensées subtiles? Que penseriez-vous d'un avocat, qui, plaidant une cause où il s'agiroit de tout le bien de votre famille, ou de votre propre vie, feroit le bel-esprit et rempliroit son plaidoyer de fleurs et d'ornemens, au lieu de raisonner avec force et d'exciter la compassion des juges? L'amour du bien et de la vie fait assez sentir ce ridicule-là; mais l'indifférence où l'on vit pour les bonnes mœurs et pour la religion fait qu'on ne le remarque point dans les orateurs, qui devroient être les censeurs et les médecins du peuple. Ce que vous avez vu qu'en pensoit Socrate doit nous faire honte.

B. Je vois bien maintenant, selon vos principes, que les orateurs devroient être les défenseurs des lois, et les maîtres des peuples pour leur enseigner la vertu ; mais l'éloquence du barreau chez les romains n'alloit pas jusque-là.

A. C'étoit sans doute son but, monsieur : les orateurs devoient protéger l'innocence et les droits des particuliers, lorsqu'ils n'avoient point d'occasion de représenter dans leurs discours les besoins généraux de la république; de là vient que cette profession fut si honorée, et que Cicéron nous donne une si haute idée du véritable orateur.

B. Mais voyons donc de quelle manière ces orateurs doivent parler; je vous supplie de m'expliquer vos vues là-dessus.

A. Je ne vous dirai pas les miennes; je continuerai à vous parler selon les règles que les anciens nous donnent. Je ne vous dirai même que les principales choses, car vous n'attendez pas que je vous explique par ordre le détail presque infini des préceptes de la rhétorique ; il y en a beaucoup d'inutiles; vous les avez lus dans les livres où ils sont amplement exposés : contentons-nous de parler de ce qui est le plus important. Platon, dans son dialogue où il fait parler Socrate avec Phèdre, montre que le grand défaut des rhéteurs est de chercher l'art de persuader avant que d'avoir appris, par les principes de la philosophie, quelles sont les choses qu'il faut tâcher de persuader aux hommes. Il veut que l'orateur ait commencé par l'étude de l'homme en général ; qu'après il se soit appliqué à la connoissance des hommes, en particulier, auxquels il doit parler. Ainsi il faut savoir ce que c'est que l'homme, sa fin, ses intérêts véritables ; de quoi il est composé, c'est-à-dire de corps et d'esprit ; la véritable manière de le rendre heureux ; quelles sont ses passions, les excès qu'elles peuvent avoir, la manière de les régler, comment on peut les exciter utilement pour lui faire aimer le bien ; les règles qui sont propres à le faire vivre en paix et à entretenir la société. Après cette étude générale vient la particulière : il faut connoître les lois et les coutumes de son pays, le rapport qu'elles ont avec le tempérament des peuples, les mœurs de chaque condition, les éducations différentes, les préjugés et les intérêts qui dominent dans le siècle où l'on vit, le moyen d'instruire et de redresser les esprits. Vous voyez que ces connoissances comprennent toute la philosophie la plus solide. Ainsi Platon montre par là qu'il n'appartient qu'au philosophe d'être véritable orateur : c'est en ce sens qu'il faut expliquer tout ce qu'il dit, dans le dialogue de Gorgias, contre les rhéteurs, c'est-à-dire contre cette espèce de gens qui s'étoient fait un art de bien parler et de persuader, sans se mettre en peine de savoir par principes ce qu'on doit tâcher de persuader aux hommes. Ainsi tout le véritable art, selon Platon, se réduit à bien savoir ce qu'il faut persuader, et à bien connoître les passions des hommes, et la manière de les émouvoir pour arriver à la persuasion. Cicéron a presque dit les mêmes choses. Il semble d'abord vouloir que l'orateur n'ignore rien, parce que l'orateur peut avoir besoin de parler de tout, et qu'on ne parle jamais bien, dit-il après Socrate, que de ce qu'on sait bien. Ensuite il se réduit, à cause des besoins pressans et de la brièveté de la vie, aux connoissances les plus nécessaires. Il veut au moins qu'un orateur sache bien toute cette partie de la philosophie qui regarde les mœurs, ne lui permettant d'ignorer que les curiosités de l'astrologie et des mathématiques : surtout il veut qu'il connoisse la composition de l'homme et la nature de ses passions, parce que l'éloquence a pour but d'en mouvoir à propos les ressorts. Pour la connoissance des lois, il la demande à l'orateur, comme le fondement de tous ses discours; seulement il permet qu'il n'ait pas passé sa vie à approfondir toutes les questions de la jurisprudence pour le détail des causes, parce qu'il peut, dans le besoin, recourir aux profonds jurisconsultes pour suppléer ce qui lui manqueroit de ce côté-là. Il demande, comme Platon, que l'orateur soit bon dialecticien ; qu'il sache définir, prouver, démêler les plus subtiles sophismes. Il dit que c'est détruire la rhétorique de la séparer de la philosophie; que c'est faire, des orateurs, des déclamateurs puérils sans jugement. Non-seulement il veut une connoissance exacte de tous les principes de la morale, mais encore une étude particulière de l'antiquité: Il recommande la lecture des anciens grecs ; il veut qu'on étudie les historiens, non-seulement pour leur style, mais encore pour les faits de l'histoire; surtout il exige l'étude des poëtes, à cause du grand rapport qu'il y a entre les figures de la poésie et celles de l'éloquence. En un mot, il répète souvent que l'orateur doit se remplir l'esprit de choses avant que de parler. Je crois que je me souviendrai de ses propres termes, tant je les ai relus, et tant ils m'ont fait d'impression; vous serez surpris de tout ce qu'il demande. L'orateur, dit-il, doit avoir la subtilité des dialecticiens, la science des philosophes, la diction presque des poètes, la voix et les gestes des plus grands acteurs. Voyez quelle préparation il faut pour tout cela.

C. Effectivement, j'ai remarqué, en bien des occasions, que ce qui manque le plus à certains orateurs, qui ont d'ailleurs beaucoup de talens, c'est le fonds de science : leur esprit paroît vide ; on voit qu'ils ont eu bien de la peine à trouver de quoi remplir leurs discours ; il semble même qu'ils ne parlent pas parce qu'ils sont remplis de vérités, mais qu'ils cherchent les vérités à mesure qu'ils veulent parler.

A. C'est ce que Cicéron appelle des gens qui vivent au jour la journée, sans nulle provision : malgré tous leurs efforts, leurs discours paroissent toujours maigres et affamés. Il n'est pas temps de se préparer trois mois avant que de faire un discours public : ces préparations particulières, quelque pénibles qu'elles soient, sont nécessairement très-imparfaites, et un habile homme en remarque bientôt le foible ; il faut avoir passé plusieurs années à faire un fonds abondant. Après cette préparation générale, les préparations particulières coûtent peu : au lieu que, quand on ne s'applique qu'à des actions détachées, on est réduit à payer de phrases et d'antithèses ; on ne traite que des lieux communs, on ne dit rien que de vague, on coud des lambeaux qui ne sont point faits les uns pour les autres ; on ne montre point les vrais principes des choses, on se borne à des raisons superficielles, et souvent fausses ; on n'est pas capable de montrer l'étendue des vérités, parce que toutes les vérités générales ont un enchaînement nécessaire, et qu'il les faut connoître presque toutes pour en traiter solidement une en particulier.

C. Cependant la plupart des gens qui parlent en public acquièrent beaucoup de réputation sans autre fonds que celui-là.

A. Il est vrai qu'ils sont applaudis par des femmes et par le gros du monde, qui se laissent aisément éblouir ; mais cela ne va jamais qu'à une certaine vogue capricieuse, qui a besoin même d'être soutenue par quelque cabale. Les gens qui savent les règles et qui connoissent le but de l'éloquence n'ont que du dégoût et du mépris pour ces discours en l'air ; ils s'y ennuient beaucoup.

C. Vous voudriez qu'un homme attendît bien tard à parler en public : sa jeunesse seroit passée avant qu'il eût acquis le fonds que vous lui demandez, et il ne seroit plus en âge de l'exercer.

A. Je voudrois qu'il s'exerçât de bonne heure, car je n'ignore pas ce que peut l'action ; mais je ne voudrois pas que, sous prétexte de s'exercer, il se jetât d'abord dans les emplois extérieurs qui ôtent la liberté d'étudier. Un jeune homme pourroit de temps en temps faire des essais ; mais il faudroit que l'étude des bons livres fût long-temps son occupation principale.

C. Je crois ce que vous dites. Cela me fait souvenir d'un prédicateur de mes amis, qui vit, comme vous disiez, au jour la journée : il ne songe à une matière que quand il est engagé à la traiter ; il se renferme dans son cabinet, il feuillète la Concordance, Combéfis, *Polyanthea*, quelques sermonnaires qu'il a achetés, et certaines collections qu'il a faites de passages détachés, et trouvés comme par hasard.

A. Vous comprenez bien que tout cela ne sauroit faire un habile homme. En cet état on ne peut rien dire avec force ; on n'est sûr de rien, tout a un air d'emprunt et de pièces rapportées, rien ne coule de source. On se fait grand tort à soi-même d'avoir tant d'impatience de se produire.

B. Dites-nous donc, avant que de nous quitter, quel est, selon vous, le grand effet de l'éloquence.

A. Platon dit qu'un discours n'est éloquent qu'autant

qu'il agit dans l'âme de l'auditeur : par là vous pouvez juger sûrement de tous les discours que vous entendez. Tout discours qui vous laissera froid, qui ne fera qu'amuser votre esprit, et qui ne remuera point vos entrailles, votre cœur, quelque beau qu'il paroisse, ne sera point éloquent. Voulez-vous entendre Cicéron parler comme Platon en cette matière? Il vous dira que toute la force de la parole ne doit tendre qu'à mouvoir les ressorts cachés que la nature a mis dans le cœur des hommes. Ainsi consultez-vous vous-même pour savoir si les orateurs que vous écoutez font bien. S'ils font une vive impression sur vous, s'ils rendent votre âme attentive et sensible aux choses qu'ils disent, s'ils vous échauffent et vous enlèvent au-dessus de vous-même, croyez hardiment qu'ils ont atteint le but de l'éloquence. Si, au lieu de vous attendrir, ou de vous inspirer de fortes passions, ils ne font que vous plaire et que vous faire admirer l'éclat et la justesse de leurs pensées et de leurs expressions, dites que ce sont de faux orateurs.

B. Attendez un peu, s'il vous plaît; permettez-moi de vous faire encore quelques questions.

A. Je voudrois pouvoir attendre, car je me trouve bien ici ; mais j'ai une affaire que je ne puis remettre. Demain je reviendrai vous voir, et nous achèverons cette matière plus à loisir.

B. Adieu donc, monsieur, jusqu'à demain.

SECOND DIALOGUE.

Pour atteindre son but, l'orateur doit prouver, peindre, et toucher. Principes sur l'art oratoire, sur la méthode d'apprendre et de débiter par cœur les sermons; sur la méthode des divisions et sous-divisions. L'orateur doit bannir sévèrement du discours les ornemens frivoles.

B. Vous êtes un aimable homme d'être revenu si ponctuellement ; la conversation d'hier nous a laissés en impatience d'en voir la suite.

C. Pour moi, je suis venu à la hâte de peur d'arriver trop tard, car je ne veux rien perdre.

A. Ces sortes d'entretiens ne sont pas inutiles : on se communique mutuellement ses pensées ; chacun dit ce qu'il a lu de meilleur. Pour moi, messieurs, je profite beaucoup à raisonner avec vous, vous souffrez mes libertés.

B. Laissez là le compliment : pour moi je me fais justice, et je vois bien que sans vous je serois encore enfoncé dans plusieurs erreurs. Achevez, je vous prie, de m'en tirer.

A. Vos erreurs, si vous me permettez de parler ainsi, sont celles de la plupart des honnêtes gens qui n'ont point approfondi ces matières.

B. Achevez donc de me guérir : nous aurons mille choses à dire, ne perdons point de temps, et sans préambule venons au fait.

A. De quoi parlions-nous hier quand nous nous séparâmes? De bonne foi, je ne m'en souviens plus.

C. Vous parliez de l'éloquence, qui consiste toute à émouvoir.

B. Oui : j'avois peine à comprendre cela ; comment l'entendez-vous ?

A. Le voici. Que diriez-vous d'un homme qui persuaderoit sans prouver? Ce ne seroit pas là le vrai orateur; il pourroit séduire les autres hommes, ayant l'invention de les persuader sans leur montrer que ce qu'il leur persuaderoit seroit la vérité. Un tel homme seroit dangereux dans la république; c'est ce que nous avons vu dans les raisonnemens de Socrate.

B. J'en conviens.

A. Mais que diriez-vous d'un homme qui prouveroit la vérité d'une manière exacte, sèche, nue; qui mettroit ses argumens en bonne forme, ou qui se serviroit de la méthode des géomètres dans ses discours publics, sans y ajouter rien de vif et de figuré? seroit-ce un orateur?

B. Non, ce ne seroit qu'un philosophe.

A. Il faut donc, pour faire un orateur, choisir un philosophe, c'est-à-dire un homme qui sache prouver la vérité, et ajouter à l'exactitude de ses raisonnemens la beauté et la véhémence d'un discours varié pour en faire un orateur.

B. Oui, sans doute.

A. Et c'est en cela que consiste la différence de la conviction de la philosophie, et de la persuasion de l'éloquence.

B. Comment dites-vous? Je n'ai pas bien compris.

A. Je dis que le philosophe ne fait que convaincre, et que l'orateur, outre qu'il convainc, persuade.

B. Je n'entends pas bien encore. Que reste-t-il à faire quand l'auditeur est convaincu?

A. Il reste à faire ce que feroit un orateur plus qu'un métaphysicien en vous montrant l'existence de Dieu. Le métaphysicien vous fera une démonstration simple qui ne va qu'à la spéculation : l'orateur y ajoutera tout ce qui peut exciter en vous des sentimens, et vous faire aimer la vérité prouvée; c'est ce qu'on appelle persuasion.

B. J'entends à cette heure votre pensée.

A. Cicéron a eu raison de dire qu'il ne falloit jamais

séparer la philosophie de l'éloquence; car le talent de persuader sans science et sans sagesse est pernicieux; et la sagesse, sans art de persuader, n'est point capable de gagner les hommes et de faire entrer la vertu dans les cœurs. Il est bon de remarquer cela en passant, pour comprendre combien les gens du dernier siècle se sont trompés. Il y avoit, d'un côté, des savans à belles-lettres qui ne cherchoient que la pureté des langues et les livres poliment écrits; ceux-là, sans principes solides de doctrine, avec leur politesse et leur érudition, ont été la plupart libertins. D'un autre côté, on voyoit des scolastiques secs et épineux, qui proposoient la vérité d'une manière si désagréable et si peu sensible, qu'ils rebutoient presque tout le monde. Pardonnez-moi cette digression; je reviens à mon but. La persuasion a donc, au-dessus de la simple conviction, que non-seulement elle fait voir la vérité, mais qu'elle la dépeint aimable, et qu'elle émeut les hommes en sa faveur; ainsi, dans l'éloquence, tout consiste à ajouter à la preuve solide les moyens d'intéresser l'auditeur, et d'employer ses passions pour le dessein qu'on se propose. On lui inspire l'indignation contre l'ingratitude, l'horreur contre la cruauté, la compassion pour la misère, l'amour pour la vertu, et le reste de même. Voilà ce que Platon appelle agir sur l'âme de l'auditeur et émouvoir ses entrailles. L'entendez-vous maintenant?

B. Oui, je l'entends: et je vois bien par là que l'éloquence n'est point une invention frivole pour éblouir les hommes par des discours brillans; c'est un art très-sérieux, et très-utile à la morale.

A. De là vient ce que dit Cicéron, qu'il a vu bien des gens diserts, c'est-à-dire qui parloient avec agrément et d'une manière élégante; mais qu'on ne voit presque jamais de vrai orateur, c'est-à-dire d'homme qui sache entrer dans le cœur des autres, et qui les entraîne.

B. Je ne m'en étonne plus, et je vois bien qu'il n'y a presque personne qui tende à ce but. Je vous avoue que Cicéron même, qui posa cette règle, semble s'en être écarté souvent. Que dites-vous de toutes les fleurs dont il a orné ses harangues? Il me semble que l'esprit s'y amuse, et que le cœur n'en est point ému.

A. Il faut distinguer, monsieur. Les pièces de Cicéron encore jeune, où il ne s'intéresse que pour sa réputation, ont souvent ce défaut: il paroît bien qu'il est plus occupé du désir d'être admiré, que de la justice de sa cause. C'est ce qui arrivera toujours, lorsqu'une partie emploiera, pour plaider sa cause, un homme qui ne se soucie de son affaire que pour remplir sa profession avec éclat: aussi voyons-nous que la plaidoierie se tournoit souvent chez les romains en déclamation fastueuse. Mais, après tout, il faut avouer qu'il y a dans ces harangues, même les plus fleuries, bien de l'art pour persuader et pour émouvoir. Ce n'est pourtant pas par cet endroit qu'il faut voir Cicéron pour le bien connoître; c'est dans les harangues qu'il a faites, dans un âge plus avancé, pour les besoins de la république; alors l'expérience des grandes affaires, l'amour de la liberté, la crainte des malheurs dont il étoit menacé, lui faisoient faire des efforts dignes d'un orateur. Lorsqu'il s'agit de soutenir la liberté mourante, et d'animer toute la république contre Antoine son ennemi, vous ne le voyez plus chercher des jeux d'esprit et des antithèses: c'est là qu'il est véritablement éloquent; tout y est négligé, comme il dit lui-même, dans l'*Orateur*, qu'on le doit être lorsqu'il s'agit d'être véhément: c'est un homme qui cherche simplement dans la seule nature tout ce qui est capable de saisir, d'animer et d'entraîner les hommes.

C. Vous nous avez parlé souvent des jeux d'esprit, je voudrois bien savoir ce que c'est précisément; car je vous avoue que j'ai peine à distinguer, dans l'occasion, les jeux d'esprit d'avec les autres ornemens du discours : il me semble que l'esprit se joue dans tous les discours ornés.

A. Pardonnez-moi : il y a, selon Cicéron même, des expressions dont tout l'ornement naît de leur force et de la nature du sujet.

C. Je n'entends point tous ces termes de l'art; expliquez-moi, s'il vous plaît, familièrement à quoi je pourrai d'abord reconnoître un jeu d'esprit et un ornement solide.

A. La lecture et la réflexion pourront vous l'apprendre; il y a cent manières différentes de jeux d'esprit.

C. Mais encore : de grâce, quelle en est la marque générale ? est-ce l'affectation ?

A. Ce n'est pas toute sorte d'affectation; mais c'est celle de vouloir plaire et montrer son esprit.

C. C'est quelque chose : mais je voudrois encore des marques plus précises pour aider mon discernement.

A. Hé bien ! en voici une qui vous contentera peut-être. Nous avons déjà dit que l'éloquence consiste, non-seulement dans la preuve, mais encore dans l'art d'exciter les passions. Pour les exciter, il faut les peindre; ainsi je crois que toute l'éloquence se réduit à prouver, à peindre et à toucher. Toutes les pensées brillantes qui ne vont point à une de ces trois choses ne sont que jeu d'esprit.

C. Qu'appelez-vous peindre ? Je n'entends point tout votre langage.

A. Peindre c'est non-seulement décrire les choses, mais en représenter les circonstances d'une manière si vive et si sensible, que l'auditeur s'imagine presque les voir. Par exemple, un froid historien qui raconteroit la mort de Didon se contenteroit de dire : Elle fut si accablée de douleur après le départ d'Enée, qu'elle ne put supporter la vie; elle monta au haut de son palais, elle se mit sur un bûcher et se tua elle-même. En écoutant ces paroles vous apprenez le fait, mais vous ne le voyez pas. Ecoutez Virgile, il le mettra devant vos yeux. N'est-il pas vrai que, quand il ramasse toutes les circonstances de ce désespoir, qu'il vous montre Didon furieuse avec un visage où la mort est déjà peinte, qu'il la fait parler à la vue de ce portrait et de cette épée, votre imagination vous transporte à Carthage; vous croyez voir la flotte des Troyens qui fuit le rivage, et la reine que rien n'est capable de consoler : vous entrez dans tous les sentimens qu'eurent alors les véritables spectateurs. Ce n'est plus Virgile que vous écoutez ; vous êtes trop attentif aux dernières paroles de la malheureuse Didon pour penser à lui. Le poète disparoît ; on ne voit plus que ce qu'il fait voir, on n'entend plus que ceux qu'il fait parler. Voilà la force de l'imitation et de la peinture. De là vient qu'un peintre et un poète ont tant de rapport : l'un peint pour les yeux, l'autre pour les oreilles ; l'un et l'autre doivent porter les objets dans l'imagination des hommes. Je vous ai cité un exemple tiré d'un poète, pour vous faire mieux entendre la chose ; car la peinture est encore plus vive et plus forte dans les poètes que dans les orateurs. La poésie ne diffère de la simple éloquence, qu'en ce qu'elle peint avec enthousiasme et par des traits plus hardis. La prose a ses peintures, quoique plus modérées : sans ces peintures on ne peut échauffer l'imagination de l'auditeur ni exciter ses passions. Un récit simple ne peut émouvoir; il faut non-seulement instruire les auditeurs des faits, mais les leur rendre sensibles, et frapper leurs sens par une représentation parfaite de la manière touchante dont ils sont arrivés.

C. Je n'avois jamais compris tout cela. Je vois bien maintenant que ce que vous appelez peinture est essentiel à l'éloquence ; mais vous me feriez croire qu'il n'y a point d'éloquence sans poésie.

A. Vous pouvez le croire hardiment. Il en faut retrancher la versification, c'est-à-dire le nombre réglé de certaines syllabes, dans lequel le poète renferme ses pensés. Le vulgaire ignorant s'imagine que c'est là la poésie; on croit être poète quand on a parlé ou écrit en mesurant ses paroles. Au contraire, bien des gens font des vers sans poésie; et beaucoup d'autres sont pleins de poésie sans faire de vers : laissons donc la versification. Pour tout le reste, la poésie n'est autre chose qu'une fiction vive qui peint la nature. Si on n'a ce génie de peindre, jamais on n'imprime les choses dans l'âme de l'auditeur; tout est sec, languissant et ennuyeux. Depuis le péché originel, l'homme est tout enfoncé dans les choses sensibles; c'est là son grand mal : il ne peut être long-temps attentif à ce qui est abstrait. Il faut donner du corps à toutes les instructions qu'on veut insinuer dans son esprit; il faut des images qui l'arrêtent : de là vient que, sitôt après la chute du genre humain, la poésie et l'idolâtrie, toujours jointes ensemble, firent toute la religion des anciens. Mais ne nous écartons pas. Vous voyez bien que la poésie, c'est-à-dire la vive peinture des choses, est comme l'âme de l'éloquence.

C. Mais si les vrais orateurs sont poètes, il me semble aussi que les poètes sont orateurs, car la poésie est propre à persuader.

A. Sans doute, ils ont le même but; toute la différence consiste en ce que je vous ai dit. Les poètes ont, au-dessus des orateurs, l'enthousiasme qui les rend même plus élevés, plus vifs et plus hardis dans leurs expressions. Vous vous souvenez bien de ce que je vous ai rapporté tantôt de Cicéron?

C. Quoi? n'est-ce pas.... ?

A. Que l'orateur doit avoir la diction presque des poètes; ce *presque* dit tout.

C. Je l'entends bien à cette heure; tout cela se débrouille dans mon esprit. Mais revenons à ce que vous nous avez promis.

A. Vous le comprendrez bientôt. A quoi peut servir dans un discours tout ce qui ne sert point à une de ces trois choses, la preuve, la peinture et le mouvement?

C. Il servira à plaire.

A. Distinguons, s'il vous plaît : ce qui sert à plaire pour persuader est bon. Les preuves solides et bien expliquées plaisent sans doute; les mouvemens vifs et naturels de l'orateur ont beaucoup de grâces; les peintures fidèles et animées charment. Ainsi les trois choses que nous admettons dans l'éloquence plaisent; mais elles ne se bornent pas à plaire. Il est question de savoir si nous approuverons les pensées et les expressions qui ne vont qu'à plaire, et qui ne peuvent point avoir d'effet plus solide; c'est ce que j'appelle jeu d'esprit. Souvenez-vous donc bien, s'il vous plaît, toujours, que je loue toutes les grâces du discours qui servent à la persuasion; je ne rejette que celles où l'orateur, amoureux de lui-même, a voulu se peindre et amuser l'auditeur par son bel esprit, au lieu de le remplir uniquement de son sujet.

Ainsi je crois qu'il faut condamner non-seulement tous les jeux de mots, car ils n'ont rien que de froid et de puéril, mais encore tous les jeux de pensées, c'est-à-dire toutes celles qui ne servent qu'à briller, puisqu'elles n'ont rien de solide et de convenable à la persuasion.

C. J'y consentirois volontiers. Mais n'ôterez-vous pas, par cette sévérité, les principaux ornemens du discours?

A. Ne trouvez-vous pas que Virgile et Homère sont des auteurs assez agréables? croyez-vous qu'il y en ait de plus délicieux? Vous n'y trouverez pourtant pas ce qu'on appelle des jeux d'esprit : ce sont des choses simples; la nature se montre partout, partout l'art se cache soigneusement; vous n'y trouvez pas un seul mot qui paroisse mis pour faire honneur au bel esprit du poète; il met toute sa gloire à ne point paroître, pour vous occuper des choses qu'il peint, comme un peintre songe à vous mettre devant les yeux les forêts, les montagnes, les rivières, les lointains, les bâtimens, les hommes, leurs aventures, leurs actions, leurs passions différentes, sans que vous puissiez remarquer les coups du pinceau : l'art est grossier et méprisable dès qu'il paroît. Platon, qui avoit examiné tout cela beaucoup mieux que la plupart des orateurs, assure qu'en écrivant on doit toujours se cacher, se faire oublier, et ne produire que les choses et les personnes qu'on veut mettre devant les yeux du lecteur. Voyez combien ces anciens-là avoient des idées plus hautes et plus solides que nous.

B. Vous nous avez assez parlé de la peinture, dites-nous quelque chose des mouvemens : à quoi servent-ils ?

A. A en imprimer dans l'esprit de l'auditeur qui soient conformes au dessein de celui qui parle.

B. Mais ces mouvemens, en quoi les faites-vous consister ?

A. Dans les paroles, et dans les actions du corps.

B. Quel mouvement peut-il y avoir dans les paroles?

A. Vous l'allez voir. Cicéron rapporte que les ennemis mêmes de Gracchus ne purent s'empêcher de pleurer lorsqu'il prononça ces paroles : « Misérable ! où irai-je ? » quel asile me reste-t-il ? Le Capitole ? il est inondé du » sang de mon frère. Ma maison ? j'y verrois une mal- » heureuse mère fondre en larmes et mourir de dou- » leur. » Voilà des mouvemens. Si on disoit cela avec tranquillité, il perdroit sa force.

B. Le croyez-vous ?

C. Vous le croirez aussi-bien que moi, si vous l'es-

sayez. Voyons-le : « Je ne sais où aller dans mon mal-
» heur, il ne me reste aucun asile. Le Capitole est le lieu
» où l'on a répandu le sang de mon frère ; ma maison est
» un lieu où je verrois ma mère pleurer de douleur. » C'est
la même chose. Qu'est devenue cette vivacité ? où sont
ces paroles coupées qui marquent si bien la nature dans
les transports de la douleur ? La manière de dire les
choses fait voir la manière dont on les sent, et c'est ce qui
touche davantage l'auditeur. Dans ces endroits-là, non-
seulement il ne faut point de pensées, mais on en doit retrancher l'ordre et les liaisons ; sans cela la passion n'est
plus vraisemblable, et rien n'est si choquant qu'une passion exprimée avec pompe et par des périodes réglées.
Sur cet article je vous renvoie à Longin ; vous y verrez
des exemples de Démosthène qui sont merveilleux.

B. J'entends tout cela : mais vous nous avez fait espérer l'explication de l'action du corps, je ne vous en
tiens pas quitte.

A. Je ne prétends pas faire ici toute une rhétorique ;
je n'en suis pas même capable ; je vous dirai seulement quelques remarques que j'ai faites. L'action des
grecs et des romains étoit bien plus violente que la
nôtre ; nous le voyons dans Cicéron et dans Quintilien :
ils battoient du pied, ils se frappoient même le front. Cicéron nous représente un orateur qui se jette sur la partie
qu'il défend, et qui déchire ses habits pour montrer aux
juges les plaies qu'il avoit reçues au service de la république. Voilà une action véhémente, mais cette action est
réservée pour des choses extraordinaires. Il ne parle
point d'un geste continuel. En effet, il n'est point naturel de remuer toujours les bras en parlant : il faut remuer
les bras parce qu'on est animé ; mais il ne faudroit pas,
pour paroître animé, remuer les bras. Il y a des choses
même qu'il faudroit dire tranquillement sans se remuer.

B. Quoi ! vous voudriez qu'un prédicateur, par exemple, ne fît point de geste en quelques occasions? cela paroîtroit bien extraordinaire.

A. J'avoue qu'on a mis en règle ou du moins en coutume, qu'un prédicateur doit s'agiter sur tout ce qu'il dit presque indifféremment : mais il est bien aisé de montrer que souvent nos prédicateurs s'agitent trop, et que souvent aussi ils ne s'agitent pas assez.

B. Ha! je vous prie de m'expliquer cela, car j'avois toujours cru, sur l'exemple de N..., qu'il n'y avoit que deux ou trois sortes de mouvemens de mains à faire dans tout un sermon.

A. Venons au principe. A quoi sert l'action du corps? n'est-ce pas à exprimer les sentimens et les passions qui occupent l'âme?

B. Je le crois.

A. Le mouvement du corps est donc une peinture des pensées de l'âme.

B. Oui.

A. Et cette peinture doit être ressemblante. Il faut que tout y représente vivement et naturellement les sentimens de celui qui parle et la nature des choses qu'il dit. Je sais bien qu'il ne faut pas aller jusqu'à une représentation basse et comique.

B. Il me semble que vous avez raison, et je vois déjà votre pensée. Permettez-moi de vous interrompre, pour vous montrer combien j'entre dans toutes les conséquences de vos principes. Vous voulez que l'orateur exprime par une action vive et naturelle ce que ses paroles n'exprimeroient que d'une manière languissante. Ainsi, selon vous, l'action même est une peinture.

A. Sans doute. Mais voici ce qu'il en faut conclure; c'est que, pour bien peindre, il faut imiter la nature, et voir ce qu'elle fait quand on la laisse faire et que l'art ne la contraint pas.

B. J'en conviens.

A. Voyons donc. Naturellement fait-on beaucoup de gestes quand on dit des choses simples et où nulle passion n'est mêlée?

B. Non.

A. Il faudroit donc n'en faire point en ces occasions dans les discours publics, ou en faire très-peu; car il faut que tout y suive la nature. Bien plus, il y a des choses où l'on exprimeroit mieux ses pensées par une cessation de tout mouvement. Un homme plein d'un grand sentiment demeure un moment immobile; cette espèce de saisissement tient en suspens l'âme de tous les auditeurs.

B. Je comprends que ces suspensions bien employées seroient belles et puissantes pour toucher l'auditeur: mais il me semble que vous réduisez celui qui parle en public à ne faire pour le geste que ce que feroit un homme qui parleroit en particulier.

A. Pardonnez-moi : la vue d'une grande assemblée, et l'importance du sujet qu'on traite, doivent sans doute animer beaucoup plus un homme, que s'il étoit dans une simple conversation. Mais, en public comme en particulier, il faut qu'il agisse toujours naturellement : il faut que son corps ait du mouvement quand ses paroles en ont, et que son corps demeure tranquille quand ses paroles n'ont rien que de doux et de simple. Rien ne me semble si choquant et si absurde, que de voir un homme qui se tourmente pour me dire des choses froides : pendant qu'il sue il me glace le sang. Il y a quelque temps que je m'endormis à un sermon. Vous savez que le sommeil surprend aux sermons de l'après midi : aussi ne prêchoit-on anciennement que le matin à la messe après l'évangile. Je m'éveillai bientôt, et j'entendis le prédicateur qui s'agitoit extraordinairement : je crus que c'étoit le fort de sa morale.

B. Hé bien! qu'étoit-ce donc?

A. C'est qu'il avertissoit ses auditeurs que, le dimanche suivant, il prêcheroit sur la pénitence. Cet avertissement fait avec tant de violence me surprit, et m'auroit fait rire si le respect du lieu et de l'action ne m'eût retenu. La plupart de ces déclamateurs sont pour le geste comme pour la voix : leur voix a une monotonie perpétuelle, et leur geste une uniformité qui n'est ni moins ennuyeuse, ni moins éloignée de la nature, ni moins contraire au fruit qu'on pourroit attendre de l'action.

B. Vous dites qu'ils n'en ont pas assez quelquefois.

A. Faut-il s'en étonner? Ils ne discernent point les choses où il faut s'animer; ils s'épuisent sur des choses communes, et sont réduits à dire foiblement celles qui demanderoient une action véhémente. Il faut avouer même que notre nation n'est guère capable de cette véhémence; on est trop léger, et on ne conçoit pas assez fortement les choses. Les romains, et encore plus les grecs, étoient admirables en ce genre; les orientaux y ont excellé, particulièrement les hébreux. Rien n'égale la vivacité et la force, non-seulement des figures qu'ils employoient dans leurs discours, mais encore des actions qu'ils faisoient pour exprimer leurs sentimens, comme de mettre de la cendre sur leurs têtes, de déchirer leurs habits, et de se couvrir de sacs dans la douleur. Je ne parle point des choses que les prophètes faisoient pour figurer plus vivement les choses qu'ils vouloient prédire, à cause qu'elles étoient inspirées de Dieu : mais, les inspirations divines à part, nous voyons que ces gens-là s'entendoient bien autrement que nous à exprimer leur douleur, leur crainte et leurs autres passions. De là venoient sans doute ces grands effets de l'éloquence que nous ne voyons plus.

B. Vous voudriez donc beaucoup d'inégalité dans la voix et le geste!

A. C'est là ce qui rend l'action si puissante, et qui la

faisoit mettre par Démosthène au-dessus de tout. Plus l'action et la voix paroissent simples et familières dans les endroits où l'on ne fait qu'instruire, que raconter, que s'insinuer; plus préparent-elles de surprise et d'émotion pour les endroits où elles s'élèveront à un enthousiasme soudain. C'est une espèce de musique : toute la beauté consiste dans la variété des tons, qui haussent ou qui baissent selon les choses qu'ils doivent exprimer.

B. Mais, si l'on vous en croit, nos principaux orateurs mêmes sont bien éloignés du véritable art. Le prédicateur que nous entendîmes ensemble il y a quinze jours ne suit pas cette règle; il ne paroît pas même s'en mettre en peine. Excepté les trente premières paroles, il dit tout d'un même ton; et toute la différence qu'il y a entre les endroits où il veut s'animer, et ceux où il ne le veut pas, c'est que dans les premiers il parle encore plus rapidement qu'à l'ordinaire.

A. Pardonnez-moi, monsieur : sa voix a deux tons, mais ils ne sont guère proportionnés à ses paroles. Vous avez raison de dire qu'il ne s'attache point à ces règles, je crois qu'il n'en a pas même senti le besoin. Sa voix est naturellement mélodieuse; quoique très-mal ménagée, elle ne laisse pas de plaire : mais vous voyez bien qu'elle ne fait dans l'âme aucune des impressions touchantes qu'elle feroit si elle avoit toutes les inflexions qui expriment les sentimens. Ce sont de belles cloches dont le son est clair, plein, doux et agréable; mais, après tout, des cloches qui ne signifient rien, qui n'ont point de variété, ni par conséquent d'harmonie et d'éloquence.

B. Mais cette rapidité de discours a pourtant beaucoup de grâces.

A. Elle en a sans doute : et je conviens que, dans certains endroits vifs, il faut parler plus vite; mais parler avec précipitation, et ne pouvoir se retenir, est un grand défaut. Il y a des choses qu'il faut appuyer. Il en est de l'action et de la voix comme des vers : il faut quelquefois une mesure lente et grave qui peigne les choses de ce caractère, comme il faut quelquefois une mesure courte et impétueuse pour signifier ce qui est vif et ardent. Se servir toujours de la même action et de la même mesure de voix, c'est comme qui donneroit le même remède à toutes sortes de malades. Mais il faut pardonner à ce prédicateur l'uniformité de la voix et d'action; car outre qu'il a d'ailleurs des qualités très-estimables, de plus ce défaut lui est nécessaire. N'avons-nous pas dit qu'il faut que l'action de la voix accompagne toujours les paroles? Son style est tout uni, il n'a aucune variété; d'un côté rien de familier, d'insinuant et de populaire; de l'autre rien de vif, de figuré et de sublime : c'est un cours réglé de paroles qui se pressent les unes les autres; ce sont des déductions exactes, des raisonnemens bien suivis et concluans, des portraits fidèles; en un mot, c'est un homme qui parle en termes propres, et qui dit des choses très-sensées. Il faut même reconnoître que la chaire lui a de grandes obligations; il l'a tirée de la servitude des déclamateurs, il l'a remplie avec beaucoup de force et de dignité. Il est très-capable de convaincre : mais je ne connois guère de prédicateur qui persuade et qui touche moins. Si vous y prenez garde, il n'est pas même fort adroit; car, outre qu'il n'a aucune manière insinuante et familière, ainsi que nous l'avons déjà remarqué ailleurs, il n'a rien d'affectueux, de sensible. Ce sont des raisonnemens qui demandent de la contention d'esprit. Il ne reste presque rien de tout ce qu'il a dit, dans la tête de ceux qui l'ont écouté : c'est un torrent qui a passé tout d'un coup, et qui laisse son lit à sec. Pour faire une impression durable, il faut aider les esprits en touchant les passions : les instructions sèches ne peuvent guère réussir. Mais ce que je trouve le moins naturel en ce prédicateur est qu'il donne à ses bras un mouvement contiquel, pendant qu'il n'y a ni mouvement ni figure dans ses paroles. A un tel style il faudroit une action commune de conversation, ou bien il faudroit à cette action impétueuse un style plein de saillies et de véhémence; encore faudroit-il, comme nous l'avons dit, ménager mieux cette véhémence, et la rendre moins uniforme. Je conclus que c'est un grand homme qui n'est point orateur. Un missionnaire de village, qui sait effrayer et faire couler des larmes, frappe bien plus au but de l'éloquence.

B. Mais quel moyen de connoître en détail les gestes et les inflexions de voix conformes à la nature?

A. Je vous l'ai déjà dit, tout l'art des bons orateurs ne consiste qu'à observer ce que la nature fait quand elle n'est point retenue. Ne faites point comme ces mauvais orateurs qui veulent toujours déclamer, et ne jamais parler à leurs auditeurs : il faut au contraire que chacun de vos auditeurs s'imagine que vous parlez à lui en particulier. Voilà à quoi servent les tons naturels, familiers et insinuans. Il faut à la vérité qu'ils soient toujours graves et modestes; il faut même qu'ils deviennent puissans et pathétiques dans les endroits où le discours s'élève et s'échauffe. N'espérez pas exprimer les passions par le seul effort de la voix; beaucoup de gens, en criant et en s'agitant, ne font qu'étourdir. Pour réussir à peindre les passions, il faut étudier les mouvemens qu'elles inspirent. Par exemple, remarquez ce que font les yeux, ce que font les mains, ce que fait tout le corps, et quelle est sa posture; ce que fait la voix d'un homme quand il est pénétré de douleur, ou surpris à la vue d'un objet étonnant. Voilà la nature qui se montre à vous, vous n'avez qu'à la suivre. Si vous employez l'art, cachez-le si bien par l'imitation, qu'on le prenne pour la nature même. Mais, à dire le vrai, il en est des orateurs comme des poètes qui font des élégies ou d'autres vers passionnés. Il faut sentir la passion pour la bien peindre; l'art, quelque grand qu'il soit, ne parle point comme la passion véritable. Ainsi vous serez toujours un orateur très-imparfait, si vous n'êtes pénétré des sentimens que vous voulez peindre et inspirer aux autres; et ce n'est pas par spiritualité que je dis ceci, je ne parle qu'en orateur.

B. Je comprends cela. Mais vous nous avez parlé des yeux; ont-ils leur éloquence?

A. N'en doutez pas. Cicéron et tous les autres anciens l'assurent. Rien ne parle tant que le visage, il exprime tout : mais, dans le visage, les yeux font le principal effet; un seul regard jeté bien à propos pénètre dans le fond des cœurs.

B. Vous me faites souvenir que le prédicateur dont nous parlions a d'ordinaire les yeux fermés : quand on le regarde de près, cela choque.

A. C'est qu'on sent qu'il lui manque une des choses qui devroient animer son discours.

B. Mais pourquoi le fait-il?

A. Il se hâte de prononcer, et il ferme les yeux, parce que sa mémoire travaille trop.

B. J'ai bien remarqué qu'elle est fort chargée : quelquefois même il reprend plusieurs mots pour retrouver le fil du discours. Ces reprises sont désagréables, et sentent l'écolier qui sait mal sa leçon : elles feroient tort à un moindre prédicateur.

A. Ce n'est pas la faute du prédicateur, c'est la faute de la méthode qu'il a suivie après tant d'autres. Tant qu'on prêchera par cœur et souvent, on tombera dans cet embarras.

B. Comment donc, voudriez-vous qu'on ne prêchât point par cœur? Jamais on ne feroit des discours pleins de force et de justesse.

A. Je ne voudrois pas empêcher les prédicateurs d'apprendre par cœur certains discours extraordinaires, ils auroient assez de temps pour se bien préparer à ceux-là ; encore pourroient-ils s'en passer.

B. Comment cela? Ce que vous dites paroît incroyable.

A. Si j'ai tort, je suis prêt à me rétracter : examinons cela sans prévention. Quel est le principal but de l'orateur? n'avons-nous pas vu que c'est de persuader? et, pour persuader, ne disions-nous pas qu'il faut toucher en excitant les passions?

B. J'en conviens.

A. La manière la plus vive et la plus touchante est donc la meilleure.

B. Cela est vrai : qu'en concluez-vous?

A. Lequel des deux orateurs peut avoir la manière la plus vive et la plus touchante, ou celui qui apprend par cœur, ou celui qui parle sans réciter mot à mot ce qu'il a appris?

B. Je soutiens que c'est celui qui a appris par cœur.

A. Attendez, posons bien l'état de la question. Je mets d'un côté un homme qui compose exactement tout son discours, et qui l'apprend par cœur jusqu'à la moindre syllabe : de l'autre je suppose un homme savant qui se remplit de son sujet, qui a beaucoup de facilité de parler (car vous ne voulez pas que les gens sans talent s'en mêlent); un homme enfin qui médite fortement tous les principes du sujet qu'il doit traiter, et dans toute leur étendue ; qui s'en fait un ordre dans l'esprit, qui prépare les plus fortes expressions par lesquelles il veut rendre son sujet sensible, qui range toutes ses preuves, qui prépare un certain nombre de figures touchantes. Cet homme sait sans doute tout ce qu'il doit dire, et la place où il doit mettre chaque chose : il ne lui reste pour l'exécution qu'à trouver les expressions communes qui doivent faire le corps du discours. Croyez-vous qu'un tel homme ait de la peine à les trouver?

B. Il ne les trouvera pas si justes et si ornées, qu'il les auroit trouvées à loisir dans son cabinet.

A. Je le crois. Mais, selon vous-même, il ne perdra qu'un peu d'ornement; et vous savez ce que nous devons penser de cette perte, selon les principes que nous avons déjà posés. D'un autre côté, que ne gagnera-t-il pas pour la liberté et pour la force de l'action, qui est le principal! Supposant qu'il se soit beaucoup exercé à écrire, comme Cicéron le demande, qu'il ait lu tous les bons modèles, qu'il ait beaucoup de facilité naturelle et acquise, qu'il ait un fonds abondant de principes et d'érudition, qu'il ait bien médité tout son sujet, qu'il l'ait bien rangé dans sa tête; nous devons conclure qu'il parlera avec force, avec ordre, avec abondance. Ses périodes n'amuseront pas tant l'oreille; tant mieux, il en sera meilleur orateur. Ses transitions ne seront pas si fines; n'importe; outre qu'il peut les avoir préparées sans les apprendre par cœur, de plus ces négligences lui seront communes avec les plus éloquens orateurs de l'antiquité, qui ont cru qu'il falloit par là imiter souvent la nature, et ne montrer pas une trop grande préparation. Que lui manquera-t-il donc? Il fera quelque petite répétition; mais elle ne sera pas inutile : non-seulement l'auditeur de bon goût prendra plaisir à y reconnoître la nature, qui reprend souvent ce qui la frappe davantage dans un sujet; mais cette répétition imprimera plus fortement les vérités : c'est la véritable manière d'instruire. Tout au plus trouvera-t-on dans son discours quelque construction peu exacte, quelque terme impropre, ou censuré par l'académie, quelque chose d'irrégulier, ou, si vous voulez, de foible et de mal placé, qui lui aura échappé dans la chaleur de l'action. Il faudroit avoir l'esprit bien petit pour croire que ces fautes-là fussent grandes; on en trouvera de cette nature dans les plus excellens originaux. Les plus habiles d'entre les anciens les ont méprisées. Si nous avions d'aussi grandes vues qu'eux, nous ne serions guère occupés de ces minuties. Il n'y a que les gens qui ne sont pas propres à discerner les grandes choses, qui s'amusent à celles-là. Pardonnez ma liberté : ce n'est qu'à cause que je vous crois bien différent de ces esprits-là, que je vous en parle avec si peu de ménagement.

B. Vous n'avez pas besoin de précaution avec moi; allons jusqu'au bout sans nous arrêter.

A. Considérez donc, monsieur, en même temps les avantages d'un homme qui n'apprend point par cœur : il se possède, il parle naturellement, il ne parle point en déclamateur; les choses coulent de source ; ses expressions (si son naturel est riche pour l'éloquence) sont vives et pleines de mouvement; la chaleur même qui l'anime lui fait trouver des expressions et des figures qu'il n'auroit pu préparer dans son étude.

B. Pourquoi? Un homme s'anime dans son cabinet, et peut y composer des discours très-vifs.

A. Cela est vrai; mais l'action y ajoute encore une plus grande vivacité. De plus, ce qu'on trouve dans la chaleur de l'action est tout autrement sensible et naturel ; il a un air négligé, et ne sent point l'art comme presque toutes les choses composées à loisir. Ajoutez qu'un orateur habile et expérimenté proportionne les choses à l'impression qu'il voit qu'elles font sur l'auditeur; car il remarque fort bien ce qui entre et ce qui n'entre pas dans l'esprit; ce qui attire l'attention, ce qui touche les cœurs, et ce qui ne fait point ces effets. Il reprend les mêmes choses d'une autre manière, il les revêt d'images et de comparaisons plus sensibles; ou bien il remonte aux principes d'où dépendent des vérités qu'il veut persuader; ou bien il tâche de guérir les passions, qui empêchent ces vérités de faire impression. Voilà le véritable art d'instruire et de persuader ; sans ces moyens on ne fait que des déclamations vagues et infructueuses. Voyez combien l'orateur qui ne parle que par cœur est loin de ce but. Représentez-vous un homme qui n'oseroit dire que sa leçon : tout est nécessairement compassé dans son style ; et il lui arrive ce que Denys d'Halicarnasse remarque qui est arrivé à Isocrate ; sa composition est meilleure à être lue qu'à être prononcée. D'ailleurs, quoi qu'il fasse, ses inflexions de voix sont uniformes et toujours un peu forcées : ce n'est point un homme qui parle, c'est un orateur qui récite ou qui déclame ; son action est contrainte, ses yeux trop arrêtés marquent que sa mémoire travaille, et il ne peut s'abandonner à un mouvement extraordinaire sans se mettre en danger de perdre le fil de son discours. L'auditeur voyant l'art si à découvert, bien loin d'être saisi et transporté hors de lui-même, comme il le faudroit, observe froidement tout l'artifice du discours.

B. Mais les anciens orateurs ne faisoient-ils pas ce que vous condamnez ?

A. Je crois que non.

B. Quoi ! vous croyez que Démosthène et Cicéron ne savoient point par cœur ces harangues si achevées que nous avons d'eux ?

A. Nous voyons bien qu'ils les écrivoient ; mais nous avons plusieurs raisons de croire qu'ils ne les apprenoient point par cœur mot à mot. Les discours même de Démosthène, tels qu'ils sont sur le papier, marquent bien plus la sublimité et la véhémence d'un grand génie accoutumé à parler fortement des affaires publiques, que l'exactitude et la politesse d'un homme qui compose. Pour Cicéron, on voit, en divers endroits de ses harangues, des choses nécessairement imprévues. Mais rapportons-nous-en à lui-même sur cette matière. Il veut que l'orateur ait beaucoup de mémoire. Il parle même de la mémoire artificielle comme d'une invention utile : mais tout ce qu'il en dit ne marque point que l'on doive apprendre mot à mot par cœur; au contraire, il paroît se borner à vouloir qu'on range exactement dans sa tête toutes les parties de son discours, et que l'on prémédite les figures et les principales expressions qu'on doit employer, se réservant d'y ajouter sur-le-champ ce que le besoin et la vue des objets pourroit inspirer : c'est pour cela même qu'il demande tant de diligence et de présence d'esprit dans l'orateur.

B. Permettez-moi de vous dire que tout cela ne me persuade point; je ne puis croire qu'on parle si bien quand on parle sans avoir réglé toutes ses paroles.

C. Et moi je comprends bien ce qui vous rend si incrédule; c'est que vous jugez de ceci par une expérience commune. Si les gens qui apprennent leurs sermons par cœur prêchoient sans cette préparation, ils prêcheroient apparemment fort mal. Je ne m'en étonne pas : ils ne sont pas accoutumés à suivre la nature; ils n'ont songé qu'à apprendre à écrire, et encore à écrire avec affectation; jamais ils n'ont songé à apprendre à parler d'une manière noble, forte et naturelle. D'ailleurs la plupart n'ont pas assez de fonds de doctrine pour se fier à eux-mêmes. La méthode d'apprendre par cœur met je ne sais combien d'esprits bornés et superficiels en état de faire des discours publics avec quelque éclat : il ne faut qu'assembler un certain nombre de passages et de pensées; si peu qu'on ait de génie et de secours, on donne, avec du temps, une forme polie à cette matière. Mais, pour le reste, il faut une méditation sérieuse des premiers principes, une connoissance étendue des mœurs, la lecture de l'antiquité, de la force de raisonnement et d'action. N'est-ce pas là, monsieur, ce que vous demandez de l'orateur qui n'apprend point par cœur ce qu'il doit dire ?

A. Vous l'avez très-bien expliqué. Je crois seulement qu'il faut ajouter que quand ces qualités ne se trouvent ront pas éminemment dans un homme, il ne laissera pas de faire de bons discours, pourvu qu'il ait de la solidité d'esprit, un fonds raisonnable de science, et quelque facilité de parler. Dans cette méthode, comme dans l'autre, il y auroit divers degrés d'orateurs. Remarquez encore que la plupart des gens qui n'apprennent point par cœur ne se préparent pas assez : il faudroit étudier son sujet par une profonde méditation, préparer tous les mouvemens qui peuvent toucher, et donner à tout cela un ordre qui servît même à mieux remettre les choses dans leur point de vue.

B. Vous nous avez déjà parlé plusieurs fois de cet ordre ; voulez-vous autre chose qu'une division ? N'avez-vous pas encore sur cela quelque opinion singulière ?

A. Vous pensez vous moquer ; je ne suis pas moins bizarre sur cet article que sur les autres.

B. Je crois que vous le dites sérieusement ?

A. N'en doutez pas. Puisque nous sommes en train, je m'en vais vous montrer combien l'ordre manque à la plupart des orateurs.

B. Puisque vous aimez tant l'ordre, les divisions ne vous déplaisent pas.

A. Je suis bien éloigné de les approuver.

B. Pourquoi donc ? ne mettent-elles pas l'ordre dans un discours ?

A. D'ordinaire elles y en mettent un qui n'est qu'apparent. De plus elles dessèchent et gênent le discours ; elles le coupent en deux ou trois parties, qui interrompent l'action de l'orateur et l'effet qu'elle doit produire : il n'y a plus d'unité véritable, ce sont deux ou trois discours différens qui ne sont unis que par une liaison arbitraire. Le sermon d'avant-hier, celui d'hier et celui d'aujourd'hui, pourvu qu'ils soient d'un dessein suivi, comme les desseins d'Avent, font autant ensemble un tout et un corps de discours, que les trois points d'un de ces sermons font un tout entre eux.

B. Mais, à votre avis, qu'est-ce donc que l'ordre ? Quelle confusion y auroit-il dans un discours qui ne seroit point divisé !

A. Croyez-vous qu'il y ait beaucoup plus de confusion dans les harangues de Démosthène et de Cicéron, que dans les sermons du prédicateur de votre paroisse ?

B. Je ne sais : je croirois que non.

A. Ne craignez pas de vous engager trop : les harangues de ces grands hommes ne sont pas divisées comme les sermons d'à présent. Non-seulement eux, mais encore Isocrate, dont nous avons tant parlé, et les autres anciens orateurs, n'ont point pris cette règle. Les Pères de l'Eglise ne l'ont point connue. Saint Bernard, le dernier d'entre eux, marque souvent des divisions ; mais il ne les suit pas, et il ne partage point ses sermons. Les prédications ont été encore long-temps après sans être divisées, et c'est une invention très-moderne qui nous vient de la scolastique.

B. Je conviens que l'école est un méchant modèle pour l'éloquence ; mais quelle forme donnoit-on donc anciennement à un discours ?

A. Je m'en vais vous le dire. On ne divisoit pas un discours : mais on y distinguoit soigneusement toutes les choses qui avoient besoin d'être distinguées ; on assignoit à chacune sa place, et on examinoit attentivement en quel endroit il falloit placer chaque chose pour la rendre plus propre à faire impression. Souvent une chose qui, dite d'abord, n'auroit paru rien, devient décisive lorsqu'elle est réservée pour un autre endroit où l'auditeur sera préparé par d'autres choses à en sentir toute la force. Souvent un mot qui a trouvé heureusement sa place y met la vérité dans tout son jour. Il faut laisser quelquefois une vérité enveloppée jusqu'à la fin : c'est Cicéron qui nous l'assure. Il doit y avoir partout un enchaînement de preuves ; il faut que la première prépare à la seconde, et que la seconde soutienne la première. On doit d'abord montrer en gros tout un sujet, et prévenir favorablement l'auditeur par un début modeste et insinuant, par un air de probité et de candeur. Ensuite on établit les principes ; puis on pose les faits d'une manière simple, claire et sensible, appuyant sur les circonstances dont on devra se servir bientôt après. Des principes, des faits, on tire les conséquences ; et il faut disposer le raisonnement de manière que toutes les preuves s'entraident pour être facilement retenues. On doit faire en sorte que le discours aille toujours croissant, et que l'auditeur sente de plus en plus le poids de la vérité : alors il faut déployer les images vives et les mouvemens propres à exciter les passions. Pour cela il faut connoître la liaison que les passions ont entre elles ; celles qu'on peut exciter d'abord plus facilement, et qui peuvent servir à émouvoir les autres ; celles enfin qui peuvent produire les plus grands effets, et par lesquelles il faut terminer le discours. Il est souvent à propos de faire à la fin une récapitulation qui recueille en peu de mots toute la force de l'orateur, et qui remette devant les yeux tout ce qu'il a dit de plus persuasif. Au reste, il ne faut pas garder scrupuleusement cet ordre d'une manière uniforme ; chaque sujet a ses exceptions et ses propriétés. Ajoutez que, dans cet ordre même, on peut trouver une variété presque infinie. Cet ordre, qui nous est à peu près marqué par Cicéron, ne peut pas, comme vous le voyez, être suivi dans un discours coupé en trois, ni observé dans chaque point en particulier. Il faut donc un ordre, monsieur, mais un ordre qui ne soit point promis et découvert dès le commencement du discours. Cicéron dit que le meilleur, presque toujours, est de le cacher, et d'y mener l'auditeur sans qu'il s'en aperçoive. Il dit même en termes formels, car je m'en souviens, qu'il doit cacher jusqu'au nombre de ses preuves, en sorte qu'on ne puisse les compter, quoiqu'elles soient distinctes par elles-mêmes, et qu'il ne doit point y avoir de division du discours clairement marquée. Mais la grossièreté des derniers temps est allée jusqu'à ne point connoître l'ordre d'un discours, à moins que celui qui le fait n'en avertisse dès le commencement et qu'il ne s'arrête à chaque point.

C. Mais les divisions ne servent-elles pas pour soulager l'esprit et la mémoire de l'auditeur? C'est pour l'instruction qu'on le fait.

A. La division soulage la mémoire de celui qui parle. Encore même un ordre naturel, sans être marqué, feroit mieux cet effet; car la véritable liaison des matières conduit l'esprit. Mais pour les divisions, elles n'aident que les gens qui ont étudié, et que l'école a accoutumés à cette méthode; et si le peuple retient mieux la division que le reste, c'est qu'elle a été plus souvent répétée. Généralement parlant, les choses sensibles et de pratique sont celles qu'il retient le mieux.

B. L'ordre que vous proposez peut être bon sur certaines matières; mais il ne convient pas à toutes; on n'a pas toujours des faits à poser.

A. Quand on n'en a point on s'en passe; mais il n'y a guère de matières où l'on en manque. Une des beautés de Platon est de mettre d'ordinaire, dans le commencement de ses ouvrages de morale, des histoires et des traditions qui sont comme le fondement de toute la suite du discours. Cette méthode convient bien davantage à ceux qui prêchent la religion; car tout y est tradition, tout y est histoire, tout y est antiquité. La plupart des prédicateurs n'instruisent pas assez, et ne prouvent que foiblement, faute de remonter à ces sources.

B. Il y a déjà long-temps que vous nous parlez; j'ai

honte de vous arrêter davantage : cependant la curiosité m'entraîne. Permettez-moi de vous faire encore quelques questions sur les règles du discours.

A. Volontiers : je ne suis pas encore las, et il me reste un moment à donner à la conversation.

B. Vous voulez bannir sévèrement du discours tous les ornemens frivoles : mais apprenez-moi, par des exemples sensibles, à les distinguer de ceux qui sont solides et naturels.

A. Aimez-vous les fredons dans la musique ? N'aimez-vous pas mieux ces tons animés qui peignent les choses et qui expriment les passions ?

B. Oui, sans doute. Les fredons ne font qu'amuser l'oreille, ils ne signifient rien, ils n'excitent aucun sentiment. Autrefois notre musique en étoit pleine ; aussi n'avoit-elle rien que de confus et de foible. Présentement on a commencé à se rapprocher de la musique des anciens. Cette musique est une espèce de déclamation passionnée ; elle agit fortement sur l'âme.

A. Je savois bien que la musique, à laquelle vous êtes fort sensible, me serviroit à vous faire entendre ce qui regarde l'éloquence ; aussi faut-il qu'il y ait une espèce d'éloquence dans la musique même : on doit rejeter les fredons dans l'éloquence aussi bien que dans la musique. Ne comprenez-vous pas maintenant ce que j'appelle discours fredonnés, certains jeux de mots qui reviennent toujours comme des refrains, certains bourdonnemens de périodes languissantes et uniformes ? Voilà la fausse éloquence, qui ressemble à la mauvaise musique.

B. Mais encore, rendez-moi cela un peu plus sensible.

A. La lecture des bons et des mauvais orateurs vous formera un goût plus sûr que toutes les règles : cependant il est aisé de vous satisfaire en vous rapportant quelques exemples. Je n'en prendrai point dans notre siècle, quoiqu'il soit fertile en faux ornemens. Pour ne blesser personne, revenons à Isocrate; aussi bien est-ce le modèle des discours fleuris et périodiques qui sont maintenant à la mode. Avez-vous lu cet éloge d'Hélène qui est si célèbre?

B. Oui, je l'ai lu autrefois.

A. Comment vous parut-il?

B. Admirable : je n'ai jamais vu tant d'esprit, d'élégance, de douceur, d'invention et de délicatesse. Je vous avoue qu'Homère, que je lus ensuite, ne me parut point avoir les mêmes traits d'esprit. Présentement que vous m'avez marqué le véritable but des poètes et des orateurs, je vois bien qu'Homère est autant au-dessus d'Isocrate, que son art est caché, et que celui de l'autre paroît. Mais enfin je fus alors charmé d'Isocrate, et je le serois encore si vous ne m'aviez détrompé. M*** est l'Isocrate de notre temps; et je vois bien qu'en montrant le foible de cet orateur, vous faites le procès de tous ceux qui recherchent cette éloquence fleurie et efféminée.

A. Je ne parle que d'Isocrate. Dans le commencement de cet éloge, il relève l'amour que Thésée avoit eu pour Hélène; et il s'imagine qu'il donnera une haute idée de cette femme, en dépeignant les qualités héroïques de ce grand homme qui en fut passionné : comme si Thésée, que l'antiquité a toujours dépeint foible et inconstant dans ses amours, n'auroit pas pu être touché de quelque chose de médiocre. Puis il vient au jugement de Pâris. Junon, dit-il, lui promettoit l'empire de l'Asie, Minerve la victoire dans les combats, Vénus la belle Hélène. Comme Pâris ne put (poursuit-il) dans ce jugement regarder les visages de ces déesses à cause de leur éclat, il ne put juger que du prix des trois choses qu lui étoient offertes : il préféra Hélène à l'empire et à la victoire.

Ensuite il loue le jugement de celui au discernement duquel les déesses mêmes s'étoient soumises. Je m'étonne [1], dit-il encore en faveur de Pâris, que quelqu'un le trouve imprudent d'avoir voulu vivre avec celle pour qui tant de demi-dieux voulurent mourir.

C. Je m'imagine entendre nos prédicateurs à antithèses et à jeux d'esprit. Il y a bien des Isocrates !

A. Voilà leur maître. Tout le reste de cet éloge est plein des mêmes traits ; il est fondé sur la longue guerre de Troie, sur les maux que souffrirent les Grecs pour ravoir Hélène, et sur la louange de la beauté qui est si puissante sur les hommes. Rien n'y est prouvé sérieusement ; il n'y a en tout cela aucune vérité de morale : il ne juge du prix des choses que par les passions des hommes. Mais non-seulement ses preuves sont foibles, de plus son style est tout fardé et amolli. Je vous ai rapporté cet endroit, tout profane qu'il est, à cause qu'il est très-célèbre, et que cette mauvaise manière est maintenant fort imitée. Les autres discours les plus sérieux d'Isocrate se sentent beaucoup de cette mollesse de style, et sont pleins de ces faux brillans.

B. Je vois bien que vous ne voulez point de ces tours ingénieux qui ne sont ni des raisons solides et concluantes, ni des mouvemens naturels et affectueux. L'exemple même d'Isocrate que vous apportez, quoiqu'il soit sur un sujet frivole, ne laisse pas d'être bon ; car tout ce clinquant convient encore bien moins aux sujets sérieux et solides.

A. Revenons, monsieur, à Isocrate. Ai-je donc eu tort de parler de cet orateur comme Cicéron nous assure qu'Aristote en parloit ?

B. Qu'en dit Cicéron ?

A. Qu'Aristote voyant qu'Isocrate avoit transporté

---

[1] Θαυμάζω δ' εἴ τίς οἴεται κακῶς βεβουλεῦσθαι τὸν μετὰ ταύτης ζῆν ἑλόμενον, ἧς ἕνεκα πολλοὶ τῶν ἡμιθέων ἀποθνῄσκειν ἠθέλησαν.

l'éloquence de l'action et de l'usage à l'amusement et à l'ostentation, et qu'il attiroit par là les plus considérables disciples, il lui appliqua un vers de Philoctète, pour marquer combien il étoit honteux de se taire et d'entendre ce déclamateur. En voilà assez, il faut que je m'en aille.

B. Vous ne vous en irez point encore, monsieur. Vous ne voulez donc point d'antithèses?

A. Pardonnez-moi : quand les choses qu'on dit sont naturellement opposées les unes aux autres, il faut en marquer l'opposition. Ces antithèses-là sont naturelles, et font sans doute une beauté solide; alors c'est la manière la plus courte et la plus simple d'exprimer les choses. Mais chercher un détour pour trouver une batterie de mots, cela est puéril. D'abord les gens de mauvais goût en sont éblouis; mais dans la suite ces affectations fatiguent l'auditeur. Connoissez-vous l'architecture de nos vieilles églises qu'on nomme gothique?

B. Oui, je la connois, on la trouve partout.

A. N'avez-vous pas remarqué ces roses, ces points, ces petits ornemens coupés et sans dessein suivi, enfin tous ces colifichets dont elle est pleine? Voilà en architecture ce que les antithèses et les autres jeux de mots sont dans l'éloquence. L'architecture grecque est bien plus simple; elle n'admet que des ornemens majestueux et naturels; on n'y voit rien que de grand, de proportionné, de mis en place. Cette architecture qu'on appelle gothique nous est venue des Arabes. Ces sortes d'esprits étant fort vifs, et n'ayant ni règle ni culture, ne pouvoient manquer de se jeter dans de fausses subtilités; de là leur vint ce mauvais goût en toutes choses. Ils ont été sophistes en raisonnemens, amateurs de colifichets en architecture, et inventeurs de pointes en poésie et en éloquence. Tout cela est du même génie.

B. Cela est fort plaisant. Selon vous, un sermon plein

d'antithèses et d'autres semblables ornemens est fait comme une église bâtie à la gothique.

A. Oui, c'est précisément cela.

B. Encore une question, je vous en conjure, et puis je vous laisse.

A. Quoi?

B. Il me semble qu'il est bien difficile de traiter en style noble les détails, et cependant il faut le faire quand on veut être solide, comme vous demandez qu'on le soit. De grâce, un mot là-dessus.

A. On a tant de peur dans notre nation d'être bas, qu'on est d'ordinaire sec et vague dans les expressions. Veut-on louer un saint, on cherche des phrases magnifiques; on dit qu'il étoit admirable, que ses vertus étoient célestes, que c'étoit un ange, et non pas un homme : ainsi tout se passe en exclamations sans preuve et sans peinture. Tout au contraire les Grecs se servoient peu de tous ces termes généraux qui ne prouvent rien; mais ils disoient beaucoup de faits. Par exemple, Xénophon, dans toute la Cyropédie, ne dit pas une fois que Cyrus étoit admirable, mais il le fait partout admirer. C'est ainsi qu'il faudroit louer les saints en montrant le détail de leurs sentimens et de leurs actions. Nous avons là-dessus une fausse politesse, semblable à celle de certains provinciaux qui se piquent de bel-esprit : ils n'osent rien dire qui ne leur paroisse exquis et relevé; ils sont toujours guindés, et croiroient se trop abaisser en nommant les choses par leurs noms. Tout entre dans les sujets que l'éloquence doit traiter. La poésie même, qui est le genre le plus sublime, ne réussit qu'en peignant les choses avec toutes leurs circonstances. Voyez Virgile représentant les navires troyens qui quittent le rivage d'Afrique, ou qui arrivent sur la côte d'Italie; tout le détail y est peint. Mais il faut avouer que les Grecs poussoient encore plus loin le détail, et suivoient plus sensiblement la nature. A cause de ce grand détail, bien des gens, s'ils l'osoient, trouveroient Homère trop simple. Par cette simplicité si originale, et dont nous avons tant perdu le goût, ce poète a beaucoup de rapport avec l'Ecriture ; mais l'Ecriture le surpasse autant qu'il a surpassé tout le reste de l'antiquité pour peindre naïvement les choses. En faisant un détail, il ne faut rien présenter à l'esprit de l'auditeur qui ne mérite son attention, et qui ne contribue à l'idée qu'on veut lui donner. Ainsi il faut être judicieux pour le choix des circonstances ; mais il ne faut point craindre de dire tout ce qui sert ; et c'est une politesse mal entendue que de supprimer certains endroits utiles, parce qu'on ne les trouve pas susceptibles d'ornemens ; outre qu'Homère nous apprend assez, par son exemple, qu'on peut embellir en leur manière tous les sujets. D'ailleurs il faut reconnoître que tout discours doit avoir ses inégalités : il faut être grand dans les grandes choses ; il faut être simple sans être bas dans les petites ; il faut tantôt de la naïveté et de l'exactitude, tantôt de la sublimité et de la véhémence. Un peintre qui ne représenteroit jamais que des palais d'une architecture somptueuse ne feroit rien de vrai, et lasseroit bientôt. Il faut suivre la nature dans ses variétés : après avoir peint une superbe ville, il est souvent à propos de faire voir un désert et des cabanes de bergers. La plupart des gens qui veulent faire de beaux discours cherchent sans choix également partout la pompe des paroles : ils croient avoir tout fait, pourvu qu'ils aient fait un amas de grands mots et de pensées vagues ; ils ne songent qu'à charger leurs discours d'ornemens ; semblables aux méchans cuisiniers, qui ne savent rien assaisonner avec justesse, et qui croient donner un goût exquis aux viandes en y mettant beaucoup de sel et de poivre. La véritable éloquence n'a rien d'enflé ni d'ambitieux ; elle se modère, et se proportionne aux sujets qu'elle traite et aux gens qu'elle instruit ; elle n'est grande et sublime que quand il faut l'être.

B. Ce mot que vous nous avez dit de l'Ecriture sainte me donne un désir extrême que vous m'en fassiez sentir la beauté : ne pourrons-nous point vous avoir demain à quelque heure ?

A. Demain, il me sera difficile ; je tâcherai pourtant de venir le soir. Puisque vous le voulez, nous parlerons de la parole de Dieu ; car jusqu'ici nous n'avons parlé que de celle des hommes.

B. Adieu, monsieur ; je vous conjure de nous tenir parole. Si vous ne venez pas, nous vous irons chercher.

TROISIÈME DIALOGUE.

En quoi consiste la véritable éloquence. Combien celle des livres saints est admirable. Importance et manière d'expliquer l'Ecriture sainte. Moyens de se former à la prédication. Quelle doit être la matière ordinaire des instructions. Sur l'éloquence et le style des Pères. Sur les panégyriques.

C. Je doutois que vous vinssiez, et peu s'en est fallu que je n'allasse chez M.

A. J'avois une affaire qui me gênoit ; mais je me suis débarrassé heureusement.

C. J'en suis fort aise, car nous avons grand besoin d'achever la matière entamée.

B. Ce matin j'étois au sermon à ✱✱✱, et je pensois à vous. Le prédicateur a parlé d'une manière édifiante, mais je doute que le peuple entendît bien ce qu'il disoit.

A. Souvent cela arrive. J'ai vu une femme d'esprit qui disoit que les prédicateurs parlent latin en français. La plus essentielle qualité d'un prédicateur est d'être instructif. Mais il faut être bien instruit pour instruire les autres : d'un côté, il faut entendre parfaitement toute la force des expressions de l'Ecriture ; de l'autre, il faut connoître précisément la portée des esprits auxquels on parle : cela demande une science fort solide, et un grand discernement. On parle tous les jours au peuple de l'Ecriture, de l'Eglise, des deux lois, des sacrifices de Moïse, d'Aaron, de Melchisédech, des prophètes, des apôtres; et on ne se met point en peine de leur apprendre ce que signifient toutes ces choses, et ce qu'ont fait ces personnes-là. On suivroit vingt ans bien des prédicateurs sans apprendre la religion comme on la doit savoir.

B. Croyez-vous qu'on ignore les choses dont vous parlez?

A. Pour moi, je n'en doute pas. Peu de gens les entendent assez pour profiter des sermons.

B. Oui, le peuple grossier les ignore.

C. Hé bien! le peuple, n'est-ce pas lui qu'il faut instruire?

A. Ajoutez que la plupart des honnêtes gens sont peuple à cet égard-là. Il y a toujours les trois quarts de l'auditoire qui ignorent ces premiers fondemens de la religion, que le prédicateur suppose qu'on sait.

B. Mais voudriez-vous que, dans un bel auditoire, un prédicateur allât expliquer le catéchisme?

A. Je sais qu'il y faut apporter quelque tempérament; mais on peut, sans offenser ses auditeurs, rappeler les histoires qui sont l'origine et l'institution de toutes les choses saintes. Bien loin que cette recherche de l'origine fût basse, elle donneroit à la plupart des discours une force et une beauté qui leur manquent. Nous avions déjà fait hier cette remarque en passant, surtout pour les mystères. L'auditoire n'est ni instruit ni persuadé, si on ne remonte à la source. Comment, par exemple, ferez-vous entendre au peuple ce que l'Église dit si souvent après saint Paul, que Jésus-Christ est notre pâque, si on n'explique quelle étoit la pâque des juifs, instituée pour être un monument éternel de la délivrance d'Egypte, et pour figurer une délivrance bien plus importante qui étoit réservée au Sauveur. C'est pour cela que je vous disois que presque tout est historique dans la religion. Afin que les prédicateurs comprennent bien cette vérité, il faut qu'ils soient savans dans l'Ecriture.

B. Pardonnez-moi si je vous interromps à l'occasion de l'Ecriture. Vous nous disiez hier qu'elle est éloquente. Je fus ravi de vous l'entendre dire, et je voudrois bien que vous m'apprissiez à en connoître les beautés. En quoi consiste cette éloquence? Le latin m'y paroît barbare en beaucoup d'endroits; je n'y trouve point de délicatesse de pensées. Où est donc ce que vous admirez?

A. Le latin n'est qu'une version littérale, où l'on a conservé par respect beaucoup de phrases hébraïques et grecques. Méprisez-vous Homère parce que nous l'avons traduit en mauvais français?

B. Mais le grec lui-même (car il est original pour presque tout le Nouveau Testament) me paroît fort mauvais.

A. J'en conviens. Les apôtres, qui ont écrit en grec, savoient mal cette langue, comme les autres juifs hellénistes de leur temps : de là vient ce que dit saint Paul, *Imperitus sermone, sed non scientiâ.* Il est aisé de voir que saint Paul avoue qu'il ne sait pas bien la langue grecque, quoique d'ailleurs il leur explique exactement la doctrine des saintes Ecritures.

B. Mais les apôtres n'eurent-ils pas le don des langues?

A. Ils l'eurent sans doute, et il passa même jusqu'à un grand nombre de simples fidèles : mais pour les langues qu'ils savoient déjà par des voies naturelles, nous avons sujet de croire que Dieu les leur laissa parler comme ils les parloient auparavant. Saint Paul, qui étoit de Tarse, parloit naturellement le grec corrompu des juifs hellénistes : nous voyons qu'il a écrit en cette manière. Saint Luc paroît l'avoir su un peu mieux.

C. Mais j'avois toujours compris que saint Paul vouloit dire dans ce passage qu'il renonçoit à l'éloquence, et qu'il ne s'attachoit qu'à la simplicité de la doctrine évangélique. Oui sûrement, et je l'ai ouï dire à beaucoup de gens de bien, que l'Ecriture sainte n'est point éloquente. Saint Jérôme fut puni pour être dégoûté de sa simplicité et pour aimer mieux Cicéron. Saint Augustin paroît, dans ses Confessions, avoir commis la même faute. Dieu n'a-t-il pas voulu éprouver notre foi, non-seulement par l'obscurité, mais encore par la bassesse du style de l'Ecriture, comme par la pauvreté de Jésus-Christ ?

A. Monsieur, je crains que vous n'alliez trop loin. Qui croiriez-vous plutôt, ou de saint Jérôme puni pour avoir trop suivi dans sa retraite le goût des études de sa jeunesse, ou de saint Jérôme consommé dans la science sacrée et profane, qui invite Paulin dans une épître à étudier l'Ecriture sainte, et qui lui promet plus de charmes dans les prophètes qu'il n'en a trouvé dans les poètes? Saint Augustin avoit-il plus d'autorité dans sa première jeunesse, où la bassesse apparente du style de l'Ecriture, comme il le dit lui-même, le dégoûtoit, que quand il a composé ses livres *de la Doctrine chrétienne ?* Dans ces livres il dit souvent [1] que saint Paul a eu une éloquence merveilleuse, et que ce torrent d'éloquence est capable de se faire sentir, pour ainsi dire, à ceux même qui dorment. Il ajoute qu'en saint Paul la sagesse n'a point cherché la beauté des paroles, mais que la beauté des paroles est allée au-devant de la sagesse. Il rapporte de grands endroits de ses épîtres, où il fait voir tout l'art des orateurs profanes surpassé. Il excepte seulement deux choses dans cette comparaison : l'une, dit-il, que les orateurs profanes ont cherché les ornemens de l'éloquence, et que l'éloquence a suivi naturellement saint Paul et les autres écrivains sacrés ; l'autre est que saint Augustin té-

---

[1] *De Doct. christ.* lib. IV, n. 11 et seq. tom. III, pag. 68 et seq.

moigne ne savoir pas assez les délicatesses de la langue grecque pour trouver dans les Ecritures saintes le nombre et la cadence des périodes qu'on trouve dans les écrivains profanes. J'oubliois de vous dire qu'il rapporte cet endroit du prophète Amos[1] : *Malheur à vous qui êtes opulens dans Sion, et qui vous confiez à la montagne de Samarie !* Il assure que le prophète a surpassé, en cet endroit, tout ce qu'il y a de merveilleux dans les orateurs païens.

C. Mais comment entendez-vous ces paroles de saint Paul, *Non in persuasibilibus humanæ sapientiæ verbis?* Ne dit-il pas aux Corinthiens qu'il n'est point venu leur annoncer Jésus-Christ avec la sublimité du discours et de la sagesse ; qu'il n'a su parmi eux que Jésus, mais Jésus crucifié ; que sa prédication a été fondée, non sur les discours persuasifs de la sagesse humaine, mais sur les effets sensibles de l'esprit et de la puissance de Dieu, afin, continue-t-il, que votre foi ne soit point fondée sur la sagesse des hommes, mais sur la puissance divine ? Que signifient donc ces paroles, monsieur ? Que pouvoit-il dire de plus fort pour rejeter cet art de persuader que vous établissez ici ? Pour moi, je vous avoue que j'ai été édifié, quand vous avez blâmé tous les ornemens affectés que la vanité cherche dans les discours : mais la suite ne soutient pas un si pieux commencement. Vous allez faire de la prédication un art tout humain, et la simplicité apostolique en sera bannie.

A. Vous êtes mal édifié de mon estime pour l'éloquence ; et moi je suis fort édifié du zèle avec lequel vous m'en blâmez. Cependant, monsieur, il n'est pas inutile de nous éclaircir là-dessus. Je vois beaucoup de gens de bien, qui, comme vous, croient que les prédicateurs éloquens blessent la simplicité évangélique. Pourvu que nous nous entendions, nous serons bientôt d'accord.

[1] *De Doct. christ.* lib. IV, n. 17 : pag. 71. *Amos.* VI. 1.

Qu'entendez-vous par simplicité? qu'entendez-vous par éloquence?

C. Par simplicité, j'entends un discours sans art et sans magnificence; par éloquence, j'entends au contraire un discours plein d'art et d'ornemens.

A. Quand vous demandez un discours simple, voulez-vous un discours sans ordre, sans liaison, sans preuves solides et concluantes, sans méthode pour instruire les ignorans? voulez-vous un prédicateur qui n'ait rien de pathétique, et qui ne s'applique point à toucher les cœurs?

C. Tout au contraire, je demande un discours qui instruise et qui touche.

A. Vous voulez donc qu'il soit éloquent, car nous avons déjà vu que l'éloquence n'est que l'art d'instruire et de persuader les hommes en les touchant.

C. Je conviens qu'il faut instruire et toucher, mais je voudrois qu'on le fît sans art et par la simplicité apostolique.

A. Voyons donc si l'art et la simplicité apostolique sont incompatibles. Qu'entendez-vous par art?

C. J'entends certaines règles que l'esprit humain a trouvées, et qu'il suit dans le discours, pour le rendre plus beau et plus poli.

A. Si vous n'entendez par art que cette invention de rendre un discours plus poli pour plaire aux auditeurs, je ne dispute point sur les mots, et j'avoue qu'il faut ôter l'art des sermons; car cette vanité, comme nous l'avons vu, est indigne de l'éloquence, à plus forte raison du ministère apostolique. Ce n'est que sur cela que j'ai tant raisonné avec M. B. Mais si vous entendez par art et par éloquence ce que tous les habiles d'entre les anciens ont entendu, il ne faudra pas raisonner de même.

C. Comment l'entendoient-ils donc?

A. Selon eux, l'art de l'éloquence consiste dans les

moyens que la réflexion et l'expérience ont fait trouver pour rendre un discours propre à persuader la vérité et à en exciter l'amour dans le cœur des hommes ; et c'est cela même que vous voulez trouver dans un prédicateur. Ne m'avez-vous pas dit, tout à cette heure, que vous voulez de l'ordre, de la méthode pour instruire, de la solidité de raisonnement, et des mouvemens pathétiques, c'est-à-dire qui touchent et qui remuent les cœurs ? L'éloquence n'est que cela. Appelez-la comme vous voudrez.

C. Je vois bien maintenant à quoi vous réduisez l'éloquence. Sous cette forme sérieuse et grave, je la trouve digne de la chaire, et nécessaire même pour instruire avec fruit. Mais comment entendez-vous le passage de saint Paul contre l'éloquence ? Je vous en ai déjà dit les paroles ; n'est-il pas formel ?

A. Permettez-moi de commencer par vous demander une chose.

C. Volontiers.

A. N'est-il pas vrai que saint Paul raisonne admirablement dans ses épîtres ? Ses raisonnemens contre les philosophes païens et contre les juifs, dans l'épître aux Romains, ne sont-ils pas beaux ? Ce qu'il dit sur l'impuissance de la loi pour justifier les hommes, n'est-il pas fort ?

C. Oui, sans doute.

A. Ce qu'il dit dans l'épître aux Hébreux sur l'insuffisance des anciens sacrifices, sur le repos promis par David aux enfans de Dieu, outre celui dont ils jouissoient dans la Palestine depuis Josué, sur l'ordre d'Aaron et sur celui de Melchisédech, et sur l'alliance spirituelle et éternelle qui devoit nécessairement succéder à l'alliance charnelle que Moïse avoit apportée pour un temps, tout cela n'est-il pas d'un raisonnement subtil et profond ?

C. J'en conviens.

A. Saint Paul n'a donc pas voulu exclure du discours la sagesse et la force du raisonnement.

C. Cela est visible par son propre exemple.

A. Pourquoi croyez-vous qu'il ait voulu plutôt en exclure l'éloquence que la sagesse?

C. C'est parce qu'il rejette l'éloquence dans le passage dont je vous demande l'explication.

A. N'y rejette-t-il pas aussi la sagesse? Sans doute : ce passage est encore plus décisif contre la sagesse et le raisonnement humain que contre l'éloquence. Il ne laisse pourtant pas lui-même de raisonner et d'être éloquent. Vous convenez de l'un, et saint Augustin vous assure de l'autre.

C. Vous me faites parfaitement bien voir la difficulté; mais vous ne m'éclaircissez point. Comment expliquez-vous cela?

A. Le voici : Saint Paul a raisonné, saint Paul a persuadé; ainsi il étoit, dans le fond, excellent philosophe et orateur. Mais sa prédication, comme il le dit dans le passage en question, n'a été fondée ni sur le raisonnement ni sur la persuasion humaine; c'étoit un ministère dont toute la force venoit d'en haut. La conversion du monde entier devoit être, selon les prophéties, le grand miracle du christianisme. C'étoit ce royaume de Dieu qui venoit du ciel, et qui devoit soumettre au vrai Dieu toutes les nations de la terre. Jésus-Christ crucifié annoncé aux peuples devoit attirer tout à lui, mais attirer tout par l'unique vertu de sa croix. Les philosophes avoient raisonné sans convertir les hommes et sans se convertir eux-mêmes; les juifs avoient été les dépositaires d'une loi qui leur montroit leurs maux sans leur apporter le remède; tout étoit sur la terre convaincu d'égarement et de corruption. Jésus-Christ vient avec sa croix, c'est-à-dire qu'il vient pauvre, humble et souffrant pour nous, pour imposer silence à notre raison vaine et présomptueuse : il ne raisonne point comme les philosophes, mais il décide avec autorité par ses miracles et par sa grâce; il montre qu'il est au-dessus de tout : pour confondre la fausse sagesse des hommes, il leur oppose la folie et le scandale de sa croix, c'est-à-dire l'exemple de ses profondes humiliations. Ce que le monde croit une folie, ce qui le scandalise le plus, est ce qui le doit ramener à Dieu. L'homme a besoin d'être guéri de son orgueil et de son amour pour les choses sensibles. Dieu le prend par là, il lui montre son Fils crucifié. Ses apôtres le prêchent, marchant sur ses traces. Ils n'ont recours à nul moyen humain ; ni philosophie, ni éloquence, ni politique, ni richesse, ni autorité. Dieu, jaloux de son œuvre, n'en veut devoir le succès qu'à lui-même : il choisit ce qui est foible, il rejette ce qui est fort, afin de manifester plus sensiblement sa puissance. Il tire tout du néant pour convertir le monde, comme pour le former. Ainsi cette œuvre doit avoir ce caractère divin, de n'être fondée sur rien d'estimable selon la chair. C'eût été affoiblir et évacuer, comme dit saint Paul, la vertu miraculeuse de la croix, que d'appuyer la prédication de l'évangile sur les secours de la nature. Il falloit que l'évangile, sans préparation humaine, s'ouvrît lui-même les cœurs, et qu'il apprît au monde, par ce prodige, qu'il venoit de Dieu. Voilà la sagesse humaine confondue et réprouvée. Que faut-il conclure de là ? Que la conversion des peuples et l'établissement de l'Eglise ne sont point dus aux raisonnemens et aux discours persuasifs des hommes. Ce n'est pas qu'il n'y ait eu de l'éloquence et de la sagesse dans la plupart de ceux qui ont annoncé Jésus-Christ : mais ils ne se sont point confiés à cette sagesse et à cette éloquence ; mais ils ne l'ont point recherchée comme ce qui devoit donner de l'efficace à leurs paroles. Tout a été fondé, comme dit saint Paul, non sur les discours persuasifs de la philosophie humaine, mais sur les effets de l'esprit et de la vertu de Dieu, c'est-à-dire sur les miracles qui frappoient les yeux et sur l'opération intérieure de la grâce.

C. C'est donc, selon vous-même, évacuer la croix du Sauveur, que de se fonder sur la sagesse et sur l'éloquence humaine en prêchant.

A. Oui, sans doute : le ministère de la parole est tout fondé sur la foi. Il faut prier, il faut purifier son cœur, il faut attendre tout du ciel, il faut s'armer du glaive de la parole de Dieu et ne compter point sur la sienne : voilà la préparation essentielle. Mais quoique le fruit intérieur de l'évangile ne soit dû qu'à la pure grâce et à l'efficace de la parole de Dieu, il y a pourtant certaines choses que l'homme doit faire de son côté.

C. Jusqu'ici vous avez bien parlé ; mais vous allez, je le vois bien, rentrer dans vos premiers sentimens.

A. Je ne pense pas en être sorti. Ne croyez-vous pas que l'ouvrage de notre salut dépend de la grâce ?

C. Oui, cela est de foi.

A. Vous reconnoissez néanmoins qu'il faut de la prudence pour choisir certains genres de vie et pour fuir les occasions dangereuses. Ne voulez-vous pas qu'on veille et qu'on prie ? Quand on aura veillé et prié, aura-t-on évacué le ministère de la grâce ? Non, sans doute. Nous devons tout à Dieu ; mais Dieu nous assujettit à un ordre extérieur de moyens humains. Les apôtres n'ont point cherché la vaine pompe et les grâces frivoles des orateurs païens ; ils ne se sont point attachés aux raisonnemens subtils des philosophes, qui faisoient tout dépendre de ces raisonnemens dans lesquels ils s'évaporoient, comme dit saint Paul ; ils se sont contentés de prêcher Jésus-Christ avec toute la force et toute la magnificence du langage de l'Écriture. Il est vrai qu'ils n'avoient besoin d'aucune préparation pour ce ministère, parce que le Saint-Esprit, descendu visiblement sur eux, leur donnoit à l'heure même des paroles. La différence qu'il y a donc entre les apôtres et leurs successeurs, est que leurs successeurs, n'étant pas inspirés miraculeusement comme eux, ont besoin de se préparer et de se remplir de la doctrine et de l'esprit des Écritures pour former leur discours. Mais cette préparation ne doit jamais tendre à parler moins simplement que les apôtres. Ne serez-vous pas content pourvu que les prédicateurs ne soient pas plus ornés dans leurs discours que saint Pierre, saint Paul, saint Jacques, saint Jude et saint Jean ?

C. Je conviens que je le dois être ; et j'avoue que l'éloquence ne consistant, comme vous le dites, que dans l'ordre et dans la force des paroles par lesquelles on persuade et on touche, elle ne me scandalise plus comme elle le faisoit. J'avois toujours pris l'éloquence pour un art entièrement profane.

A. Deux sortes de gens en ont cette idée : les faux orateurs ; et nous avons vu combien ils s'égarent en cherchant l'éloquence dans une vaine pompe de paroles : les gens de bien qui ne sont pas assez instruits ; et, pour ceux-là, vous voyez que, renonçant par humilité à l'éloquence comme à un faste de paroles, ils cherchent néanmoins l'éloquence véritable, puisqu'ils s'efforcent de persuader et de toucher.

C. J'entends maintenant tout ce que vous dites. Mais revenons à l'éloquence de l'Ecriture.

A. Pour la sentir, rien n'est plus utile que d'avoir le goût de la simplicité antique : surtout la lecture des anciens Grecs sert beaucoup à y réussir. Je dis des anciens; car les Grecs que les Romains méprisoient tant avec raison, et qu'ils appeloient *Græculi,* avoient entièrement dégénéré. Comme je vous le disois hier, il faut connoître Homère, Platon, Xénophon, et les autres des anciens temps ; après cela l'Ecriture ne vous surprendra plus. Ce sont presque les mêmes coutumes, les mêmes narrations, les mêmes images des grandes choses, les mêmes mouvemens. La différence qui est entre eux est tout entière à l'honneur de l'Ecriture : elle les surpasse tous infiniment en naïveté, en vivacité, en grandeur. Jamais Homère même n'a approché de la sublimité de Moïse dans ses cantiques, particulièrement le dernier, que tous les enfans des Israélites devoient apprendre par cœur. Jamais nulle ode grecque ou latine n'a pu atteindre à la hauteur des psaumes. Par exemple, celui qui commence ainsi : *Le Dieu des dieux, le Seigneur a parlé, et il a appelé la terre*[1], surpasse toute imagination humaine. Jamais Homère, ni aucun autre poète, n'a égalé Isaïe peignant la majesté de Dieu, aux yeux duquel les royaumes ne sont qu'un grain de poussière, l'univers qu'une tente qu'on dresse aujourd'hui et qu'on enlèvera demain : tantôt ce prophète a toute la douceur et toute la tendresse d'une églogue dans les riantes peintures qu'il fait de la paix ; tantôt il s'élève jusqu'à laisser tout au-dessous de lui. Mais qu'y-a-il, dans l'antiquité profane, de comparable au tendre Jérémie déplorant les maux de son peuple, ou à Nahum voyant de loin en esprit tomber la superbe Ninive sous les efforts d'une armée innombrable? On croit voir cette armée, on croit entendre le bruit des armes et des chariots ; tout est dépeint d'une manière vive qui saisit l'imagination : il laisse Homère loin derrière lui. Lisez encore Daniel dénonçant à Balthasar la vengeance de Dieu toute prête à fondre sur lui ; et cherchez, dans les plus sublimes originaux de l'antiquité, quelque chose qu'on puisse comparer à ces endroits-là. Au reste, tout se soutient dans l'Ecriture, tout y garde le caractère qu'il doit avoir, l'histoire, le détail des lois, les descriptions, les endroits véhémens, les mystères, les discours de morale. Enfin il y a autant de différence entre les poètes profanes et les prophètes, qu'il y en a entre le véritable enthousiasme et le faux. Les uns, véritablement inspirés, expriment sensiblement quelque chose de divin ; les autres, s'efforçant de s'é-

[1] *Ps.* XLIX.

lever au-dessus d'eux-mêmes, laissent toujours voir en eux la foiblesse humaine. Il n'y a que le second livre des Machabées, le livre de la Sagesse, surtout à la fin, et celui de l'Ecclésiastique, surtout au commencement, qui se sentent de l'enflure du style que les Grecs, alors déjà déchus, avoient répandu dans l'Orient, où leur langue s'étoit établie avec leur domination. Mais j'aurois beau vouloir vous parler de ces choses, il faut les lire pour les sentir.

B. Il me tarde d'en faire l'essai. On devroit s'appliquer à cette étude plus qu'on ne fait.

C. Je m'imagine bien que l'Ancien Testament est écrit avec cette magnificence et ces peintures vives dont vous nous parlez. Mais vous ne dites rien de la simplcité des paroles de Jésus-Christ.

A. Cette simplicité de style est tout-à-fait du goût antique; elle est conforme et à Moïse et aux prophètes, dont Jésus-Christ prend assez souvent les expressions : mais, quoique simple et familier, il est sublime et figuré en bien des endroits. Il seroit aisé de montrer en détail, les livres à la main, que nous n'avons point de prédicateur en notre siècle qui ait été aussi figuré dans ses sermons les plus préparés, que Jésus-Christ l'a été dans ses prédications populaires. Je ne parle point de ses discours rapportés par saint Jean, où presque tout est sensiblement divin; je parle de ses discours les plus familiers écrits par les autres évangélistes. Les apôtres ont écrit de même : avec cette différence, que Jésus-Christ, maître de sa doctrine, la distribue tranquillement; il dit ce qu'il lui plaît, et il le dit sans aucun effort; il parle du royaume et de la gloire céleste comme de la maison de son Père. Toutes ces grandeurs qui nous étonnent lui sont naturelles; il y est né, et il ne dit que ce qu'il voit, comme il nous l'assure lui-même. Au contraire, les apôtres succombent sous le poids des vérités qui leur sont révélées; ils ne peuvent exprimer tout ce qu'ils conçoivent, les paroles leur manquent : de là viennent ces transpositions, ces expressions confuses, ces liaisons de discours qui ne peuvent finir. Toute cette irrégularité de style marque, dans saint Paul et dans les autres apôtres, que l'esprit de Dieu entraînoit le leur : mais, nonobstant tous ces petits désordres pour la diction, tout y est noble, vif et touchant. Pour l'Apocalypse, on y trouve la même magnificence et le même enthousiasme que dans les prophètes : les expressions sont souvent les mêmes, et quelquefois ce rapport fait qu'ils s'aident mutuellement à être entendus. Vous voyez donc que l'éloquence n'appartient pas seulement aux livres de l'Ancien Testament, mais qu'elle se trouve aussi dans le Nouveau.

C. Supposé que l'Ecriture soit éloquente, qu'en voulez-vous conclure ?

A. Que ceux qui doivent la prêcher peuvent, sans scrupule, imiter ou plutôt emprunter son éloquence.

C. Aussi en choisit-on les passages qu'on trouve les plus beaux.

A. C'est défigurer l'Ecriture, que de ne la faire connoître aux chrétiens que par des passages détachés. Ces passages, tout beaux qu'ils sont, ne peuvent seuls faire sentir toute leur beauté, quand on n'en connoît point la suite ; car tout est suivi dans l'Ecriture, et cette suite est ce qu'il y a de plus grand et de plus merveilleux. Faute de la connoître on prend ces passages à contre-sens ; on leur fait dire tout ce qu'on veut, et on se contente de certaines interprétations ingénieuses, qui étant arbitraires, n'ont aucune force pour persuader les hommes et pour redresser leurs mœurs.

B. Que voudriez-vous donc des prédicateurs ? qu'ils ne fissent que suivre le texte de l'Ecriture ?

A. Attendez : au moins je voudrois que les prédicateurs ne se contentassent pas de coudre ensemble des passages rapportés ; je voudrois qu'ils expliquassent les principes et l'enchaînement de la doctrine de l'Ecriture ; je voudrois qu'ils en prissent l'esprit, le style et les figures ; que tous leurs discours servissent à en donner l'intelligence et le goût. Il n'en faudroit pas davantage pour être éloquent : car ce seroit imiter le plus parfait modèle de l'éloquence.

B. Mais pour cela il faudroit donc, comme je vous disois, expliquer de suite le texte.

A. Je ne voudrois pas y assujettir tous les prédicateurs. On peut faire des sermons sur l'Ecriture, sans expliquer l'Ecriture de suite. Mais il faut avouer que ce seroit toute autre chose, si les pasteurs, suivant l'ancien usage, expliquoient de suite les saints livres au peuple. Représentez-vous quelle autorité auroit un homme qui ne diroit rien de sa propre invention, et qui ne feroit que suivre et expliquer les pensées et les paroles de Dieu même. D'ailleurs il feroit deux choses à la fois : en expliquant les vérités de l'Ecriture, il en expliqueroit le texte, et accoutumeroit les chrétiens à joindre toujours le sens et la lettre. Quel avantage pour les accoutumer à se nourrir de ce pain sacré ! Un auditoire qui auroit déjà entendu expliquer toutes les principales choses de l'ancienne loi, seroit bien autrement en état de profiter de l'explication de la nouvelle, que ne le sont la plupart des chrétiens d'aujourd'hui. Le prédicateur dont nous parlions tantôt a ce défaut parmi de grandes qualités, que ses sermons sont de beaux raisonnemens sur la religion, et qu'ils ne sont point la religion même. On s'attache trop aux peintures morales, et on n'explique pas assez les principes de la doctrine évangélique.

B. C'est qu'il est bien plus aisé de peindre les désordres du monde, que d'expliquer solidement le fond du christianisme. Pour l'un, il ne faut que de l'expérience du commerce du monde, et des paroles : pour l'autre, il faut une sérieuse et profonde méditation des saintes

Ecritures. Peu de gens savent assez toute la religion pour la bien expliquer. Tel fait des sermons qui sont beaux, qui ne sauroit faire un catéchisme solide, encore moins une homélie.

A. Vous avez mis le doigt sur le but. Aussi la plupart des sermons sont-ils des raisonnemens de philosophes. Souvent on ne cite l'Ecriture qu'après coup, par bienséance ou pour l'ornement. Alors ce n'est plus la parole de Dieu, c'est la parole et l'invention des hommes.

C. Vous convenez bien que ces gens-là travaillent à évacuer la croix de Jésus-Christ.

A. Je vous les abandonne. Je me retranche à l'éloquence de l'Ecriture, que les prédicateurs évangéliques doivent imiter. Ainsi nous sommes d'accord, pourvu que vous n'excusiez pas certains prédicateurs zélés, qui, sous prétexte de simplicité apostolique, n'étudient solidement ni la doctrine de l'Ecriture, ni la manière merveilleuse dont Dieu nous y a appris à persuader les hommes : ils s'imaginent qu'il n'y a qu'à crier, et qu'à parler souvent du diable et de l'enfer. Sans doute, il faut frapper les peuples par des images vives et terribles; mais c'est dans l'Ecriture qu'on apprendroit à faire ces grandes impressions. On y apprendroit aussi admirablement la manière de rendre les instructions sensibles et populaires, sans leur faire perdre la gravité et la force qu'elles doivent avoir. Faute de ces connoissances, on ne fait souvent qu'étourdir le peuple : il ne lui reste dans l'esprit guère de vérités distinctes, et les impressions de crainte même ne sont pas durables. Cette simplicité qu'on affecte n'est quelquefois qu'une ignorance et une grossièreté qui tente Dieu. Rien ne peut excuser ces gens-là, que la droiture de leurs intentions. Il faudroit avoir long-temps étudié et médité les saintes Ecritures, avant que de prêcher. Un prêtre qui les sauroit bien solidement, et qui auroit le talent de parler, joint à l'autorité du ministère et du bon exemple, n'auroit pas besoin d'une longue préparation pour faire d'excellens discours : on parle aisément des choses dont on est plein et touché. Surtout une matière comme celle de la religion fournit de hautes pensées, et excite de grands sentimens : voilà ce qui fait la vraie éloquence. Mais il faudroit trouver, dans un prédicateur, un père qui parlât à ses enfans avec tendresse, et non un déclamateur qui prononçât avec emphase. Ainsi il seroit à souhaiter qu'il n'y eût communément que les pasteurs qui donnassent la pâture aux troupeaux selon leurs besoins. Pour cela il ne faudroit d'ordinaire choisir pour pasteurs que des prêtres qui eussent le don de la parole. Il arrive au contraire deux maux : l'un que les pasteurs muets ou qui parlent sans talent sont peu estimés ; l'autre, que la fonction de prédicateur volontaire attire dans cet emploi je ne sais combien d'esprits vains et ambitieux. Vous savez que le ministère de la parole a été réservé aux évêques pendant plusieurs siècles, surtout en Occident. Vous connoissez l'exemple de saint Augustin, qui, contre la règle commune, fut engagé, n'étant encore que prêtre à prêcher, parce que Valérius, son prédécesseur, étoit un étranger qui ne parloit pas facilement : voilà le commencement de cet usage en Occident. En Orient on commença plus tôt à faire prêcher les prêtres : les sermons que saint Chrysostôme, n'étant que prêtre, fit à Antioche, en sont une marque.

C. Je suis persuadé de cela comme vous. Il ne faudroit communément laisser prêcher que les pasteurs ; ce seroit le moyen de rendre à la chaire la simplicité et l'autorité qu'elle doit avoir : car les pasteurs qui joindroient à l'expérience du travail et de la conduite des âmes, la science des Ecritures, parleroient d'une manière bien plus convenable aux besoins de leurs auditeurs ; au lieu que les prédicateurs qui n'ont que la spéculation entrent bien moins dans les difficultés, ne se proportionnent guère aux esprits, et parlent d'une manière plus vague. Outre la grâce attachée à la voix du pasteur, voilà des raisons sensibles pour préférer ses sermons à ceux des autres. A quel propos tant de prédicateurs jeunes, sans expérience, sans science, sans sainteté? Il vaudroit bien mieux avoir moins de sermons, et en avoir de meilleurs.

B. Mais il y a beaucoup de prêtres qui ne sont point pasteurs, et qui prêchent avec beaucoup de fruit. Combien y a-t-il même de religieux qui remplissent dignement les chaires!

C. J'en conviens : aussi voudrois-je les faire pasteurs. Ce sont ces gens-là qu'il faudroit établir malgré eux dans les emplois à charge d'âmes. Ne cherchoit-on pas autrefois parmi les solitaires ceux qu'on vouloit élever sur le chandelier de l'Eglise?

A. Mais ce n'est pas à nous à régler la discipline : chaque temps a ses coutumes selon les conjonctures. Respectons, monsieur, toutes les tolérances de l'Eglise; et, sans aucun esprit de critique, achevons de former selon notre idée un vrai prédicateur.

C. Il me semble que je l'ai déjà tout entière sur les choses que vous avez dites.

A. Voyons ce que vous en pensez.

C. Je voudrois qu'un homme eût étudié solidement pendant sa jeunesse tout ce qu'il y a de plus utile dans la poésie et dans l'éloquence grecque et latine.

A. Cela n'est pas nécessaire. Il est vrai que, quand on a bien fait ces études, on en peut tirer un grand fruit pour l'intelligence même de l'Ecriture, comme saint Basile l'a montré dans un traité qu'il a fait exprès sur ce sujet [1]. Mais, après tout, on peut s'en passer. Dans les premiers siècles de l'Eglise, on s'en passoit effectivement.

---

[1] S. BASILE, *de la lecture des livres des Païens.* Hom. XXII; Op. tom. II, pag. 173.

Ceux qui avoient étudié ces choses lorsqu'ils étoient dans le siècle, en tiroient de grands avantages pour la religion lorsqu'ils étoient pasteurs; mais on ne permettoit pas à ceux qui les ignoroient de les apprendre lorsqu'ils étoient déjà engagés dans l'étude des saintes lettres [1]. On étoit persuadé que l'Ecriture suffisoit: de là vient ce que vous voyez dans les *Constitutions apostoliques*, qui exhortent les fidèles à ne lire point les auteurs païens. Si vous voulez de l'histoire, dit ce livre [2], si vous voulez des lois, des préceptes moraux, de l'éloquence, de la poésie, vous trouvez tout dans les Ecritures. En effet, on n'a pas besoin, comme nous l'avons vu, de chercher ailleurs ce qui peut former le goût et le jugement pour l'éloquence même. Saint Augustin [3] dit que plus on est pauvre de son propre fonds, plus on doit s'enrichir dans ces sources sacrées, et qu'étant par soi-même petit pour exprimer de si grandes choses, on a besoin de croître par cette autorité de l'Ecriture. Mais je vous demande pardon de vous avoir interrompu. Continuez, s'il vous plaît, monsieur.

C. Hé bien! contentons-nous de l'Ecriture. Mais n'y ajouterons-nous pas les Pères?

A. Sans doute; ils sont les canaux de la tradition; c'est par eux que nous découvrons la manière dont l'Eglise a interprété l'Ecriture dans tous les siècles.

C. Mais faut-il s'engager à expliquer toujours tous les passages suivant les interprétations qu'ils leur ont données? Il me semble que souvent l'un donne un sens spirituel, et l'autre un autre tout différent : lequel choisir? car on n'auroit jamais fait, si on vouloit les dire tous.

A. Quand on dit qu'il faut toujours expliquer l'Ecriture conformément à la doctrine des Pères, c'est-à-dire à leur doctrine constante et uniforme. Ils ont donné souvent des sens pieux qui n'ont rien de littéral ni de fondé

---

[1] S. Aug. *de Doct. christ.* lib. ii, n. 58 : tom. iii, pag. 42. — [2] Lib. i, cap. vi. — [3] S. Aug. *de Doct. christ.* lib. iv n. 8 : pag. 67.

sur la doctrine des mystères et des figures prophétiques. Ceux-là sont arbitraires : et alors on n'est pas obligé de les suivre, puisqu'ils ne se sont pas suivis les uns les autres. Mais, dans les endroits où ils expliquent le sentiment de l'Eglise sur la doctrine de la foi, ou sur les principes des mœurs, il n'est pas permis d'expliquer l'Ecriture en un sens contraire à leur doctrine. Voilà comment il faut reconnoître leur autorité.

C. Cela me paroît clair. Je voudrois qu'un prêtre, avant que de prêcher, connût le fond de leur doctrine pour s'y conformer. Je voudrois même qu'on étudiât leurs principes de conduite, leurs règles de modération, et leur méthode d'instruire.

A. Fort bien, ce sont nos maîtres. C'étoient des esprits très-élevés, de grandes âmes pleines de sentimens héroïques, des gens qui avoient une expérience merveilleuse des esprits et des mœurs des hommes, qui avoient acquis une grande autorité, et une grande facilité de parler. On voit même qu'ils étoient très-polis, c'est-à-dire parfaitement instruits de toutes les bienséances, soit pour écrire, soit pour parler en public, soit pour converser familièrement, soit pour remplir toutes les fonctions de la vie civile. Sans doute, tout cela devoit les rendre fort éloquens, et fort propres à gagner les hommes. Aussi trouve-t-on dans leurs écrits une politesse, non-seulement de paroles, mais de sentimens et de mœurs, qu'on ne trouve point dans les écrivains des siècles suivans. Cette politesse, qui s'accorde très-bien avec la simplicité, et qui les rendoit gracieux et insinuans, faisoit de grands effets pour la religion. C'est ce qu'on ne sauroit trop étudier en eux. Ainsi, après l'Ecriture, voilà les sources pures des bons sermons.

C. Quand un homme auroit acquis ce fonds, et que ses vertus exemplaires auroient édifié l'Eglise, il seroit en état d'expliquer l'évangile avec beaucoup d'autorité et de fruit. Par les instructions familières et par les conférences dans lesquelles on l'auroit exercé de bonne heure, il auroit acquis une liberté et une facilité suffisantes pour bien parler. Je comprends encore que de telles gens étant appliqués à tout le détail du ministère, c'est-à-dire à administrer les sacremens, à conduire les âmes, à consoler les mourans et les affligés, ils ne pourroient point avoir le temps d'apprendre par cœur des sermons fort étudiés : il faudroit que la bouche parlât selon l'abondance du cœur, c'est-à-dire qu'elle répandît sur le peuple la plénitude de la science évangélique et les sentimens affectueux du prédicateur. Sur ce que vous disiez hier des sermons qu'on apprend par cœur, j'ai eu la curiosité d'aller chercher un endroit de saint Augustin que j'avois lu autrefois : en voici le sens. Il prétend que les prédicateurs doivent parler d'une manière encore plus claire et plus sensible que les autres gens, parce que, la coutume et la bienséance ne permettant pas de les interroger, ils doivent craindre de ne se proportionner pas assez à leurs auditeurs. C'est pourquoi, dit-il, ceux qui apprennent leurs sermons mot à mot, et qui ne peuvent répéter et éclaircir une vérité jusqu'à ce qu'ils remarquent qu'on l'a comprise, se privent d'un grand fruit. Vous voyez bien par là que saint Augustin se contentoit de préparer les choses dans son esprit, sans mettre dans sa mémoire toutes les paroles de ses sermons. Quand même les règles de la vraie éloquence demanderoient quelque chose de plus, celles du ministère évangélique ne permettroient pas d'aller plus loin. Pour moi je suis, il y a long-temps, de votre avis là-dessus. Pendant qu'il y a tant de besoins pressans dans le christianisme, pendant que le prêtre, qui doit être l'homme de Dieu, préparé à toute bonne œuvre, devroit se hâter de déraciner l'ignorance et les scandales du champ de l'Église, je trouve qu'il est fort indigne de lui qu'il passe sa vie dans son cabinet à arrondir des périodes, à retoucher des portraits, et à inventer des divisions : car, dès qu'on s'est mis sur le pied de ces sortes de prédicateurs, on n'a plus le temps de faire autre chose ; on ne fait plus d'autre étude ni d'autre travail ; encore même, pour se soulager, se réduit-on souvent à redire toujours les mêmes sermons. Quelle éloquence que celle d'un homme dont l'auditeur sait par avance toutes les expressions et tous les mouvemens ! Vraiment, c'est bien là le moyen de surprendre, d'étonner, d'attendrir, de saisir et de persuader les hommes ! Voilà une étrange manière de cacher l'art et de faire parler la nature ! Pour moi, je le dis franchement, tout cela me scandalise. Quoi ! le dispensateur des mystères de Dieu sera-t-il un déclamateur oisif, jaloux de sa réputation, et amoureux d'une vaine pompe ? n'osera-t-il parler de Dieu à son peuple sans avoir rangé toutes ses paroles et appris en écolier sa leçon par cœur

A. Votre zèle me fait plaisir. Ce que vous dites est véritable. Il ne faut pourtant pas le dire trop fortement ; car on doit ménager beaucoup de gens de mérite et même de piété, qui, déférant à la coutume, ou préoccupés par l'exemple, se sont engagés de bonne foi dans la méthode que vous blâmez avec raison. Mais j'ai honte de vous interrompre si souvent. Achevez, je vous prie.

C. Je voudrois qu'un prédicateur expliquât toute la religion, qu'il la développât d'une manière sensible, qu'il montrât l'institution des choses, qu'il en marquât la suite et la tradition, qu'en montrant ainsi l'origine et l'établissement de la religion, il détruisît les objections des libertins sans entreprendre ouvertement de les attaquer, de peur de scandaliser les simples fidèles.

A. Vous dites très-bien ; car la véritable manière de prouver la vérité de la religion est de la bien expliquer. Elle se prouve elle-même, quand on en donne la vraie idée. Toutes les autres preuves, qui ne sont pas tirées du fond et des circonstances de la religion même, lui sont comme étrangères. Par exemple, la meilleure preuve de la création du monde, du déluge, et des miracles de Moïse, c'est la nature de ces miracles et la manière dont l'histoire en est écrite : il ne faut, à un homme sage et sans passion, que les lire pour en sentir la vérité.

C. Je voudrois encore qu'un prédicateur expliquât assidûment et de suite au peuple, outre tout le détail de l'évangile et des mystères, l'origine et l'institution des sacremens, les traditions, les disciplines, l'office et les cérémonies de l'Eglise : par là, on prémuniroit les fidèles contre les objections des hérétiques ; on les mettroit en état de rendre raison de leur foi, et de toucher même ceux d'entre les hérétiques qui ne sont point opiniâtres. Toutes ces instructions affermiroient la foi, donneroient une haute idée de la religion, et feroient que le peuple profiteroit pour son édification de tout ce qu'il voit dans l'église ; au lieu qu'avec l'instruction superficielle qu'on lui donne, il ne comprend presque rien de tout ce qu'il voit, et il n'a même qu'une idée très-confuse de ce qu'il entend dire au prédicateur. C'est principalement à cause de cette suite d'instructions que je voudrois que des gens fixes, comme les pasteurs, prêchassent dans chaque paroisse. J'ai souvent remarqué qu'il n'y a ni art ni science dans le monde que les maîtres n'enseignent de suite par principes et avec méthode ; il n'y a que la religion qu'on n'enseigne point de cette manière aux fidèles. On leur donne dans l'enfance un petit catéchisme sec, et qu'ils apprennent par cœur sans en comprendre le sens ; après quoi ils n'ont plus pour instruction que des sermons vagues et détachés. Je voudrois, comme vous le disiez tantôt, qu'on enseignât aux chrétiens les premiers élémens de leur religion, et qu'on les menât avec ordre jusqu'aux plus hauts mystères.

A. C'est ce que l'on faisoit autrefois. On commençoit

par les catéchèses, après quoi les pasteurs enseignoient de suite l'évangile par des homélies. Cela faisoit des chrétiens très-instruits de toute la parole de Dieu. Vous connoissez le livre de saint Augustin *de Catechizandis rudibus*. Vous connoissez aussi le *Pédagogue* de saint Clément, qui est un ouvrage fait pour faire connoître aux païens qui se convertissoient, les mœurs de la philosophie chrétienne. C'étoient les plus grands hommes qui étoient employés à ces instructions : aussi produisoient-elles des fruits merveilleux, et qui nous paroissent maintenant presque incroyables.

C. Enfin, je voudrois que le prédicateur, quel qu'il fût, fît ses sermons de manière qu'ils ne lui fussent point fort pénibles, et qu'ainsi il pût prêcher souvent. Il faudroit que tous ses sermons fussent courts, et qu'il pût, sans s'incommoder et sans lasser le peuple, prêcher tous les dimanches après l'évangile. Apparemment ces anciens évêques, qui étoient fort âgés et chargés de tant de travaux, ne faisoient pas autant de cérémonie que nos prédicateurs pour parler au peuple au milieu de la messe qu'ils disoient eux-mêmes solennellement tous les dimanches. Maintenant, afin qu'un prédicateur ait bien fait, il faut qu'en sortant de chaire il soit tout en eau, hors d'haleine, et incapable d'agir le reste du jour. La chasuble, qui n'étoit point alors échancrée à l'endroit des épaules comme à présent, et qui pendoit en rond également de tous les côtés, les empêchoit apparemment de remuer autant les bras que nos prédicateurs les remuent. Ainsi leurs sermons étoient courts, et leur action grave et modérée. Hé bien! monsieur, tout cela n'est-il pas selon vos principes? N'est-ce pas là l'idée que vous nous donnez des sermons?

A. Ce n'est pas la mienne, c'est celle de l'antiquité. Plus j'entre dans le détail, plus je trouve que cette ancienne forme des sermons étoit la plus parfaite. C'étoient de grands hommes, des hommes non-seulement fort saints, mais très-éclairés sur le fond de la religion et sur la manière de persuader les hommes, qui s'étoient appliqués à régler toutes ces circonstances : il y a une sagesse merveilleuse cachée sous cet air de simplicité. Il ne faut pas s'imaginer qu'on ait pu dans la suite trouver rien de meilleur. Vous avez, monsieur, expliqué tout cela parfaitement bien, et vous ne m'avez laissé rien à dire ; vous développez bien mieux ma pensée que moi-même.

B. Vous élevez bien haut l'éloquence et les sermons des Pères.

A. Je ne crois pas en dire trop.

B. Je suis surpris de voir qu'après avoir été si rigoureux contre les orateurs profanes qui ont mêlé des jeux d'esprit dans leurs discours, vous soyez si indulgent pour les Pères, qui sont pleins de jeux de mots, d'antithèses et de pointes fort contraires à toutes vos règles. De grâce, accordez-vous avec vous-même, développez-nous tout cela : par exemple, que pensez-vous du style de Tertullien ?

A. Il y a des choses très-estimables dans cet auteur ; la grandeur des sentimens est souvent admirable ; d'ailleurs il faut le lire pour certains principes sur la tradition, pour les faits d'histoire, et pour la discipline de son temps. Mais pour son style, je n'ai garde de le défendre : il a beaucoup de pensées fausses et obscures, beaucoup de métaphores dures et entortillées. Ce qui est mauvais en lui est ce que la plupart des lecteurs y cherchent le plus. Beaucoup de prédicateurs se gâtent par cette lecture ; l'envie de dire quelque chose de singulier les jette dans cette étude. La diction de Tertullien, qui est extraordinaire et pleine de faste, les éblouit. Il faudroit donc bien se garder d'imiter ses pensées et son style ; mais on devroit tirer de ses ouvrages ses grands sentimens et la connoissance de l'antiquité.

B. Mais saint Cyprien, qu'en dites-vous ? n'est-il pas aussi bien enflé ?

A. Il l'est sans doute : on ne pouvoit guère être autrement dans son siècle et dans son pays. Mais quoique son style et sa diction sentent l'enflure de son temps et la dureté africaine, il a pourtant beaucoup de force et d'éloquence : on voit partout une grande âme, une âme éloquente, qui exprime ses sentimens d'une manière noble et touchante : on y trouve en quelques endroits des ornemens affectés, par exemple dans l'épître à Donat, que saint Augustin cite [1] néanmoins comme une épître pleine d'éloquence. Ce Père dit que Dieu a permis que ces traits d'une éloquence affectée aient échappé à saint Cyprien, pour apprendre à la postérité combien l'exactitude chrétienne a châtié dans tout le reste de ses ouvrages ce qu'il y avoit d'ornemens superflus dans le style de cet orateur, et qu'elle l'a réduit dans les bornes d'une éloquence plus grave et plus modeste. C'est, continue saint Augustin, ce dernier caractère marqué dans toutes les lettres suivantes de saint Cyprien, qu'on peut aimer avec sûreté, et chercher suivant les règles de la plus sévère religion, mais auquel on ne peut parvenir qu'avec beaucoup de peine. Dans le fond, l'épître de saint Cyprien à Donat, quoique trop ornée, au jugement même de saint Augustin, mérite d'être appelée éloquente : car encore qu'on y trouve, comme il dit, un peu trop de fleurs semées, on voit bien néanmoins que le gros de l'épître est très-sérieux, très-vif et très-propre à donner une haute idée du christianisme à un païen qu'on veut convertir. Dans les endroits où saint Cyprien s'anime fortement, il laisse là tous les jeux d'esprit ; il prend un tour véhément et sublime.

[1] *De Doct. christ.* lib. IV, n. 31 : pag. 76.

B. Mais saint Augustin dont vous parlez, n'est-ce pas l'écrivain du monde le plus accoutumé à se jouer des paroles ? Le défendrez-vous aussi ?

A. Non, je ne le défendrai point là-dessus. C'est le défaut de son temps, auquel son esprit vif et subtil lui donnoit une pente naturelle. Cela montre que saint Augustin n'a pas été un orateur parfait ; mais cela n'empêche pas qu'avec ce défaut il n'ait eu un grand talent pour la persuasion. C'est un homme qui raisonne avec une force singulière, qui est plein d'idées nobles, qui connoît le fond du cœur de l'homme, qui est poli et attentif à garder dans tous ses discours la plus étroite bienséance, qui s'exprime enfin presque toujours d'une manière tendre, affectueuse et insinuante. Un tel homme ne mérite-t-il pas qu'on lui pardonne le défaut que nous reconnoissons en lui ?

C. Il est vrai que je n'ai jamais trouvé qu'en lui seul une chose que je vais vous dire ; c'est qu'il est touchant lors même qu'il fait des pointes. Rien n'en est plus rempli que ses Confessions et ses Soliloques. Il faut avouer qu'ils sont tendres et propres à attendrir le lecteur.

A. C'est qu'il corrige le jeu d'esprit, autant qu'il est possible, par la naïveté de ses mouvemens et de ses affections. Tous ses ouvrages portent le caractère de l'amour de Dieu ; non-seulement il le sentoit, mais il savoit merveilleusement exprimer au dehors les sentimens qu'il en avoit. Voilà la tendresse qui fait une partie de l'éloquence. D'ailleurs nous voyons que saint Augustin connoissoit bien le fond des véritables règles. Il dit qu'un discours, pour être persuasif, doit être simple, naturel, que l'art y doit être caché, et qu'un discours qui paroît trop beau met l'auditeur en défiance. Il y applique ces paroles que vous connoisssez : *Qui sophisticè loquitur odibilis est* [1]. Il traite aussi avec beaucoup de science l'ar-

---

[1] *De Doct. christ.* lib. II, n. 48 : pag. 38.

rangement des choses, le mélange des divers styles, les moyens de faire toujours croître le discours, la nécessité d'être simple et familier, même pour les tons de la voix, et pour l'action en certains endroits, quoique tout ce qu'on dit soit grand quand on prêche la religion; enfin la manière de surprendre et de toucher. Voilà les idées de saint Augustin sur l'éloquence. Mais voulez-vous voir combien dans la pratique il avoit l'art d'entrer dans les esprits, et combien il cherchoit à émouvoir les passions, selon le vrai but de la rhétorique? lisez ce qu'il rapporte lui-même [1] d'un discours qu'il fit au peuple à Césarée de Mauritanie pour faire abolir une coutume barbare. Il s'agissoit d'une coutume ancienne qu'on avoit poussée jusqu'à une cruauté monstrueuse, c'est tout dire. Il s'agissoit d'ôter au peuple un spectacle dont il étoit charmé; jugez vous-même de la difficulté de cette entreprise. Saint Augustin dit qu'après avoir parlé quelque temps, ses auditeurs s'écrièrent et lui applaudirent : mais il jugea que son discours ne persuaderoit point, tandis qu'on s'amuseroit à lui donner des louanges. Il ne compta donc pour rien le plaisir et l'admiration de l'auditeur, et il ne commença à espérer que quand il vit couler des larmes. En effet, ajoute-t-il, le peuple renonça à ce spectacle, et il y a huit ans qu'il n'a point été renouvelé. N'est-ce pas là un vrai orateur? Avons-nous des prédicateurs qui soient en état d'en faire autant? Saint Jérôme a encore ses défauts pour le style ; mais ses expressions sont mâles et grandes. Il n'est pas régulier ; mais il est bien plus éloquent que la plupart des gens qui se piquent de l'être. Ce seroit juger en petit grammairien, que de n'examiner les Pères que par la langue et le style. (Vous savez bien qu'il ne faut pas confondre l'éloquence avec l'élégance et la pureté de la diction.) Saint Ambroise suit aussi quelquefois la mode de son temps : il donne à son discours

---

[1] *De Doct. christ.* lib. IV, n. 53 : pag. 87.

les ornemens qu'on estimoit alors. Peut-être même que ces grands hommes, qui avoient des vues plus hautes que les règles communes de l'éloquence, se conformoient au goût du temps pour faire écouter avec plaisir la parole de Dieu, et pour insinuer les vérités de la religion. Mais après tout, ne voyons-nous pas saint Ambroise, nonobstant quelques jeux de mots, écrire à Théodose avec une force et une persuasion inimitables? Quelle tendresse n'exprime-t-il pas quand il parle de la mort de son frère Satyre! Nous avons même, dans le bréviaire romain, un discours de lui sur la tête de saint Jean [1], qu'Hérode respecte et craint encore après sa mort : prenez-y garde, vous en trouverez la fin sublime. Saint Léon est enflé, mais il est grand. Saint Grégoire pape étoit encore dans un siècle pire; il a pourtant écrit plusieurs choses avec beaucoup de force et de dignité. Il faut savoir distinguer ce que le malheur du temps a mis dans ces grands hommes, comme dans tous les autres écrivains de leurs siècles, d'avec ce que leur génie et leurs sentimens leur fournissoient pour persuader leurs auditeurs.

C. Mais quoi! tout étoit donc gâté, selon vous, pour l'éloquence, dans ces siècles si heureux pour la religion?

A. Sans doute : peu de temps après l'empire d'Auguste, l'éloquence et la langue latine même n'avoient fait que se corrompre. Les Pères ne sont venus qu'après ce déclin : ainsi il ne faut pas les prendre pour des modèles sûrs en tout; il faut même avouer que la plupart des sermons que nous avons d'eux sont leurs moins forts ouvrages. Quand je vous montrois tantôt, par le témoignage des Pères, que l'Ecriture est éloquente, je songeois en moi-même que c'étoient des témoins dont l'éloquence est bien inférieure à celle que vous n'avez crue que sur leur parole. Il y a des gens d'un goût si dépravé, qu'ils

---

[1] *De Virginib.* lib. III. cap. VI. tom. II, pag. 181, 182.

ne sentiront pas les beautés d'Isaïe, et qu'ils admireront saint Pierre Chrysologue, en qui, nonobstant le beau nom qu'on lui a donné, il ne faut chercher que le fond de la piété évangélique sous une infinité de mauvaises pointes. Dans l'Orient, la bonne manière de parler et d'écrire se soutint davantage : la langue grecque s'y conserva presque dans sa pureté. Saint Chrysostôme la parloit fort bien. Son style, comme vous savez, est diffus : mais il ne cherche point de faux ornemens, tout tend à la persuasion ; il place chaque chose avec dessein, il connoît bien l'Ecriture sainte et les mœurs des hommes, il entre dans les cœurs, il rend les choses sensibles, il a des pensées hautes et solides, et il n'est pas sans mouvemens : dans son tout, on peut dire que c'est un grand orateur. Saint Grégoire de Nazianze est plus concis et plus poétique, mais un peu moins appliqué à la persuasion. Il a néanmoins des endroits fort touchans ; par exemple, son adieu à Constantinople, et l'éloge funèbre de saint Basile. Celui-ci est grave, sentencieux, austère même dans la diction. Il avoit profondément médité tout le détail de l'évangile ; il connoissoit à fond les maladies de l'homme, et c'est un grand maître pour le régime des âmes. On ne peut rien voir de plus éloquent que son épître à une vierge qui étoit tombée : à mon sens, c'est un chef-d'œuvre. Si on n'a un goût formé sur tout cela, on court risque de prendre dans les Pères ce qu'il y a de moins bon, et de ramasser leurs défauts dans les sermons que l'on compose.

C. Mais combien a duré cette fausse éloquence que vous dites qui succéda à la bonne ?

A. Jusqu'à nous.

C. Quoi ! jusqu'à nous ?

A. Oui, jusqu'à nous : et nous n'en sommes pas encore autant sortis que nous le croyons ; vous en comprendrez bientôt la raison. Les Barbares qui inondèrent l'empire romain mirent partout l'ignorance et le mauvais goût. Nous venons d'eux; et quoique les lettres aient commencé à se rétablir dans le quinzième siècle, cette résurrection a été lente. On a eu de la peine à revenir à la bonne voie; et il y a encore bien des gens fort éloignés de la connoître. Il ne faut pas laisser de respecter non-seulement les Pères, mais encore les auteurs pieux qui ont écrit dans ce long intervalle : on y apprend la tradition de leur temps, et on y trouve plusieurs autres instructions très-utiles. Je suis tout honteux de décider ici; mais souvenez-vous, messieurs, que vous l'avez voulu, et que je suis tout prêt à me dédire, si on me fait apercevoir que je me suis trompé. Il est temps de finir cette conversation.

C. Nous ne vous mettons point en liberté que vous n'ayez dit votre sentiment sur la manière de choisir un texte.

A. Vous comprenez bien que les textes viennent de ce que les pasteurs ne parloient jamais autrefois au peuple de leur propre fonds : ils ne faisoient qu'expliquer les paroles du texte de l'Ecriture. Insensiblement on a pris la coutume de ne plus suivre toutes les paroles de l'évangile : on n'en explique plus qu'un seul endroit, qu'on nomme le texte du sermon. Si donc on ne fait pas une explication exacte de toutes les parties de l'évangile, il faut au moins en choisir les paroles qui contiennent les vérités les plus importantes et les plus proportionnées au besoin du peuple. Il faut les bien expliquer; et d'ordinaire, pour bien faire entendre la force d'une parole, il faut en expliquer beaucoup d'autres qui la précèdent et qui la suivent; il n'y faut chercher rien de subtil. Qu'un homme a mauvaise grâce de vouloir faire l'inventif et l'ingénieux, lorsqu'il devroit parler avec toute la gravité et l'autorité du Saint-Esprit, dont il emprunte les paroles !

C. Je vous avoue que les textes forcés m'ont toujours

déplu. N'avez-vous pas remarqué qu'un prédicateur tire d'un texte tous les sermons qu'il lui plaît ? Il détourne insensiblement la matière pour ajuster son texte avec le sermon qu'il a besoin de débiter, cela se fait surtout dans les carêmes. Je ne puis l'approuver.

B. Vous ne finirez pas, s'il vous plaît, sans m'avoir encore expliqué une chose qui me fait de la peine. Après cela je vous laisse aller.

A. Hé bien ! voyons si je pourrai vous contenter : j'en ai grande envie, car je souhaite fort que vous employiez votre talent à faire des sermons simples et persuasifs.

B. Vous voulez qu'un prédicateur explique de suite et littéralement l'Ecriture sainte.

A. Oui, cela seroit admirable.

B. Mais d'où vient donc que les Pères ont fait autrement? Ils sont toujours, ce me semble, dans les sens spirituels. Voyez saint Augustin, saint Grégoire, saint Bernard : ils trouvent des mystères sur tout, ils n'expliquent guère la lettre.

A. Les juifs du temps de Jésus-Christ étoient devenus fertiles en sens mystérieux et allégoriques. Il paroît que les thérapeutes, qui demeuroient principalement à Alexandrie, et que Philon dépeint comme des juifs philosophes, mais qu'Eusèbe prétend être les premiers chrétiens, étoient tout adonnés à ces explications de l'Ecriture. C'est dans la même ville d'Alexandrie que les allégories ont commencé à avoir quelque éclat parmi les chrétiens. Le premier des Pères qui s'est écarté de la lettre a été Origène : vous savez le bruit qu'il a fait dans l'Eglise. La piété inspire d'abord ces interprétations ; elles ont quelque chose d'ingénieux, d'agréable et édifiant. La plupart des Pères, suivant le goût des peuples de ce temps et apparemment le leur propre, s'en sont beaucoup servis ; mais ils recouroient toujours fidèlement au sens littéral, et au prophétique, qui est littéral en sa manière, dans toutes les choses où il s'agissoit de montrer les fondemens de la doctrine. Quand les peuples étoient parfaitement instruits de ce que la lettre leur devoit apprendre, les Pères leur donnoient ces interprétations spirituelles pour les édifier et pour les consoler. Ces explications étoient fort au goût surtout des Orientaux, chez qui elles ont commencé; car ils sont naturellement passionnés pour le langage mystérieux et allégorique. Cette variété de sens leur faisoit un plaisir sensible, à cause des fréquens sermons et des lectures presque continuelles de l'Ecriture qui étoient en usage dans l'Eglise. Mais parmi nous, où les peuples sont infiniment moins instruits, il faut courir au plus pressé, et commencer par le littéral, sans manquer de respect pour les sens pieux qui ont été donnés par les Pères : il faut avoir du pain avant que de chercher des ragoûts. Sur l'explication de l'Ecriture on ne peut mieux faire que d'imiter la solidité de saint Chrysostôme. La plupart des gens de notre temps ne cherchent point les sens allégoriques, parce qu'ils ont déjà assez expliqué tout le littéral; mais ils abandonnent le littéral parce qu'ils n'en conçoivent pas la grandeur, et qu'ils le trouvent sec et stérile par rapport à leur manière de prêcher. On trouve toutes les vérités et tout le détail des mœurs dans la lettre de l'Ecriture sainte; et on l'y trouve, non-seulement avec une autorité et une beauté merveilleuse, mais encore avec une abondance inépuisable : en s'y attachant, un prédicateur auroit toujours sans peine un grand nombre de choses nouvelles et grandes à dire. C'est un mal déplorable de voir combien ce trésor est négligé par ceux même qui l'ont tous les jours entre les mains. Si on s'attachoit à cette méthode ancienne de faire des homélies, il y auroit deux sortes de prédicateurs. Les uns, n'ayant ni la vivacité ni le génie poétique, expliqueroient simplement l'Ecriture sans en prendre le tour noble et vif : pourvu qu'ils le fissent d'une manière solide et exemplaire, ils ne laisseroient pas d'être d'excellens prédicateurs ; ils auroient ce que demande saint Ambroise, une diction pure, simple, claire, pleine de poids et de gravité, sans y affecter l'élégance, ni mépriser la douceur et l'agrément. Les autres, ayant le génie poétique, expliqueroient l'Ecriture avec le style et les figures de l'Ecriture même, et ils seroient par là des prédicateurs achevés. Les uns instruiroient d'une manière forte et vénérable ; les autres ajouteroient à la force de l'instruction la sublimité, l'enthousiasme et la véhémence de l'Ecriture, en sorte qu'elle seroit, pour ainsi dire, tout entière et vivante en eux autant qu'elle peut l'être dans des hommes qui ne sont point miraculeusement inspirés d'en-haut.

B. Ha ! monsieur, j'oubliois un article important : attendez, je vous prie ; je ne vous demande plus qu'un mot.

A. Faut-il censurer encore quelqu'un ?

B. Oui, les panégyristes. Ne croyez-vous pas que, quand on fait l'éloge d'un saint, il faut peindre son caractère, et réduire toutes ses actions et toutes ses vertus à un point ?

A. Cela sert à montrer l'invention et la subtilité de l'orateur.

B. Je vous entends ; vous ne goûtez pas cette méthode.

A. Elle me paroît fausse pour la plupart des sujets. C'est forcer les matières, que de les vouloir toutes réduire à un seul point. Il y a un grand nombre d'actions dans la vie d'un homme qui viennent de divers principes, et qui marquent des qualités très-différentes. C'est une subtilité scolastique, et qui marque un orateur très-éloigné de bien connoître la nature, que de vouloir rapporter tout à une seule cause. Le vrai moyen de faire un portrait bien ressemblant est de peindre un homme tout entier ; il faut le mettre devant les yeux des auditeurs, parlant et agissant. En décrivant le cours de sa vie, il faut appuyer principalement sur les endroits où son naturel et sa grâce paroissent davantage ; mais il faut un peu laisser remarquer ces choses à l'auditeur. Le meilleur moyen de louer le saint, c'est de raconter ses actions louables. Voilà ce qui donne du corps et de la force à un éloge ; voilà ce qui instruit ; voilà ce qui touche. Souvent les auditeurs s'en retournent sans savoir la vie du saint dont ils ont entendu parler une heure : tout au plus ils ont entendu beaucoup de pensées sur un petit nombre de faits détachés et marqués sans suite. Il faudroit au contraire peindre le saint au naturel, le montrer tel qu'il a été dans tous les âges, dans toutes les conditions et dans les principales conjonctures où il a passé. Cela n'empêcheroit point qu'on ne remarquât son caractère ; on le feroit même bien mieux remarquer par ses actions et par ses paroles, que par des pensées et des desseins d'imagination.

B. Vous voudriez donc faire l'histoire de la vie du saint, et non pas son panégyrique.

A. Pardonnez-moi, je ne ferois point une narration simple. Je me contenterois de faire un tissu des faits principaux : mais je voudrois que ce fût un récit concis, pressé, vif, plein de mouvemens ; je voudrois que chaque mot donnât une haute idée des saints, et fût une instruction pour l'auditeur. A cela j'ajouterois toutes les réflexions morales que je croirois les plus convenables. Ne croyez-vous pas qu'un discours fait de cette manière auroit une noble et aimable simplicité ? Ne croyez-vous pas que les vies des saints en seroient mieux connues, et les peuples plus édifiés ? Ne croyez-vous pas même, selon les règles de l'éloquence que nous avons posées, qu'un tel discours seroit plus éloquent que tous ces panégyriques guindés qu'on voit d'ordinaire ?

B. Je vois bien maintenant que ces sermons-là ne seroient ni moins instructifs, ni moins touchans, ni moins agréables que les autres. Je suis content, monsieur, en voilà assez ; il est juste que vous alliez vous délasser. Pour moi, j'espère que votre peine ne sera pas inutile ; car je suis résolu de quitter tous les recueils modernes et tous les *pensieri* italiens. Je veux étudier fort sérieusement toute la suite et tous les principes de la religion dans ses sources.

C. Adieu, monsieur ; pour tout remercîment, je vous assure que je vous croirai.

A. Bonsoir, messieurs : je vous quitte avec ces paroles de saint Jérôme à Népotien [1] : « Quand vous enseigne-
» rez dans l'église, n'excitez point les applaudissemens,
» mais les gémissemens du peuple. Que les larmes de
» vos auditeurs soient vos louanges. Il faut que les dis-
» cours d'un prêtre soient pleins de l'Ecriture sainte. Ne
» soyez pas un déclamateur, mais un vrai docteur des
» mystères de Dieu. »

[1] *Ep.* XXXIV : tom. IV, part. 2, pag. 262.

DIVERS OPUSCULES
LITTÉRAIRES.

DISCOURS

PRONONCÉ

PAR M. L'ABBÉ DE FÉNÉLON,

POUR SA RÉCEPTION A L'ACADÉMIE FRANÇAISE

A LA PLACE DE M. PELLISSON,

Le mardi 31 *mars* 1693.

J'aurois besoin, messieurs, de succéder à l'éloquence de monsieur Pellisson aussi bien qu'à sa place, pour vous remercier de l'honneur que vous me faites aujourd'hui, et pour réparer dans cette compagnie la perte d'un homme si estimable.

Dès son enfance il apprit d'Homère, en le traduisant presque tout entier, à mettre dans les moindres peintures et de la vie et de la grâce; bientôt il fit sur la jurisprudence un ouvrage où l'on ne trouva d'autre défaut que celui de n'être pas conduit jusqu'à sa fin. Par de si beaux essais, il se hâtoit, messieurs, d'arriver à ce qui passa pour son chef-d'œuvre; je veux dire l'Histoire de l'Académie. Il y montra son caractère, qui étoit la facilité, l'invention, l'élégance, l'insinuation, la justesse, le tour ingénieux. Il osoit heureusement, pour parler comme Horace. Ses mains faisoient naître les fleurs de tous côtés; tout ce qu'il touchoit étoit embelli. Des plus viles herbes des champs, il savoit faire des couronnes pour les héros; et la règle si nécessaire aux autres de ne toucher jamais que ce qu'on peut orner ne sembloit pas faite pour lui. Son style noble et léger ressembloit à la démarche des divinités fabuleuses, qui couloient dans les airs sans poser le pied sur la terre. Il racontoit (vous le savez mieux que moi, messieurs,) avec un tel choix des circonstances, avec une si agréable variété, avec un tour si propre et si nouveau jusque dans les choses les plus communes, avec tant d'industrie pour enchaîner les faits les uns dans les autres, avec tant d'art pour transporter le lecteur dans le temps où les choses s'étoient passées, qu'on s'imagine y être, et qu'on s'oublie dans le doux tissu de ses narrations.

Tout le monde y a lu avec plaisir la naissance de l'Académie. Chacun, pendant cette lecture, croit être dans la maison de M. Conrart, qui en fut comme le berceau. Chacun se plaît à remarquer la simplicité, l'ordre, la politesse, l'élégance, qui régnoient dans ses premières assemblées, et qui attirèrent les regards d'un puissant ministre ; ensuite les jalousies et les ombrages qui troublèrent ces beaux commencemens ; enfin l'éclat qu'eut cette compagnie par les ouvrages des premiers académiciens. Vous y reconnoissez l'illustre Racan, héritier de l'harmonie de Malherbe ; Vaugelas, dont l'oreille fut si délicate pour la pureté de la langue ; Corneille, grand et hardi dans ses caractères où est marquée une main de maître ; Voiture, toujours accompagné de grâces les plus riantes et les plus légères. On y trouve le mérite et la vertu joints à l'érudition et à la délicatesse, la naissance et les dignités avec le goût exquis des lettres. Mais je m'engage insensiblement au-delà de mes bornes : en parlant des morts je m'approche trop des vivans, dont je blesserois la modestie par mes louanges.

Pendant cet heureux renouvellement des lettres, monsieur Pellisson présente un beau spectacle à la postérité. Armand cardinal de Richelieu changeoit alors la face de l'Europe, et recueillant les débris de nos guerres civiles, posoit les vrais fondemens d'une puissance supérieure à toutes les autres. Pénétrant dans le secret de nos ennemis, et impénétrable pour celui de son maître, il remuoit de son cabinet les plus profonds ressorts dans les cours étrangères pour tenir nos voisins toujours divisés. Constant dans ses maximes, inviolable dans ses promesses, il faisoit sentir ce que peuvent la réputation du gouvernement et la confiance des alliés. Né pour connoître les hommes et pour les employer selon leurs talens, il les attachoit par le cœur à sa personne et à ses desseins pour l'état. Par ces puissans moyens il portoit chaque jour des coups mortels à l'impérieuse maison d'Autriche, qui menaçoit de son joug tous les pays chrétiens. En même temps il faisoit au dedans du royaume la plus nécessaire de toutes les conquêtes, domptant l'hérésie tant de fois rebelle. Enfin, ce qu'il trouva le plus difficile, il calmoit une cour orageuse, où les grands, inquiets et jaloux, étoient en possession de l'indépendance. Aussi le temps, qui efface les autres noms, fait croître le sien; et à mesure qu'il s'éloigne de nous, il est mieux dans son point de vue. Mais, parmi ses pénibles veilles, il sut se faire un doux loisir pour se délasser par le charme de l'éloquence et de la poésie. Il reçut dans son sein l'Académie naissante : un magistrat éclairé et amateur des lettres en prit après lui la protection : Louis y a ajouté l'éclat qu'il répand sur tout ce qu'il favorise de ses regards; à l'ombre de son grand nom, on ne cesse point ici de rechercher la pureté et la délicatesse de notre langue.

Depuis que des hommes savans et judicieux ont remonté aux véritables règles, on n'abuse plus, comme on le faisoit autrefois, de l'esprit et de la parole; on a pris un genre d'écrire plus simple, plus naturel, plus court, plus nerveux, plus précis. On ne s'attache plus aux paroles que pour exprimer toute la force des pensées; et on n'admet que les pensées vraies, solides, concluantes pour le sujet où l'on se renferme. L'érudition, autrefois si fastueuse, ne se montre plus que pour le besoin; l'esprit même se cache, parce que toute la perfection de l'art consiste à imiter si naïvement la simple nature, qu'on le prenne pour elle. Ainsi on ne donne plus le nom d'esprit à une imagination éblouissante; on le réserve pour un génie réglé et correct qui tourne tout en sentiment, qui suit pas à pas la nature toujours simple et gracieuse, qui ramène toutes les pensées aux principes de la raison, et qui ne trouve beau que ce qui est véritable. On a senti même en nos jours que le style fleuri, quelque doux et quelque agréable qu'il soit, ne peut jamais s'élever au-dessus du genre médiocre, et que le vrai genre sublime, dédaignant tous les ornemens empruntés, ne se trouve que dans le simple.

On a enfin compris, messieurs, qu'il faut écrire comme les Raphaël, les Carrages et les Poussin ont peint, non pour chercher de merveilleux caprices, et pour faire admirer leur imagination en se jouant du pinceau, mais pour peindre d'après nature. On a reconnu aussi que les beautés du discours ressemblent à celles de l'architecture. Les ouvrages les plus hardis et les plus façonnés du gothique ne sont pas les meilleurs. Il ne faut admettre dans un édifice aucune partie destinée au seul ornement; mais visant toujours aux belles proportions, on doit tourner en ornement toutes les parties nécessaires à soutenir un édifice.

Ainsi on retranche d'un discours tous les ornemens affectés qui ne servent ni à démêler ce qui est obscur, ni à peindre vivement ce qu'on veut mettre devant les yeux, ni à prouver une vérité par divers tours sensibles, ni à remuer les passions, qui sont les seuls ressorts capables d'intéresser et de persuader l'auditeur; car la passion est l'âme de la parole. Tel a été, messieurs, depuis environ soixante ans, le progrès des lettres, que monsieur Pellisson auroit dépeint pour la gloire de notre siècle s'il eût été libre de continuer son Histoire de l'Académie.

Un ministre, attentif à attirer à lui tout ce qui brilloit, l'enleva aux lettres et le jeta dans les affaires : alors quelle droiture, quelle probité, quelle reconnoissance constante pour son bienfaiteur! Dans un emploi de confiance il ne songea qu'à faire du bien, qu'à découvrir le mérite et à le mettre en œuvre. Pour montrer toute sa vertu il ne lui manquoit que d'être malheureux. Il le fut, messieurs : dans sa prison éclatèrent son innocence et son courage ; la Bastille devint une douce solitude où il faisoit fleurir les lettres.

Heureuse captivité! liens salutaires, qui réduisirent enfin sous le joug de la foi cet esprit trop indépendant! Il chercha pendant ce loisir, dans les sources de la tradition, de quoi combattre la vérité ; mais la vérité le vainquit, et se montra à lui avec tous ses charmes. Il sortit de sa prison honoré de l'estime et des bontés du roi : mais, ce qui est bien plus grand, il en sortit étant déjà dans son cœur humble enfant de l'Eglise. La sincérité et le désintéressement de sa conversion lui en firent retarder la cérémonie, de peur qu'elle ne fût récompensée par une place que ses talens pouvoient lui attirer, et qu'un autre moins vertueux que lui auroit recherchée.

Depuis ce moment il ne cessa de parler, d'écrire, d'agir, de répandre les grâces du prince, pour ramener ses frères errans. Heureux fruits des plus funestes erreurs! Il faut avoir senti, par sa propre expérience, tout ce qu'il en coûte dans ce passage des ténèbres à la lumière, pour avoir la vivacité, la patience, la tendresse, la délicatesse de charité, qui éclatent dans ses écrits de controverse.

Nous l'avons vu, malgré sa défaillance, se traîner encore au pied des autels jusqu'à la veille de sa mort, pour célébrer, disoit-il, sa fête et l'anniversaire de sa conversion. Hélas! nous l'avons vu, séduit par son zèle et par son courage, nous promettre, d'une voix mourante, qu'il achèveroit son grand ouvrage sur l'eucharistie. Oui, je l'ai vu les larmes aux yeux, je l'ai entendu; il m'a dit tout ce qu'un catholique nourri depuis tant d'années des paroles de la foi peut dire pour se préparer à recevoir les sacremens avec ferveur. La mort, il est vrai, le surprit, venant sous l'apparence du sommeil; mais elle le trouva dans la préparation des vrais fidèles.

Au reste, messieurs, ses travaux pour la magistrature et pour les affaires de religion que le roi lui avoit confiées ne l'empêchoient pas de s'appliquer aux belles-lettres, pour lesquelles il étoit né. Sa plume fut d'abord choisie pour écrire le règne présent. Avec quelle joie verrons-nous, messieurs, dans cette histoire, un prince qui, dès sa plus grande jeunesse, achève, par sa fermeté, ce que le grand Henri son aïeul osa à peine commencer. Louis étouffe la rage du duel altéré du plus noble sang des Français; il relève son autorité abattue, règle ses finances, discipline ses troupes. Tandis que d'une main, il fait tomber à ses pieds les murs de tant de villes fortes, aux yeux de tous ses ennemis consternés, de l'autre il fait fleurir, par ses bienfaits, les sciences et les beaux arts dans le sein tranquille de la France.

Mais que vois-je, messieurs? une nouvelle conjuration de cent peuples qui frémissent autour de nous pour assiéger, disent-ils, ce grand royaume comme une seule place. C'est l'hérésie, presque déracinée par le zèle de Louis, qui se ranime et qui rassemble tant de puissances. Un prince ambitieux ose, dans son usurpation, prendre le nom de libérateur: il réunit les protestans et il divise les catholiques.

Louis seul, pendant cinq années, remporte des victoires et fait des conquêtes de tous côtés sur cette ligue qui se vantoit de l'accabler sans peine et de ravager nos provinces; Louis seul soutient, avec toutes les marques les plus naturelles d'un cœur noble et tendre, la majesté de tous les rois en la personne d'un roi indignement renversé du trône. Qui racontera ces merveilles, messieurs?

Mais qui osera dépeindre Louis dans cette dernière campagne, encore plus grand par sa patience que par sa conquête? Il choisit la plus inaccessible place des Pays-Bas: il trouve un rocher escarpé, deux profondes rivières qui l'environnent, plusieurs places fortifiées dans une seule; au dedans une armée entière pour garnison; au dehors la face de la terre couverte de troupes innombrables d'Allemands, d'Anglais, de Hollandais, d'Espagnols, sous un chef accoutumé à risquer tout dans les batailles. La saison se dérègle, on voit une espèce de déluge au milieu de l'été; toute la nature semble s'opposer à Louis. En même temps il apprend qu'une partie de sa flotte, invincible par son courage, mais accablée par le nombre des ennemis, a été brûlée, et il supporte l'adversité comme si elle lui étoit ordinaire. Il paroît doux et tranquille dans les difficultés, plein de ressources dans les accidens imprévus, humain envers les assiégés jusqu'à prolonger un siége si périlleux pour épargner une ville qui lui résiste et qu'il peut foudroyer. Ce n'est ni en la multitude de ses soldats aguerris, ni en la noble ardeur de ses officiers, ni en son propre courage, ressource de toute l'armée, ni en ses victoires passées, qu'il met sa confiance; il la place encore plus haut, dans un asile inaccessible, qui est le sein de Dieu même. Il revient enfin victorieux, les yeux baissés sous la puissante main du Très-Haut, qui donne et qui ôte la victoire comme il lui plaît; et, ce qui est plus beau que tous les triomphes, il défend qu'on le loue.

Dans cette grandeur simple et modeste, qui est au-dessus, non-seulement des louanges, mais encore des événemens, puisse-t-il, messieurs, puisse-t-il ne se confier jamais qu'en la vertu, n'écouter que la vérité, ne vouloir que la justice, être connu de ses ennemis, (ce souhait comprend tout pour la félicité de l'Europe :) devenir l'arbitre des nations après avoir guéri leur jalousie, faire sentir toute sa bonté à son peuple dans une paix profonde, être long-temps les délices du genre humain, et ne régner sur les hommes que pour faire régner Dieu au-dessus de lui !

Voilà, messieurs, ce que monsieur Pellisson auroit éternisé dans son histoire : l'Académie a fourni d'autres hommes dont la voix est assez forte pour le faire entendre aux siècles les plus reculés. Mais une matière si vaste vous invite tous à écrire : travaillez donc tous à l'envi, messieurs, pour célébrer un si beau règne. Je ne saurois mieux témoigner mon zèle à cette compagnie que par un souhait si digne d'elle.

RÉPONSE
DE M. BERGERET,

DIRECTEUR DE L'ACADÉMIE.

Monsieur,

Le public, qui sait combien l'Académie française a perdu à la mort de monsieur Pellisson, n'a pas plus tôt ouï nommer le successeur qu'elle lui donne, qu'en même temps il l'a louée de la justice de son choix et de savoir si heureusement réparer ses plus grandes pertes.

Celle-ci n'est pas une perte particulière qui ne regarde que nous; toute la république des lettres y est intéressée, et nous pouvons nous assurer que tous ceux qui les aiment regretteront notre illustre confrère.

Les ouvrages qu'il a faits, en quelque genre que ce soit, ont toujours eu l'approbation publique, qui n'est point sujette à la flatterie, et qui ne se donne qu'au mérite.

Ses poésies, soit galantes, soit morales, soit héroïques, soit chrétiennes, ont chacune le caractère naturel qu'elles doivent avoir, avec un tour et un agrément que lui seul pouvoit leur donner.

C'est lui aussi, qui pour faire naître dans les autres et pour y perpétuer, à la gloire de notre nation, l'esprit et le feu de la poésie qui brilloit en lui, a toujours donné, depuis vingt ans, le prix des vers qui a été distribué par l'Académie.

Tout ce qu'il a écrit en prose sur les matières les plus différentes a été généralement estimé.

L'Histoire de l'Académie française, par où il a commencé, laisse dans l'esprit de tous ceux qui la lisent, un désir de voir celle du roi qu'il a depuis écrite, et que dès lors on le jugea capable d'écrire.

Le panégyrique du roi, qu'il prononça dans la place où j'ai l'honneur d'être, fut aussitôt traduit en plusieurs langues, à l'honneur de la nôtre.

La belle et éloquente préface qu'il a mise à la tête des OEuvres de Sarazin, si connue et si estimée, a passé pour un chef-d'œuvre en ce genre-là.

Sa paraphrase sur les Institutes de Justinien est écrite d'une pureté et d'une élégance dont on ne croyoit pas jusqu'alors que cette matière fût capable.

Il y a, dans les prières qu'il a faites pour dire pendant la messe, un feu divin et une sainte onction qui marquent tous les sentimens d'une véritable piété.

Ses ouvrages de controverses, éloignés de toutes sortes d'emportemens, ont une certaine tendresse qui gagne le cœur de ceux dont il veut convaincre l'esprit, et la foi y est partout inséparable de la charité.

Il avoit fort avancé un grand ouvrage pour défendre la vérité du mystère de l'Eucharistie contre les faux raisonnemens des hérétiques: c'est sur un ouvrage si catholique et si saint que la mort est venue le surprendre. Heureux d'avoir expiré le cœur plein de ces pensées et de ces sentimens !

Le plus grand honneur que l'Académie française lui pouvoit faire après tant de réputation qu'il s'est acquise, c'étoit, monsieur, de vous nommer pour être son successeur, et de faire connoître au public que pour bien remplir la place d'un académicien comme lui, elle a jugé qu'il en falloit un comme vous.

Je sais bien que c'est faire violence à votre modestie que de parler ici de votre mérite : mais c'est une obligation que l'Académie s'est imposée elle-même de justifier publiquement son choix; et je dois vous dire, en son nom, que nulle autre considération que celle de votre mérite personnel ne l'a obligée à vous donner son suffrage.

Elle ne l'a point donné à l'ancienne et illustre noblesse de votre maison, ni à la dignité et à l'importance de votre emploi, mais seulement aux grandes qualités qui vous y ont fait appeler.

On sait que vous aviez résolu de vous cacher toujours au monde, et qu'en cela votre modestie a été trompée par votre charité ; car il est vrai que vous étant consacré tout entier aux missions apostoliques, où vous ne pensiez qu'à suivre les mouvemens d'une charité chrétienne, vous avez fait paroître, sans y penser, une éloquence véritable et solide, avec tous les talens acquis et naturels qui sont nécessaires pour la former.

Et quoique, ni dans vos discours, ni dans vos écrits, il n'y eût rien qui ressentît les lettres profanes, on ne pouvoit pas douter que vous n'en eussiez une parfaite connoissance, au-dessus de laquelle vous saviez vous élever par la hauteur des mystères dont vous parliez pour la conversion des hérétiques et pour l'édification des fidèles.

Ce ministère tout apostolique, par lequel vous vous éloigniez de la cour, a été principalement ce qui a porté le roi à vous y appeler, ayant jugé que vous étiez d'autant plus capable de bien élever de jeunes princes, que vous aviez fait voir plus de charité pour le salut des peuples ; et, dans cette pensée, il vous a joint à ce sage gouverneur dont la solide vertu a mérité qu'il ait été choisi pour un si grand emploi.

Le public apprit avec joie la part qui vous y étoit donnée, parce qu'il sait que vous avez toutes les vertus nécessaires pour faire connoître aux jeunes princes leurs véritables obligations, et pour leur dire, de la manière la plus touchante, que rien ne peut leur être plus glorieux que d'aimer les peuples et d'en être aimés.

L'obligation de vous acquitter d'une fonction si importante fit aussitôt briller en vous toutes ces rares qualités d'esprit dont on n'avoit vu qu'une partie dans vos exercices de piété : une vaste étendue de connoissances en tout genre d'érudition, sans confusion et sans embarras; un juste discernement pour en faire l'application et l'usage; un agrément et une facilité d'expression qui vient de la clarté et de la netteté des idées; une mémoire dans laquelle, comme dans une bibliothèque qui vous suit partout, vous trouvez à propos les exemples et les faits historiques dont vous avez besoin; une imagination de la beauté de celle qui fait les plus grands hommes dans tous les arts, et dont on sait, par expérience, que la force et la vivacité vous rendent les choses aussi présentes qu'elles le sont à ceux mêmes qui les ont devant les yeux.

Ainsi vous possédez avec cet avantage tout ce qu'on pouvoit souhaiter, non-seulement pour former les mœurs des jeunes princes, ce qui est, sans comparaison, le plus important, mais encore pour leur polir et leur orner l'esprit; ce que vous faites avec d'autant plus de succès, que, par une douceur qui vous est propre, vous avez su leur rendre le travail aimable, et leur faire trouver du plaisir dans l'étude.

L'expérience ne pouvoit être plus heureuse qu'elle l'a été jusqu'ici, puisque ces jeunes princes, si dignes de leur naissance, la plus auguste du monde, sont avancés dans la connoissance des choses qu'ils doivent savoir, bien au-delà de ce qu'on pouvoit attendre; et ils font déjà l'honneur de leur âge, l'espérance de l'état et le désespoir de nos ennemis.

Celui de ces jeunes princes que la providence a destiné à monter un jour sur le trône est un de ces génies supérieurs qui ont un empire naturel sur les autres, et qui dans l'ordre même de la raison, semblent être nés pour leur commander.

On peut dire que la nature lui a prodigué tous ses dons; vivacité d'esprit, beauté d'imagination, facilité de mémoire, justesse de discernement; et c'est par là qu'il est admiré chaque jour des courtisans les plus sages, principalement dans les reparties vives et ingénieuses qu'il fait à toute heure sur les différens sujets qui se présentent.

Jusqu'où n'ira point un si heureux naturel, aidé et soutenu d'une excellente éducation! Il est déjà si au-dessus de son âge, qu'en ne jugeant des choses que par les choses mêmes, on ne croiroit jamais que les traductions qu'il a faites fussent les ouvrages d'un jeune prince de dix ans; tant il y a de bon sens, de justesse et de style.

Quel sujet d'espérance et de joie pour tous ceux qui suivent les lettres, de voir ce jeune prince qui se plaît ainsi à les cultiver lui-même, et qui, dans un âge si tendre, semble déjà vouloir partager avec César la gloire que ce conquérant s'est acquise par ses écrits!

Vous saurez, monsieur, vous servir heureusement d'une si belle inclination pour lui parler en faveur des lettres, pour lui en faire voir l'importance et la nécessité dans la politique, pour lui dire que c'est en aimant les lettres, qu'un prince les fait fleurir dans ses états, qu'il y fait naître de grands hommes pour tous les grands emplois, et qu'il a toujours l'avantage de vaincre ses ennemis par le discours et par la raison; ce qui n'est pas moins glorieux, et souvent beaucoup plus utile que de les vaincre par la force et par la valeur.

Vous lui parlerez aussi quelquefois de l'Académie française. Vous lui ferez entendre qu'encore qu'elle semble n'être occupée que sur les mots, il faut pour cela qu'elle connoisse distinctement les choses dont les mots sont les signes; qu'il n'y a que les esprits naturellement grossiers qui n'ont aucun soin du langage; que de tout temps les hommes se sont distingués les uns des autres par la parole, comme ils sont tous distingués des animaux par la raison; et qu'enfin l'établissement de cette compagnie dans le dessein de cultiver la langue a été l'un des plus grands soins du plus grand ministre que la France ait jamais eu, parce qu'il comprenoit parfaitement combien les choses dépendent souvent des paroles et des expressions, jusque là même que les choses les plus saintes et les plus augustes perdent beaucoup de la vénération qui leur est due, quand elles sont exprimées dans un mauvais langage.

Ce seroit donc un grand avantage pour notre siècle, au-dessus de tous ceux qui l'ont précédé, si l'Académie française, comme il y a lieu de l'espérer, pouvoit fixer le langage que nous parlons aujourd'hui et l'empêcher de vieillir.

Ce seroit avoir servi utilement l'église et l'état, si, avec le secours d'un Dictionnaire que le public verra dans peu de mois, la langue n'étoit plus sujette à changer, et si les grandes actions du roi, qui pour être trop grandes, perdent beaucoup de leur éclat par la foiblesse de l'expression, n'en perdoient plus rien dans la suite par le changement du langage.

Il est vrai que, quoi qu'il arrive de notre langue, la gloire de Louis le Grand ne périra jamais. Le monde entier en est le dépositaire; et les autres nations ne sauroient écrire leur propre histoire sans parler de ses vertus et de ses conquêtes.

On ne peut pas douter que sa dernière campagne ne soit déjà écrite dans chacune des langues de tant d'armées différentes, qui s'étoient jointes pour le combattre, et qui l'ont vu triompher.

Il n'est pas non plus possible que l'histoire la plus étrangère et la plus ennemie ne parle avec éloge, je ne dis pas seulement des grands avantages que nous avons remportés, je dis même de la perte que nous avons faite: car si les vents ont été contraires au projet le plus sage, le mieux pensé, le plus digne d'un roi protecteur des rois, et si quelques-uns de nos vaisseaux sont péris faute de trouver un port, ça été après être sortis glorieusement d'un combat où ils devoient être accablés par le nombre, et après l'avoir soutenu avec tant de courage, tant de fermeté, tant de valeur, que la plus insigne victoire mériteroit d'être moins louée.

Le prodige de la prise de Namur peut-il aussi manquer d'être écrit dans toutes ses admirables circonstances? Déjà long-temps avant que ce grand événement étonnât le monde, nos ennemis, qui le croyoient impossible, avoient dit tout ce qui se pouvoit dire pour le faire admirer encore davantage après qu'il seroit arrivé. Ils avoient eux-mêmes publié partout que Namur étoit une place imprenable; ils souhaitoient que la France fût assez téméraire pour en entreprendre le siége; et quand ils y virent le roi en personne, ils crurent que ce sage prince n'agissoit plus avec la même sagesse. Ils se réjouirent publiquement d'un si mauvais conseil, qui ne pouvoit avoir, selon eux, qu'un malheureux succès pour nous.

C'étoit le raisonnement d'un prince qui passe pour un des plus grands politiques du monde, aussi bien que de tous les autres princes qui commandoient sous lui l'armée ennemie. Et il faut leur rendre justice : quand ils raisonnoient ainsi sur l'impossibilité de prendre Namur, ils raisonnoient selon les règles. Ils avoient pour eux toutes les apparences, la situation naturelle de la place, les nouvelles défenses que l'art y avoit ajoutées, une forte garnison au dedans, une puissante armée au dehors, et encore des secours extraordinaires qu'ils n'avoient point espérés : car il sembloit que les saisons déréglées et les élémens irrités fussent entrés dans la ligue; les eaux des pluies avoient changé les campagnes en marais, et la terre dans la saison des fleurs n'étoit couverte que de frimas. Cependant, malgré tant d'obstacles, ce Namur imprenable a été pris sur son rocher inaccessible, et à la vue d'une armée de cent mille hommes.

Peut-on douter après cela que nos ennemis mêmes ne parlent de cette conquête avec tous les sentimens d'admiration qu'elle mérite? Et puisqu'ils ont dit tant de fois qu'il étoit impossible de prendre cette place, il faut bien maintenant qu'ils disent pour leur propre honneur qu'elle a été prise par une puissance extraordinaire qui tient du prodige, et à laquelle ne peuvent résister ni les hommes ni les élémens.

Mais de toutes les merveilles de ce fameux siége, la plus grande est sans doute la constance héroïque et inconcevable avec laquelle le roi en a soutenu et surmonté tous les travaux. Ce n'étoit pas assez pour lui de passer les jours à cheval, il veilloit encore une grande partie de la nuit; et après avoir commandé à ses principaux officiers d'aller prendre du repos, lui seul recommençoit tout de nouveau à travailler. Roi, ministre d'état et général d'armée tout ensemble, il n'avoit pas un seul moment sans une affaire de la dernière importance, ouvrant lui-même les lettres, faisant les réponses, donnant tous les ordres, et entrant encore dans tous les détails de l'exécution.

Quelle ample matière à cette agissante vertu qui lui est naturelle, avec laquelle il suffit tellement à tout, que jusqu'à présent l'état n'a rien encore souffert par la perte des ministres! Ils disparoissent et quittent les plus grandes places sans laisser après eux le moindre vide : tout se suit, tout se fait comme auparavant, parce que c'est toujours Louis le Grand qui gouverne.

Il revient enfin après cette heureuse conquête au milieu de ses peuples; il revient faire cesser les craintes et les alarmes où ils étoient d'avoir appris qu'il entroit chaque jour si avant dans les périls, qu'un jeune prince de son sang avoit été blessé à ses côtés.

A peine fut-il de retour que les ennemis voulurent profiter de son éloignement : mais ils connurent bientôt que son armée, toute pleine de l'ardeur qu'il lui avoit inspirée, étoit une armée invincible.

Peut-on en avoir une preuve plus illustre et plus éclatante que le combat de Steinkerque? Le temps, le lieu, favorisoient les ennemis, et déjà ils nous avoient enlevé quelques pièces de canon, quand nos soldats, indignés de cette perte, courant sur eux l'épée à la main, renversèrent toutes leurs défenses, entrèrent dans leurs rangs, y portèrent l'épouvante et la mort, prirent tout ce qu'ils avoient de canon, et remportèrent enfin une victoire d'autant plus glorieuse, que les ennemis avoient cru d'abord l'avoir gagnée.

Tous ces merveilleux succès seront marqués dans l'histoire comme les effets naturels de la sage conduite du roi et des héroïques vertus par lesquelles il se fait aimer de ses sujets, d'un amour qui, en combattant pour lui, va toujours jusqu'à la fureur : mais lui-même, par un sentiment de piété et de religion, en a rapporté toute la gloire à Dieu; il a voulu que Dieu seul en ait été loué; et il n'a pas même permis que, suivant la coutume, les compagnies soient allées le complimenter sur de si grands événemens. Je dois craindre après cela de m'exposer à en dire davantage, et j'ajouterai seulement que plus ce grand prince fuit la louange, plus il fait voir qu'il en est digne.

MÉMOIRE
SUR LES OCCUPATIONS
DE L'ACADÉMIE FRANÇAISE.

Pour obéir à ce qui est porté dans la délibération du 23 novembre 1713, je proposerai ici mon avis sur les travaux qui peuvent être les plus convenables à l'Académie par rapport à son institution et à ce que le public attend d'un corps si célèbre. Pour le faire avec quelque ordre, je diviserai ce que j'ai à dire en deux parties : la première regardera l'occupation de l'Académie pendant qu'elle travaille encore au Dictionnaire ; la deuxième, l'occupation qu'elle peut se donner lorsque le Dictionnaire sera entièrement achevé.

PREMIÈRE PARTIE.

Occupation de l'Académie pendant qu'elle travaille encore au Dictionnaire.

Je suis persuadé qu'il faut continuer le travail du Dictionnaire, et qu'on ne peut y donner trop de soin ni trop d'application, jusqu'à ce qu'il ait reçu toute la perfection dont peut être susceptible le Dictionnaire d'une langue vivante, c'est-à-dire sujette à de continuels changemens.

Mais c'est une occupation véritablement digne de l'Académie. Les mauvaises plaisanteries des ignorans, et sur le temps qu'on y emploie, et sur les mots que l'on y trouve, n'empêcheront pas que ce ne soit le meilleur et le plus parfait ouvrage qui ait été fait en ce genre-là jusqu'à présent. Je crois que cela ne suffit pas encore, et que pour rendre ce grand ouvrage aussi utile qu'il le peut être, il faut y joindre un recueil très-ample et très-exact de toutes les remarques que l'on peut faire sur la langue française, et commencer dès aujourd'hui à y travailler. Voici les raisons de mon avis.

Le Dictionnaire le plus parfait ne contient jamais que la moitié d'une langue : il ne présente que les mots et leur signification ; comme un clavecin bien accordé ne fournit que des touches, qui expriment, à la vérité, la juste valeur de chaque son, mais qui n'enseignent ni l'art de les employer, ni les moyens de juger de l'habileté de ceux qui les emploient.

Les Français naturels peuvent trouver, dans l'usage du monde et dans le commerce des honnêtes gens, ce qui leur est nécessaire pour bien parler leur langue ; mais les étrangers ne peuvent le trouver que dans des remarques.

C'est ce qu'ils attendent de l'Académie ; et c'est peut-être la seule chose qui manque à notre langue pour devenir la langue universelle de toute l'Europe, et pour ainsi dire, de tout le monde. Elle a fourni une infinité d'excellens livres en toutes sortes d'arts et de sciences. Les étrangers de tout pays, de tout âge, de tout sexe, de toute condition, se font aujourd'hui un honneur et un mérite de la savoir. C'est à nous à faire en sorte que ce soit pour eux un plaisir de l'apprendre.

On le peut aisément par le moyen de ces remarques, qui seront également solides dans leurs décisions, et agréables par la manière dont elles seront écrites.

Et certainement rien n'est plus propre à redoubler dans les étrangers l'amour qu'ils ont déjà pour notre langue, que la facilité qu'on leur donnera de se la rendre familière, et l'espérance qu'ils auront de trouver en un seul volume la solution de toutes les difficultés qui les arrêtent dans la lecture de nos bons auteurs.

J'en ai souvent fait l'expérience avec des Espagnols,

des Italiens, des Anglais, et des Allemands même : ils étoient ravis de voir qu'avec un secours médiocre ils parvenoient d'eux-mêmes à entendre nos poètes français plus facilement qu'ils n'entendent ceux mêmes qui ont écrit dans leur propre langue, et qu'ils se croient cependant obligés d'admirer, quoiqu'ils avouent qu'ils n'en ont qu'une intelligence très-imparfaite.

M. Prior, anglais, dont l'esprit et les lumières sont connus de tout le monde, et qui est peut-être, de tous les étrangers, celui qui a le plus étudié notre langue, m'a parlé cent fois de la nécessité du travail que je propose, et de l'impatience avec laquelle il est attendu.

Voici, à ce qu'il me semble, les moyens de l'entreprendre avec succès.

Il faudroit convenir que tous les académiciens qui sont à Paris seroient obligés d'apporter par écrit ou d'envoyer chaque jour d'assemblée une question sur la langue, telle qu'ils jugeroient à propos, sans même se mettre en peine de savoir si elle aura déjà été traitée par le P. Bouhours, par Ménage, ou par d'autres.

On en doit seulement excepter celles de Vaugelas qui ont été revues par l'Académie, aux sages décisions de laquelle il se faut tenir. Ceux qui apporteront leurs questions pourront à leur choix, ou les proposer eux-mêmes, ou les remettre à M. le secrétaire perpétuel, pour être par lui proposées ; et elles le seront selon l'ordre dans lequel chacun sera arrivé à l'assemblée.

Les questions des absens seront remises à M. le secrétaire perpétuel, et par lui proposées après toutes les autres et dans l'ordre qu'il jugera à propos.

On emploiera depuis trois heures jusqu'à quatre au travail du Dictionnaire, et depuis quatre jusqu'à cinq à examiner les questions : les décisions seront rédigées au bas de chaque question, ou par celui qui l'aura proposée s'il le désire, ou par M. le secrétaire perpétuel, ou par ceux qu'il voudra prier de le soulager dans ce travail.

La meilleure manière de trouver aisément des questions et d'en rendre l'examen doublement utile, ce sera de les chercher dans nos bons livres, en faisant attention à toutes les façons de parler qui le mériteront, ou par leur élégance, ou par leur irrégularité, ou par la difficulté que les étrangers peuvent avoir à les entendre; et en cela je ne propose que l'exécution du vingt-cinquième article de nos statuts.

Les académiciens qui sont dans les provinces ne seront point exempts de ce travail, et seront obligés d'envoyer tous les mois ou tous les trois mois à M. le secrétaire perpétuel autant de questions qu'il y aura eu de jours d'assemblée. On tirera de ce travail des avantages très-considérables : ce sera pour les étrangers un excellent commentaire sur tous nos bons auteurs, et pour nous-mêmes un moyen sûr de développer le fond de notre langue, qui n'est pas encore parfaitement connu.

De ces remarques mises en ordre, on pourra aisément former le plan d'une nouvelle Grammaire française; et elle sera peut-être la seule bonne qu'on ait vue jusqu'à présent.

Elles seront encore très-utiles pour conserver le mérite du Dictionnaire : car il s'établit tous les jours des mots nouveaux dans notre langue; ceux qui y sont établis perdent leur ancienne signification et en acquièrent de nouvelles. Il est impossible de faire une édition du Dictionnaire à chaque changement; et cependant ces changemens le rendroient défectueux en peu d'années, si l'on ne trouve le moyen d'y suppléer par ces remarques, qui seront, pour ainsi dire, le journal de notre langue et le dépôt éternel de tous les changemens que fera l'usage.

Je ne dois point omettre que ce nouveau genre d'occupation rendra nos assemblées plus vives et plus animées, et par conséquent y attirera un plus grand nombre d'académiciens, à qui la longue et pesante uniformité de notre ancien travail ne laisse pas de paroître ennuyeuse. Le public même prendra part à nos exercices, et travaillera, pour ainsi dire, avec nous ; la cour et la ville nous fourniront des questions en grand nombre, indépendamment de celles qui se trouvent dans les livres : donc l'intérêt que chacun prendra à la question qu'il aura proposée produira dans les esprits une émulation qui est capable de porter notre langue à un degré de perfection où elle n'est point encore arrivée. On en peut juger par le progrès que la géométrie et la musique ont fait dans ce royaume depuis trente ans.

Il faudra imprimer régulièrement et au commencement de chaque trimestre le travail de tout ce qui aura été fait dans le trimestre précédent : la révision de l'ouvrage et le soin de l'impression pourront être remis à deux ou trois commissaires que l'Académie nommera tous les trois mois pour soulager M. le secrétaire perpétuel.

Chacun de ces volumes, dont il faut espérer que la lecture sera très-agréable et le prix très-modique, se distribuera aisément, non-seulement par toute la France, mais par toute l'Europe; et l'on ne sera pas long-temps sans en reconnoître l'utilité.

Et pour éviter l'ennui que trop d'uniformité jette toujours dans les meilleures choses, il sera à propos de varier le style de ces remarques, en les proposant en forme de lettre, de dialogue ou de question, suivant le goût et le génie de ceux qui les proposeront.

SECONDE PARTIE.

Occupation de l'Académie après que le Dictionnaire sera achevé.

Mon avis est que l'Académie entreprenne d'examiner les ouvrages de tous les bons auteurs qui ont écrit en notre langue, et qu'elle en donne au public une édition accompagnée de trois sortes de notes :

1° Sur le style et le langage ;

2° Sur les pensées et les sentimens ;

3° Sur le fond et sur les règles de l'art de chacun de ces ouvrages.

Nous avons, dans les remarques de l'Académie sur le Cid, et dans ses observations sur quelques odes de Malherbe, un modèle très-parfait de cette sorte de travail ; et l'Académie ne manque ni de lumières ni du courage nécessaire pour l'imiter.

Il ne faut pas toutefois espérer que cela se fasse avec la même ardeur que dans les premiers temps, ni que plusieurs commissaires s'assemblent régulièrement, comme ils faisoient alors, pour examiner un même ouvrage, et en faire ensuite leur rapport dans l'assemblée générale : ainsi il faut que chacun des académiciens, sans en excepter ceux qui sont dans les provinces, choisisse selon son goût l'auteur qu'il voudra examiner, et qu'il apporte ou qu'il envoie ses remarques par écrit aux jours d'assemblée.

Le public ne jugera pas indigne de l'Académie un travail qui a fait autrefois celui d'Aristote, de Denys d'Halicarnasse, de Démétrius, d'Hermogène, de Quintilien et de Longin ; et peut-être que par là nous mériterons un jour de la postérité la même reconnoissance que nous conservons aujourd'hui pour ces grands hommes qui nous ont si utilement instruits sur les beautés et les défauts des plus fameux ouvrages de leur temps.

D'ailleurs rien ne sauroit être plus utile pour exécuter le dessein que l'Académie a toujours eu de donner au public une Rhétorique et une Poétique. L'article XXVI de nos statuts porte en termes exprès que ces ouvrages seront composés sur les observations de l'Académie : c'est donc par ces observations qu'il faut commencer, et c'est ce que je propose.

S'il ne s'agissoit que de mettre en français les règles d'éloquence et de poésie que nous ont données les Grecs et les Latins, il ne nous resteroit plus rien à faire. Ils ont été traduits en notre langue, et sont entre les mains de tout le monde ; et la Poétique d'Aristote n'étoit peut-être pas si intelligible de son temps pour les Athéniens qu'elle l'est aujourd'hui pour les Français, depuis l'excellente traduction que nous en avons, et qui est accompagnée des meilleurs notes qui aient peut-être jamais été faites sur aucun auteur de l'antiquité.

Mais il s'agit d'appliquer ces préceptes à notre langue, de montrer comment on peut être éloquent en français, et comment on peut, dans la langue de Louis le Grand, trouver le même sublime et les même grâces qu'Homère et Démosthène, Cicéron et Virgile, avoient trouvés dans la langue d'Alexandre et dans celle d'Auguste.

Or cela ne se fera pas en se contentant d'assurer, avec une confiance peut-être mal fondée, que nous sommes capables d'égaler et même de surpasser les anciens. Ce n'est en effet que par la lecture de nos bons auteurs, et par un examen sérieux de leurs ouvrages, que nous pouvons connoître nous-mêmes et faire ensuite sentir aux autres ce que peut notre langue et ce qu'elle ne peut pas, et comment elle veut être maniée pour produire les miracles qui sont les effets ordinaires de l'éloquence et de la poésie.

Chaque langue a son génie, son éloquence, sa poésie, et si j'ose ainsi parler, ses talens particuliers.

Les Italiens ni les Espagnols ne feront jamais peut-être de bonnes tragédies ni de bonnes épigrammes, ni les Français de bons poèmes épiques ni de bons sonnets.

Nos anciens poètes avoient voulu faire des vers sur les mesures d'Horace, comme Horace en avoit fait sur les mesures des Grecs : cela ne nous a pas réussi, et il a fallu inventer des mesures convenables aux mots dont notre langue est composée.

Depuis cent ans l'éloquence de nos orateurs pour la chaire et pour le barreau a changé de forme trois ou quatre fois. Combien de styles différens avons-nous admirés dans les prédicateurs avant que d'avoir éprouvé celui du P. Bourdaloue, qui a effacé tous les autres, et qui est peut-être arrivé à la perfection dont notre langue est capable dans ce genre d'éloquence !

Il seroit inutile d'entrer dans un plus grand détail ; il suffit de dire en un mot que les plus importans et les plus utiles préceptes que nous ont laissés les anciens, soit pour l'éloquence, ou pour la poésie, ne sont autre chose que les sages et judicieuses réflexions qu'ils avoient faites sur les ouvrages de leurs plus célèbres écrivains.

Voilà le travail que j'estime être le seul digne de l'Académie après que le Dictionnaire sera achevé, et je proposerai la manière de le conduire avec ordre et avec facilité au cas qu'elle en fasse le même jugement que moi.

Je demande cependant qu'à l'exemple de l'ancienne Rome on me permette de sortir un peu de mon sujet, et de dire mon avis sur une chose qui n'a point été mise en délibération, mais que je crois très-importante à l'Académie.

Je dis donc qu'avant toutes choses nous devons songer très-sérieusement à rétablir dans la compagnie une discipline exacte, qui y est très-nécessaire, et qui peut-être n'y a jamais été depuis son établissement.

Sans cela, nos plus beaux projets et nos plus fermes résolutions s'en iront en fumée, et n'auront point d'autre effet que de nous attirer les railleries du public.

Il n'y a point de compagnies, de toutes celles qui s'assemblent sous l'autorité publique dans le royaume, qui n'aient leurs lois et leurs statuts; et elles ne se maintiennent qu'en les observant.

Eschine disoit à ses concitoyens qu'il faut qu'une république périsse lorsque les lois n'y sont point observées, ou qu'elle a des lois qui se détruisent l'une l'autre; et il seroit aisé de montrer que l'Académie est dans ces deux cas.

Il faut donc remédier à ce désordre, qui entraîneroit infailliblement la ruine de l'Académie : mais, pour le faire avec succès, et pour pouvoir, même en nous faisant des lois, conserver l'indépendance et la liberté que nous procure la glorieuse protection dont nous sommes honorés, je suis d'avis que l'Académie commence par députer au roi pour demander à Sa Majesté la permission de se réformer elle-même, d'abroger ses anciens statuts, et d'en faire de nouveaux, selon qu'elle le jugera convenable.

Qu'elle demande aussi la permission de nommer pour ce travail des commissaires en tel nombre qu'elle trouvera à propos et qu'elle supplie Sa Majesté de vouloir bien lui faire l'honneur de marquer elle-même un ou deux de ceux qu'elle aura le plus agréable qui soient nommés.

LETTRE A M. DACIER,

SECRÉTAIRE PERPÉTUEL DE L'ACADÉMIE FRANÇAISE,

SUR

LES OCCUPATIONS DE L'ACADÉMIE.

Je suis honteux, monsieur, de vous devoir depuis si long-temps une réponse : mais ma mauvaise santé et mes embarras continuels ont causé ce retardement. Le choix que l'Académie a fait de votre personne pour l'emploi de son secrétaire perpétuel m'a donné une véritable joie. Ce choix est digne de la compagnie, et de vous : il promet beaucoup au public pour les belles-lettres. J'avoue que la demande que vous me faites au nom d'un corps auquel je dois tant, m'embarrasse un peu : mais je vais parler au hasard, puisqu'on l'exige. Je le ferai avec une grande défiance de mes pensées, et une sincère déférence pour ceux qui daignent me consulter.

I.

Du Dictionnaire.

Le Dictionnaire auquel l'Académie travaille mérite sans doute qu'on l'achève. Il est vrai que l'usage, qui change souvent pour les langues vivantes, pourra changer ce que ce Dictionnaire aura décidé.

Nedum sermonum stet honos et gratia vivax.
Multa renascentur quæ jam cecidere, cadentque

Quæ nunc sunt in honore, vocabula, si volet usus,
Quem penes arbitrium est et jus et norma loquendi [1].

Mais ce Dictionnaire aura divers usages. Il servira aux étrangers, qui sont curieux de notre langue, et qui lisent avec fruit les livres excellens en plusieurs genres qui ont été faits en France. D'ailleurs les Français les plus polis peuvent avoir quelquefois besoin de recourir à ce Dictionnaire par rapport à des termes sur lesquels ils doutent. Enfin, quand notre langue sera changée, il servira à faire entendre les livres dignes de la postérité qui sont écrits en notre temps. N'est-on pas obligé d'expliquer maintetenant le langage de Villehardouin et de Joinville? Nous serions ravis d'avoir des dictionnaires gecs et latins faits par les anciens mêmes. La perfection des dictionnaires est même un point où il faut avouer que les modernes ont enchéri sur les anciens. Un jour on sentira la commodité d'avoir un Dictionnaire qui serve de clef à tant de bons livres. Le prix de cet ouvrage ne peut manquer de croître à mesure qu'il vieillira.

II

Projet de Grammaire.

Il seroit à désirer, ce me semble, qu'on joignît au Dictionnaire une Grammaire française : elle soulageroit beaucoup les étrangers, que nos phrases irrégulières embarrassent souvent. L'habitude de parler notre langue nous empêche de sentir ce qui cause leur embarras. La plupart même des Français auroient quelquefois besoin

---

[1] HORAT. *de Art. poet.* v. 69-72.
    La gloire du langage est bien plus passagère.
    Des mots presque oubliés reverront la lumière,
    Et d'autres que l'on prise auront un jour leur fin :
    L'usage est de la langue arbitre souverain :   DARU.

de consulter cette règle : ils n'ont appris leur langue que par le seul usage, et l'usage a quelques défauts en tous lieux. Chaque province a les siens ; Paris n'en est pas exempt. La cour même se ressent un peu du langage de Paris, où les enfans de la plus haute condition sont d'ordinaire élevés. Les personnes les plus polies ont de la peine à se corriger sur certaines façons de parler qu'elles ont prises pendant leur enfance en Gascogne, en Normandie, ou à Paris même, par le commerce des domestiques.

Les Grecs et les Romains ne se contentoient pas d'avoir appris leur langue naturelle par le simple usage ; ils l'étudioient encore dans un âge mûr par la lecture des grammairiens, pour remarquer les règles, les exceptions, les étymologies, les sens figurés, l'artifice de toute la langue, et ses variations.

Un savant grammairien court risque de composer une Grammaire trop curieuse et trop remplie de préceptes. Il me semble qu'il faut se borner à une méthode courte et facile. Ne donnez d'abord que les règles les plus générales ; les exceptions viendront peu à peu. Le grand point est de mettre une personne le plus tôt qu'on peut dans l'application sensible des règles par un fréquent usage : ensuite cette personne prend plaisir à remarquer le détail des règles qu'elle a suivies d'abord sans y prendre garde.

Cette Grammaire ne pourroit pas fixer une langue vivante ; mais elle diminueroit peut-être les changemens capricieux par lesquels la mode règne sur les termes comme sur les habits. Ces changemens de pure fantaisie peuvent embrouiller et altérer une langue, au lieu de la perfectionner.

III.

Projet d'enrichir la langue.

Oserai-je hasarder ici, par un excès de zèle, une proposition que je soumets à une compagnie si éclairée ? Notre langue manque d'un grand nombre de mots et de phrases : il me semble même qu'on l'a gênée et appauvrie depuis environ cent ans, en voulant la purifier. Il est vrai qu'elle étoit encore un peu informe, et trop *verbeuse*. Mais le vieux langage se fait regretter, quand nous le retrouvons dans Marot, dans Amyot, dans le cardinal d'Ossat, dans les ouvrages les plus enjoués, et dans les plus sérieux : il avoit je ne sais quoi de court, de naïf, de hardi, de vif et de passionné. On a retranché, si je ne me trompe, plus de mots qu'on n'en a introduit. D'ailleurs je voudrois n'en perdre aucun, et en acquérir de nouveaux. Je voudrois autoriser tout terme qui nous manque, et qui a un son doux, sans danger d'équivoque.

Quand on examine de près la signification des termes, on remarque qu'il n'y en a presque point qui soient entièrement synonymes entre eux. On en trouve un grand nombre qui ne peuvent désigner suffisamment un objet, à moins qu'on n'y ajoute un second mot : de là vient le fréquent usage des circonlocutions. Il faudroit abréger en donnant un terme simple et propre pour exprimer chaque objet, chaque sentiment, chaque action. Je voudrois même plusieurs synonymes pour un seul objet : c'est le moyen d'éviter toute équivoque, de varier les phrases, et de faciliter l'harmonie, en choisissant celui de plusieurs synonymes qui sonneroit le mieux avec le reste du discours.

Les Grecs avoient fait un grand nombre de mots composés, comme *pantocrator*, *glaucopis*, *eucnemides*, *etc.* Les Latins, quoique moins libres en ce genre, avoient un peu imité les Grecs, *lanifica*, *malesuada*, *pomifer*, *etc.* Cette composition servoit à abréger, et à faciliter la magnificence des vers. De plus ils rassembloient sans scrupule plusieurs dialectes dans le même poème, pour rendre la versification plus variée et plus facile.

Les Latins ont enrichi leur langue des termes étrangers qui manquoient chez eux. Par exemple, ils manquoient des termes propres pour la philosophie, qui commença si tard à Rome : en apprenant le grec, ils en empruntèrent les termes pour raisonner sur les sciences. Cicéron, quoique très-scrupuleux sur la pureté de sa langue, emploie librement les mots grecs dont il a besoin. D'abord le mot grec ne passoit que comme étranger; on demandoit permission de sen servir; puis la permission se tournoit en possession et en droit.

J'entends dire que les Anglais ne se refusent aucun des mots qui leur sont commodes : ils les prennent partout où ils les trouvent chez leurs voisins. De telles usurpations sont permises. En ce genre, tout devient commun par le seul usage. Les paroles ne sont que des sons dont on fait arbitrairement les figures de nos pensées. Ces sons n'ont en eux-mêmes aucun prix. Ils sont autant au peuple qui les emprunte, qu'à celui qui les a prêtés. Qu'importe qu'un mot soit né dans notre pays, ou qu'il nous vienne d'un pays étranger? La jalousie seroit puérile, quand il ne s'agit que de la manière de mouvoir ses lèvres, et de frapper l'air.

D'ailleurs nous n'avons rien à ménager sur ce faux point d'honneur. Notre langue n'est qu'un mélange de grec, de latin et de tudesque, avec quelques restes confus de gaulois. Puisque nous ne vivions que sur ces emprunts, qui sont devenus notre fonds propre, pourquoi aurions-nous une mauvaise honte sur la liberté d'emprunter, par laquelle nous pouvons achever de nous enrichir ? Prenons de tous côtés tout ce qu'il nous faut pour rendre notre langue plus claire, plus précise, plus courte, et plus harmonieuse ; toute circonlocution affoiblit le discours.

Il est vrai qu'il faudroit que des personnes d'un goût et d'un discernement éprouvé choisissent les termes que nous devrions autoriser. Les mots latins paroîtroient les plus propres à être choisis : les sons en sont doux ; ils tiennent à d'autres mots qui ont déjà pris racine dans notre fonds ; l'oreille y est déjà accoutumée. Ils n'ont plus qu'un pas à faire pour entrer chez nous, il faudroit leur donner une agréable terminaison. Quand on abandonne au hasard, ou au vulgaire ignorant, ou à la mode des femmes, l'introduction des termes, il en vient plusieurs qui n'ont ni la clarté ni la douceur qu'il faudroit désirer.

J'avoue que si nous jetions à la hâte et sans choix dans notre langue un grand nombre de mots étrangers, nous ferions du français un amas grossier et informe des autres langues d'un génie tout différent. C'est ainsi que les alimens trop peu digérés, mettent, dans la masse du sang d'un homme, des parties hétérogènes qui l'altèrent au lieu de le conserver. Mais il faut se ressouvenir que nous sortons à peine d'une barbarie aussi ancienne que notre nation.

> Sed in longum tamen ævum
> Manserunt, hodieque manent, vestigia ruris.
> Serus enim Græcis admovit acumina chartis,
> Et post Punica bella quietus quærere cœpit
> Quid Sophocles, et Thespis et Æschylus utile ferrent [1].

[1] HORAT. *Epist.* lib. II, *Ep.* 1, v. 159-163.

> Notre rusticité céda bientôt aux graces ;
> Mais on pourroit encore en retrouver des traces ;
> Car ce ne fut qu'au temps où les Carthaginois
> Par nos armes vaincus fléchirent sous nos lois,
> Que des écrits des Grecs admirateur tranquille
> Le Romain lut les vers de Sophocle et d'Eschyle.   DARU.

On me dira peut-être que l'Académie n'a pas le pouvoir de faire un édit avec une affiche en faveur d'un terme nouveau; le public pourroit se révolter. Je n'ai pas oublié l'exemple de Tibère, maître redoutable de la vie des Romains; il parut ridicule en affectant de se rendre le maître du terme de *monopolium* [1]. Mais je crois que le public ne manqueroit point de complaisance pour l'Académie, quand elle le ménageroit. Pourquoi ne viendrions-nous pas à bout de faire ce que les Anglais font tous les jours?

Un terme nous manque, nous en sentons le besoin: choisissez un son doux et éloigné de toute équivoque, qui s'accommode à notre langue, et qui soit commode pour abréger le discours. Chacun en sent d'abord la commodité: quatre ou cinq personnes le hasardent modestement en conversation familière, d'autres le répètent par le goût de la nouveauté, le voilà à la mode. C'est ainsi qu'un sentier qu'on ouvre dans un champ devient bientôt le chemin le plus battu, quand l'ancien chemin se trouve raboteux et moins court.

Il nous faudroit, outre les mots simples et nouveaux, des composés et des phrases où l'art de joindre les termes qu'on n'a pas coutume de mettre ensemble fît une nouveauté gracieuse.

Dixeris egregiè, notum si callida verbum
Reddiderit junctura novum [2].

C'est ainsi qu'on a dit *velivolum* [3] en un seul mot composé de deux; et en deux mots mis l'un auprès de l'autre,

---

[1] Suet. *Tiber.* n. 71. Dion. lib. LVII.

[2] Horat. *de Art. poet.* v. 47.

    Le choix du lieu, du temps, absout la hardiesse:
    Pour rajeunir un mot glissez-le avec adresse.   Daru.

[3] Virg. *Æneid.* lib. I, v. 228.

regimium alarum [1] *lubricus aspici* [2]. Mais il faut en ce point être sobre et précautionné, *tenuis cautusque serendis* [3]. Les nations qui vivent sous un ciel tempéré goûtent moins que les peuples des pays chauds les métaphores dures et hardies.

Notre langue deviendroit bientôt abondante, si les personnes qui ont la plus grande réputation de politesse s'appliquoient à introduire les expressions ou simples ou figurées dont nous avons été privés jusqu'ici.

IV.

Projet de Rhétorique.

Une excellente Rhétorique seroit bien au-dessus d'une Grammaire et de tous les travaux bornés à perfectionner une langue. Celui qui entreprendroit cet ouvrage y rassembleroit tous les plus beaux préceptes d'Aristote, de Cicéron, de Quintilien, de Lucien, de Longin, et des autres célèbres auteurs : leurs textes, qu'il citeroit, seroient les ornemens du sien. En ne prenant que la fleur de la plus pure antiquité, il feroit un ouvrage court, exquis et délicieux.

Je suis très-éloigné de vouloir préférer en général le génie des anciens orateurs à celui des modernes. Je suis très-persuadé de la vérité d'une comparaison qu'on a faite : c'est que, comme les arbres ont aujourd'hui la même forme et portent les mêmes fruits qu'ils portoient il y a deux mille ans, les hommes produisent les mêmes pensées. Mais il y a deux choses que je prends la liberté de représenter. La première est que certains climats sont plus heureux que d'autres pour certains talens, comme pour certains fruits. Par exemple, le Languedoc et la Provence produisent des raisins et

---

[1] *Æneid.* lib. VI, v. 191. — [2] HOR. *Od.* lib. I, *Od.* XIX, v. 8. — [3] HOR. *de Art. poet.* v. 45.

des figues d'un meilleur goût que la Normandie et que les Pays-Bas. De même les Arcadiens étoient d'un naturel plus propre aux beaux arts que les Scythes. Les Siciliens sont encore plus propres à la musique que les Lapons. On voit même que les Athéniens avoient un esprit plus vif et plus subtil que les Béotiens. La seconde chose que je remarque, c'est que les Grecs avoient une espèce de longue tradition qui nous manque ; ils avoient plus de culture pour l'éloquence que notre nation n'en peut avoir. Chez les Grecs tout dépendoit du peuple, et le peuple dépendoit de la parole. Dans leur forme de gouvernement, la fortune, la réputation, l'autorité, étoient attachées à la persuasion de la multitude ; le peuple étoit entraîné par les rhéteurs artificieux et véhémens ; la parole étoit le grand ressort en paix et en guerre : de là viennent tant de harangues qui sont rapportées dans les histoires, et qui nous sont presque incroyables, tant elles sont loin de nos mœurs. On voit, dans Diodore de Sicile, Nicias et Gylippe qui entraînent tour à tour les Syracusains : l'un leur fait d'abord accorder la vie aux prisonniers athéniens ; et l'autre, un moment après, les détermine à faire mourir ces mêmes prisonniers.

La parole n'a aucun pouvoir semblable chez nous ; les assemblées n'y sont que des cérémonies et des spectacles. Il ne nous reste guère de monumens d'une forte éloquence, ni de nos anciens parlemens, ni de nos états-généraux, ni de nos assemblées de notables ; tout se décide en secret dans le cabinet des princes, ou dans quelque négociation particulière ; ainsi notre nation n'est point excitée à faire les mêmes efforts que les Grecs pour dominer par la parole. L'usage public de l'éloquence est maintenant presque borné aux prédicateurs et aux avocats.

Nos avocats n'ont pas autant d'ardeur pour gagner le procès de la rente d'un particulier, que les rhéteurs de la Grèce avoient d'ambition pour s'emparer de l'autorité suprême dans une république. Un avocat ne perd rien, et gagne même de l'argent, en perdant la cause qu'il plaide. Est-il jeune ? il se hâte de plaider avec un peu d'élégance pour acquérir quelque réputation, et sans avoir jamais étudié ni le fond des lois ni les grands modèles de l'antiquité. A-t-il quelque réputation établie ? il cesse de plaider, et se borne aux consultations, où il s'enrichit. Les avocats les plus estimables sont ceux qui exposent nettement les faits, qui remontent avec précision à un principe de droit, et qui répondent aux objections suivant ce principe. Mais où sont ceux qui possèdent le grand art d'enlever la persuasion, et de remuer les cœurs de tout un peuple ?

Oserai-je parler avec la même liberté sur les prédicateurs ? Dieu sait combien je révère les ministres de la parole de Dieu; mais je ne blesse aucun d'entre eux personnellement, en remarquant en général qu'ils ne sont pas tous également humbles et détachés. De jeunes gens sans réputation se hâtent de prêcher : le public s'imagine voir qu'ils cherchent moins la gloire de Dieu que la leur, et qu'ils sont plus occupés de leur fortune que du salut des âmes. Ils parlent en orateurs brillans plutôt qu'en ministres de Jésus-Christ et en dispensateurs de ses mystères. Ce n'est point avec cette ostentation de paroles que saint Pierre annonçoit Jésus crucifié dans ces sermons qui convertissoient tant de milliers d'hommes.

Veut-on apprendre de saint Augustin les règles d'une éloquence sérieuse et efficace ? Il distingue, après Cicéron, trois divers genres suivant lesquels on peut parler. Il faut, dit-il [1], parler d'une façon abaissée et familière, pour instruire, *submissè*; il faut parler d'une façon douce, gracieuse et insinuante, pour faire aimer la vérité, *temperatè*; il faut parler d'une façon grande et véhémente quand on a besoin d'entraîner les hommes et

[1] *De Doct. christ.* lib. IV, n. 34, 38; tom. III, pag. 78, 79.

de les arracher à leurs passions, *granditer*. Il ajoute qu'on ne doit user des expressions qui plaisent, qu'à cause qu'il y a peu d'hommes assez raisonnables pour goûter une vérité qui est sèche et nue dans un discours. Pour le genre sublime et véhément, il ne veut point qu'il soit fleuri : *Non tam verborum ornatibus comtum est, quàm violentum animi affectibus.... Fertur quippe impetu suo, et elocutionis pulchritudinem, si occurrerit, vi rerum rapit, non curâ decoris assumit* [1]. « Un homme, dit encore ce » Père [2], qui combat très-courageusement avec une épée » enrichie d'or et de pierreries, se sert de ces armes » parce qu'elles sont propres au combat, sans penser à » leur prix. » Il ajoute que Dieu avoit permis que saint Cyprien eût mis des ornemens affectés dans sa lettre à Donat, « afin que la postérité pût voir combien la pureté » de la doctrine chrétienne l'avoit corrigé de cet excès » et l'avoit ramené à une éloquence plus grave et plus » modeste [3]. » Mais rien n'est plus touchant que les deux histoires que saint Augustin nous raconte, pour nous instruire de la manière de prêcher avec fruit.

Dans la première occasion il n'étoit encore que prêtre. Le saint évêque Valère le faisoit parler pour corriger le peuple d'Hippone de l'abus des festins trop libres dans les solennités [4]. Il prit en main le livre des Ecritures ; il y lut les reproches les plus véhémens. Il conjura ses auditeurs, par les opprobres, par les douleurs de Jésus-Christ, par sa croix, par son sang, de ne se perdre point eux-mêmes, d'avoir pitié de celui qui leur parloit avec tant d'affection, et de se souvenir du vénérable vieillard Valère, qui l'avoit chargé, par tendresse pour eux, de

---

[1] Il est moins paré du charme des expressions, que véhément par les mouvemens de l'âme.... Car sa propre force l'entraîne ; et si l'élégance du langage s'offre à lui, il la saisit par la grandeur du sujet, sans se mettre en peine de l'ornement. Ibid. n. 42 : pag. 81. — [2] Ibid. pag. 82. — [3] *De Doct. christ.* lib. IV, n, 31 : tom. III, pag. 76. — [4] *Ep.* XXIX, *ad Alip.* tom. II, pag. 48 et seq.

leur annoncer la vérité. « Ce ne fut point, dit-il, en pleu-
» rant sur eux que je les fis pleurer; mais pendant que je
» parlois, leurs larmes prévinrent les miennes. J'avoue
» que je ne pus point alors me retenir. Après que nous
» eûmes pleuré ensemble, je commençai à espérer for-
» tement leur correction. » Dans la suite il abandonna
le discours qu'il avoit préparé, parce qu'il ne lui paroissoit plus convenable à la disposition des esprits. Enfin
il eut la consolation de voir ce peuple docile et corrigé
dès ce jour-là.

Voici l'autre occasion où ce Père enleva les cœurs.
Ecoutons ses paroles [1] : « Il faut bien se garder de croire
» qu'un homme a parlé d'une façon grande et sublime,
» quand on lui a donné de fréquentes acclamations et
» de grands applaudissemens. Les jeux d'esprit du plus
» bas genre, et les ornemens du genre tempéré, attirent
» de tels succès : mais le genre sublime accable souvent
» par son poids, et ôte même la parole; il réduit aux
» larmes. Pendant que je tâchois de persuader au peuple
» de Césarée en Mauritanie, qu'il devoit abolir un com-
» bat des citoyens....., où les parens, les frères, les pères
» et les enfans, divisés en deux partis, combattoient en
» public pendant plusieurs jours de suite, en un certain
» temps de l'année, et où chacun s'efforçoit de tuer celui
» qu'il attaquoit : je me servis, selon toute l'étendue de
» mes forces, des plus grandes expressions, pour déra-
» ciner des cœurs et des mœurs de ce peuple une cou-
» tume si cruelle et si invétérée. Je ne crus néanmoins
» avoir rien gagné, pendant que je n'entendis que leurs
» acclamations : mais j'espérai quand je les vis pleurer.
» Les acclamations montroient que je les avois instruits, et
» que mon discours leur faisoit plaisir; mais leurs larmes
» marquèrent qu'ils étoient changés. Quand je les vis
» couler, je crus que cette horrible coutume, qu'ils

[1] *De Doct. christ.* lib. IV, n. 53 : pag. 87.

» avoient reçue de leurs ancêtres, et qui les tyranni-
» soit depuis si long-temps, seroit abolie... Il y a déjà
» environ huit ans, ou même plus, que ce peuple, par
» la grâce de Jésus-Christ, n'a entrepris rien de sem-
» blable. »

Si saint Augustin eût affoibli son discours par les ornemens affectés du genre fleuri, il ne seroit jamais parvenu à corriger les peuples d'Hippone et de Césarée.

Démosthène a suivi cette règle de la véritable éloquence. « O Athéniens, disoit-il [1], ne croyez pas que
» Philippe soit comme une divinité à laquelle la fortune
» soit attachée. Parmi les hommes qui paroissent dévoués
» à ses intérêts, il y en a qui le haïssent, qui le craignent,
» qui en sont envieux.... Mais toutes ces choses demeu-
» rent comme ensevelies par votre lenteur et votre né-
» gligence... Voyez, ô Athéniens, en quel état vous êtes
» réduits : ce méchant homme est parvenu jusqu'au point
» de ne vous laisser plus le choix entre la vigilance et
» l'inaction. Il vous menace; il parle, dit-on, avec arro-
» gance; il ne peut plus se contenter de ce qu'il a conquis
» sur vous; il étend de plus en plus chaque jour ses pro-
» jets pour vous subjuguer; il vous tend des piéges de tous
» les côtés, pendant que vous êtes sans cesse en arrière
» et sans mouvement. Quand est-ce donc, ô Athéniens,
» que vous ferez ce qu'il faut faire? quand est-ce que
» nous verrons quelque chose de vous? quand est-ce que
» la nécessité vous y déterminera? Mais que faut-il
» croire de ce qui se fait actuellement? Ma pensée est
» qu'il n'y a, pour des hommes libres, aucune plus pres-
» sante nécessité que celle qui résulte de la honte d'avoir
» mal conduit ses propres affaires. Voulez-vous achever
» de perdre votre temps? Chacun ira-t-il encore çà et là
» dans la place publique, faisant cette question, *N'y a-t-il*
» *aucune nouvelle?* Eh! que peut-il y avoir de plus nou-

[1] Ire Philip.

« veau, que de voir un homme de Macédoine qui dompte
» les Athéniens et qui gouverne toute la Grèce ? Philippe
» est mort, dit quelqu'un. Non dit un autre, il n'est que
» malade. Eh ! que vous importe, puisque, s'il n'étoit
» plus, vous vous feriez bientôt un autre Philippe ? »

Voilà le bon sens qui parle, sans autre ornement que
sa force. Il rend la vérité sensible à tout le peuple ; il le
réveille, il le pique, il lui montre l'abîme ouvert. Tout
est dit pour le salut commun ; aucun mot n'est pour l'orateur. Tout instruit et touche ; rien ne brille.

Il est vrai que les Romains suivirent assez tard l'exemple des Grecs pour cultiver les belles-lettres.

Graiis ingenium, Graiis dedit ore rotundo
Musa loqui, præter laudem nullius avaris.
Romani pueri longis rationibus assem : etc. [1]

Les Romains étoient occupés des lois, de la guerre, de
l'agriculture, et du commerce d'argent. C'est ce qui faisoit dire à Virgile :

Excudent aliis spirantia molliùs æra, etc.
. . . .
Tu regere imperio populos, Romane, memento [2].

Salluste fait un beau portrait des mœurs de l'ancienne
Rome, en avouant qu'elle négligeoit les lettres :

---

[1] Horat. *de Art. poet.* v. 323-325.

Les Grecs avoient reçu de la faveur des cieux
Le flambeau du génie et la langue des dieux.
Ce peuple aime la gloire, et l'aime avec ivresse :
Mais Rome aux vils calculs élève sa jeunesse.   DARU.

[2] *Æneid.* VI, v. 848-852.

D'autres avec plus d'art, ou d'une habile main,
Feront vivre le marbre et respirer l'airain......
Toi, Romain, souviens-toi de régir l'univers.   DELILLE.

Prudentissimus quisque negotiosus maximè erat. Ingenium nemo sine corpore exercebat. Optimus quisque facere quàm dicere, sua ab aliis benefacta laudari quàm ipse aliorum narrare malebat [1].

Il faut néanmoins avouer, suivant le rapport de Tite-Live, que l'éloquence nerveuse et populaire étoit déjà bien cultivée à Rome dès le temps de Manlius. Cet homme, qui avoit sauvé le Capitole contre les Gaulois vouloit soulever le peuple contre le gouvernement : *Quousque tandem*, dit-il [2], *ignorabitis vires vestras, quas natura ne belluas quidem ignorare voluit? Numerate saltem quot ipsi sitis.... Tamen acriùs crederem vos pro libertate quàm illos pro dominatione certaturos.... Quousque me circumspectabitis? Ego quidem nulli vestrûm deero* [3], *etc.* Ce puissant orateur enlevoit tout le peuple pour se procurer l'impunité, en tendant les mains vers le Capitole qu'il avoit sauvé autrefois. On ne put obtenir sa mort de la multitude, qu'en le menant dans un bois sacré d'où il ne pouvoit plus montrer le Capitole aux citoyens. *Apparuit tribunis*, dit Tite-Live [4], *nisi oculos quoque hominum liberassent ab tanti memoria decoris,*

---

[1] *Bell. Catil.* n. 8.

Chez les Romains, les plus habiles étoient les plus occupés : on ne séparoit point les exercices de l'esprit de ceux du corps. Plus jaloux de bien agir que de bien parler, tout homme de mérite aimoit mieux faire des actions qu'on pût louer, que de raconter celles des autres. DOTTEVILLE.

[2] TIT. LIV. *Hist.* lib. VI, cap. XVIII.

[3] Jusques à quand méconnoîtrez-vous donc votre force, tandis que la brute a l'instinct de la sienne ? Ne pouvez-vous du moins supputer votre nombre ?..... Je me persuaderois que, combattant pour votre liberté, vous y mettriez un peu plus de courage que ceux qui ne combattent que pour leur tyrannie..... Ne compterez-vous jamais que sur moi seul ? Assurément je ne manquerai jamais à pas un de vous. DUREAU DE LA MALLE.

[4] *Hist.* lib. VI, cap. XX.

nunquam fore, in præoccupatis beneficio animis, vero criminis locum.... Ibi crimen valuit [1], etc. Chacun sait combien l'éloquence des Gracques causa de troubles. Celle de Catilina mit la république dans le plus grand péril. Mais cette éloquence ne tendoit qu'à persuader et à émouvoir les passions : le bel-esprit n'y étoit d'aucun usage. Un déclamateur fleuri n'auroit eu aucune force dans les affaires.

Rien n'est plus simple que Brutus, quand il se rend supérieur à Cicéron, jusqu'à le reprendre et à le confondre : « Vous demandez, lui dit-il [2], la vie à Octave :
» quelle mort seroit aussi funeste ? Vous montrez, par
» cette demande, que la tyrannie n'est pas détruite, et
» qu'on n'a fait que changer de tyran. Reconnoissez vos
» paroles. Niez, si vous l'osez, que cette prière ne con-
» vient qu'à un roi à qui elle est faite par un homme
» réduit à la servitude. Vous dites que vous ne lui deman-
» dez qu'une seule grâce ; savoir, qu'il veuille bien sau-
» ver la vie des citoyens qui ont l'estime des honnêtes
» gens et de tout le peuple romain. Quoi donc ! à moins
» qu'il ne le veuille, nous ne serons plus ? Mais il vaut
» mieux n'être plus que d'être par lui. Non, je ne crois
» point que tous les dieux soient déclarés contre le salut
» de Rome, jusqu'au point de vouloir qu'on demande à
» Octave la vie d'aucun citoyen, encore moins celle des
» libérateurs de l'univers..... O Cicéron ! vous avouez
» qu'Octave a un tel pouvoir, et vous êtes de ses amis !
» Mais, si vous m'aimez, pouvez-vous désirer de me voir
» à Rome lorsqu'il faudroit me recommander à cet en-

---

[1] Les tribuns virent clairement que tant que les yeux des Romains seroient captivés par la vue d'un monument qui retraçoit des souvenirs si glorieux pour Manlius, la préoccupation d'un si grand bienfait prévaudroit toujours contre la conviction de son crime..... Alors les inculpations restèrent dans toute leur force, etc. DUREAU DE LA MALLE.

[a] Apud CICER. *Epist. ad Brutum*, Epist. XVI.

» fant afin que j'eusse la permission d'y aller? Quel est
» donc celui que vous remerciez de ce qu'il souffre que
» je vive encore? Faut-il regarder comme un bonheur,
» de ce qu'on demande cette grâce à Octave plutôt qu'à
» Antoine?..... C'est cette foiblesse et ce désespoir, que
» les autres ont à se reprocher comme vous, qui ont ins-
» piré à César l'ambition de se faire roi.... Si nous nous
» souvenions que nous sommes Romains...., ils n'au-
» roient pas eu plus d'audace pour envahir la tyrannie,
» que nous de courage pour la repousser.... O vengeur
» de tant de crimes, je crains que vous n'ayez fait que
» retarder un peu notre chute! Comment pouvez-vous
» voir ce que vous avez fait? etc. »

Combien ce discours seroit-il énervé, indécent et avili, si on y mettoit des pointes et des jeux d'esprit? Faut-il que les hommes chargés de parler en apôtres recueillent avec tant d'affectation les fleurs que Démosthène, Manlius et Brutus, ont foulées aux pieds? Faut-il croire que les ministres évangéliques sont moins sérieusement touchés du salut éternel des peuples, que Démosthène ne l'étoit de la liberté de sa patrie, que Manlius n'avoit d'ambition pour séduire la multitude, que Brutus n'avoit de courage pour aimer mieux la mort qu'une vie due au tyran?

J'avoue que le genre fleuri a ses grâces; mais elles sont déplacées dans les discours où il ne s'agit point d'un jeu d'esprit plein de délicatesse, et où les grandes passions doivent parler. Le genre fleuri n'atteint jamais au sublime. Qu'est-ce que les anciens auroient dit d'une tragédie où Hécube auroit déploré ses malheurs par des pointes? La vraie douleur ne parle point ainsi. Que pourroit-on croire d'un prédicateur qui viendroit montrer aux pécheurs le jugement de Dieu pendant sur leur tête, et l'enfer ouvert sous leurs pieds, avec les jeux de mots les plus affectés?

Il y a une bienséance à garder pour les paroles comme pour les habits. Une veuve désolée ne porte point le deuil avec beaucoup de broderie, de frisure et de rubans. Un missionnaire apostolique ne doit point faire de la parole de Dieu une parole vaine et pleine d'ornemens affectés. Les païens mêmes auroient été indignés de voir une comédie si mal jouée.

> Ut ridentibus arrident, ita flentibus adflent
> Humani vultus. Si vis me flere, dolendum est
> Primùm ipsi tibi ; tunc tua me infortunia lædent,
> Telephe, vel Peleu : malè si mandata loqueris,
> Aut dormitabo, aut ridebo. Tristia mœstum
> Vultum verba decent [1].

Il ne faut pas faire à l'éloquence le tort de penser qu'elle n'est qu'un art frivole, dont un déclamateur se sert pour imposer à la foible imagination de la multitude et pour trafiquer de la parole : c'est un art très-sérieux, qui est destiné à instruire, à réprimer les passions, à corriger les mœurs, à soutenir les lois, à diriger les délibérations publiques, à rendre les hommes bons et heureux. Plus un déclamateur feroit d'efforts pour m'éblouir par les prestiges de son discours, plus je me révolterois contre sa vanité : son empressement pour faire admirer son esprit me paroîtroit le rendre indigne de toute admiration. Je cherche un homme sérieux, qui me parle pour

---

[1] HORAT. *de Art. poet.* v. 101-106.

> On rit avec les fous ; près des infortunés
> On pleure ; tant l'exemple a de force et de charmes !
> Pleurez, si vous voulez faire couler mes larmes.
> Acteurs qui retracez des héros malheureux,
> Je ris ou je m'endors au milieu de vos jeux,
> Si le style contraste avec le personnage :
> Le style doit changer ainsi que le visage.
> Le chagrin paroît-il sur le front de l'acteur ?
> Il faut que son discours respire la douleur.   DARU.

moi, et non pour lui ; qui veuille mon salut, et non sa vaine gloire. L'homme digne d'être écouté est celui qui ne se sert de la parole que pour la pensée, et de la pensée que pour la vérité et la vertu. Rien n'est plus méprisable qu'un parleur de métier, qui fait de ses paroles ce qu'un charlatan fait de ses remèdes.

Je prends pour juges de cette question les païens mêmes. Platon ne permet dans sa république aucune musique avec les tons efféminés des Lydiens ; les Lacédémoniens excluoient de la leur tous les instrumens trop composés qui pouvoient amollir les cœurs. L'harmonie qui ne va qu'à flatter l'oreille n'est qu'un amusement de gens foibles et oisifs, elle est indigne d'une république bien policée : elle n'est bonne qu'autant que les sons y conviennent au sens des paroles, et que les paroles y inspirent des sentimens vertueux. La peinture, la sculpture, et les autres beaux-arts, doivent avoir le même but. L'éloquence doit, sans doute, entrer dans le même dessein ; le plaisir n'y doit être mêlé que pour faire le contre-poids des mauvaises passions, et pour rendre la vertu aimable.

Je voudrois qu'un orateur se préparât long-temps en général pour acquérir un fonds de connoissances, et pour se rendre capable de faire de bons ouvrages. Je voudrois que cette préparation générale le mît en état de se préparer moins pour chaque discours particulier. Je voudrois qu'il fût naturellement très-sensé, et qu'il ramenât tout au bon sens ; qu'il fît de solides études ; qu'il s'exerçât à raisonner avec justesse et exactitude, se défiant de toute subtilité. Je voudrois qu'il se défiât de son imagination, pour ne se laisser jamais dominer par elle, et qu'il fondât chaque discours sur un principe indubitable dont il tireroit les conséquences naturelles.

Scribendi recte sapere est principium et fons.
Rem tibi Socraticæ poterunt ostendere chartæ,

Verbaque provisam rem non invisa sequentur.
Qui didicit patriæ quid debeat, et quid amicis, etc.[1]

D'ordinaire, un déclamateur fleuri ne connoît point les principes d'une saine philosophie, ni ceux de la doctrine évangélique pour perfectionner les mœurs. Il ne veut que des phrases brillantes et que des tours ingénieux. Ce qui lui manque le plus est le fond des choses ; il sait parler avec grâce sans savoir ce qu'il faut dire ; il énerve les plus grandes vérités par un tour vain et trop orné.

Au contraire, le véritable orateur n'orne son discours que de vérités lumineuses, que de sentimens nobles, que d'expressions fortes, et proportionnées à ce qu'il tâche d'inspirer ; il pense, il sent, et la parole suit. « Il ne dé- » pend point des paroles, dit saint Augustin[2], mais les » paroles dépendent de lui. » Un homme qui a l'âme forte et grande, avec quelque facilité naturelle de parler et un grand exercice, ne doit jamais craindre que les termes lui manquent ; ses moindres discours auront des traits originaux, que les déclamateurs fleuris ne pourront jamais imiter. Il n'est point esclave des mots ; il va droit à la vérité, il sait que la passion est comme l'âme de la parole. Il remonte d'abord au premier principe sur la matière qu'il veut débrouiller ; il met ce principe dans son premier point de vue ; il le tourne et le retourne, pour y accoutumer ses auditeurs les moins pénétrans ; il descend jusqu'aux dernières conséquences par un enchaînement court et sensible. Chaque vérité est mise en sa place par rapport au tout : elle prépare, elle amène, elle appuie

---

[1] HORAT. *de Art. poet.* v. 309-312.
  Le bon sens des beaux vers est la source première.
  Poètes, de Socrate apprenez à penser,
  Vous parviendrez sans peine à vous bien énoncer.
  L'écrivain qui connoît les sentimens d'un frère,
  Les droits de l'amitié, la tendresse d'un père, etc.   DARU.

[2] *De Doct. christ.* lib. IV, n. 61 : pag. 90.

une autre vérité qui a besoin de son secours. Cet arrangement sert à éviter les répétitions qu'on peut épargner au lecteur; mais il ne retranche aucune des répétitions par lesquelles il est essentiel de ramener souvent l'auditeur au point qui décide lui seul de tout.

Il faut lui montrer souvent la conclusion dans le principe. De ce principe, comme du centre, se répand la lumière sur toutes les parties de cet ouvrage; de même qu'un peintre place dans son tableau le jour, en sorte que d'un seul endroit il distribue à chaque objet son degré de lumière. Tout le discours est un; il se réduit à une seule proposition mise au plus grand jour par des tours variés. Cette unité de dessein fait qu'on voit, d'un seul coup d'œil, l'ouvrage entier, comme on voit de la place publique d'une ville toutes les rues et toutes les portes quand toutes les rues sont droites, égales et en symétrie. Le discours est la proposition développée; la proposition est le discours en abrégé.

Denique sit quodvis simplex duntaxat et unum [1].

Quiconque ne sent pas la beauté et la force de cette unité et de cet ordre, n'a encore rien vu au grand jour; il n'a vu que des ombres dans la caverne de Platon. Que diroit-on d'un architecte qui ne sentiroit aucune différence entre un grand palais dont tous les bâtimens seroient proportionnés pour former un tout dans le même dessein, et un amas confus de petits édifices qui ne feroient point un vrai tout, quoiqu'ils fussent les uns auprès des autres? Quelle comparaison entre le Colisée et une multitude confuse de maisons irrégulières d'une ville? Un ouvrage n'a une véritable unité que quand on ne peut rien en ôter sans couper dans le vif.

[1] Horat. *de Art. poet.* v. 23.
  Il faut que tout ouvrage, à l'unité fidèle,
  De la simplicité nous offre le modèle.   Daru.

Il n'a un véritable ordre que quand on ne peut en déplacer aucune partie sans affoiblir, sans obscurcir, sans déranger le tout. C'est ce qu'Horace explique parfaitement :

. . . . nec lucidus ordo.
Ordinis hæc virtus erit et venus, aut ego fallor,
Ut jam nunc dicat jam nunc debentia dici,
Pleraque differat, et præsens in tempus omittat [1].

Tout auteur qui ne donne point cet ordre à son discours ne possède pas assez sa matière ; il n'a qu'un goût imparfait et qu'un demi génie. L'ordre est ce qu'il y a de plus rare dans les opérations de l'esprit : quand l'ordre, la justesse, la force et la véhémence se trouvent réunis, le discours est parfait. Mais il faut avoir tout vu, tout pénétré et tout embrassé, pour savoir la place précise de chaque mot : c'est ce qu'un déclamateur, livré à son imagination et sans science, ne peut discerner.

Isocrate est doux, insinuant, plein d'élégance ; mais peut-on le comparer à Homère ? Allons plus loin : je ne crains pas de dire que Démosthène me paroît supérieur à Cicéron. Je proteste que personne n'admire Cicéron plus que je fais : il embellit tout ce qu'il touche, il fait honneur à la parole, il fait des mots ce qu'un autre n'en sauroit faire ; il a je ne sais combien de sortes d'esprit ; il est même court et véhément toutes les fois qu'il veut l'être, contre Catilina, contre Verrès, contre Antoine. Mais on remarque quelque parure dans son discours : l'art y est merveilleux, mais on l'entrevoit : l'orateur, en pensant au salut de la république, ne s'oublie pas et ne

---

[1] HOR. *De Art. poet.* v. 41-44.

Choisit-on bien ? on trouve avec facilité
L'expression heureuse, et l'ordre, et la clarté.
L'ordre à mes yeux, Pisons, est lui-même une grâce ;
L'esprit judicieux veut tout voir à sa place.   DARU.

se laisse pas oublier. Démosthène paroît sortir de soi, et ne voir que la patrie. Il ne cherche point le beau, il le fait sans y penser ; il est au-dessus de l'admiration. Il se sert de la parole comme un homme modeste de son habit pour se couvrir. Il tonne, il foudroie ; c'est un torrent qui entraîne tout. On ne peut le critiquer parce qu'on est saisi ; on pense aux choses qu'il dit, et non à ses paroles. On le perd de vue ; on n'est occupé que de Philippe qui envahit tout. Je suis charmé de ces deux orateurs ; mais j'avoue que je suis moins touché de l'art infini et de la magnifique éloquence de Cicéron, que de la rapide simplicité de Démosthène.

L'art se décrédite lui-même ; il se trahit en se montrant. « Isocrate, dit Longin [1], est tombé dans une faute » de petit écolier.... Et voici par où il débute : *Puisque* » *le discours a naturellement la vertu de rendre les choses* » *grandes petites, et les petites grandes ; qu'il sait donner* » *les grâces de la nouveauté aux choses les plus vieilles,* » *et qu'il fait paroître vieilles celles qui sont nouvellement* » *faites.* Est-ce ainsi, dira quelqu'un, ô Isocrate, que » vous allez changer toutes choses à l'égard des Lacédé- » moniens et des Athéniens ? En faisant de cette sorte » l'éloge du discours, il fait proprement un exorde pour » avertir ses auditeurs de ne rien croire de ce qu'il va » dire. » En effet, c'est déclarer au monde que les orateurs ne sont que des sophistes, tels que le Gorgias de Platon et que les autres rhéteurs de la Grèce, qui abusoient de la parole pour imposer au peuple.

Si l'éloquence demande que l'orateur soit homme de bien, et cru tel, pour toutes les affaires les plus profanes, à combien plus forte raison doit-on croire ces paroles de saint Augustin sur les hommes qui ne doivent parler qu'en apôtres ! « Celui-là parle avec sublimité, dont la » vie ne peut être exposée à aucun mépris. » Que peut-

[1] *Du Subl.* ch. XXXI.

on espérer des discours d'un jeune homme sans fonds d'étude, sans expérience, sans réputation acquise, qui se joue de la parole, et qui veut peut-être faire fortune dans le ministère, où il s'agit d'être pauvre avec Jésus-Christ, de porter la croix avec lui en se renonçant, et de vaincre les passions des hommes pour les convertir !

Je ne puis me résoudre à finir cet article sans dire un mot de l'éloquence des Pères. Certaines personnes éclairées ne leur font pas une exacte justice. On en juge par quelque métaphore dure de Tertullien, par quelque période enflée de saint Cyprien, par quelque endroit obscur de saint Ambroise, par quelque antithèse subtile et rimée de saint Augustin, par quelques jeux de mots de saint Pierre-Chrysologue. Mais il faut avoir égard au goût dépravé des temps où les Pères ont vécu. Le goût commençoit à se gâter à Rome peu de temps après celui d'Auguste. Juvénal a moins de délicatesse qu'Horace ; Sénèque le tragique et Lucain ont une enflure choquante. Rome tomboit ; les études d'Athènes même étoient déchues quand saint Basile et saint Grégoire de Nazianze y allèrent. Les raffinemens d'esprit avoient prévalu. Les Pères, instruits par les mauvais rhéteurs de leurs temps, étoient entraînés dans le préjugé universel : c'est à quoi les sages mêmes ne résistent presque jamais. On ne croyoit pas qu'il fût permis de parler d'une façon simple et naturelle. Le monde étoit, pour la parole, dans l'état où il seroit pour les habits, si personne n'osoit paroître vêtu d'une belle étoffe sans la charger de la plus épaisse broderie. Suivant cette mode, il ne falloit point parler, il falloit déclamer. Mais si on veut avoir la patience d'examiner les écrits des Pères, on y verra des choses d'un grand prix. Saint Cyprien a une magnanimité et une véhémence qui ressemble à celle de Démosthène. On trouve dans saint Chrysostôme un jugement exquis, des images nobles, une morale sensible et aimable. Saint

Augustin est tout ensemble sublime et populaire; il remonte aux plus hauts principes par les tours les plus familiers; il interroge, il se fait interroger, il répond; c'est une conversation entre lui et son auditeur; les comparaisons viennent à propos dissiper tous les doutes : nous l'avons vu descendre jusqu'aux dernières grossièretés de la populace pour la redresser. Saint Bernard a été un prodige dans un siècle barbare : on trouve en lui de la délicatesse, de l'élévation, du tour, de la tendresse et de la véhémence. On est étonné de tout ce qu'il y a de beau et de grand dans les Pères, quand on connoît les siècles où ils ont écrit. On pardonne à Montaigne des expressions gasconnes, et à Marot un vieux langage : pourquoi ne veut-on pas passer aux Pères l'enflure de leur temps, avec laquelle on trouveroit des vérités précieuses et exprimées par les traits les plus forts ?

Mais il ne m'appartient pas de faire ici l'ouvrage qui est réservé à quelque savante main; il me suffit de proposer en gros ce qu'on peut attendre de l'auteur d'une excellente Rhétorique. Il peut embellir son ouvrage en imitant Cicéron par le mélange des exemples avec les préceptes. « Les hommes qui ont un génie pénétrant et » rapide, dit saint Augustin [1], profitent plus facilement » dans l'éloquence en lisant les discours des hommes élo- » quens, qu'en étudiant les préceptes mêmes de l'art. » On pourroit faire une agréable peinture des divers caractères des orateurs, de leurs mœurs, de leurs goûts et de leurs maximes. Il faudroit même les comparer ensemble, pour donner au lecteur de quoi juger du degré d'excellence de chacun d'entre eux.

---

[1] *De Doct. christ.* lib. IV, n. 14 : pag 65.

V.

Projet de Poétique.

Une Poétique ne me paroîtroit pas moins à désirer qu'une Rhétorique. La poésie est plus sérieuse et plus utile que le vulgaire ne le croit. La religion a consacré la poésie à son usage dès l'origine du genre humain. Avant que les hommes eussent un texte d'écriture divine, les sacrés cantiques qu'ils savoient par cœur conservoient la mémoire de l'origine du monde, et la tradition des merveilles de Dieu. Rien n'égale la magnificence et le transport des cantiques de Moïse; le livre de Job est un poème plein des figures les plus hardies et les plus majestueuses; le Cantique des cantiques exprime avec grâce et tendresse l'union mystérieuse de Dieu époux avec l'âme de l'homme qui devient son épouse; les psaumes seront l'admiration et la consolation de tous les siècles et de tous les peuples où le vrai Dieu sera connu et senti. Toute l'Ecriture est pleine de poésie, dans les endroits même où l'on ne trouve aucune trace de versification.

D'ailleurs la poésie a donné au monde les premières lois : c'est elle qui a adouci les hommes farouches et sauvages, qui les a rassemblés des forêts où ils étoient épars et errans, qui les a policés, qui a réglé les mœurs, qui a formé les familles et les nations, qui a fait sentir les douceurs de la société, qui a rappelé l'usage de la raison, cultivé la vertu, et inventé les beaux arts; c'est elle qui a élevé les courages pour la guerre, et qui les a modérés pour la paix.

Silvestres homines, sacer interpresque deorum,
Cædibus et victu fœdo deterruit Orpheus.
Dictus ob hoc lenire tigres, rabidosque leones :

Dictus et Amphion, Thebanæ conditor arcis,
Saxa movere sono testudinis, et prece blandâ
Ducere quò vellet. Fuit hæc sapientia quondam, etc.

. . . .
Sic honor et nomen divinis vatibus atque
Carminibus venit. Post hos insignis Homerus,
Tyrtæusque mares animos in Martia bella
Versibus exacuit [1].

La parole animée par les vives images, par les grandes figures, par le transport des passions et par le charme de l'harmonie, fut nommée le langage des dieux; les peuples les plus barbares même n'y ont pas été insensibles. Autant on doit mépriser les mauvais poètes, autant doit-on admirer et chérir un grand poète, qui ne fait point de la poésie un jeu d'esprit pour s'attirer une vaine gloire, mais qui l'emploie à transporter les hommes en faveur de la sagesse, de la vertu et de la religion.

Me sera-t-il permis de représenter ici ma peine sur ce que la perfection de la versification française me paroît presque impossible? Ce qui me confirme dans cette pensée, est de voir que nos plus grands poètes ont fait beaucoup de vers foibles. Personne n'en a fait de plus beaux que Malherbe; combien en a-t-il fait qui ne sont guère

---

HORAT. *de Art. poet.* v. 391-403.

Un chantre, ami des dieux, polit l'homme sauvage,
Que nourrissoit le gland, que souilloit le carnage;
C'est lui qu'on peint charmant les affreux léopards.
Amphion d'une ville élève les remparts;
Et le luth à la main la fable le présente
Disposant à son gré la pierre obéissante.
De l'homme brut encor, premiers législateurs.
Ces sages inspirés adoucirent les mœurs.

. . . .
Ainsi des favoris des filles de Mémoire
Les noms furent dès lors consacrés par la gloire.
Après Orphée, on vit, dans les âges suivans,
De Tyrtée et d'Homère éclater les talens.
A leurs mâles accens les guerriers s'enflammèrent.

DARU.

dignes de lui? Ceux même d'entre nos poètes les plus estimables qui ont eu le moins d'inégalité, en ont fait assez souvent de raboteux, d'obscurs et de languissans: ils ont voulu donner à leur pensée un tour délicat, et il la faut chercher; ils sont pleins d'épithètes forcées pour attraper la rime. En retranchant certains vers, on ne retrancheroit aucune beauté : c'est ce qu'on remarqueroit sans peine, si on examinoit chacun de leurs vers en toute rigueur.

Notre versification perd plus, si je ne me trompe, qu'elle ne gagne par les rimes : elle perd beaucoup de variété, de facilité et d'harmonie. Souvent la rime, qu'un poète va chercher bien loin, le réduit à allonger et à faire languir son discours; il lui faut deux ou trois vers postiches pour en amener un dont il a besoin. On est scrupuleux pour n'employer que des rimes riches, et on ne l'est ni sur le fond des pensées et des sentimens, ni sur la clarté des termes, ni sur les tours naturels, ni sur la noblesse des expressions. La rime ne nous donne que l'uniformité des finales, qui est souvent ennuyeuse, et qu'on évite dans la prose, tant elle est loin de flatter l'oreille. Cette répétition de syllabes finales lasse même dans les grands vers héroïques, ou deux masculins sont toujours suivis de deux féminins.

Il est vrai qu'on trouve plus d'harmonie dans les odes et dans les stances, où les rimes entrelacées ont plus de cadence et de variété. Mais les grands vers héroïques, qui demanderoient le son le plus doux, le plus varié et le plus majestueux, sont souvent ceux qui ont le moins cette perfection.

Les vers irréguliers ont le même entrelacement de rimes que les odes; de plus, leur inégalité, sans règle uniforme, donne la liberté de varier leur mesure et leur cadence, suivant qu'on veut s'élever ou se rabaisser: M. de La Fontaine en a fait un très-bon usage.

Je n'ai garde néanmoins de vouloir abolir les rimes ; sans elles notre versification tomberoit. Nous n'avons point dans notre langue cette diversité de brèves et de longues, qui faisoit dans le grec et dans le latin la règle des pieds et la mesure des vers. Mais je croirois qu'il seroit à propos de mettre nos poètes un peu plus au large sur les rimes, pour leur donner le moyen d'être plus exacts sur le sens et sur l'harmonie. En relâchant un peu sur la rime, on rendroit la raison plus parfaite ; on viseroit avec plus de facilité au beau, au grand, au simple, au facile ; on épargneroit aux plus grands poètes des tours forcés, des épithètes cousues, des pensées qui ne se présentent pas d'abord assez clairement à l'esprit.

L'exemple des Grecs et des Latins peut nous encourager à prendre cette liberté : leur versification étoit, sans comparaison, moins gênante que la nôtre ; la rime est plus difficile elle seule que toutes leurs règles ensemble. Les Grecs avoient néanmoins recours aux divers dialectes : de plus, les uns et les autres avoient des syllabes superflues qu'ils ajoutoient librement pour remplir leurs vers. Horace se donne de grandes commodités pour la versification dans ses Satires, dans ses Epîtres, et même en quelques Odes ; pourquoi ne chercherions-nous pas de semblables soulagemens, nous dont la versification est si gênante et si capable d'amortir le feu d'un bon poète ?

La sévérité de notre langue contre presque toutes les inversions de phrases augmente encore infiniment la difficulté de faire des vers français. On s'est mis à pure perte dans une espèce de torture pour faire un ouvrage. Nous serions tentés de croire qu'on a cherché le difficile plutôt que le beau. Chez nous un poète a autant besoin de penser à l'arrangement d'une syllabe qu'aux plus grands sentimens, qu'aux plus vives peintures, qu'aux traits les plus hardis. Au contraire, les anciens facilitoient, par des inversions fréquentes, les belles cadences, la variété, et les expressions passionnées. Les inversions se tournoient en grande figure, et tenoient l'esprit suspendu dans l'attente du merveilleux. C'est ce qu'on voit dans ce commencement d'églogue :

>Pastorum musam Damonis et Alphesibœi,
>Immemor herbarum, quos est mirata juvenca
>Certantes, quorum stupefactæ carmine lynces,
>Et mutata suos requierunt flumina cursus,
>Damonis musam dicemus et Alphesibœi [1].

Otez cette inversion, et mettez ces paroles dans un arrangement de grammairien qui suit la construction de la phrase, vous leur ôterez leur mouvement, leur majesté, leur grâce et leur harmonie : c'est cette suspension qui saisit le lecteur. Combien notre langue est-elle timide et scrupuleuse en comparaison ! Oserions-nous imiter ce vers, où tous les mots sont dérangés ?

>Aret ager, vitio moriens sitit aëris herba [2].

Quand Horace veut préparer son lecteur à quelque grand objet, il le mène sans lui montrer où il va et sans le laisser respirer :

>Qualem ministrum fulminis alitem [3].

---

[1] Virgil. *Eclog.* VIII, v. 1-5.

>Les chants d'Alphésibée et les chants de Damon
>Les plus harmonieux des bergers du canton,
>Attiroient les troupeaux loin de leurs pâturages ;
>Ils rendoient attentifs même les loups sauvages,
>Et des fleuves charmés ils retardoient le cours.
>Ma muse à nos bergers répétera toujours
>Et les chants de Damon et ceux d'Alphésibée. La Rochef.

[2] *Eclog.* VII, v. 57.

>Dans nos champs dévorés de soif et de chaleur
>En vain l'herbe mourante implore la fraîcheur. Tissot.

[3] Hor. *Od.* lib. IV ; *Od.* III, v. 1.

>Tel que le noble oiseau ministre du tonnerre. Daru.

J'avoue qu'il ne faut point introduire tout-à-coup dans notre langue un grand nombre de ces inversions; on n'y est point accoutumé, elles paroîtroient dures et pleines d'obscurité. L'ode pindarique de M. Despréaux n'est pas exempte, ce me semble, de cette imperfection. Je le remarque avec d'autant plus de liberté, que j'admire d'ailleurs les ouvrages de ce grand poète. Il faudroit choisir de proche en proche les inversions les plus douces et les plus voisines de celles que notre langue permet déjà. Par exemple, toute notre nation a approuvé celles-ci :

> Là se perdent ces noms de maîtres de la terre,
> . . . .
> Et tombent avec eux d'une chute commune
>   Tous ceux que leur fortune
>   Faisoit leurs serviteurs [1].

Ronsard avoit trop entrepris tout-à-coup. Il avoit forcé notre langue par des inversions trop hardies et obscures; c'étoit un langage cru et informe. Il y ajoutoit trop de mots composés, qui n'étoient point encore introduits dans le commerce de la nation : il parloit français en grec, malgré les Français mêmes. Il n'avoit pas tort, ce me semble, de tenter quelque nouvelle route pour enrichir notre langue, pour enhardir notre poésie, et pour dénouer notre versification naissante. Mais, en fait de langue, on ne vient à bout de rien sans l'aveu des hommes pour lesquels on parle. On ne doit jamais faire deux pas à la fois; et il faut s'arrêter dès qu'on ne se voit pas suivi de la multitude. La singularité est dangereuse en tout : elle ne peut être excusée dans les choses qui ne dépendent que de l'usage.

L'excès choquant de Ronsard nous a un peu jetés dans l'extrémité opposée : on a appauvri, desséché et gêné notre langue. Elle n'ose jamais procéder que suivant la méthode la plus scrupuleuse et la plus uniforme de

[1] Malherbe, *Paraph. du Ps.* CXLV.

la grammaire : on voit toujours venir d'abord un nominatif substantif qui mène son adjectif comme par la main ; son verbe ne manque pas de marcher derrière, suivi d'un adverbe qui ne souffre rien entre deux ; et le régime appelle aussitôt un accusatif, qui ne peut jamais se déplacer. C'est ce qui exclut toute suspension de l'esprit, toute attention, toute surprise, toute variété, et souvent toute magnifique cadence.

Je conviens, d'un autre côté, qu'on ne doit jamais hasarder aucune locution ambiguë ; j'irois même d'ordinaire, avec Quintilien, jusqu'à éviter toute phrase que le lecteur entend, mais qu'il pourroit ne pas entendre s'il ne suppléoit pas ce qui y manque. Il faut une diction simple, précise et dégagée, où tout se développe de soi-même et aille au-devant du lecteur. Quand un auteur parle au public, il n'y a aucune peine qu'il ne doive prendre pour en épargner à son lecteur ; il faut que tout le travail soit pour lui seul, et tout le plaisir avec tout le fruit pour celui dont il veut être lu. Un auteur ne doit laisser rien à chercher dans sa pensée ; il n'y a que les faiseurs d'énigmes qui soient en droit de présenter un sens enveloppé. Auguste vouloit qu'on usât de répétitions fréquentes, plutôt que de laisser quelque péril d'obscurité dans le discours. En effet, le premier de tous les devoirs d'un homme, qui n'écrit que pour être entendu, est de soulager son lecteur en se faisant d'abord entendre.

J'avoue que nos plus grands poètes français, gênés par les lois rigoureuses de notre versification, manquent en quelques endroits de ce degré de clarté parfaite. Un homme qui pense beaucoup veut beaucoup dire ; il ne peut se résoudre à rien perdre ; il sent le prix de tout ce qu'il a trouvé ; il fait de grands efforts pour renfermer tout dans les bornes étroites d'un vers. On veut même trop de délicatesse, elle dégénère en subtilité. On veut trop éblouir et surprendre : on veut avoir plus d'esprit que son lecteur, et le lui faire sentir, pour lui enlever son admiration ; au lieu qu'il faudroit n'en avoir jamais plus que lui, et lui en donner même, sans paroître en avoir. On ne se contente pas de la simple raison, des grâces naïves, du sentiment le plus vif, qui font la perfection réelle ; on va un peu au-delà du but par amour-propre. On ne sait pas être sobre dans la recherche du beau : on ignore l'art de s'arrêter tout court en-deçà des ornemens ambitieux. Le mieux auquel on aspire fait qu'on gâte le bien, dit un proverbe italien. On tombe dans le défaut de répandre un peu trop de sel, et de vouloir donner un goût trop relevé à ce qu'on assaisonne ; on fait comme ceux qui chargent une étoffe de trop de broderie. Le goût exquis craint le trop en tout, sans en excepter l'esprit même. L'esprit lasse beaucoup, dès qu'on l'affecte et qu'on le prodigue. C'est en avoir de reste, que d'en savoir retrancher pour s'accommoder à celui de la multitude, et pour lui aplanir le chemin. Les poètes qui ont le plus d'essor, de génie, d'étendue de pensées et de fécondité, sont ceux qui doivent le plus craindre cet écueil de l'excès d'esprit. C'est, dira-t-on, un beau défaut, c'est un défaut rare, c'est un défaut merveilleux. J'en conviens ; mais c'est un vrai défaut, et l'un des plus difficiles à corriger. Horace veut qu'un auteur s'exécute sans indulgence sur l'esprit même :

Vir bonus et prudens versus reprehendet inertes,
Culpabit duros ; incomptis allinet atrum
Transverso calamo signum ; ambitiosa recidet
Ornamenta ; parum claris lucem dare coget [1].

[1] *De Art. poet.* v. 445-448.

D'un trait de son crayon le rigide censeur
Efface les endroits qu'a négligés l'auteur.
De ce vers qui se traîne il blâme la foiblesse ;
Il ne vous cache point que ce vers dur le blesse :
Il veut qu'on sacrifie une fausse beauté,
Qu'en un passage obscur on jette la clarté.

DARU.

On gagne beaucoup en perdant tous les ornemens superflus pour se borner aux beautés simples, faciles, claires et négligées en apparence. Pour la poésie, comme pour l'architecture, il faut que tous les morceaux nécessaires se tournent en ornemens naturels. Mais tout ornement qui n'est qu'ornement est de trop; retranchez-le, il ne manque rien, il n'y a que la vanité qui en souffre. Un auteur qui a trop d'esprit, et qui en veut toujours avoir, lasse et épuise le mien : je n'en veux point avoir tant. S'il en montroit moins, il me laisseroit respirer et me feroit plus de plaisir : il me tient trop tendu, la lecture de ses vers me devient une étude. Tant d'éclairs m'éblouissent; je cherche une lumière douce qui soulage mes foibles yeux. Je demande un poète aimable, proportionné au commun des hommes, qui fasse tout pour eux, et rien pour lui. Je veux un sublime si familier, si doux et si simple, que chacun soit d'abord tenté de croire qu'il l'auroit trouvé sans peine, quoique peu d'hommes soient capables de le trouver. Je préfère l'aimable au surprenant et au merveilleux. Je veux un homme qui me fasse oublier qu'il est auteur, et qui se mette comme de plain-pied en conversation avec moi. Je veux qu'il me mettre devant les yeux un laboureur qui craint pour ses moissons, un berger qui ne connoît que son village et son troupeau, une nourrice attendrie pour son petit enfant; je veux qu'il me fasse penser non à lui et à son bel esprit, mais aux bergers qu'il fait parler.

Despectus tibi sum, nec qui sim quæris, Alexi,
Quàm dives pecoris, nivei quàm lactis abundans :
Mille meæ Siculis errant in montibus agnæ ;
Lac mihi non æstate novum, non frigore defit :
Canto quæ solitus, si quando armenta vocabat,
Amphion Dircæus in Actæo Aracyntho.
Nec sum adeo informis ; nuper me in littore vidi,
Cùm placidum ventis staret mare 1. . . . .

1 Virgil. *Eclog.* II, v. 19-26.

Tu rejettes mes vœux, Alexis, tu me fuis,

Combien cette naïveté champêtre a-t-elle plus de grâce qu'un trait subtil et raffiné d'un bel esprit !

> Ex noto fictum carmen sequar, ut sibi quivis
> Speret idem, sudet multùm, frustraque laboret
> Ausus idem : tantùm series juncturaque pollet ;
> Tantùm de medio sumptis accedit honoris [1] !

O qu'il y a de grandeur à se rabaisser ainsi, pour se proportionner à tout ce qu'on peint, et pour atteindre à tous les divers caractères ! Combien un homme est-il au-dessus de ce qu'on nomme esprit, quand il ne craint point d'en cacher une partie. Afin qu'un ouvrage soit véritablement beau, il faut que l'auteur s'y oublie, et me permette de l'oublier ; il faut qu'il me laisse seul en pleine liberté. Par exemple, il faut que Virgile disparoisse, et que je m'imagine voir ce beau lieu :

> Muscosi fontes, et somno mollior herba [2], etc.

> Sans daigner seulement demander qui je suis ;
> Si mon bercail est riche et mon troupeau fertile.
> Vois nos mille brebis errer dans la Sicile,
> Leur lait, même en hiver, coule à flots argentés.
> Je répète les airs qu'Amphion a chantés,
>   Quand sa voix, des forêts perçant la vaste enceinte,
>   Rappeloit ses troupeaux épars sur l'Aracynthe.
> Mes traits n'ont rien d'affreux ; dans le cristal des flots
> Je me vis l'autre jour....   TISSOT.

---

[1] HORAT. *De Art. poet.* v. 249-253.

> J'unirois volontiers l'heureuse fiction
>   A des sujets connus que m'offriroit l'histoire.
> Tel auteur croit pouvoir l'essayer avec gloire,
> Qui ne fait bien souvent qu'un effort malheureux ;
> Tant ce travail modeste est encor périlleux ;
> Tant dans l'art de la scène un goût pur apprécie
> D'un plan bien ordonné la savante harmonie !   DARU.

[2] VIRG. *Ecl.* VII, v. 45.

> Fontaines, dont la mousse environne les flots,
> Gazons, dont la mollesse invite au doux repos.   LANGEAC.

Il faut que je désire d'être transporté dans cet autre endroit :

> . . O mihi tum quàm molliter ossa quiescant,
> Vestra meos olim si fistula dicat amores !
> Atque utinam ex vobis unus, vestrique fuissem
> Aut custos gregis, aut maturæ vinitor uvæ [1] !

Il faut que j'envie le bonheur de ceux qui sont dans cet autre lieu dépeint par Horace :

> Quà pinus ingens albaque populus
> Umbram hospitalem consociare amant
>   Ramis, et obliquo laborat
>   Lympha fugax trepidare rivo [2].

J'aime bien mieux être occupé de cet ombrage et de ce ruisseau, que d'un bel esprit importun qui ne me laisse

---

[1] *Eclog.* x, v. 33-36.

> . . . . O. que si quelques jours
> Votre luth à ces monts racontoit mes amours,
> Gallus dans le tombeau reposeroit tranquille !
> Que n'ai-je, parmi vous, dans un modeste asile,
> Ou marié la vigne, ou soigné les troupeaux !
>
>   LANGEAC.

[2] *Od.* lib. II, *Od.* III, v. 9-13.

> Sur ces bords où les pins et les saules tremblans
> Aiment à marier leur ombre hospitalière,
> Auprès de ce ruisseau dont les flots gazouillans
> Effleurent le gazon dans leur course légère.
>
>   DARU.

> Là, parmi des arbres sans nombre,
> T'offrant son dôme hospitalier,
> Du vieux pin le feuillage sombre
> Se plaît à marier son ombre
> A la pâleur du peuplier.
>
> Plus loin, la source fugitive,
> Qui suit à regret les détours
> Du lit où son onde est captive,
> Semble s'échapper de sa rive,
> Et vouloir abréger son cours.
>
>   DE WAILLY.

point respirer. Voilà les espèces d'ouvrages dont le charme ne s'use jamais ; loin de perdre à être relus, ils se font toujours redemander ; leur lecture n'est point une étude, on s'y repose, on s'y délasse. Les ouvrages brillans et façonnés imposent et éblouissent ; mais ils ont une pointe fine qui s'émousse bientôt. Ce n'est ni le difficile, ni le rare, ni le merveilleux, que je cherche ; c'est le beau simple, aimable et commode, que je goûte. Si les fleurs qu'on foule aux pieds dans une prairie sont aussi belles que celles des plus somptueux jardins, je les en aime mieux. Je n'envie rien à personne. Le beau ne perdroit rien de son prix, quand il seroit commun à tout le genre humain ; il en seroit plus estimable. La rareté est un défaut et une pauvreté de la nature. Les rayons du soleil n'en sont pas moins un grand trésor, quoiqu'ils éclairent tout l'univers. Je veux un beau si naturel, qu'il n'ait aucun besoin de me surprendre par sa nouveauté : je veux que ses grâces ne vieillissent jamais, et que je ne puisse presque me passer de lui.

Decies repetita placebit [1].

La poésie est sans doute une imitation et une peinture. Représentons-nous donc Raphaël qui fait un tableau : il se garde bien de faire des figures bizarres, à moins qu'il ne travaille dans le grotesque ; il ne cherche point un coloris éblouissant ; loin de vouloir que l'art saute aux yeux, il ne songe qu'à le cacher ; il voudroit pouvoir tromper le spectateur, et lui faire prendre son tableau pour Jésus-Christ même transfiguré sur le Thabor. Sa peinture n'est bonne qu'autant qu'on y trouve de vérité. L'art est défectueux dès qu'il est outré ; il doit viser à la ressemblance. Puisqu'on prend tant de plaisir à voir, dans un paysage du Titien, des chèvres qui grimpent sur une

[1] HOR. *de Art. poet.* v. 364.

colline pendante en précipice, ou, dans un tableau de Teniers, des festins de village et des danses rustiques, faut-il s'étonner qu'on aime à voir dans l'Odyssée des peintures si naïves du détail de la vie humaine? On croit être dans les lieux qu'Homère dépeint, y voir et y entendre les hommes. Cette simplicité de mœurs semble ramener l'âge d'or. Le bon homme Eumée me touche bien plus qu'un héros de Clélie ou de Cléopâtre. Les vains préjugés de notre temps avilissent de telles beautés : mais nos défauts ne diminuent point le vrai prix d'une vie si raisonnable et si naturelle. Malheur à ceux qui ne sentent point le charme de ces vers !

> Fortunate senex, hic inter flumina nota
> Et fontes sacros frigus captabis opacum [1].

Rien n'est au-dessus de cette peinture de la vie champêtre :

> O fortunatos nimium, sua si bona norint, [2] etc.

Tout m'y plaît, et même cet endroit si éloigné des idées romanesques :

> . . . . at frigida Tempe,
> Mugitusque boum, mollesque sub arbore somni [3].

---

[1] Virg. *Eccl.* I. v. 52, 53.

> Heureux vieillard ! ici nos fontaines sacrées,
> Nos forêts te verront, sous leur sombre épaisseur,
> De l'ombrage et des eaux respirer la fraîcheur.   TISSOT.

[2] *Georg.* II. v. 458.

> Heureux l'homme des champs, s'il connoît son bonheur, etc.   DELILLE.

[3] *Georg.* II, v. 469, 470.

> . . . . Une claire fontaine,
> Dont l'onde en murmurant l'endort sous un vieux chêne ;
> Un troupeau qui mugit, des vallons, des forêts.   DELILLE.

Je suis attendri tout de même pour la solitude d'Horace :

> O rus, quando ego te aspiciam ! quandoque licebit
> Nunc veterum libris, nunc somno et inertibus horis,
> Ducere sollicitæ jucunda oblivia vitæ [1] !

Les anciens ne se sont pas contentés de peindre simplement d'après nature, ils ont joint la passion à la vérité.

Homère ne peint point un jeune homme qui va périr dans les combats sans lui donner des grâces touchantes : il le représente plein de courage et de vertu; il vous intéresse pour lui, il vous le fait aimer, il vous engage à craindre pour sa vie ; il vous montre son père accablé de vieillesse, et alarmé des périls de ce cher enfant; il vous fait voir la nouvelle épouse de ce jeune homme qui tremble pour lui, vous tremblez avec elle. C'est une espèce de trahison : le poète ne vous attendrit avec tant de grâce et de douceur, que pour vous mener au moment fatal où vous voyez tout-à-coup celui que vous aimez, qui nage dans son sang, et dont les yeux sont fermés par l'éternelle nuit.

Virgile prend pour Pallas, fils d'Évandre, les mêmes soins de nous affliger, qu'Homère avoit pris de nous faire pleurer Patrocle. Nous sommes charmés de la douleur que Nisus et Euryale nous coûtent. J'ai vu un jeune prince à huit ans saisi de douleur à la vue du péril du petit Joas. Je l'ai vu impatient sur ce que le grand-prêtre cachoit à Joas son nom et sa naissance. Je l'ai vu pleurer amèrement en écoutant ces vers :

---

[1] *Serm.* lib. II, *Satir.* VI. v. 60-62.

> O ma chère campagne ! ô tranquilles demeures !
> Quand pourrai-je, au sommeil donnant de douces heures,
> Ou, trouvant dans l'étude un utile plaisir,
> Au sein de la paresse et d'une paix profonde
> Goûter l'heureux oubli des orages du monde !   DARU.

Ah! miseram Eurydicen animâ fugiente vocabat :
Eurydicen toto referebant flumine ripæ [1].

Vit-on jamais rien de mieux amené, ni qui prépare un plus vif sentiment, que ce songe d'Enée !

Tempus erat quò prima quies mortalibus ægris,
. . . .
Raptatus bigis ut quondam, aterque cruento
Pulvere, perque pedes trajectus lora tumentes.
Hei mei! qualis erat! quantùm mutatus ab illo
Hectore qui redit exuvias indutus Achillis, etc.
Ille nihil, nec me quærentem vana moratur, etc. [2]

Le bel esprit pourroit-il toucher ainsi le cœur ?
Peut-on lire cet endroit sans être ému ?

[1] VIRG. *Georg.* IV, v. 526, 527.

. . . . Sa voix expirante,
Jusqu'au dernier soupir formant un foible son,
D'Eurydice en flottant murmuroit le doux nom ;
Eurydice, ô douleur ! touchés de son supplice
Les échos répétoient Eurydice, Eurydice.   DELILLE.

[2] *Æneid.* II, v. 268-287.

C'étoit l'heure où, du jour adoucissant les peines,
Le sommeil, grâce aux Dieux, se glisse dans nos veines.
Tout-à-coup le front pâle et chargé de douleurs,
Hector près de mon lit a paru tout en pleurs ;
Et tel qu'après son char la victoire inhumaine,
Noir de poudre et de sang, le traîna sur l'arène.
Je vois ses pieds encore et meurtris et percés
Des indignes liens qui les ont traversés.
Hélas ! qu'en cet état de lui-même il diffère !
Ce n'est plus cet Hector, ce guerrier tutélaire
Qui des armes d'Achille orgueilleux ravisseur
Dans les murs paternels revenoit en vainqueur ;
Ou, courant assiéger les vingt rois de la Grèce,
Lançoit sur leurs vaisseaux la flamme vengeresse.
Combien il est changé ! le sang de toutes parts
Souilloit sa barbe épaisse et ses cheveux épars....   FONTANES.

O mihi sola mei super Astyanactis imago!
Sic oculos, sic ille manus, sic ora ferebat;
Et nunc æquali tecum pubesceret ævo [1].

Les traits du bel esprit seroient déplacés et choquans dans un discours si passionné, où il ne doit rester de parole qu'à la douleur.

Le poète ne fait jamais mourir personne sans peindre vivement quelque circonstance qui intéresse le lecteur.

On est affligé pour la vertu, quand on lit cet endroit :

. . . . . Cadit et Ripheus, justissimus unus
Qui fuit in Teucris et servantissimus æqui.
Dîs aliter visum [2]. . . . .

On croit être au milieu de Troie, saisi d'horreur et de compassion, quand on lit ces vers :

Tum pavidæ tectis matres ingentibus errant,
Amplexæque tenent postes, atque oscula figunt [3].

---

[1] *Æneid*. III, v. 489-491.

O seul et doux portrait de ce fils que j'adore !
Cher enfant ! c'est par vous que je suis mère encore
De mon Astyanax, dans mes jours de douleur,
Votre aimable présence entretenoit mon cœur.
Voilà son air, son port, son maintien, son langage ;
Ce sont les mêmes traits ; il auroit le même âge.   DELILLE.

[2] Ibid. II, v. 426-428.

. . . . Riphée tombe égorgé de même,
Riphée, hélas ! si juste et si chéri des siens !
Mais le ciel le confond dans l'arrêt des Troyens.

[3] Ibid. v. 489, 490.

Les femmes, perçant l'air d'horribles hurlemens,
Dans l'enceinte royale errent désespérées ;
Au seuil de ces parvis, à leurs portes sacrées,
Elles collent leur bouche, entrelacent leurs bras.

Vidi Hecubam, centumque nurus, Priamumque per aras
Sanguine fœdantem quos ipse sacraverat ignes [1].

Arma diu senior desueta trementibus ævo
Circumdat nequicquam humeris, et inutile ferrum
Cingitur, ac densos fertur moriturus in hostes [2].

Sic fatus senior, telumque imbelle sine ictu
Conjecit [3]. . . . .

Nunc morere. Hæc dicens, altaria ad ipsa trementem
Traxit, et in multo lapsantem sanguine nati ;
Implicuitque comam lævâ, dextrâque coruscum
Extulit, ac lateri capulo tenus abdidit ensem.
Hæc finis Priami fatorum ; hic exitus illum
Sorte tulit, Trojam incensam et prolapsa videntem
Pergama, tot quondam populis terrisque superbum
Regnatorem Asiæ : jacet ingens littore truncus,
Avulsumque humeris caput, et sine nomine corpus [4].

[1] *Æneid.* v. 501, 502.

    J'ai vu . . . .
    Hécube échevelée errer sous ces lambris ;
    Le glaive moissonner les femmes de ses fils,
    Et son époux, hélas ! à son moment suprême ,.
    Ensanglanter l'autel qu'il consacra lui-même.   DELILLE.

[2] Ibid. II, v. 509-511.

    . . . . D'une armure impuissante
    Ce vieillard charge en vain son épaule tremblante ;
    Prend un glaive, à son bras dès long-temps étranger,
    Et s'apprête à mourir plutôt qu'à se venger.

[3] Ibid. v. 544-545.

    . . . . . A ces mots, au vainqueur inhumain
    Il jette un foible trait. . . . .   DELILLE.

[4] Ibid. v. 550-558.

    . . . . . . Meurs. Il dit ; et d'un bras sanguinaire,
    Du monarque traîné par ses cheveux blanchis,
    Et nageant dans le sang du dernier de ses fils,
    Il pousse vers l'autel la vieillesse tremblante :
    De l'autre, saisissant l'épée étincelante,
    Lève le fer mortel, l'enfonce, et de son flanc
    Arrache avec la vie un vain reste de sang.

Le poète ne représente point le malheur d'Eurydice sans nous la montrer toute prête à revoir la lumière, et replongée tout-à-coup dans la profonde nuit des enfers :

> Jamque pedem referens casus evaserat omnes,
> Redditaque Eurydice superas veniebat ad auras.
> . . . .
> Illa, Quis et me, inquit, miseram, et te perdidit, Orpheu ?
> Quis tantus furor ? En iterum crudelia retro
> Fata vocant, conditque natantia lumina somnus.
> Jamque vale : feror ingenti circumdata nocte,
> Invalidasque tibi tendens, heu ! non tua, palmas [1].

Les animaux souffrans que ce poète met comme devant nos yeux, nous affligent :

> Ainsi finit Priam ; ainsi la destinée
> Marqua par cent malheurs sa mort infortunée.
> Il périt en voyant de ses derniers regards
> Brûler son Ilion, et crouler ses remparts.
> Et ce grand potentat, dont les mains souveraines
> De tant de nations avoient tenu les rênes,
> Que l'Asie à genoux entouroit autrefois
> De l'amour des sujets et du respect des rois,
> De lui-même aujourd'hui reste méconnoissable,
> Hélas ! et dans la foule étendu sur le sable
> N'est plus, dans cet amas des lambeaux d'Ilion,
> Qu'un cadavre sans tombe, et qu'un débris sans nom. DELILLE.

[1] *Georg.* IV, v. 485-498.

> Enfin il revenoit des gouffres du Ténare,
> Possesseur d'Eurydice et vainqueur du Tartare.....
> Eurydice s'écrie : O destin rigoureux !
> Hélas ! quel Dieu cruel nous a perdus tous deux ?
> Quelle fureur ? voilà qu'au ténébreux abîme
> Le barbare Destin rappelle sa victime.
> Adieu, déjà je sens dans un nuage épais
> Nager mes yeux éteints, et fermés pour jamais.
> Adieu, mon cher Orphée ; Eurydice expirante
> En vain te cherche encor de sa main défaillante :
> L'horrible mort, jetant son voile autour de moi,
> M'entraîne loin du jour, hélas ! et loin de toi. DELILLE.

Propter aquæ rivum viridi procumbit in ulva
Perdita, nec seræ meminit decedere nocti [1].

La peste des animaux est un tableau qui nous émeut :

Hinc lætis vituli vulgò moriuntur in herbis,
Et dulces animas plena ad præsepia reddunt.
. . . .
Labitur infelix studiorum atque immemor herbæ
Victor equus, fontesque avertitur, et pede terram
Crebra ferit. . . . .
Ecce autem duro fumans sub vomere taurus
Concidit, et mixtum spumis vomit ore cruorem,
Extremosque ciet gemitus : it tristis arator
Mœrentem abjungens fraternâ morte juvencum ;
Atque opere in medio defixa relinquit aratra.
Non umbræ altorum nemorum, non mollia possunt
Prata movere animum, non qui per saxa volutus
Purior electro campum petit amnis [2].

[1] *Ecl.* VIII, v. 87, 88.

    La génisse amoureuse, errante au bord des eaux,
    Succombe, et sans espoir elle fuit le repos ;
    C'est en vain que la nuit sous nos toits la rappelle.   LANGEAC.

[2] *Georg.* III, v. 494-498, 515-522.

    Tout meurt dans le bercail, dans les champs tout périt ;
    L'agneau tombe en suçant le lait qui le nourrit ;
    La génisse languit dans un vert pâturage.....
    Le coursier, l'œil éteint, et l'oreille baissée,
    Distillant lentement une sueur glacée,
    Languit, chancelle, tombe, et se débat en vain.....
    Il néglige les eaux, renonce au pâturage,
    Et sent s'évanouir son superbe courage....
    Voyez-vous le taureau fumant sous l'aiguillon
    D'un sang mêlé d'écume inonder son sillon ?
    Il meurt : l'autre, affligé de la mort de son frère,
    Regagne tristement l'étable solitaire ;
    Son maître l'accompagne accablé de regrets,
    Et laisse en soupirant ses travaux imparfaits.
    Le doux tapis des prés, l'asile d'un bois sombre,
    La fraîcheur du matin jointe à celle de l'ombre,

Virgile anime et passionne tout. Dans ses vers tout pense, tout a du sentiment, tout vous en donne; les arbres même vous touchent :

> Exiit ad cœlum ramis felicibus arbos,
> Miraturque novas frondes et non sua poma ¹.

Une fleur attire votre compassion, quand Virgile la peint prête à se flétrir :

> Purpureus veluti cùm flos succisus aratro
> Languescit moriens ².

Vous croyez voir les moindres plantes que le printemps ranime, égaie et embellit :

> Inque novos soles audent se gramina tuto
> Credere ³.

Un rossignol est Philomèle qui vous attendrit sur ses malheurs :

> Qualis populea mœrens Philomela sub umbra ⁴.

> Le cristal d'un ruisseau qui rajeunit les prés,
> Et roule une eau d'argent sur des sables dorés,
> Rien ne peut des troupeaux ranimer la foiblesse. — DELILLE.

¹ *Georg.* II, v. 81, 82.
> Bientôt ce tronc s'élève en arbre vigoureux,
> Et se couvrant des fruits d'une race étrangère,
> Admire ces enfans dont il n'est pas le père. — DELILLE.

² *Eneid.* IX, v. 435, 436.
> Tel meurt, avant le temps, sur la terre couché
> Un lis que la charrue en passant a touché. — DELILLE.

³ *Georg.* II, v. 332.
> Aux rayons doux encor du soleil printanier
> Le gazon sans péril ose se confier. — DELILLE.

⁴ *Georg.* IV, v. 511.
> Telle sur un rameau, durant la nuit obscure,
> Philomèle plaintive attendrit la nature. — DELILLE.

Horace fait en trois vers un tableau où tout vit, et inspire du sentiment :

> . . . . . . Fugit retro,
> Levis juventus et decor, aridâ
> Pellente lascivos amores
> Canitie, facilemque somnum [1].

Veut-il peindre en deux coups de pinceau deux hommes que personne ne puisse méconnoître, et qui saisissent le spectateur; il vous met devant les yeux la folie incorrigible de Pâris, et la colère implacable d'Achille :

> Quid Paris ? ut salvus regnet vivatque beatus,
> Cogi posse negat [2].
> Jura neget sibi nata, nihil non arroget armis [3].

Horace veut-il nous toucher en faveur des lieux où il souhaiteroit de finir sa vie avec son ami, il nous inspire le désir d'y aller :

> Ille terrarum mihi præter omnes
> Angulus ridet. . . . . . .
> . . . . Ibi tu calentem

[1] *Od.* lib. II, *Od.* XI, v. 5-8.

> Déjà s'envolent nos beaux jours ;
> Aux grâces du printemps succède la vieillesse ;
> Elle a banni l'essaim des folâtres Amours,
> Et le sommeil facile, et la douce allégresse.   DE WAILLY.

[2] *Ep.* lib. I, *Ep.* II, v. 10-11.

> Mais l'amoureux Pâris, aveugle en son délire,
> Refuse son bonheur et la paix de l'empire.   DARU.

[3] *De Art. poet.* v. 122.

> Implacable, bravant l'autorité des lois,
> Et sur le glaive seul appuyant tous ses droits.   DARU.

Debitâ sparges lacrymâ favillam
Vatis amici [1].

Fait-il un portrait d'Ulysse, il le peint supérieur aux tempêtes de la mer, au naufrage même, et à la plus cruelle fortune :

. . . . aspera multa
Pertulit, adversis rerum immersabilis undis [2].

Peint-il Rome invincible jusque dans ses malheurs, écoutez-le :

Duris ut ilex tonsa bipennibus
Nigræ feraci frondis in Algido,
Per damna, per cædes, ab ipso
Ducit opes animumque ferro.
Non hydra secto corpore firmior, etc. [3]

Catulle, qu'on ne peut nommer sans avoir horreur de ses obscénités, est au comble de la perfection pour une simplicité passionnée :

---

[1] *Od.* lib. II, *Od.* VI, v. 13-14 et 22-24.

Rien n'égale à mes yeux ce petit coin du monde....
Vos pleurs y mouilleront la cendre tiède encore
Du poète que vous aimez.   DE WAILLY.

[2] *Ep.* lib. 1, *Ep.* II, v. 21-22.

. . . . Egaré sur les mers,
Et vainqueur d'Ilion, comme de la fortune,
Retrouvant son Ithaque en dépit de Neptune.   DARU.

[3] *Od.* lib. IV, *Od.* IV, v. 57-61.

Rome prend sous nos coups une force nouvelle,
Et le glaive et le feu la trouvent immortelle :
Ainsi, vainqueur du fer, l'orme étend ses rameaux,
Jamais monstre pareil n'étonna la Colchide ;
L'hydre même d'Alcide
Renaissoit moins de fois sous les coups du héros.   DARU.

Odi et amo. Quare id faciam fortasse requiris.
Nescio ; sed fieri sentio, et excrucior [1].

Combien Ovide et Martial, avec leurs traits ingénieux et façonnés, sont-ils au-dessous de ces paroles négligées, où le cœur saisi parle seul dans une espèce de désespoir !

Que peut-on voir de plus simple et de plus touchant, dans un poème, que le roi Priam réduit dans sa vieillesse à baiser *les mains meurtrières* d'Achille, qui ont arraché la vie à ses enfans [2] ? Il lui demande, pour unique adoucissement de ses maux, le corps du grand Hector. Il auroit gâté tout, s'il eût donné le moindre ornement à ses paroles : aussi n'expriment-elles que sa douleur. Il le conjure par son père, accablé de vieillesse, d'avoir pitié du plus infortuné de tous les pères.

Le bel-esprit a le malheur d'affoiblir les grandes passions où il prétend orner. C'est peu, selon Horace, qu'un poème soit beau et brillant; il faut qu'il soit touchant, aimable, et par conséquent simple, naturel et passionné :

Non satis est pulchra esse poemata; dulcia sunto,
Et quocumque volent, animum auditoris agunto [3].

Le beau qui n'est que beau, c'est-à-dire brillant, n'est beau qu'à demi : il faut qu'il exprime les passions pour les inspirer ; il faut qu'il s'empare du cœur pour le tourner vers le but légitime d'un poème.

---

[1] J'aime et je hais. Comment se peut-il ? je l'ignore ; mais je le sens, et je suis à la torture. *Epigr.* LXXXVI.

[2] *Iliade*, liv. XXIV.

[3] HORAT. *de Art. poet.* v. 99, 100.

Oui, ce n'est point assez des beautés éclatantes :
Il faut connoître aussi ces beautés plus puissantes
Qui pénètrent nos cœurs doucement entraînés.   DARU.

VI.

Projet d'un traité sur la Tragédie.

Il faut séparer d'abord la tragédie d'avec la comédie. L'une représente les grands événemens qui excitent les violentes passions; l'autre se borne à représenter les mœurs des hommes dans une condition privée.

Pour la tragédie, je dois commencer en déclarant que je ne souhaite point qu'on perfectionne les spectacles où l'on ne représente les passions corrompues que pour les allumer. Nous avons vu que Platon et les sages législateurs du paganisme rejetoient loin de toute république bien policée les fables et les instrumens de musique qui pouvoient amollir une nation par le goût de la volupté. Quelle devoit donc être la sévérité des nations chrétiennes contre les spectacles contagieux! Loin de vouloir qu'on perfectionne de tels spectacles, je ressens une véritable joie de ce qu'ils sont chez nous imparfaits en leur genre. Nos poètes les ont rendus languissans, fades et doucereux comme les romans. On n'y parle que de feux, de chaînes, de tourmens. On y veut mourir en se portant bien. Une personne très-imparfaite est nommée un soleil, ou tout au moins une aurore; ses yeux sont deux astres. Tous les termes sont outrés, et rien ne montre une vraie passion. Tant mieux; la foiblesse du poison diminue le mal. Mais il me semble qu'on pourroit donner aux tragédies une merveilleuse force, suivant les idées très-philosophiques de l'antiquité, sans y mêler cet amour volage et déréglé qui fait tant de ravages.

Chez les Grecs, la tragédie étoit entièrement indépendante de l'amour profane. Par exemple, l'Œdipe de Sophocle n'a aucun mélange de cette passion étrangère au sujet. Les autres tragédies de ce grand poète sont de même. M. Corneille n'a fait qu'affoiblir l'action, que la rendre double, et que distraire le spectateur dans son Œdipe, par l'épisode d'un froid amour de Thésée pour Dircé. M. Racine est tombé dans le même inconvénient en composant sa Phèdre : il a fait un double spectacle, en joignant à Phèdre furieuse Hippolyte soupirant contre son vrai caractère. Il falloit laisser Phèdre toute seule dans sa fureur; l'action auroit été unique, courte, vive et rapide. Mais nos deux poètes tragiques, qui méritent d'ailleurs les plus grands éloges, ont été entraînés par le torrent; ils ont cédé au goût des pièces romanesques, qui avoient prévalu. La mode du bel esprit faisoit mettre de l'amour partout; on s'imaginoit qu'il étoit impossible d'éviter l'ennui pendant deux heures sans le secours de quelque intrigue galante; on croyoit être obligé à s'impatienter dans le spectacle le plus grand et le plus passionné, à moins qu'un héros langoureux ne vînt l'interrompre; encore falloit-il que ses soupirs fussent ornés de pointes, et que son désespoir fût exprimé par des espèces d'épigrammes. Voilà ce que le désir de plaire au public arrache aux plus grands auteurs, contre les règles. De là vient cette passion si façonnée :

>   Impitoyable soif de gloire,
>   Dont l'aveugle et noble transport
>   Me fait précipiter ma mort
>   Pour faire vivre ma mémoire ;
>   Arrrête pour quelques momens
>   Les impétueux sentimens
>   De cette inexorable envie,
> Et souffre qu'en ce triste et favorable jour,
>   Avant que de donner ma vie,
>   Je donne un soupir à l'amour [1].

On n'osoit mourir de douleur sans faire des pointes et des jeux d'esprit en mourant. De là vient ce désespoir si ampoulé et si fleuri :

---

[1] CORN. *Œdipe*, act. III,

> Percé jusques au fond du cœur
> D'une atteinte imprévue aussi bien que mortelle,
> Misérable vengeur d'une juste querelle,
> Et malheureux objet d'une injuste rigueur.... [1].

Jamais douleur sérieuse ne parla un langage si pompeux et si affecté.

Il me semble qu'il faudroit aussi retrancher de la tragédie une vaine enflure, qui est contre toute vraisemblance. Par exemple, ces vers ont je ne sais quoi d'outré :

> Impatiens désirs d'une illustre vengeance
> A qui la mort d'un père a donné la naissance,
> Enfans impétueux de mon ressentiment,
> Que ma douleur séduite embrasse aveuglément,
> Vous régnez sur mon âme avecque trop d'empire :
> Pour le moins un moment souffrez que je respire,
> Et que je considère, en l'état où je suis,
> Et ce que je hasarde, et ce que je poursuis [2].

M. Despréaux trouvoit dans ces paroles une généalogie *des impatiens désirs d'une illustre vengeance*, qui étoient les *enfans impétueux* d'un noble *ressentiment*, et qui étoient *embrassés* par une *douleur séduite*. Les personnes considérables qui parlent avec passion dans une tragédie doivent parler avec noblesse et vivacité ; mais on parle naturellement et sans ces tons si façonnés, quand la passion parle. Personne ne voudroit être plaint dans son malheur par son ami avec tant d'emphase.

M. Racine n'étoit pas exempt de ce défaut, que la coutume avoit rendu comme nécessaire. Rien n'est moins naturel que la narration de la mort d'Hippolyte à la fin de la tragédie de Phèdre, qui a d'ailleurs de grandes beautés. Théramène, qui vient pour apprendre à Thésée la mort funeste de son fils, devroit ne dire que ces deux mots, et manquer même de force pour les prononcer dis-

---

[1] Corn. *Le Cid*. act. I, scèn. X. — [2] Corn. *Cinna*, act. I, scèn. I.

tinctement : « Hippolyte est mort. Un monstre envoyé
» du fond de la mer par la colère des dieux l'a fait périr.
» Je l'ai vu. » Un tel homme, saisi, éperdu, sans haleine, peut-il s'amuser à faire la description la plus pompeuse et la plus fleurie de la figure du dragon ?

> L'œil morne maintenant et la tête baissée,
> Sembloient se conformer à sa triste pensée, etc.
> La terre s'en émeut, l'air en est infecté,
> Le flot qui l'apporta recule épouvanté [1].

Sophocle est bien loin de cette élégance si déplacée et si contraire à la vraisemblance ; il ne fait dire à Œdipe que des mots entrecoupés ; tout est douleur : ἰοὺ, ἰοὺ· αἴ, αἴ, αἴ, αἴ· φεῦ, φεῦ. C'est plutôt un gémissement, ou un cri, qu'un discours : « Hélas ! hélas ! dit-il [2], tout est éclairci. O lu-
» mière, je te vois maintenant pour la dernière fois.... !
» Hélas ! hélas ! malheur à moi ! Où suis-je, malheu-
» reux. Comment est-ce que la voix me manque tout-à-
» coup ? O fortune, où êtes-vous allée....? Malheureux !
» malheureux ! je ressens une cruelle fureur avec le sou-
» venir de mes maux.... ! O amis, que me reste-t-il à
» voir, à aimer, à entretenir, à entendre avec consola-
» tion ? O amis, rejetez au plus tôt loin de vous un scé-
» lérat, un homme exécrable, objet de l'horreur des dieux
» et des hommes.... ! Périsse celui qui me dégagea de
» mes liens dans les lieux sauvages où j'étois exposé,
» et qui me sauva la vie ! Quel cruel secours ! je serois
» mort avec moins de douleur pour moi et pour les
» miens,... ; je ne serois ni le meurtrier de mon père, ni
» l'époux de ma mère. Maintenant je suis au comble du
» malheur. Misérable ! j'ai souillé mes parens, et j'ai
» eu des enfans de celle qui m'a mis au monde ! »

C'est ainsi que parle la nature, quand elle succombe à la douleur : jamais rien ne fut plus éloigné des phrases

---

[1] RAC. *Phèd.* act. V, sc. VI. — [2] *Œdipe*, act. IV et VI.

brillantes du bel-esprit. Hercule et Philoctète parlent avec la même douleur vive et simple dans Sophocle.

M. Racine, qui avoit fort étudié les grands modèles de l'antiquité, avoit formé le plan d'une tragédie française d'OEdipe suivant le goût de Sophocle, sans y mêler aucune intrigue postiche d'amour, et suivant la simplicité grecque. Un tel spectacle pourroit être très-curieux, très-vif, très-rapide, très-intéressant : il ne seroit point applaudi, mais il saisiroit, il feroit répandre des larmes, il ne laisseroit pas respirer, il inspireroit l'amour des vertus et l'horreur des crimes, il entreroit fort utilement dans le dessein des meilleures lois; la religion même la plus pure n'en seroit point alarmée ; on n'en retrancheroit que de faux ornemens qui blessent les règles.

Notre versification, trop gênante, engage souvent les meilleurs poètes tragiques à faire des vers chargés d'épithètes pour attraper la rime. Pour faire un bon vers, on l'accompagne d'un autre vers foible qui le gâte. Par exemple, je suis charmé quand je lis ces mots :

Qu'il mourût.

mais je ne puis souffrir le vers que la rime amène aussitôt :

Où qu'un beau désespoir alors le secourût.

Les périphrases outrées de nos vers n'ont rien de naturel; elles ne représentent point des hommes qui parlent en conversation sérieuse, noble et passionnée. On ôte au spectateur le plus grand plaisir du spectacle, quand on en ôte cette vraisemblance.

J'avoue que les anciens donnoient quelque hauteur de langage au cothurne :

An tragica desævit et ampullatur in arte[2]?

[1] CORN. *Horace*, act. III, sc. VI. — [2] HORAT. *Epist.* lib. I, *Ep.* III, v. 14.

mais il ne faut point que le cothurne altère l'imitation de la vraie nature; il peut seulement la peindre en beau et en grand. Mais tout homme doit toujours parler humainement : rien n'est plus ridicule pour un héros dans les plus grandes actions de sa vie, que de ne joindre pas à la noblesse et à la force une simplicité qui est très-opposée à l'enflure :

Projicit ampullas et sesquipedalia verba [1].

Il suffit de faire parler Agamemnon avec hauteur, Achille avec emportement, Ulysse avec sagesse, Médée avec fureur. Mais le langage fastueux et outré dégrade tout : plus on représente de grands caractères et de fortes passions, plus il faut y mettre une noble et véhémente simplicité.

Il me paroît même qu'on a donné souvent aux Romains un discours trop fastueux; ils pensoient hautement, mais ils parloient avec modération. C'étoit le peuple roi, il est vrai, *populum latè regem* [2]; mais ce peuple étoit aussi doux pour les manières de s'exprimer dans la société, qu'appliqué à vaincre les nations jalouses de sa puissance :

Parcere subjectis, et debellare superbos [3].

Horace a fait le même portrait en d'autres termes :

Imperet bellante prior, jacentem
Lenis in hostem [4].

---

[1] HORAT. *de Art. poet.* v. 97.
Doit bannir loin de soi l'enflure et les grands mots.   DARU.

[2] VIRG. *Æneid.* lib. I, v. 25. — [3] *Æneid.* lib. VI, v. 864.
Donne aux vaincus la paix, aux rebelles des fers.   DELILLE.

[4] *Carm. Sæcul.* v. 51.
Que le fils glorieux d'Anchise et de Vénus
Soumette l'ennemi rebelle,
Et montre sa clémence aux ennemis vaincus.   DARU.

Il ne paroît point assez de proportion entre l'emphase avec laquelle Auguste parle dans la tragédie de Cinna, et la modeste simplicité avec laquelle Suétone nous le dépeint dans tout le détail de ses mœurs. Il laissoit encore à Rome une si grande apparence de l'ancienne liberté de la république, qu'il ne vouloit point qu'on le nommât SEIGNEUR.

> Domini appellationem et maledictum et opprobrium semper exhorruit. Cùm, spectante eo ludos, pronuntiatum esset in mimo, *O dominum æquum et bonum!* et universi quasi de se ipso dictum exultantes comprobassent ; et statim manu vultuque indecoras adulationes repressit, et insequenti die gravissimo corripuit edicto, dominumque se posthac appellari ne a liberis quidem aut nepotibus suis, vel seriò, vel joco, passus est.... In consulatu pedibus ferè, extra consulatum sæpe adopertâ sellâ per publicum incessit. Promiscuis salutationibus admittebat et plebem..... Quoties magistratuum comitiis interesset, tribus cum candidatis suis circuibat, supplicabatque more solemni. Ferebat et ipse suffragium in tribu, ut unus è populo..... Filiam et neptes ita instituit, ut etiam lanificio assuefaceret.... Habitavit in ædibus modicis Hortensianis, neque laxitate neque cultu conspicuis, ut in quibus porticus breves essent..... et sine marmore ullo aut insigni pavimento conspicuæ : ac per annos ampliùs quadraginta eodem cubiculo hieme et æstate mansit..... Instrumenti ejus et suppellectilis parcimonia apparet etiam nunc residuis lectis atque mensis, quorum pleraque vix privatæ elegantiæ sint..... Veste non temerè aliâ quàm domesticâ usus est, ab uxore et sorore et filia neptibusque confectâ..... Cœnam trinis ferculis, aut, cùm abundantissimè, senis, præbebat, ut non nimio sumptu, ita summâ comitate..... Cibi minimi erat, atque vulgaris ferè [1], etc.

[1] SUETON. *August.* n. 53, 55, 64, 72, 73, 74, 76.

Il rejeta toujours le nom de SEIGNEUR, comme une injure et un opprobre. Un jour qu'il étoit au théâtre, un acteur ayant prononcé ce vers :

O le maître clément ! ô le maître équitable !

tout le peuple le lui appliqua, et battit des mains avec transport : il fit cesser ces acclamations indécentes par des gestes d'indignation. Le lendemain il réprimanda sévèrement le peuple dans un édit, et défendit qu'on l'appelât jamais du nom de Seigneur. Il ne le permettoit pas même à ses enfans ni sérieusement, ni en badinant.... Lorsqu'il étoit consul, il marchoit ordinairement à pied ; lorsqu'il ne l'étoit pas, il se faisoit porter dans une litière ouverte, et

La pompe et l'enflure conviennent beaucoup moins à ce qu'on appeloit la *civilité romaine*, qu'au faste d'un roi de Perse. Malgré la rigueur de Tibère, et la servile flatterie où les Romains tombèrent de son temps et sous ses successeurs, nous apprenons de Pline que Trajan vivoit encore en bon et sociable citoyen dans une aimable familiarité. Les réponses de cet empereur sont courtes, simples, précises, éloignées de toute enflure. Les bas-reliefs de sa colonne le représentent toujours dans la plus modeste attitude, lors même qu'il commande aux légions. Tout ce que nous voyons dans Tite-Live, dans Plutarque, dans Cicéron, dans Suétone, nous représente les Romains comme des hommes hautains par leurs sentimens, mais simples, naturels et modestes dans leurs paroles; ils n'ont aucune ressemblance avec les héros bouffis et empesés de nos romans. Un grand homme ne déclame point en comédien, il parle en termes forts et précis dans une conversation : il ne dit rien de bas, mais il ne dit rien de façonné et de fastueux :

Ne, quicumque deus, quicumque adhibebitur heros,
Regali conspectus in auro nuper et ostro,
Migret in obscuras humili sermone tabernas,

laissoit approcher tout le monde, même le bas peuple.... Toutes les fois qu'il assistoit aux comices, il parcouroit les tribus avec les candidats qu'il protégeoit, et demandoit les suffrages dans la forme ordinaire : il donnoit lui-même le sien à son rang, comme un simple citoyen.... Il éleva sa fille et ses petites-filles avec la plus grande simplicité, juqu'à leur faire apprendre à filer...... Il occupa la maison d'Hortensius ; elle n'étoit ni grande, ni ornée : les galeries en étoient étroites et de pierre commune ; ni marbre, ni marqueterie dans les cabinets et les salles à manger. Il coucha dans la même chambre pendant quarante ans, hiver et été..... On peut juger de son économie dans l'ameublement par des lits et des tables qui subsistent encore, et qui sont à peine dignes d'un particulier aisé..... Il ne mit guère d'autres habits que ceux que lui faisoient sa femme, sa sœur et ses filles..... Ses repas étoient ordinairement de trois services, et jamais de plus de six : la liberté y régnoit plus que la profusion.... Il mangeoit peu, et sa nourriture étoit extrêmement simple.
LA HARPE.

Aut, dum vitat humum, nubes et inania captet....
Ut festis [1], etc.

La noblesse du genre tragique ne doit point empêcher que les héros mêmes ne parlent avec simplicité, à proportion de la nature des choses dont ils s'entretiennent :

Et tragicus plerumque dolet sermone pedestri [2].

VII.

Projet d'un traité sur la Comédie.

La comédie représente les mœurs des hommes dans une condition privée ; ainsi elle doit prendre un ton moins haut que la tragédie. Le socque est inférieur au cothurne ; mais certains hommes, dans les moindres conditions, de même que dans les plus hautes, ont, par leur naturel, un caractère d'arrogance :

Iratusque Chremes tumido delitigat ore [3].

J'avoue que les traits plaisans d'Aristophane me paroissent souvent bas ; ils sentent la farce faite exprès pour amuser et pour mener le peuple. Qu'y a-t-il de plus ri-

---

[1] HORAT. *de Art. poet.* v. 227-232.
　　Ne laissez pas surtout ce grave personnage,
　　Ce héros ou ce dieu, que, tout-à-l'heure encor,
　　Nous avons admiré vêtu de pourpre et d'or,
　　Prendre le ton des lieux où le peuple réside,
　　Ou, de peur de ramper, se perdre dans le vide.　　DARU.

[2] *De Art. poet.* v. 95.
　　Souvent la tragédie, avec simplicité,
　　Exprime les douleurs dont l'âme est accablée.　　DARU.

[3] *De Art. poet.* v. 94.
　　Quelquefois cependant, élevant son langage,
　　Thalie, en vers pompeux, peint Chrémès irrité.　　DARU.

dicule que la peinture d'un roi de Perse qui marche avec une armée de quarante mille hommes, pour aller sur une montagne d'or satisfaire aux infirmités de la nature ?

Le respect de l'antiquité doit être grand ; mais je suis autorisé par les anciens contre les anciens mêmes. Horace m'apprend à juger de Plaute :

At nostri proavi Plautinos et numeros et
Laudavere sales, nimiùm patienter utrosque,
Ne dicam stultè, mirati ; si modò ego et vos
Scimus inurbanum lepido seponere dicto [1].

Seroit-ce la basse plaisanterie de Plaute que César auroit voulu trouver dans Térence, *vis comica ?* Ménandre avoit donné à celui-ci un goût pur et exquis. Scipion et Lélius, amis de Térence, distinguoient avec délicatesse en sa faveur ce qu'Horace nomme *lepidum* d'avec ce qui est *inurbanum*. Ce poète comique a une naïveté inimitable, qui plaît et qui attendrit par le simple récit d'un fait très-commun :

Sic cogitabam : Hem, hic parvæ consuetudinis
Causâ mortem hujus tam fert familiariter :
Quid si ipse amasset ? Quid mihi hic faciet patri ?...
Effertur : imus [2], etc.

[1] *De Art. poet.* v. 270-274.

Nos pères, dont le goût n'étoit pas encor sûr,
Vantoient le sel de Plaute et son style assez dur ;
Mais nous, qui d'un bon mot distinguons la licence,....
Nous pouvons, sans manquer de respect envers eux,
De trop de complaisance accuser nos aïeux.   DARU.

[2] TERENT. *Andr.* act. I, scen. I.

Voici comment je raisonnois. Quoi ! une foible liaison rend mon fils aussi sensible à la mort de cette femme ! Que seroit-ce donc s'il l'avoit aimée ? Comme s'affligeroit-il s'il perdoit son père ?..... On emporte le corps ; nous marchons, etc.   LE MONNIER.

Rien ne joue mieux, sans outrer aucun caractère. La suite est passionnée ;

> At at hoc illud est,
> Hinc illæ lacrumæ, hæc illa est misericordia [1].

Voici un autre récit où la passion parle toute seule :

> Memor essem ! O Mysis, Mysis, etiam nunc mihi
> Scripta illa dicta sunt in animo, Chrysidis
> De Glycerio. Jam ferme moriens me vocat :
> Accessi : vos semotæ, nos soli, incipit :
> Mi Pamphile, hujus formam atque ætatem vides, etc.
> Quod ego per hanc te dextram oro, et ingenium tuum,
> Per tuam fidem, perque hujus solitudinem
> Te obtestor, etc.
> Te isti virum do, amicum, tutorem, patrem, etc.
> . . . .
> Hanc mihi in manum dat, mors continuò ipsam occupat.
> Accepi, acceptam servabo [2].

Tout ce que l'esprit ajouteroit à ces simples et touchantes paroles ne feroit que les affoiblir. Mais en voici d'autres qui vont jusqu'à un vrai transport :

> Neque virgo est usquam, neque ego, qui illam e conspectu amisi meo.

[1] TERENT. *Andr.* act. I, scen. I.

Mais, mais c'est cela même. Le voilà le sujet de ses larmes ; le voilà le sujet de sa compassion.   LE MONNIER.

[2] Ibid. scen. VI.

Que je songe à elle ! Ah ! Mysis, Mysis, elles sont encore gravées dans mon cœur les dernières paroles que m'adressa Chrysis en faveur de Glycérie. Prête à mourir elle m'appelle ; j'approche ; vous étiez éloignées, nous étions seuls. Elle me dit : « Mon cher Pamphile, vous voyez sa jeunesse et sa beauté......
» C'est par cette main que je vous présente, c'est par votre caractère et votre
» bonne foi, c'est par l'abandon où vous la voyez que je vous conjure, etc.....
» Je vous la donne : soyez son époux, son ami, son tuteur, son père...... »
Elle met la main de Glycérie dans la mienne, et meurt. Je l'ai reçue : je la garderai.   LE MONNIER.

Ubi quæram ? ubi investigem ? quem perconter ? quam insistam viam.

Incertus sum. Una hæc spes est : ubiubi est diu celari non potest [1].

Cette passion parle encore ici avec la même vivacité :

Egone quid velim ?
Cum milite isto præsens, absens ut sies ;
Dies noctesque me ames, me desideres,
Me somnies, me expectes, de me cogites,
Me speres, me te oblectes, mecum tota sis :
Meus fac sis postremo animus, quando ego sum tuus [2].

Peut-on désirer un dramatique plus vif et plus ingénu ?

Il faut avouer que Molière est un grand poëte comique. Je ne crains pas de dire qu'il a enfoncé plus avant que Térence dans certains caractères ; il a embrassé une plus grande variété de sujets ; il a peint par des traits forts presque tout ce que nous voyons de déréglé et de ridicule. Térence se borne à représenter des vieillards avares et ombrageux, de jeunes hommes prodigues et étourdis, des courtisanes avides et impudentes, des parasites bas et flatteurs, des esclaves imposteurs et scélérats. Ces caractères méritoient sans doute d'êtres traités suivant les mœurs des Grecs et des Romains. De plus, nous n'avons que six pièces de ce grand auteur. Mais enfin

---

[1] TERENT. *Eunuch.* act. II, scen. IV.

La fille est perdue, et moi aussi, qui ne l'ai pas suivie des yeux. Où la chercher ? par où suivre ses pas ? à qui m'informer ? quel chemin prendre ? Je n'en sais rien. Je n'ai qu'une espérance ; en quelque endroit qu'elle soit, elle ne peut rester long-temps cachée.   LE MONNIER.

[2] Ibid. act. I. scen. II.

Que pourrois-je désirer ? Avec votre capitaine, tachez d'en être toujours éloignée. Que jour et nuit je sois l'objet de vos désirs, de vos rêves, de votre attente, de vos pensées, de votre espérance, de vos plaisirs ; soyez tout entière avec moi ; enfin, que votre âme soit la mienne, puisque la mienne est la vôtre.
                                                                                       LE MONNIER.

Molière a ouvert un chemin tout nouveau. Encore une fois, je le trouve grand : mais ne puis-je pas parler en toute liberté sur ses défauts?

En pensant bien, il parle souvent mal; il se sert des phrases les plus forcées et les moins naturelles. Térence dit en quatre mots, avec la plus élégante simplicité ce que celui-ci ne dit qu'avec une multitude de métaphores qui approchent du galimatias. J'aime bien mieux sa prose que ses vers. Par exemple, l'Avare est moins mal écrit que les pièces qui sont en vers. Il est vrai que la versification française l'a gêné; il est vrai même qu'il a mieux réussi pour les vers dans l'Amphitryon, où il a pris la liberté de faire des vers irréguliers. Mais en général, il me paroît, jusque dans sa prose, ne parler point assez simplement pour exprimer toutes les passions.

D'ailleurs il a outré souvent les caractères : il a voulu, par cette liberté, plaire au parterre, frapper les spectateurs les moins délicats, et rendre le ridicule plus sensible. Mais quoiqu'on doive marquer chaque passion dans son plus fort degré et par ses traits les plus vifs, pour en mieux montrer l'excès et la difformité, on n'a pas besoin de forcer la nature, et d'abandonner le vraisemblable. Ainsi, malgré l'exemple de Plaute, où nous lisons, *Cedo tertiam*, je soutiens, contre Molière, qu'un avare qui n'est point fou ne va jamais jusqu'à vouloir regarder dans la troisième main de l'homme qu'il soupçonne de l'avoir volé.

Un autre défaut de Molière, que beaucoup de gens d'esprit lui pardonnent, et que je n'ai garde de lui pardonner, est qu'il a donné un tour gracieux au vice, avec une austérité ridicule et odieuse à la vertu. Je comprends que ses défenseurs ne manqueront pas de dire qu'il a traité avec honneur la vraie probité, qu'il n'a attaqué qu'une vertu chagrine et qu'une hypocrisie détestable : mais, sans entrer dans cette longue discussion, je soutiens que Platon et les autres législateurs de l'antiquité païenne n'auroient jamais admis dans leurs républiques un tel jeu sur les mœurs.

Enfin je ne puis m'empêcher de croire, avec M. Despréaux, que Molière, qui peint avec tant de force et de beauté les mœurs de son pays, tombe trop bas quand il imite le badinage de la comédie italienne :

Dans ce sac ridicule où Scapin s'enveloppe,
Je ne reconnois plus l'auteur du Misanthrope [1].

VIII.

Projet d'un traité sur l'Histoire.

Il est, ce me semble, à désirer, pour la gloire de l'Académie, qu'elle nous procure un traité sur l'Histoire. Il y a très-peu d'historiens qui soient exempts de grands défauts. L'histoire est néanmoins très-importante : c'est elle qui nous montre les grands exemples, qui fait servir les vices mêmes des méchans à l'instruction des bons, qui débrouille les origines, et qui explique par quel chemin les peuples ont passé d'une forme de gouvernement à une autre.

Le bon historien n'est d'aucun temps ni d'aucun pays : quoiqu'il aime sa patrie, il ne la flatte jamais en rien. L'historien français doit se rendre neutre entre la France et l'Angleterre : il doit louer aussi volontiers Talbot que Duguesclin ; il rend autant de justice aux talens militaires du prince de Galles qu'à la sagesse de Charles V.

Il évite également le panégyrique et les satires : il ne mérite d'être cru qu'autant qu'il se borne à dire, sans flatterie et sans malignité, le bien et le mal. Il n'omet aucun fait qui puisse servir à peindre les hommes prin-

---

[1] Boil. *Art. poét.* chant. III.

cipaux, et à découvrir les causes des événemens ; mais il retranche toute dissertation où l'érudition d'un savant veut être étalée. Toute sa critique se borne à donner comme douteux ce qui l'est, et à en laisser la décision au lecteur après lui avoir donné ce que l'histoire lui fournit. L'homme qui est plus savant qu'il n'est historien, et qui a plus de critique que de vrai génie, n'épargne à son lecteur aucune date, aucune circonstance superflue, aucun fait sec et détaché ; il suit son goût sans consulter celui du public ; il veut que tout le monde soit aussi curieux que lui des minuties vers lesquelles il tourne son insatiable curiosité. Au contraire, un historien sobre et discret laisse tomber les menus faits qui ne mènent le lecteur à aucun but important. Retranchez ces faits, vous n'ôtez rien à l'histoire : ils ne font qu'interrompre, qu'allonger, que faire une histoire, pour ainsi dire, hachée en petits morceaux, et sans aucun fil de vive narration. Il faut laisser cette superstitieuse exactitude aux compilateurs. Le grand point est de mettre d'abord le lecteur dans le fond des choses, de lui en découvrir les liaisons, et de se hâter de le faire arriver au dénoûment. L'histoire doit en ce point ressembler un peu au poème épique :

> Semper ad eventum festinat, et in medias res
> Non secus ac notas, auditorem rapit ; et quæ
> Desperat tractata nitescere posse, relinquit [1].

Il y a beaucoup de faits vagues qui ne nous apprennent que des noms et des dates stériles : il ne vaut guère mieux savoir ces noms que les ignorer. Je ne connois

[1] HORAT. de Art poet. v. 148-150.
> Le poète d'abord de son sujet s'empare :
> Il nous jette au milieu de grands événemens,
> Nous supposant instruits de leurs commencemens.
> Il bannit avec soin de son heureux ouvrage
> Ce qu'il ne peut parer des grâces du langage.
>
> DARU.

point un homme en ne connoissant que son nom. J'aime mieux un historien peu exact et peu judicieux, qui estropie les noms, mais qui peint naïvement tout le détail, comme Froissard, que les historiens qui me disent que Charlemagne tint son parlement à Ingelheim, qu'ensuite il partit, qu'il alla battre les Saxons, et qu'il revint à Aix-la-Chapelle ; c'est ne m'apprendre rien d'utile. Sans les circonstances, les faits demeurent comme décharnés : ce n'est que le squelette d'une histoire.

La principale perfection d'une histoire consiste dans l'ordre et dans l'arrangement. Pour parvenir à ce bel ordre, l'historien doit embrasser et posséder toute son histoire ; il doit la voir tout entière comme d'une seule vue ; il faut qu'il la tourne et qu'il la retourne de tous les côtés jusqu'à ce qu'il ait trouvé son vrai point de vue. Il faut en montrer l'unité, et tirer, pour ainsi dire, d'une seule source tous les principaux événemens qui en dépendent : par là il instruit utilement son lecteur, il lui donne le plaisir de prévoir, il l'intéresse, il lui met devant les yeux un système des affaires de chaque temps, il lui débrouille ce qui en doit résulter, il le fait raisonner sans lui faire aucun raisonnement, il lui épargne beaucoup de redites, il ne le laisse jamais languir, il lui fait même une narration facile à retenir par la liaison des faits. Je répète sur l'histoire l'endroit d'Horace qui regarde le poème épique :

Ordinis hæc virtus erit et venus, aut ego fallor,
Ut jam nunc dicat jam nunc debentia dici,
Pleraque differat, et præsens in tempus omittat [1]

Un sec et triste faiseur d'annales ne connoît point

[1] *De Art. poet.* v. 42-44.
L'ordre à mes yeux, Pisons, est lui-même une grâce,
L'esprit judicieux veut tout voir à sa place ;
Habile à bien choisir, préférez, rejetez,
Et montrez à propos ce que vous présentez.
Le choix du lieu, du temps, absout la hardiesse. DARU.

d'autre ordre que celui de la chronologie : il répète un fait toutes les fois qu'il a besoin de raconter ce qui tient à ce fait; il n'ose ni avancer ni reculer aucune narration. Au contraire, l'historien qui a un vrai génie choisit sur vingt endroits celui où un fait sera mieux placé pour répandre la lumière sur tous les autres. Souvent un fait montré par avance de loin débrouille tout ce qui le prépare. Souvent un autre fait sera mieux dans son jour étant mis en arrière; en se présentant plus tard, il viendra plus à propos pour faire naître d'autres événemens. C'est ce que Cicéron compare au soin qu'un homme de bon goût prend pour placer de bons tableaux dans un jour avantageux : *Videtur tanquam tabulas bene pictas collocare in bono lumine* [1].

Ainsi un lecteur habile a le plaisir d'aller sans cesse en avant sans distraction, de voir toujours un événement sortir d'un autre, et de chercher la fin, qui lui échappe pour lui donner plus d'impatience d'y arriver. Dès que sa lecture est finie, il regarde derrière lui, comme un voyageur curieux, qui étant arrivé sur une montagne, se tourne, et prend plaisir à considérer de ce point de vue tout le chemin qu'il a suivi et tous les beaux endroits qu'il a traversés.

Une circonstance bien choisie, un mot bien rapporté, un geste qui a rapport au génie ou à l'humeur d'un homme, est un trait original et précieux dans l'histoire : il vous met devant les yeux cet homme tout entier. C'est ce que Plutarque et Suétone ont fait parfaitement. C'est ce qu'on trouve avec plaisir dans le cardinal d'Ossat : vous croyez voir Clément VIII qui lui parle tantôt à cœur ouvert et tantôt avec réserve.

Un historien doit retrancher beaucoup d'épithètes superflues et d'autres ornemens du discours : par ce retranchement, il rendra son histoire plus courte, plus vive,

---

[1] *De claris Oratoribus*, cap. LXXV, n. 261.

plus simple, plus gracieuse. Il doit inspirer par une pure narration la plus solide morale, sans moraliser : il doit éviter les sentences comme de vrais écueils. Son histoire sera assez ornée pourvu qu'il y mette avec le véritable ordre, une diction claire, pure, courte et noble. *Nihil est in historia*, dit Cicéron [1], *purâ et illustri brevitate dulcius*. L'histoire perd beaucoup à être parée. Rien n'est plus digne de Cicéron que cette remarque sur les Commentaires de César [2] :

> Commentarios quosdam scripsit rerum suarum, valde quidem probandos : nudi enim sunt, recti et venusti, omni ornatu orationis tanquam veste detractâ. Sed dum voluit alios habere parata unde sumerent qui vellent scribere historiam, ineptis gratum fortasse fecit qui volunt illa calamistris inurere, sanos quidem homines a scribendo deterruit [3].

Un bel-esprit méprise une histoire *nue* : il veut l'habiller, l'orner de broderie, et la *friser*. C'est une erreur, *ineptis*. L'homme judicieux et d'un goût exquis désespère d'ajouter rien de beau à cette nudité si noble et si majestueuse.

Le point le plus nécessaire et le plus rare pour un historien, est qu'il sache exactement la forme du gouvernement et le détail des mœurs de la nation dont il écrit l'histoire, pour chaque siècle. Un peintre qui ignore ce qu'on nomme *il costume* ne peint rien avec vérité. Les peintres de l'école lombarde, qui ont d'ailleurs si naïvement représenté la nature, ont manqué de science en ce point : ils ont peint le grand-prêtre des juifs comme un

---

[1] *De claris Oratoribus*, cap. LXXV, n. 262. — [2] Ibid.

[3] Il a écrit, sur ses actions, des Commentaires d'un très-grand mérite. Ils sont nus, simples, gracieux, entièrement dépouillés des ornemens, et en quelque sorte des habits de l'art. Et tandis qu'il a voulu par là fournir à d'autres des matériaux pour écrire une histoire, peut-être a-t-il fait plaisir aux gens sans goût qui voudront les orner de parures affectées ; mais il a tellement effrayé les hommes judicieux, qu'ils n'oseront les embellir.

pape, et les Grecs de l'antiquité comme les hommes qu'ils voyoient en Lombardie. Il n'y auroit néanmoins rien de plus faux et de plus choquant que de peindre les Français du temps de Henri II avec des perruques et des cravates, ou de peindre les Français de notre temps avec des barbes et des fraises. Chaque nation a ses mœurs très-différentes de celles des peuples voisins. Chaque peuple change souvent pour ses propres mœurs. Les Perses, pendant l'enfance de Cyrus, étoient aussi simples que les Mèdes leurs voisins étoient mous et fastueux [1]. Les Perses prirent dans la suite cette mollesse et cette vanité. Un historien montreroit une ignorance grossière s'il représentoit les repas de Curius ou de Fabricius comme ceux de Lucullus ou d'Apicius. On riroit d'un historien qui parleroit de la magnificence de la cour des rois de Lacédémone, ou de celle de Numa. Il faut peindre la puissante et heureuse pauvreté des anciens Romains.

. . . . . . Parvoque potentem [2], etc.

Il ne faut pas oublier combien les Grecs étoient encore simples et sans faste du temps d'Alexandre, en comparaison des Asiatiques : le discours de Charidème à Darius [3] le fait assez voir. Il n'est point permis de représenter la maison très-simple où Auguste vécut quarante ans, avec la maison d'or que Néron fit faire bientôt après :

Roma domus fiet : Veios migrate, Quirites,
    Si non et Veios occupat ista domus [4].

Notre nation ne doit point être peinte d'une façon uni-

[1] *Cyropæd.* lib. I, cap. II, etc. — [2] VIRG. *Æneid.* lib. VI, v. 843. — [3] QUINT. CURT. lib. III, cap. II.

[4] Rome ne sera bientôt plus qu'une maison : Romains, retirez-vous à Véies ; pourvu que cette maison n'envahisse pas aussi Véies.
SUET. *Ner.* n. 39.

forme : elle a eu des changemens continuels. Un historien qui représentera Clovis environné d'une cour polie, galante et magnifique, aura beau être vrai dans les faits particuliers ; il sera faux pour le fait principal des mœurs de toute la nation. Les Francs n'étoient alors qu'une troupe errante et farouche, presque sans lois et sans police, qui ne faisoit que des ravages et des invasions ; il ne faut pas confondre les Gaulois polis par les Romains avec ces Francs si barbares. Il faut laisser voir un rayon de politesse naissante sous l'empire de Charlemagne ; mais elle doit s'évanouir d'abord. La prompte chute de sa maison replongea l'Europe dans une affreuse barbarie. Saint Louis fut un prodige de raison et de vertu dans un siècle de fer. A peine sortons-nous de cette longue nuit. La résurrection des lettres et des arts a commencé en Italie, et a passé en France fort tard. La mauvaise subtilité du bel-esprit en a retardé le progrès.

Les changemens dans la forme du gouvernement d'un peuple doivent être observés de près. Par exemple, il y avoit d'abord chez nous des terres *saliques* distinguées des autres terres, et destinées aux militaires de la nation. Il ne faut jamais confondre les comtés *bénéficiaires* du temps de Charlemagne, qui n'étoient que des emplois personnels, avec les comtés *héréditaires*, qui devinrent sous ses successeurs des établissemens de familles. Il faut distinguer les parlemens de la seconde race, qui étoient les assemblées de la nation, d'avec les divers parlemens établis par les rois de la troisième race dans les provinces pour juger les procès des particuliers. Il faut connoître l'origine des fiefs, le service des feudataires, l'affranchissement des serfs, l'accroissement des communautés, l'élévation du tiers-état, l'introduction des clercs praticiens pour être les conseillers des nobles peu instruits des lois, et l'établissement des troupes à la solde du roi pour éviter les surprises des Anglais établis au milieu du royaume. Les mœurs et l'état de tout le corps de la nation ont changé d'âge en âge. Sans remonter plus haut, le changement des mœurs est presque incroyable depuis le règne de Henri IV. Il est cent fois plus important d'observer ces changemens de la nation entière, que de rapporter simplement des faits particuliers.

Si un homme éclairé s'appliquoit à écrire sur les règles de l'histoire, il pourroit joindre les exemples aux préceptes; il pourroit juger des historiens de tous les siècles; il pourroit remarquer qu'un excellent historien est peut-être encore plus rare qu'un grand poète.

Hérodote, qu'on nomme le père de l'histoire, raconte parfaitement; il a même de la grâce par la variété des matières; mais son ouvrage est plutôt un recueil de relations de divers pays, qu'une histoire qui ait de l'unité avec un véritable ordre.

Xénophon n'a fait qu'un journal dans sa Retraite des dix mille : tout y est précis et exact, mais uniforme. Sa Cyropédie est plutôt un roman de philosophie, comme Cicéron l'a cru, qu'une histoire véritable.

Polybe est habile dans l'art de la guerre et dans la politique; mais il raisonne trop, quoiqu'il raisonne très-bien. Il va au-delà des bornes d'un simple historien : il développe chaque événement dans sa cause; c'est une anatomie exacte. Il montre par une espèce de mécanique qu'un tel peuple doit vaincre un tel autre peuple; et qu'une telle paix faite entre Rome et Carthage ne sauroit durer.

Thucydide et Tite-Live ont de très-belles harangues; mais, selon les apparences, ils les composent au lieu de les rapporter. Il est très-difficile qu'ils les aient trouvées telles dans les originaux du temps. Tite-Live savoit beaucoup moins exactement que Polybe la guerre de son siècle.

Salluste a écrit avec une noblesse et une grâce singulières : mais il s'est trop étendu en peintures des mœurs et en portraits des personnes dans deux histoires très-courtes.

Tacite montre beaucoup de génie, avec une profonde connoissance des cœurs les plus corrompus : mais il affecte trop une brièveté mystérieuse ; il est trop plein de tours poétiques dans ses descriptions ; il a trop d'esprit ; il raffine trop ; il attribue aux plus subtils ressorts de la politique ce qui ne vient souvent que d'un mécompte, que d'une humeur bizarre, que d'un caprice. Les plus grands événemens sont souvent causés par les causes les plus méprisables. C'est la foiblesse, c'est l'habitude, c'est la mauvaise honte, c'est le dépit, c'est le conseil d'un affranchi, qui décide, pendant que Tacite creuse pour découvrir les plus grands raffinemens dans les conseils de l'empereur. Presque tous les hommes sont médiocres et superficiels pour le mal comme pour le bien. Tibère, l'un des plus méchans hommes que le monde ait vus, étoit plus entraîné par ses craintes, que déterminé par un plan suivi.

D'Avila se fait lire avec plaisir ; mais il parle comme s'il étoit entré dans les conseils les plus secrets. Un seul homme ne peut jamais avoir eu la confiance de tous les partis opposés. De plus, chaque homme avoit quelque secret qu'il n'avoit garde de confier à celui qui a écrit l'histoire. On ne sait la vérité que par morceaux. L'historien qui veut m'apprendre ce que je vois qu'il ne peut pas savoir, me fait douter sur les faits mêmes qu'il sait.

Cette critique des historiens anciens et modernes seroit très-utile et très-agréable, sans blesser aucun auteur vivant.

IX.

Réponse à une objection sur ces divers projets.

Voici une objection qu'on ne manquera pas de me faire. L'Académie, dira-t-on, n'adoptera jamais ces divers ouvrages sans les avoir examinés. Or, il n'est guère vraisemblable qu'un auteur, après avoir pris une peine infinie, veuille soumettre tout son ouvrage à la correction d'une nombreuse assemblée, où les avis seront peut-être partagés. Il n'y a donc guère d'apparence que l'Académie adopte ces ouvrages.

Ma réponse est courte. Je suppose que l'Académie ne les adoptera point. Elle se bornera à inviter les particuliers à ce travail. Chacun d'eux pourra la consulter dans ses assemblées. Par exemple, l'auteur de la Rhétorique y proposera ses doutes sur l'éloquence. MM. les académiciens lui donneront leurs conseils, et les opinions pourront êtres diverses. L'auteur en profitera selon ses vues, sans se gêner.

Les raisonnemens qu'on feroit dans les assemblées sur de telles questions pourroient être rédigés par écrit dans une espèce de journal que M. le secrétaire composeroit sans partialité. Ce journal contiendroit de courtes dissertations, qui perfectionneroient le goût et la critique. Cette occupation rendroit MM. les académiciens assidus aux assemblées. L'éclat et le fruit en seroient grands dans toute l'Europe.

X.

Sur les anciens et les modernes.

Il est vrai que l'Académie pourroit se trouver souvent partagée sur ces questions : l'amour des anciens dans les uns, et celui des modernes dans les autres, pourroit les empêcher d'être d'accord. Mais je ne suis nullement alarmé d'une guerre civile qui seroit si douce, si polie, et si modérée. Il s'agit d'une matière où chacun peut suivre en liberté son goût et ses idées. Cette émulation peut être utile aux lettres. Oserai-je proposer ici ce que je pense là-dessus?

1º Je commence par souhaiter que les modernes surpassent les anciens. Je serois charmé de voir, dans notre siècle et dans notre nation, des orateurs plus véhémens que Démosthène, et des poètes plus sublimes qu'Homère. Le monde, loin d'y perdre, y gagneroit beaucoup. Les anciens ne seroient pas moins excellens qu'ils l'ont toujours été, et les modernes donneroient un nouvel ornement au genre humain. Il resteroit toujours aux anciens la gloire d'avoir commencé, d'avoir montré le chemin aux autres, et de leur avoir donné de quoi enchérir sur eux.

2º Il y auroit de l'entêtement à juger d'un ouvrage par sa date.

<pre>
        Et, nisi quæ terris semota, suisque
Temporibus defuncta videt, fastidit et odit.....
Si, quia Græcorum sunt antiquissima quæque
Scripta vel optima. . . . .
Si meliora dies, ut vina, poemata reddit,
Scire velim pretium chartis quotus arroget annus.....
Qui redit ad fastos, et virtutem æstimat annis,
Miraturque nihil nisi quod Libitina sacravit....
Si veteres ita miratur laudatque poetas,
Ut nihil anteferat, nihil illis comparet, errat.....
Quòd si tam Græcis novitas invisa fuisset
Quàm nobis, quid nunc esset vetus? aut quid haberet
Quod legeret tereretque viritim publicus usus [1] ?
</pre>

[1] HORAT. *Epist.* lib. II, *Epist.* I, v. 21-92.

. . . Tout ce qui respire, importunant ses yeux,
N'obtient de son orgueil que dédains odieux,
De tout ce qui respire idolâtre imbécile.....

Si Virgile n'avoit point osé marcher sur les pas d'Homère, si Horace n'avoit pas espéré de suivre de près Pindare, que n'aurions-nous pas perdu! Homère et Pindare même ne sont point parvenus tout-à-coup à cette haute perfection : ils ont eu sans doute avant eux d'autres poètes qui leur avoient aplani la voie, et qu'ils ont enfin surpassés. Pourquoi les nôtres n'auroient-ils pas la même espérance ? Qu'est-ce qu'Horace ne s'est point promis ?

>   Dicam insigne, recens, adhuc
> Indictum ore alio. . . . .
>   Nil parvum, aut humili modo,
> Nil mortale loquar [1].

Exegi monumentum ære perennius.
. . . .
Non omnis moriar, multaque pars mei [2], etc.

> La Grèce eut, il est vrai, des chantres révérés,
> Plus antiques toujours, toujours plus admirés.....
> Mais aux vers, comme au vin, si le temps donne un prix,
> Faisons donc une loi pour juger les écrits ;
> Sachons précisément quel doit être leur âge,
> Pour obtenir des droits à notre juste hommage.....
> . . . . . Un homme, ennemi des vivans,
> Qui juge du mérite en supputant les ans.....
> Ses préjugés souvent trompent son équité :
> Il s'abuse, s'il croit, admirant nos ancêtres,
> Qu'ils ne peuvent trouver de rivaux ni de maîtres....
> Contre la nouveauté partageant cette envie,
> Si la Grèce, moins sage, eût eu cette manie,
> Où seroit aujourd'hui la docte antiquité?
> Quels livres charmeroient la triste oisiveté?   DARU.

[1] *Od.* lib. III, *Od.* XXV, v. 7, 8 ; et 17, 18.

Je dirai des choses sublimes, neuves, qu'une autre bouche n'a jamais proférées......... Mes chants n'auront rien de foible, rien de rampant, rien de mortel.   BINET.

[2] Ibid. *Od.* XXX, v. 1-6.

Le noble monument que j'élève à ma gloire

Pourquoi ne laisseroit-t-on pas dire de même à Malherbe ?

    Apollon à portes ouvertes, etc. [1]

3° J'avoue que l'émulation des modernes seroit dangereuse, si elle se tournoit à mépriser les anciens, et à négliger de les étudier. Le vrai moyen de les vaincre est de profiter de tout ce qu'ils ont d'exquis, et de tâcher de suivre encore plus qu'eux leurs idées sur l'imitation de la belle nature. Je crierois volontiers à tous les auteurs de notre temps que j'estime et que j'honore le plus :

    Vos exemplaria græca
  Nocturnâ versate manu, versate diurnâ [2].

Si jamais il vous arrive de vaincre les anciens, c'est à eux-mêmes que vous devrez la gloire de les avoir vaincus.

4° Un auteur sage et modeste doit se défier de soi et des louanges de ses amis les plus estimables. Il est naturel que l'amour-propre le séduise un peu, et que l'amitié pousse un peu au-delà des bornes l'admiration de ses amis pour ses talens. Que doit-il donc faire si quelque ami, charmé de ses écrits, lui dit [3] :

  Nescio quid majus nascitur Iliade [3] ?

  Durera plus long-temps que le marbre et l'airain.....
  De moi-même à jamais la plus noble partie
  Bravera de Pluton le pouvoir odieux ;
  Sans mourir tout entier je quitterai la vie.   DARU.

[1] Liv. III, *Od.* XI, *à la reine Marie de Méd.* v. 141.

[2] HORAT. *de Art. poët.* v. 268, 269.

  Les Grecs. . . . . . sont nos guides fidèles ;
  Feuilletez jour et nuit ces antiques modèles.   DARU.

[3] Il va naître un chef-d'œuvre qui doit effacer l'Iliade. PROPERT. lib. II, *Eleg. ult.*

il n'en doit pas moins être tenté d'imiter le grand et sage Virgile. Ce poète vouloit en mourant brûler son Énéide qui a instruit et charmé tous les siècles. Quiconque a vu, comme ce poète, d'une vue nette, le grand et le parfait, ne peut se flatter d'y avoir atteint. Rien n'achève de remplir son idée, et de contenter toute sa délicatesse. Rien n'est ici-bas entièrement parfait :

. . . . Nihil est ab omni
Parte beatum [1].

Ainsi quiconque a vu le vrai parfait, sent qu'il ne l'a pas égalé; et quiconque se flatte de l'avoir égalé, ne l'a pas vu assez distinctement. On a un esprit borné avec un cœur foible et vain, quand on est bien content de soi et de son ouvrage. L'auteur content de soi est d'ordinaire content tout seul :

Quin sine rivali teque et tua solus amares [2].

Un tel auteur peut avoir de rares talens ; mais il faut qu'il ait plus d'imagination que de jugement et de saine critique. Il faut au contraire, pour former un poète égal aux anciens, qu'il montre un jugement supérieur à l'imagination la plus vive et la plus féconde. Il faut qu'un auteur résiste à tous ses amis, qu'il retouche souvent ce qui a été déjà applaudi, et qu'il se souvienne de cette règle :

Nonumque prematur in annum [3].

---

[1] HORAT. *Od.* lib. II, *Od.* XVI, v. 27, 28.
Jamais, ô mon ami, le bonheur n'est parfait.   DARU.

[2] Idem. *de Art. poet.* v. 444.
. . . . Un esprit indocile
Admire, sans rival, sa personne et son style.   DARU.

[3] Idem. *de Art. poet.* v. 388.
. . . . Que dans un sage oubli
Votre ouvrage dix ans, demeure enseveli.   DARU.

5º Je suis charmé d'un auteur qui s'efforce de vaincre les anciens. Supposé même qu'il ne parvienne pas à les égaler, le public doit louer ses efforts, l'encourager, espérer qu'il pourra atteindre encore plus haut dans la suite, et admirer ce qu'il a déjà d'approchant des anciens modèles :

. . . . Feliciter audet [1].

Je voudrois que tout le Parnasse le comblât d'éloges :

Proxima Phœbi
Versibus ille facit [2]. . . .

Pastores, hederâ crescentem ornate poetam [3].

Plus un auteur consulte avec défiance de soi sur un ouvrage qu'il veut encore retoucher, plus il est estimable :

. . . . . . Hæc, quæ Varo necdum perfecta canebat [4].

J'admire un auteur qui dit de lui-même ces belles paroles :

Nam neque adhuc Varo videor, nec dicere Cinnâ
Digna, sed argutos inter strepere anser olores [5].

[1] Hor. *Ep.* lib. II, *Ep.* I, v. 166.

[2] Virgil. *Ecl.* VII, v. 22, 23.

    Qu'il égale Codrus,
Lui, dont les vers sont dictés par Phébus.   La Rochef.

[3] Ibid. v. 25.

 Bergers arcadiens ! du lierre pâlissant
 Venez ceindre le front d'un poète naissant.   Tissot.

[4] Idem. *Eclog.* IX, v. 26.

 Mais il chantoit alors en l'honneur de Varus,
 Et ses vers imparfaits n'étoient pas moins connus.   La Rochef.

[5] Ibid. v. 35.

 Et j'ose me mêler au chantre de Varus,

Alors je voudrois que tous les partis se réunissent pour le louer :

Utque viro Phœbi chorus assurrexerit omnis [1].

Si cet auteur est encore mécontent de soi, quoique le public en soit très-content, son goût et son génie sont au-dessus de l'ouvrage même pour lequel il est admiré.

6° Je ne ne crains pas de dire que les anciens les plus parfaits ont des imperfections : l'humanité n'a permis en aucun temps d'atteindre à une perfection absolue. Si j'étois réduit à ne juger des anciens que par ma seule critique, je serois timide en ce point. Les anciens ont un grand avantage : faute de connoître parfaitement leurs mœurs, leur langue, leur goût, leurs idées, nous marchons à tâtons en les critiquant : nous aurions été peut-être plus hardis censeurs contre eux, si nous avions été leurs contemporains. Mais je parle des anciens sur l'autorité des anciens mêmes. Horace, ce critique si pénétrant, et si charmé d'Homère, est mon garant, quand j'ose soutenir que ce grand poète s'assoupit un peu quelquefois dans un long poème :

> Quandoque bonus dormitat Homerus.
> Verùm opere in longo fas est obrepere somnum [2].

> Comme l'oie importune, hôte des marécages,
> Aux doux accords du cygne unit ses cris sauvages.   DORANGE.

[1] VIRGIL. *Eclog.* VI. v. 66.

> . . . . Qu'à son aspect
> Toute la cour du Dieu se lève avec respect.   F. DIDOT.

[2] *De Art. poet.* v. 359, 360.

> . . . . Je ne puis que gémir
> De voir quelques instans Homère s'endormir :
> Mais à tout grand ouvrage on doit de l'indulgence.   DARU.

Veut-on, par une prévention manifeste, donner à l'antiquité plus qu'elle ne demande, et condamner Horace pour soutenir, contre l'évidence du fait, qu'Homère n'a jamais aucune inégalité !

7° S'il m'est permis de proposer ma pensée, sans vouloir contredire celle des personnes plus éclairées que moi, j'avouerai qu'il me semble voir divers défauts dans les anciens les plus estimables. Par exemple, je ne puis goûter les chœurs dans les tragédies; ils interrompent la vraie action. Je n'y trouve point une exacte vraisemblance, parce que certaines scènes ne doivent point avoir une troupe de spectateurs. Les discours du chœur sont souvent vagues et insipides. Je soupçonne toujours que ces espèces d'intermèdes avoient été introduits avant que la tragédie eût atteint à une certaine perfection. De plus je remarque dans les anciens des plaisanteries qui ne sont guère délicates. Cicéron, le grand Cicéron même, en fait de très-froides sur des jeux de mots. Je ne retrouve point Horace dans cette petite satire :

Proscripti regis Rupili pus atque venenum [1],

En la lisant on bâilleroit, si on ignoroit le nom de son auteur. Quand je lis cette merveilleuse ode du même poète,

Qualem ministrum fulminis alitem [2].

Je suis toujours attristé d'y trouver ces mots : *Quibus mos unde deductus*, etc. Otez cet endroit, l'ouvrage demeure entier et parfait. Dites qu'Horace a voulu imiter Pindare par cette espèce de parenthèse, qui convient au transport de l'ode. Je ne dispute point; mais je ne suis pas assez touché de l'imitation pour goûter cette espèce de parenthèse, qui paroît si froide et si postiche. J'ad-

---
[1] *Serm.* lib. I, *Sat.* VII. — [2] *Od.* lib. IV, *Od.* IV.

mets un beau désordre qui vient du transport et qui a son art caché; mais je ne puis approuver une distraction pour faire une remarque curieuse sur un petit détail, elle ralentit tout. Les injures de Cicéron contre Marc-Antoine ne me paroissent nullement convenir à la noblesse et à la grandeur de ses discours. Sa fameuse lettre à Lucceius est pleine de la vanité la plus grossière et la plus ridicule. On en trouve à peu près autant dans les lettres de Pline le Jeune. Les anciens ont souvent une affectation qui tient un peu de ce que notre nation nomme *pédanterie*. Il peut se faire que, faute de certaines connoissances que la vraie religion et la physique nous ont données, ils admiroient un peu trop diverses choses que nous n'admirons guère.

8° Les anciens les plus sages ont pu espérer, comme les modernes, de surpasser les modèles mis devant leurs yeux. Par exemple, pourquoi Virgile n'auroit-il pas espéré de surpasser, par la descente d'Énée aux enfers, dans son sixième livre, cette évocation des ombres qu'Homère nous représente [1] dans le pays des Cimmériens? Il est naturel de croire que Virgile, malgré sa modestie, a pris plaisir à traiter, dans son quatrième livre de l'Énéide, quelque chose d'original qu'Homère n'avoit point touché.

9° J'avoue que les anciens ont un grand désavantage par le défaut de leur religion et par la grossièreté de leur philosophie. Du temps d'Homère, leur religion n'étoit qu'un tissu monstrueux de fables aussi ridicules que les contes des fées; leur philosophie n'avoit rien que de vain et de superstitieux. Avant Socrate, la morale étoit très-imparfaite, quoique les législateurs eussent donné d'excellentes règles pour le gouvernement des peuples. Il faut même avouer que Platon fait raisonner foiblement Socrate sur l'immortalité de l'âme. Ce bel endroit de Virgile

[1] *Odyss.* liv. XI.

Felix qui potuit rerum cognoscere causas [1], etc.

aboutit à mettre le bonheur des hommes sages à se délivrer de la crainte des présages et de l'enfer. Ce poète ne promet point d'autre récompense dans l'autre vie à la vertu la plus pure et la plus héroïque, que le plaisir de jouer sur l'herbe, ou de combattre sur le sable, ou de danser, ou de chanter des vers, ou d'avoir des chevaux, ou de mener des chariots, et d'avoir des armes. Encore ces hommes et ces spectacles qui les amusoient n'étoient-ils plus que de vaines ombres; encore ces ombres gémissoient par l'impatience de rentrer dans des corps pour recommencer toutes les misères de cette vie, qui n'est qu'une maladie par où l'on arrive à la mort; *mortalibus ægris.* Voilà ce que l'antiquité proposoit de plus consolant au genre humain :

Pars in gramineis exercent membra palæstris [2], etc.

. . . . Quæ lucis miseris tam dira cupido [3] ?

Les héros d'Homère ne ressemblent point à d'honnêtes gens, et les dieux de ce poète sont fort au-dessous de ces héros mêmes, si indignes de l'idée que nous avons de l'honnête homme. Personne ne voudroit avoir un père aussi vicieux que Jupiter, ni une femme aussi insupportable que Junon, encore moins aussi infâme que Vé-

---

[1] *Georg.* II, v. 490.

Heureux le sage instruit des lois de la nature, etc.

[2] *Æneid.* lib. VI, v. 642.

Tantôt ce peuple heureux, sur les herbes naissantes,
Exerce en se jouant des luttes innocentes.   DELILLE.

[3] Ibid. v. 721.

Qui peut inspirer à ces malheureux cet excès d'amour pour la vie ?

nus. Qui voudroit avoir un ami aussi brutal que Mars, ou un domestique aussi larron que Mercure? Ces dieux semblent inventés tout exprès par l'ennemi du genre humain, pour autoriser tous les crimes, et pour tourner en dérision la divinité. C'est ce qui a fait dire à Longin [1] qu'Homère a fait « des dieux des hommes qui furent » au siége de Troie, et qu'au contraire, des dieux » même il en a fait des hommes. » Il ajoute « que le lé-» gislateur des Juifs, qui n'étoit pas un homme ordinaire, » ayant fort bien conçu la grandeur et la puissance de » Dieu, l'a exprimée dans toute sa dignité, au commen-» cement de ses lois, par ces paroles : *Dieu dit : Que la* » *lumière se fasse; et la lumière se fit : Que la terre se* » *fasse; et la terre fut faite.* »

10° Il faut avouer qu'il y a parmi les anciens peu d'auteurs excellens, et que les modernes en ont quelques-uns dont les ouvrages sont précieux. Quand on ne lit point les anciens avec une avidité de savant, ni par le besoin de s'instruire de certains faits, on se borne par goût à un petit nombre de livres grecs et latins. Il y en a fort peu d'excellens, quoique ces deux nations aient cultivé si long-temps les lettres. Il ne faut donc pas s'étonner si notre siècle, qui ne fait que sortir de la barbarie, a peu de livres français qui méritent d'être souvent relus avec un très-grand plaisir. Il me seroit facile de nommer beaucoup d'anciens, comme Aristophane, Plaute, Sénèque le tragique, Lucain, et Ovide même, dont on se passe volontiers. Je nommerois aussi sans peine un nombre assez considérable d'auteurs modernes qu'on goûte et qu'on admire avec raison : mais je ne veux nommer personne, de peur de blesser la modestie de ceux que je nommerois, et de manquer aux autres en ne les nommant pas.

Il faut, d'un autre côté, considérer ce qui est à l'avantage des anciens. Outre qu'ils nous ont donné presque

[1] *Du Subl.* ch. VII.

tout ce que nous avons de meilleur, de plus il faut les estimer jusque dans les endroits qui ne sont pas exempts de défauts. Longin remarque [1] qu'il « faut craindre la
» bassesse dans un discours si poli et si limé. Il ajoute
» que le grand..... est glissant et dangereux...... Quoi-
» que j'aie remarqué, dit-il encore, plusieurs fautes dans
» Homère et dans tous les plus célèbres auteurs ; quoique
» je sois peut-être l'homme du monde à qui elles plai-
» sent le moins, j'estime, après tout.... qu'elles sont de
» petites négligences qui leur ont échappé, parce que
» leur esprit, qui ne s'étudioit qu'au grand, ne pouvoit
» pas s'arrêter aux petites choses.... Tout ce qu'on ga-
» gne à ne point faire de fautes, est de n'être point re-
» pris : mais le grand se fait admirer. » Ce judicieux critique croit que c'est dans le déclin de l'âge qu'Homère a quelquefois un peu *sommeillé* par les longues narrations de l'Odyssée; mais il ajoute que cet affoiblissement *est, après tout, la vieillesse d'Homère* [2]. En effet, certains traits négligés des grands peintres sont fort au-dessus des ouvrages les plus léchés des peintres médiocres. Le censeur médiocre ne goûte point le sublime, il n'en est point saisi : il s'occupe bien plutôt d'un mot déplacé, ou d'une expression négligée ; il ne voit qu'à demi la beauté du plan général, l'ordre et la force qui règnent partout. J'aimerois autant le voir occupé de l'orthographe, des points interrogans et des virgules. Je plains l'auteur qui est entré ses mains et à sa merci : *Barbarus has segetes* [3] ! Le censeur qui est grand dans sa censure se passionne pour ce qui est grand dans l'ouvrage : « il mé-
» prise, selon l'expression de Longin [4], une exacte et
» scrupuleuse délicatesse. » Horace est de ce goût :

---

[1] *Du Subl.* ch. XXVII. — [2] Ibid. ch. VII. — [3] VIRG. *Ecl.* I. v. 72.
Un barbare viendra dévorer ces moissons ! LANGEAC.

[4] *Du Sublim.* ch. XXIX.

Verùm ubi plura nitent in carmine, non ego paucis
Offendar maculis, quas aut incuria fudit,
Aut humana parum cavit natura ¹.

De plus la grossièreté difforme de la religion des anciens, et le défaut de vraie philosophie morale où ils étoient avant Socrate, doivent, en un certain sens, faire un grand honneur à l'antiquité. Homère a dû sans doute peindre ses dieux comme la religion les enseignoit au monde idolâtre en son temps; il devoit représenter les hommes selon les mœurs qui régnoient alors dans la Grèce et dans l'Asie mineure. Blâmer Homère d'avoir peint fidèlement d'après nature, c'est reprocher à M. Mignard, à M. de Troy, à M. Rigaud, d'avoir fait des portraits ressemblans. Voudroit-on qu'on peignît Momus comme Jupiter, Silène comme Apollon, Alecto comme Vénus, Thersite comme Achille? Voudroit-on qu'on peignît la cour de notre temps avec les fraises et les barbes des règnes passés? Ainsi Homère ayant dû peindre avec vérité, ne faut-il pas admirer l'ordre, la proportion, la grâce, la force, la vie, l'action et le sentiment qu'il a donnés à toutes ses peintures? Plus la religion étoit monstrueuse et ridicule, plus il faut l'admirer de l'avoir relevée par tant de magnifiques images; plus les mœurs étoient grossières, plus il faut être touché de voir qu'il ait donné tant de force à ce qui est en soi si irrégulier, si absurde et si choquant. Que n'auroit-il point fait si on lui eût donné à peindre un Socrate, un Aristide, un Timoléon, un Agis, un Cléomène, un Numa, un Camille, un Brutus, un Marc-Aurèle!

Diverses personnes sont dégoûtées de la frugalité des mœurs qu'Homère dépeint. Mais, outre qu'il faut que le

¹ *De Art. poet.* v. 351-353.

> En lisant de beaux vers, je n'oserai me plaindre
> De quelque trait moins pur négligemment jeté,
> Tribut que le talent paie à l'humanité.
>
> DARU.

poëte s'attache à la ressemblance pour cette antique simplicité comme pour la grossièreté de la religion païenne, de plus rien n'est si aimable que cette vie des premiers hommes. Ceux qui cultivent leur raison, et qui aiment la vertu, peuvent-ils comparer le luxe vain et ruineux, qui est en notre temps la peste des mœurs et l'opprobre de la nation, avec l'heureuse et élégante simplicité que les anciens nous mettent devant les yeux ?

En lisant Virgile je voudrois être avec ce vieillard qu'il me montre :

Namque sub Œbaliæ memini me turribus altis,
Quà niger humectat flaventia culta Galesus,
Corycium vidisse senem, cui pauca relicti
Jugera ruris erant ; nec fertilis illa juvencis,
Nec pecori opportuna seges. . . . . .
Regum æquabat opes animis ; seràque revertens
Nocte domum, dapibus mensas onerabat inemptis.
Primus vere rosam, atque autumno carpere poma ;
Et cùm tristis hiems etiam nunc frigore saxa
Rumperet, et glacie cursus frænaret aquarum,
Ille comam mollis jam tum tondebat acanthi,
Æstatem increpitans seram zephyrosque morantes.[1]

[1] *Georg.* lib. IV. v. 125-138.

   Aux lieux où le Galèse, en des plaines fécondes,
Parmi les blonds épis roule ses noires ondes,
J'ai vu, je m'en souviens, un vieillard fortuné,
Possesseur d'un terrain long-temps abandonné ;
C'étoit un sol ingrat, rebelle à la culture,
Qui n'offroit aux troupeaux qu'une aride verdure.....
Un jardin, un verger, dociles à ses lois,
Lui donnoient le bonheur qui s'enfuit loin des rois.
Le soir des simples mets que ce lieu voyoit naître,
Ses mains chargeoient sans frais une table champêtre.
Il cueilloit le premier les roses du printemps,
Le premier, de l'automne amassoit les présens ;
Et, lorsqu'autour de lui, déchaîné sur la terre,
L'hiver impétueux brisoit encor la pierre,
D'un frein de glace encore enchaînoit les ruisseaux,
Lui déjà de l'acanthe émondoit les rameaux :
Et du printemps tardif accusant la paresse,
Prévenoit les zéphirs et hâtoit sa richesse.   DELILLE.

Homère n'a-t-il pas dépeint avec grâce l'île de Calypso et les jardins d'Alcinoüs, sans y mettre ni marbre ni dorure? Les occupations de Nausicaa ne sont-elles pas plus estimables que le jeu et que les intrigues des femmes de notre temps? Nos pères en auroient rougi; et on ose mépriser Homère pour n'avoir pas peint par avance ces mœurs monstrueuses, pendant que le monde étoit encore assez heureux pour les ignorer!

Virgile, qui voyoit de près toute la magnificence de Rome, a tourné en grâce et en ornement de son poème la pauvreté du roi Evandre :

> Talibus inter se dictis, ad tecta subibant
> Pauperis Evandri, passimque armenta videbant
> Romanoque foro et lautis mugire carinis.
> Ut ventum ad sedes : Hæc, inquit, limina victor
> Alcides subiit ; hæc illum regia cepit.
> Aude, hospes, contemnere opes, et te quoque dignum
> Finge Deo, rebusque veni non asper egenis.
> Dixit ; et angusti subter fastigia tecti
> Ingentem Æneam duxit, stratisque locavit
> Effultum foliis et pelle libystidis ursæ [1].

[1] *Æneid.* lib. VIII, v. 359-368.

> L'humble palais du roi frappe enfin leurs regards.
> Quelques troupeaux erroient dispersés dans ces plaines.
> Séjour des rois du monde et des pompes romaines ;
> Et le taureau mugit où d'éloquentes voix
> Feront le sort du monde et le destin des rois.
> Tandis que de ces lieux Achate, Evandre, Enée
> Méditent en marchant la haute destinée,
> On arrive au palais, où la félicité
> Se plaît dans l'innocence et dans la pauvreté.
> « Ce n'est pas dans ma cour que le faste réside,
> » Dit Evandre : ce toit reçut le grand-Alcide,
> » Des monstres, des brigands noble exterminateur ;
> » Là siégea près de moi ce dieu triomphateur :
> » Depuis qu'il l'a reçu, ce palais est un temple.
> » Fils des dieux comme lui, suivez ce grand exemple :
> » Osez d'un luxe vain fouler aux pieds l'orgueil :
> » De mon humble séjour ne fuyez point le seuil.

La honteuse lâcheté de nos mœurs nous empêche de lever les yeux pour admirer le sublime de ces paroles : *Aude, hospes, contemnere opes.*

Le Titien, qui a excellé pour le paysage, peint un vallon plein de fraîcheur avec un clair ruisseau, des montagnes escarpées et des lointains qui s'enfuient dans l'horison : il se garde bien de peindre un riche parterre avec des jets d'eau et des bassins de marbre. Tout de même Virgile ne peint point des sénateurs fastueux et occupés d'intrigues criminelles ; mais il représente un laboureur innocent et heureux dans sa vie rustique :

> Deinde satis fluvium inducit rivosque sequentes.
> Et cùm exustus ager morientibus æstuat herbis,
> Ecce supercilio clivosi tramitis undam
> Elicit : illa cadens raucum per levia murmur
> Saxa ciet, scatebrisque arentia temperat arva [1].

Virgile va même jusqu'à comparer ensemble une vie libre, paisible et champêtre, avec les voluptés mêlées de trouble dont on jouit dans les grandes fortunes. Il n'imagine rien d'heureux qu'une sage médiocrité, où les hommes seroient à l'abri de l'envie pour les prospérités, et de la compassion pour les misères d'autrui :

> » Venez, et regardez des yeux de l'indulgence
> » Du chaume hospitalier l'honorable indigence. »
> Il dit, et fait placer pour le roi d'Ilion
> Sur un lit de feuillage une peau de lion.   DELILLE.

[1] *Georg.* lib. I, v. 106-110.

> Qui d'un fleuve coupé par de nombreux canaux,
> Court dans chaque sillon distribuer les eaux.
> Si le soleil brûlant flétrit l'herbe mourante,
> Aussitôt je le vois, par une douce pente,
> Amener du sommet d'un rocher sourcilleux
> Un docile ruisseau, qui sur un lit pierreux
> Tombe, écume, et roulant avec un doux murmure,
> Des champs désaltérés ranime la verdure.   DELILLE.

Ilium non populi fasces, non purpura regum
Flexit. . . . .
. . . . Neque ille
Aut doluit miserans inopem, aut invidit habenti.
Quos rami fructus, quos ipsa volentia rura
Sponte tulere suâ, carpsit ; nec ferrea jura [1], etc.

Horace fuyoit les délices et la magnificence de Rome pour s'enfoncer dans la solitude :

Omitte mirari beatæ
Fumum et opes strepitumque Romæ [2].

. . . . . Mihi jam non regia Roma,
Sed vacuum Tibur placet, aut imbelle Tarentum [3].

Quand les poètes veulent charmer l'imagination des hommes, ils les conduisent loin des grandes villes ; il leur font oublier le luxe de leur siècle, ils les ramènent à l'âge d'or ; ils représentent des bergers dansant sur l'herbe fleurie à l'ombre d'un bocage, dans une saison délicieuse,

---

[1] *Georg.* lib. II, v. 495-501.

La pompe des faisceaux, l'orgueil du diadème,
L'intérêt dont la voix fait taire le sang même,
. . . . ne troublent point sa paix.
Auprès de ses égaux passant sa douce vie,
Son cœur n'est attristé de pitié ni d'envie.
Jamais aux tribunaux, disputant de vains droits,
La chicane pour lui ne fit mugir sa voix :
Sa richesse, c'est l'or des moissons qu'il fait naître ;
Et l'arbre qu'il planta, chauffe et nourrit son maître.   DELILLE.

[2] *Od.* lib. III, *Od.* XXIX, 11 v. 11 12.

Laisse à Rome, avec l'opulence,
Le bruit, la fumée et l'ennui.   DE WAILLY.

[3] *Epist.* lib. I, *Ep.* VII, v. 44, 45.

Rome n'a déjà plus tant de charme à mes yeux ;
Mais je chéris Tibur, ma paresse, et ces lieux
Que n'ensanglantent point les querelles funestes.   DARU.

plutôt que des cours agitées, et des grands qui sont malheureux par leur grandeur même :

> Agréables déserts, séjour de l'innocence,
> Où, loin des vains objets de la magnificence,
> Commence mon repos et finit mon tourment ;
> Vallons, fleuves, rochers, aimable solitude,
> Si vous fûtes témoins de mon inquiétude,
> Soyez-le désormais de mon contentement [1].

Rien ne marque tant une nation gâtée, que ce luxe dédaigneux qui rejette la frugalité des anciens. C'est cette dépravation qui renversa Rome. *Insuevit*, dit Salluste [2], *amare, potare, signa, tabulas pictas, vasa cœlata mirari.... Divitiæ honori esse cœperunt..... hebescere virtus, paupertas probro haberi.... Domos atque villas..... in urbium modum exædificatas..... A privatis compluribus subversos montes, maria constrata esse, quibus mihi ludibrio videntur fuisse divitiæ.... Vescendi causâ, terrâ marique omnia exquirere.* J'aime cent fois mieux la pauvre Ithaque d'Ulysse, qu'une ville brillante par une si odieuse magnificence. Heureux les hommes, s'ils se contentoient des plaisirs qui ne coûtent ni crime ni ruine ! C'est notre folle et cruelle vanité, et non pas la noble simplicité des anciens, qu'il faut corriger.

Je ne crois point (et c'est peut-être ma faute) ce que divers savans ont cru : ils disent qu'Homère a mis dans ses poèmes la plus profonde politique, la plus pure morale, et la plus sublime théologie. Je n'y aperçois point

---

[1] Racan. — [2] *Bell. Catilin.* n. 11, 12, 13.

La galanterie commença à s'introduire dans l'armée ; on s'y accoutuma à boire, à prendre du goût pour des statues, des tableaux, et des vases ciselés.... Les richesses commencèrent à procurer de la considération...... La vertu languit, la pauvreté devint un opprobre..... On bâtit des palais et des maisons de campagne, que vous prendriez pour autant de villes.... Nombre de particuliers ont aplani des montagnes, ont bâti dans les mers, et semblent se jouer de leurs richesses.... On mit les terres et les mers à contribution pour fournir aux plaisirs de la table.   Dotteville.

ces merveilles ; mais j'y remarque un but d'instruction utile pour les Grecs, qu'il vouloit voir toujours unis, et supérieurs aux Asiatiques. Il montre que la colère d'Achille contre Agamemnon a causé plus de malheurs à la Grèce que les armes des Troyens :

> Quidquid delirant reges, plectuntur Achivi.
> Seditione, dolis, scelere atque libidine, et irâ,
> Iliacos intra muros peccatur, et extra [1].

En vain les platoniciens du Bas-Empire, qui imposoient à Julien, ont imaginé des allégories et de profonds mystères dans les divinités qu'Homère dépeint. Ces mystères sont chimériques : l'Ecriture, les Pères qui ont réfuté l'idolâtrie, l'évidence même du fait, montrent une religion extravagante et monstrueuse. Mais Homère ne l'a pas faite, il l'a trouvée ; il n'a pu la changer, il l'a ornée ; il a caché dans son ouvrage un grand art, il a mis un ordre qui excite sans cesse la curiosité du lecteur ; il a peint avec naïveté, grâce, force, majesté, passion : que veut-on de plus ?

Il est naturel que les modernes, qui ont beaucoup d'élégance et de tours ingénieux, se flattent de surpasser les anciens, qui n'ont que la simple nature. Mais je demande la permission de faire ici une espèce d'apologue. Les inventeurs de l'architecture qu'on nomme *gothique*, et qui est, dit-on, celle des Arabes, crurent sans doute avoir surpassé les architectes grecs. Un édifice grec n'a aucun ornement qui ne serve qu'à orner l'ouvrage ; les pièces nécessaires pour le soutenir ou pour le mettre à couvert, comme les colonnes et la corniche, se tournent seulement en grâce par leurs proportions : tout est sim-

---

[1] HORAT. lib. I, *Ep.* II, v. 14, 15.

. . . . Des fautes des rois les Grecs portent la peine.
Sous les tentes des Grecs, dans les murs d'Ilion,
Règnent le fol amour et la sédition.

DARU.

ple, tout est mesuré, tout est borné à l'usage ; on n'y voit ni hardiesse ni caprice qui impose aux yeux ; les proportions sont si justes, que rien ne paroît fort grand, quoique tout le soit ; tout est borné à contenter la vraie raison. Au contraire, l'architecte gothique élève sur des piliers très-minces une voûte immense qui monte jusqu'aux nues ; on croit que tout va tomber, mais tout dure pendant bien des siècles ; tout est plein de fenêtres, de roses et de pointes ; la pierre semble découpée comme du carton ; tout est à jour, tout est en l'air. N'est-il pas naturel que les premiers architectes gothiques se soient flattés d'avoir surpassé, par leur vain raffinement, la simplicité grecque ? Changez seulement les noms, mettez les poètes et les orateurs en la place des architectes : Lucain devoit naturellement croire qu'il étoit plus grand que Virgile ; Sénèque le tragique pouvoit s'imaginer qu'il brilloit bien plus que Sophocle ; le Tasse a pu espérer de laisser derrière lui Virgile et Homère. Ces auteurs se seroient trompés en pensant ainsi : les plus excellens auteurs de nos jours doivent craindre de se tromper de même.

Je n'ai garde de vouloir juger en parlant ainsi ; je propose seulement aux hommes qui ornent notre siècle de ne mépriser point ceux que tant de siècles ont admirés. Je ne vante point les anciens comme des modèles sans imperfections ; je ne veux point ôter à personne l'espérance de les vaincre, je souhaite au contraire de voir les modernes victorieux par l'étude des anciens mêmes qu'ils auront vaincus. Mais je croirois m'égarer au-delà de mes bornes, si je me mêlois de juger jamais pour le prix entre les combattans :

Non nostrum inter vos tantas componere lites :
Et vitulâ tu dignus, et hic [1].

[1] VIRGIL. *Ecl.* III, v. 108, 109.

Il ne m'appartient pas de nommer le vainqueur ;
Vous avez mérité tous deux le même honneur.

Vous m'avez pressé, monsieur, de dire ma pensée. J'ai moins consulté mes forces que mon zèle pour la compagnie. J'ai peut-être trop dit, quoique je n'aie prétendu dire aucun mot qui me rende partial. Il est temps de me taire :

> Phœbus volentem prælia me loqui,
> Victas et urbes, increpuit lyrâ,
>   Ne parva Tyrrhenum per æquor
>   Vela darem [1]. .

Je suis pour toujours, avec une estime sincère et parfaite, monsieur, etc.

---

[1] Horat. *Od.* lib. iv. *Od.* xv, v. 1-4.

> Eprise de César, ma Muse alloit chanter
> Sa gloire et les cités qu'il joint à son empire :
>   Me frappant de sa lyre,
> Apollon m'avertit de ne pas affronter
> Un dangereux écueil sur un frêle navire.   Daru.

CORRESPONDANCE LITTÉRAIRE

DE FÉNÉLON

AVEC HOUDAR DE LA MOTTE,

DE L'ACADÉMIE FRANÇAISE.

LETTRE I.

DE LA MOTTE A FÉNÉLON.

Il se montre sensible au souvenir et à l'estime de l'archevêque de Cambrai.

Paris, 28 août 1713.

Monseigneur,

Je viens de voir entre les mains de M. l'abbé Dubois [a] un extrait d'une de vos lettres où vous daignez vous souvenir de moi : elle m'a donné une joie excessive ; et je vous avoue franchement qu'elle a été jusqu'à l'orgueil. Le moyen de s'en défendre, quand on reçoit quelque louange d'un homme aussi louable, et autant loué que vous l'êtes ? Je n'en suis revenu, monseigneur, qu'en me disant à moi-même que vous aviez voulu me donner des leçons sous l'apparence d'éloges, et qu'il n'y avoit là que de quoi m'encourager ; c'en est encore trop de votre part, monseigneur, et je vous en remercie avec autant de reconnoissance que d'envie d'en profiter. Je me proposerai toujours votre suffrage dans ma conduite et dans

[a] Depuis cardinal et ministre.

mes écrits, comme la plus précieuse récompense où je puisse aspirer. J'ai grand regret à la lettre que vous m'avez fait l'honneur de m'écrire, et que je n'ai pas reçue; je ne puis cependant m'en tenir malheureux, puisque cet accident m'a attiré de votre part une nouvelle attention dont je connois tout le prix. De grâce, monseigneur, continuez-moi des bontés qui me sont devenues nécessaires depuis que je les éprouve.

Je suis, monseigneur, avec le plus profond respect et le plus parfait dévouement, etc.

Votre très-humble et très-obéissant serviteur,

DE LA MOTTE.

II.

DE FÉNÉLON A LA MOTTE.

Sur les défauts de la poésie française, et sur la traduction de l'Iliade en vers français, que La Motte étoit sur le point de publier.

Cambrai, 9 septembre 1713.

LES paroles qu'on vous a lues, monsieur, ne sont point les complimens; c'est mon cœur qui a parlé. Il s'ouvriroit encore davantage avec un grand plaisir, si j'étois à portée de vous entretenir librement. Vous pouvez faire de plus en plus honneur à la poésie française par vos ouvrages; mais cette poésie, si je ne me trompe, auroit encore besoin de certaines choses, faute desquelles elle est un peu gênée, et elle n'a pas toute l'harmonie des vers grecs et latins. Je ne saurois décider là-dessus; mais je m'imagine que, si je vous proposois mes doutes dans une conversation, vous développeriez ce que je ne pourrois démêler qu'à demi. On m'a dit que vous allez donner au public une traduction d'Homère en français. Je serai charmé de voir un si grand poète parler notre langue. Je ne doute point ni de la fidélité de la version, ni de la magnificence des vers. Notre siècle vous aura obligation de lui faire connoître la simplicité des mœurs antiques, et la naïveté avec laquelle les passions sont exprimées dans cette espèce de tableau. Cette entreprise est digne de vous ; mais comme vous êtes capable d'atteindre à ce qui est original, j'aurois souhaité que vous eussiez fait un poème nouveau, où vous auriez mêlé de grandes leçons avec de fortes peintures. J'aimerois mieux vous voir un nouvel Homère que la postérité traduiroit, que de vous voir le traducteur d'Homère même. Vous voyez bien que je pense hautement pour vous : c'est ce qui vous convient. Jugez par là, s'il vous plaît, de la grande estime, du goût, et de l'inclination très-forte avec laquelle je veux être parfaitement tout à vous, monsieur, pour toute ma vie.

Fr. Ar. Duc de Cambrai.

III.

DE LA MOTTE A FÉNÉLON.

Sur le même sujet.

Paris, 14 décembre 1713.

Monseigneur,

C'en est fait, je compte sur votre bienveillance, et je l'ai sentie parfaitement dans la lettre que vous m'avez fait l'honneur de m'écrire. Ainsi, monseigneur, vous essuierez, s'il vous plaît, toute ma sincérité ; je ferois scrupule de vous déguiser le moins du monde mes sentimens. On vous a dit que j'allois donner une traduction de l'Iliade en vers français, et vous vous attendiez, ce me semble, à beaucoup de fidélité; mais je vous l'avoue ingénuement, je n'ai pas cru qu'une traduction fidèle de l'Iliade pût être agréable en français. J'ai trouvé partout, du moins par rapport à notre temps, de grands défauts joints à de grandes beautés; ainsi je m'en suis tenu à une imitation très-libre, et j'ai osé même quelquefois être tout-à-fait original. Je ne crois pas cependant avoir altéré le sens du poëme; et, quoique je l'aie fort abrégé, j'ai prétendu rendre toute l'action, tous les sentimens, tous les caractères. Sans vouloir vous prévenir, monseigneur, il y a un préjugé assez favorable pour moi; c'est qu'aux assemblées publiques de l'académie française, j'en ai déjà récité cinq ou six livres, dont quelques-uns de ceux qui connoissent le mieux le poëme original m'ont félicité d'un air bien sincère : ils m'ont loué même de fidélité dans mes imitations les plus hardies, soit que n'ayant pas présent le détail de l'Iliade, ils crussent le retrouver dans mes vers, soit qu'ils comptassent pour fidélité les licences mêmes que j'ai prises pour tâcher de rendre ce poëme aussi agréable en français qu'il peut l'être en grec. Je ne m'étends pas davantage, monseigneur, parce qu'on imprime actuellement l'ouvrage; vous jugerez bientôt de la conduite que j'y ai tenue, et de mes raisons bonnes ou mauvaises, dont je rends compte dans une assez longue préface. Condamnez, approuvez, monseigneur, tout m'est égal, puisque je suis sûr de la bienveillance. Permettez-moi de vous demander vos vues sur la poésie française. J'y sens bien quelques défauts, et surtout dans nos vers alexandrins une monotonie un peu fatigante; mais je n'en entrevois pas les remèdes, et je vous serai très-obligé, si vous daignez me communiquer là-dessus quelques-unes de vos lumières. Je suis, etc.

IV.

DE FÉNÉLON A LA MOTTE[*].

Sur la nouvelle traduction de l'Iliade, par la Motte.

Cambrai, 16 janvier 1714.

Je reçois, monsieur, dans ce moment votre Iliade. Avant que de l'ouvrir, j'y vois quel est votre cœur pour moi, et le mien en est fort touché. Mais il me tarde d'y voir aussi une poésie qui fasse honneur à notre nation et à notre langue. J'attends de la préface une critique au-dessus de tout préjugé; et du poème, l'accord du parti des modernes avec celui des anciens. J'espère que vous ferez admirer Homère par tout le parti des modernes, et que celui des anciens le trouvera avec tous ses charmes dans votre ouvrage. Je dirai avec joie : *Proxima Phœbi versibus ille facit.* Je suis avec l'estime la plus forte, monsieur, votre, etc.

[*] Cette lettre ne se trouve point, comme les précédentes et les suivantes, parmi les *Réflexions sur la Critique*, publiées en 1715 par La Motte. Elle fait partie des *Mémoires pour servir à l'histoire de la vie et des ouvrages de MM. de Fontenelle et de La Motte, par l'abbé Trublet.* (1759. 1 vol. in-12, page 412.)

V.
DE FÉNÉLON A LA MOTTE.

Sur le même sujet.

Cambrai, 26 janvier 1714.

Je viens de vous lire, monsieur, avec un vrai plaisir; l'inclination très-forte dont je suis prévenu pour l'auteur de la nouvelle Iliade m'a mis en défiance, contre moi-même. J'ai craint d'être partial en votre faveur, et je me suis livré à une critique scrupuleuse contre vous: mais j'ai été contraint de vous reconnoître tout entier dans un genre de poésie presque nouveau à votre égard. Je ne puis néanmoins vous dissimuler ce que j'ai senti. Ma remarque tombe sur notre versification, et nullement sur votre personne. C'est que les vers de nos odes, où les rimes sont entrelacées, ont une variété, une grâce et une harmonie que nos vers héroïques ne peuvent égaler. Ceux-ci fatiguent l'oreille par leur uniformité. Le latin a une infinité d'inversions et de cadences. Au contraire, le français n'admet presque aucune inversion de phrase; il procède toujours méthodiquement par un nominatif, par un verbe, et par son régime. La rime gène plus qu'elle n'orne les vers. Elle les charge d'épithètes; elle rend souvent la diction forcée et pleine d'une vaine parure. En allongeant les discours, elle les affoiblit. Souvent on a recours à un vers inutile pour en amener un bon. Il faut avouer que la sévérité de nos règles a rendu notre versification presque impossible. Les grands vers sont presque toujours ou languissans ou raboteux. J'avoue ma mauvaise délicatesse; ce que je fais ici est plutôt ma confession, que la censure des vers français. Je dois me condamner quand je critique ce qu'il y a de meilleur.

La poésie lyrique est, ce me semble, celle qui a le plus de grâce dans notre langue. Vous devez approuver qu'on la vante, car elle vous fait grand honneur.

> Totum muneris hoc tui est,
> Quod monstror digito prætereuntium
> Romanæ fidicen lyræ :
> Quod spiro et placeo, si placeo, tuum est[1].

Mais passons de la versification française à votre nouveau poème. On vous reproche d'avoir trop d'esprit. On dit qu'Homère en montroit beaucoup moins ; on vous accuse de briller sans cesse par des traits vifs et ingénieux. Voilà un défaut qu'un grand nombre d'auteurs vous envient : ne l'a pas qui veut. Votre parti conclut de cette accusation que vous avez surpassé le poète grec. *Nescio quid majus nascitur Iliade.* On dit que vous avez corrigé les endroits où il sommeille. Pour moi, qui entends de loin les cris des combattans, je me borne à dire :

> Non nostrum inter vos tantas componere lites ;
> Et vitulâ tu dignus, et hic [2].

Cette guerre civile du Parnasse ne m'alarme point. L'émulation peut produire d'heureux efforts, pourvu qu'on n'aille point jusqu'à mépriser le goût des anciens sur l'imitation de la simple nature, sur l'observation inviolable des divers caractères, sur l'harmonie et sur le sentiment qui est l'âme de la parole. Quoi qu'il arrive entre les anciens et les modernes, votre rang est réglé dans le parti des derniers.

> Vitis ut arboribus decori est, ut vitibus uvæ,
> Ut gregibus tauri, segetes ut pinguibus arvis ;
> Tu decus omne tuis [3].

Au reste, je prends part à la juste marque d'estime que le roi vient de vous donner. C'est plus pour lui que

---

[1] HORAT. lib. IV, *Od.* IV, v. 21-24 — [2] VIRG. *Ecl.* III, v. 108, 109. — [3] Idem. *Ecl.* V, v. 32-34.

pour vous que j'en ai de la joie. En pensant à vos besoins, il vous met dans l'obligation de travailler à sa gloire. Je souhaite que vous égaliez les anciens dans ce travail, et que vous soyez à portée de dire comme Horace,

Nec, si plura velim, tu dare deneges ¹.

C'est avec une sincère et grande estime que je serai le reste de ma vie, etc.

VI.

DE LA MOTTE A FÉNÉLON.

Sur le même sujet, et sur la dispute des anciens et des modernes.

Paris, 15 février 1714.

Monseigneur,

Quoi! vous avez craint d'être partial en ma faveur, et vous voulez bien que je le croie! Je goûte si parfaitement ce bonheur, qu'il ne falloit pas moins que votre approbation pour l'augmenter. Je ne désirerois plus, ce que je n'espère guère, que l'honneur et le plaisir de vous voir et de vous entendre. Qu'il me seroit doux de vous exposer tous mes sentimens, d'écouter avidement les vôtres, et d'apprendre sous vos yeux à bien penser! Je sens même, tant vos bontés me mettent à l'aise avec vous, que je disputerois quelquefois, et qu'à demi persuadé, je vous donnerois encore par mes instances le plaisir de me convaincre tout-à-fait. Je ne sais pourquoi je m'imagine ce plaisir; car je défère absolument à tout ce

---

² Horat. lib. III, Od. XVI, v. 38.

que vous alléguez contre la versification française. J'avoue que la latine a de grands avantages sur elle : la liberté de ses inversions, ses mesures différentes, l'absence même de la rime lui donnent une variété qui manque à la nôtre. Le malheur est qu'il n'y a point de remède, et qu'il ne nous reste plus qu'à vaincre, à force de travail, l'obstacle que la sévérité de nos règles met à la justesse et à la précision. Il me semble cependant que de cette difficulté même, quand elle est surmontée, naît un plaisir très-sensible pour le lecteur. Quand il sent que la rime n'a point gêné le poète, que la mesure tyrannique du vers n'a point amené d'épithètes inutiles, qu'un vers n'est pas fait pour l'autre, qu'en un mot tout est utile et naturel, il se mêle alors au plaisir que cause la beauté de la pensée un étonnement agréable de ce que la contrainte ne lui a rien fait perdre. C'est presque en cela seul, à mon sens, que consiste tout le charme des vers ; et je crois par conséquent que les poètes ne peuvent être bien goûtés que par ceux qui ont comme eux le génie poétique. Comme ils sentent les difficultés mieux que les autres, ils font plus de grâce aux imperfections qu'elles entraînent, et sont aussi plus sensibles à l'art qui les surmonte. Quant à la versification des odes, je conviens encore avec vous qu'elle est plus agréable et plus variée, mais je ne crois pas qu'elle fût propre pour la narration. Comme chaque strophe doit finir par quelque chose de vif et d'ingénieux, cela entraîneroit infailliblement de l'affectation en plusieurs rencontres ; et d'ailleurs, dans un long poème, ces espèces de couplets, toujours cadencés et partagés également, dégénéreroient à la fin en une monotonie du moins aussi fatigante que celle de nos grands vers. Je m'en rapporte à vous, monseigneur, car vous serez toujours mon juge, et je n'en veux pas d'autre dans la dispute que j'aurai peut-être à soutenir sur mon ouvrage. Cette guerre que vous prévoyez ne vous alarme point, pourvu, dites-vous, que l'on n'aille pas jusqu'à mépriser le goût des anciens. Peut-on jamais le mépriser, monseigneur? Quoi que nous fassions, ils seront toujours nos maîtres. C'est par l'exemple fréquent qu'ils nous ont donné du beau, que nous sommes à portée de reconnoître leurs défauts et de les éviter : à peu près comme les nouveaux philosophes doivent à la méthode de Descartes l'art de le combattre lui-même. Qu'on nous permette un examen respectueux et une émulation modeste, nous n'en demandons pas davantage. Je passe sur les louanges que vous daignez me donner. Je me contente d'y admirer l'usage que vous faites des traits des anciens, plus ingénieux que les traits mêmes. C'est encore un nouveau motif d'émulation pour moi; et si je fais dans la suite quelque chose qui vous plaise, soyez sûr, monseigneur, que ce motif y aura eu bonne part. Je suis pour toute ma vie, avec un attachement très-respectueux, etc.

VII.

DU MÊME.

Sur le même sujet.

Paris, 15 avril 1714.

Monseigneur,

J'ai reçu, par la personne que j'avois osé vous recommander, de nouveaux témoignages de votre bienveillance. J'y suis toujours aussi sensible, quoique j'en sois moins surpris; car je sais que la constance des sentimens est le propre d'une âme comme la vôtre; et puisque vous avez commencé de me vouloir du bien, vous ne sauriez discontinuer, à moins que je ne m'en rende indigne ; ce qui me paroît impossible, si je n'ai à le craindre que par les fautes du cœur. Je vous dois un compte naïf du succès de mon Iliade. L'opinion invétérée du mérite infaillible d'Homère, a soulevé contre moi quelques commentateurs, que je respecte toujours par leurs bons endroits. Ils ne sauroient digérer les moindres remarques, où l'on ne se récrie pas comme eux : A la merveille ! et parce que je ne conviens pas qu'Homère soit toujours sensé, ils en concluent brusquement que je ne suis jamais raisonnable. Franchement, monseigneur, vous les avez un peu gâtés. Un de vos ouvrages, où ils entrevoient quelque imitation d'Homère, fournit de nouvelles armes à leur préjugé. Ils croient que tout l'agrément, toute la perfection de cet ouvrage, viennent de quelques traits de ressemblance qu'il a avec le poème grec ; au lieu que ces traits mêmes tirent leur perfection du choix que vous en faites, de la place où vous les employez, et de cette foule de beautés originales dont vous les accompagnez toujours. La preuve de ma pensée, monseigneur, car je crois qu'il est à propos de vous prouver à vous-même votre supériorité, c'est que, malgré les mœurs anciennes qu'on allègue toujours comme la cause de nos dégoûts injustes, votre prétendue imitation est lue tous les jours avec un nouveau plaisir par toutes sortes de personnes ; au lieu que l'Iliade de madame Dacier, quoique élégante, tombe des mains malgré qu'on en ait, à moins qu'une espèce d'idolâtrie pour Homère ne ranime le zèle du lecteur. Je vais même jusqu'à croire que vous-même, avec ce style enchanteur qui n'a été donné qu'à vous, ne réussiriez à la faire lire qu'en lui prêtant beaucoup du vôtre. J'ai aussi mes partisans, monseigneur. Vous saurez peut-être que le père Sanadon, dans sa harangue, m'a fait l'honneur outré de m'associer à vos louanges. Le père Porée, son collègue, souscrit à son approbation ; et je vous nommerois encore bien d'autres savans, si je ne craignois que ma prétendue naïveté ne vous parût orgueil, comme en effet elle pourroit bien l'être. Mes critiques n'ont encore que parlé : ce qui m'est revenu de leurs discours ne m'a point paru solide. Je ne sais s'ils me feront l'honneur d'écrire contre mes sentimens : mais je les attends sans crainte, bien résolu de me rendre avec plaisir à la raison de défendre aussi la vérité de toutes mes forces. N'est-ce pas grand dommage, monseigneur, qu'il n'y ait presque ni fermeté ni candeur parmi les gens de lettres ? Ils prennent servilement le ton les uns des autres ; et plus amoureux de leur réputation que de la vérité, ils sont bien moins occupés de ce qu'ils devroient dire, que de ce qu'on dira d'eux. Si quelquefois ils osent prendre des sentimens contraires, c'est encore pis. On dispute, mais ce n'est pas pour rien éclaircir ; c'est pour vaincre : et presque personne n'a le courage de céder aux bonnes raisons d'un autre. Pour moi, monseigneur, qui ne suis rien dans les lettres, je me flatte d'avoir de meilleures intentions, qui seroient bien mieux placées avec plus de capacité. Je me fais une loi de dire surtout ce que je pense, après l'avoir médité sérieusement, et je me dédommagerai toujours de m'être mépris, par l'honneur de convenir de mon tort, qui que ce soit qui me le montre. Voilà bien de la morale, monseigneur, je vous en demande pardon ; mais je ne la débite ici que pour m'en faire devant vous un engagement plus étroit de la suivre dans l'occasion.

Je suis, avec le plus profond respect, et un attachement égal, etc.

VIII.

DE FÉNÉLON A LA MOTTE.

Sur la dispute des anciens et des modernes.

Cambrai, 4 mai 1714.

La lettre que vous m'avez fait la grâce de m'écrire, monsieur, est très-obligeante; mais elle flatte trop mon amour-propre, et je vous conjure de m'épargner. De mon côté, je vais vous répondre sur l'affaire du temps présent, d'une manière qui vous montrera, si je ne me trompe, ma sincérité.

Je n'admire point aveuglément tout ce qui vient des anciens. Je les trouve fort inégaux entre eux. Il y en a d'excellens : ceux même qui le sont, ont la marque de l'humanité, qui est de n'être pas sans quelque reste d'imperfection. Je m'imagine même que si nous avions été de leurs temps, la connoissance exacte des mœurs, des idées des divers siècles, et des dernières finesses de leurs langues, nous auroit fait sentir des fautes que nous ne pouvons plus discerner avec certitude. La Grèce, parmi tant d'auteurs qui ont eu leurs beautés, ne nous montre au-dessus des autres, qu'un Homère, qu'un Pindare, qu'un Théocrite, qu'un Sophocle, qu'un Démosthène. Rome, qui a eu tant d'écrivains très-estimables, ne nous présente qu'un Virgile, qu'un Horace, qu'un Térence, qu'un Catulle, qu'un Cicéron. Nous pouvons croire Horace sur sa parole, quand il avoue qu'Homère se néglige un peu en quelques endroits.

Je ne saurois douter que la religion et les mœurs des héros d'Homère n'eussent de grands défauts. Il est naturel que ces défauts nous choquent dans les peintures de ce poète. Mais j'en excepte l'aimable simplicité du monde naissant : cette simplicité des mœurs, si éloignée de notre luxe, n'est point un défaut, et c'est notre luxe qui en est un très-grand. D'ailleurs un poète est un peintre, qui doit peindre d'après nature, et observer tous les caractères.

Je crois que les hommes de tous les siècles ont eu à peu près le même fonds d'esprit et les mêmes talens, comme les plantes ont eu le même suc et la même vertu. Mais je crois que les Siciliens, par exemple, sont plus propres à être poètes que les Lapons. De plus, il y a eu des pays où les mœurs, la forme du gouvernement et les études ont été plus convenables que celles des autres pays pour faciliter le progrès de la poésie. Par exemple, les mœurs des Grecs formoient bien mieux des poètes que celles des Cimbres et des Teutons. Nous sortons à peine d'une étonnante barbarie; au contraire, les Grecs avoient une très-longue tradition de politesse et d'études des règles, tant sur les ouvrages d'esprit que sur les beaux-arts.

Les anciens ont évité l'écueil du bel-esprit, où les Italiens modernes sont tombés, et dont la contagion s'est fait un peu sentir à plusieurs de nos écrivains, d'ailleurs très-distingués. Ceux d'entre les anciens qui ont excellé, ont peint avec force et grâce la simple nature. Ils ont gardé les caractères; ils ont attrapé l'harmonie; ils ont su employer à propos le sentiment et la passion. C'est un mérite bien original.

Je suis charmé des progrès qu'un petit nombre d'auteurs a donnés à notre poésie; mais je n'ose entrer dans le détail, de peur de vous louer en face. Je croirois, monsieur, blesser votre délicatesse. Je suis d'autant plus touché de ce que nous avons d'exquis dans notre langue, qu'elle n'est ni harmonieuse, ni variée, ni libre, ni hardie, ni propre à donner de l'essor, et que notre scrupuleuse versification rend les beaux vers presque impossibles dans un long ouvrage. En vous exposant mes pensées avec tant de liberté, je ne prétends ni reprendre ni contredire personne. Je dis historiquement quel est mon goût, comme un homme, dans un repas, dit naïvement qu'il aime mieux un ragoût que l'autre. Je ne blâme le goût d'aucun homme, et je consens qu'on blâme le mien. Si la politesse et la discrétion nécessaires pour le repos de la société, demandent que les hommes se tolèrent mutuellement dans la variété d'opinions où ils se trouvent pour les choses les plus importantes à la vie humaine, à plus forte raison doivent-ils se tolérer sans peine dans la variété d'opinions sur ce qui importe très-peu à la sûreté du genre humain. Je vois bien qu'en rendant compte de mon goût, je cours risque de déplaire aux admirateurs passionnés et des anciens et des modernes; mais, sans vouloir fâcher ni les uns ni les autres, je me livre à la critique des deux côtés.

Ma conclusion est qu'on ne peut pas trop louer les modernes qui font de grands efforts pour surpasser les anciens. Une si noble émulation promet beaucoup. Elle me paroîtroit dangereuse, si elle alloit jusqu'à mépriser et à cesser d'étudier ces grands originaux. Mais rien n'est plus utile que de tâcher d'atteindre à ce qu'ils ont de plus sublime et de plus touchant, sans tomber dans une imitation servile pour les endroits qui peuvent être moins parfaits ou trop éloignés de nos mœurs. C'est avec cette liberté si judicieuse et si délicate que Virgile a suivi Homère.

Je suis, Monsieur, avec l'estime la plus sincère et la plus forte, etc.

IX.

DE LA MOTTE A FÉNÉLON.

Sur la lettre du prélat à M. Dacier touchant les occupations de l'Académie française.

Paris, 3 novembre 1714.

Monseigneur,

C'est me priver trop long-temps de l'honneur de vous entretenir ; donnez-moi, je vous prie, un moment d'audience. J'ai lu plusieurs de vos ouvrages, et vous souffrirez, s'il vous plaît, que je vous rende compte de la manière dont j'en ai été touché. M. Destouches m'a lu quantité de vos lettres, où j'ai senti combien il est doux d'être aimé de vous; le cœur y parle à chaque ligne; l'esprit s'y confond toujours avec la naïveté et le sentiment. Les conseils y sont rians sans rien perdre de leur force ; ils plaisent autant qu'ils convainquent ; et je donnerois volontiers les louanges les plus délicates pour des censures ainsi assaisonnées par l'amitié. M. Destouches a dû vous dire combien nous vous aimions en lisant vos lettres, et combien je l'aimois lui-même d'avoir mérité tant de part de votre cœur.... Je passe au discours que vous avez envoyé à l'Académie française. Tout le monde fut également charmé des idées justes que vous y donnez de chaque chose ; il n'appartient qu'à vous d'unir tant de solidité à tant de grâces. Mais je vous dirai que sur Homère, les deux partis se flattoient de vous avoir chacun de leur côté. Vous faites Homère un grand peintre; mais vous passez condamnation sur ses dieux et sur ses héros. En vérité, si, de votre aveu, les uns ne valent pas nos fées, et les autres nos honnêtes gens ; que devient un poëme rempli de ces deux sortes de personnages ? malgré le talent de peindre que je trouve avec vous dans Homère, la raison n'est-elle pas révoltée à chaque instant par des idées qu'elle ne sauroit avouer, et qui, du côté de l'esprit et du cœur, trouvent un double obstacle à l'approbation ! Je ne vous demande pas pardon de ma franchise, j'en ai fait vœu avec vous pour le reste de ma vie, et je suis sûr que vous m'en aimez mieux. Je vous envoie le discours que j'ai prononcé à l'Académie le jour de la distribution des prix : j'étois directeur. J'ai cru devoir traiter une matière dont il semble qu'on auroit dû parler dès la première distribution : on me l'avoit pourtant laissée depuis cinquante années ; je m'en suis saisi comme d'un bien abandonné, et qui appartenoit à la place où j'étois. Le discours me parut généralement approuvé ; mais j'en appelle à votre jugement : c'est à vous de me marquer les fautes qui m'y peuvent être échappées.

Je suis avec le respect le plus profond, etc.

X.

DE FÉNÉLON A LA MOTTE.

Sur la dispute des anciens et des modernes.

Cambrai, 22 novembre 1714.

Chacun se peint sans y penser, monsieur, dans ce qu'il écrit. La lettre que j'ai reçue au retour d'un voyage ressemble à tout ce que j'entends dire de votre personne. Aussi ce portrait est-il fait de bonne main. Il me donneroit un vrai désir de voir celui qu'il représente. Votre conversation doit être encore plus aimable que vos écrits : mais Paris vous retient ; vos amis disputent à qui vous aura, et ils ont raison. Je ne pourrois vous espérer à mon tour, que par un enlèvement de la main de M. Destouches.

> Omitte mirari beatæ
> Fumum, et opes, strepitumque Romæ.
> Plerumque gratæ divitibus vices [1].

Nous vous retiendrions ici comme les preux chevaliers étoient retenus par enchantement dans les vieux châteaux. Ce qui est de réel, est que vous seriez céans libre comme chez vous, et aussi aimé que vous l'êtes par vos anciens amis. Je serois charmé de vous entendre raisonner avec autant de justesse sur les questions les plus épineuses de la théologie, que sur les ornemens les plus fleuris de la poésie. Vous savez, j'en ai la preuve en main, transformer le poète en théologien. D'un côté vous avez réveillé l'émulation pour les prix de l'Académie, par un discours d'une très-judicieuse critique, et d'un tour très-élégant; de l'autre, vous réfutez en peu de mots, dans la lettre que je garde, une très-fausse et très-dangereuse notion du libre arbitre, qui impose en nos jours à un grand nombre de gens d'esprit.

Au reste, monsieur, je me trouve plus heureux que je ne l'espérois. Est-il possible que je contente les deux partis des anciens et des modernes, moi qui craignois tant de les fâcher tous deux ? Me voilà tenté de croire que je ne suis pas loin du juste milieu, puisque chacun des deux partis me fait l'honneur de supposer que j'entre dans son véritable sentiment. C'est ce que je puis désirer de mieux, étant fort éloigné de l'esprit de critique et de partialité. Encore une fois, j'abandonne sans peine les dieux et les héros d'Homère ; mais ce poète ne les a pas faits, il a bien fallu qu'il les prît tels qu'il les trouvoit; leurs défauts ne sont pas les siens. Le monde idolâtre et

[1] HOR. lib. III, *Od.* XXIX, v. 11-13.

sans philosophie ne lui fournissoit que des dieux qui déshonoroient la divinité, et que des héros qui n'étoient guère honnêtes gens. C'est ce défaut de religion solide et de pure morale qui a fait dire à saint Augustin [1] sur ce poète : *Dulcissimè vanus est...... Humana ad deos transferebat.* Mais enfin la poésie est comme la peinture, une imitation. Ainsi Homère atteint au vrai but de l'art quand il représente les objets avec grâce, force et vivacité. Le sage et savant Poussin auroit peint le Guesclin et Boucicaut simples et couverts de fer, pendant que Mignard auroit peint les courtisans du dernier siècle avec des fraises, ou des collets montés, ou avec des canons, des plumes, de la broderie et des cheveux frisés. Il faut observer le vrai, et peindre d'après nature. Les fables mêmes qui ressemblent aux contes de fées, ont je ne sais quoi qui plaît aux hommes les plus sérieux : on redevient volontiers enfant, pour lire les aventures de Baucis et de Philémon, d'Orphée et d'Eurydice. J'avoue qu'Agamemnon a une arrogance grossière, et Achille un naturel féroce ; mais ces caractères ne sont que trop vrais et que trop fréquens. Il faut les peindre pour corriger les mœurs. On prend plaisir à les voir peintes fortement par des traits hardis. Mais pour les héros des romans, ils n'ont rien de naturel, ils sont faux, doucereux, et fades. Que ne dirions nous point là-dessus, si jamais Cambrai pouvoit vous posséder ? une douce dispute animeroit la conversation.

O noctes cœnæque deûm, quibus ipse, meique,
Ante larem proprium vescor. . . . . . .
Sermo oritur non de villis, domibusve alienis.....
. . . . Sed quod magis ad nos
Pertinet, et nescire malum est, agitamus : utrumne
Divitiis homines, an sint virtute beati [1] ?

---

[1] *Confess.* lib. I, cap. XIV, n. 23 : tom. I, pag. 78

[2] HORAT. *Serm.* lib. II, *Sat.* VI, v. 65-74.

Vous chanteriez quelquefois, monsieur, ce qu'Apollon vous inspireroit.

Tum verò in numerum Faunosque videres
Ludere, tum rigidas motare cacumina quercus [1].

XI.

DE LA MOTTE A FÉNÉLON.

Sur le même sujet

Paris, 13 décembre 1714.

MONSEIGNEUR,

Le parti en est pris, je me ferai enlever par M. Destouches, dès qu'il voudra bien se charger de moi, et j'irai me livrer aux enchantemens de Cambrai. Vous voulez bien m'y promettre de la liberté et de l'amitié. Je profiterai si bien de l'une et de l'autre, que je vous en serai peut-être incommode. Je vous engagerai à parler de toutes les choses que j'ai intérêt d'apprendre; et je ne rougirai point de vous découvrir toute mon ignorance, puisque l'amitié vous intéresse à m'instruire. Pour l'affaire d'Homère, il me semble, monseigneur, qu'elle est presque vidée entre vous et moi. J'ai prétendu seulement que l'absurdité du paganisme, la grossièreté de son siècle, et le défaut de philosophie, lui avoient fait faire bien des fautes; vous en convenez, et je conviens aussi avec vous que ces fautes sont celles de son temps, et non pas les siennes. Vous adoptez encore le jugement que saint Augustin porte d'Homère. Il dit de ce poète, qu'il est très-agréablement frivole : le frivole tombe sur les choses, l'agréable tombe en partie sur l'expression;

[1] VIRGIL. *Ecl.* VI, v. 27, 28.

et puisque mes censures ne s'étendent jamais qu'aux choses, me voilà d'accord avec saint Augustin et avec vous. Mais, monseigneur, comme une douce dispute est l'âme de la conversation, je m'attends bien, quand j'aurai l'honneur de m'entretenir avec vous, à réveiller là-dessus de petites querelles. Je vous dirai, par exemple, qu'Homère a eu tort de donner à un homme aussi vicieux qu'Achille, des qualités si brillantes qu'on l'admire plus qu'on ne le hait. C'est, à mon avis, tendre un piége à la vertu de ses lecteurs, que de les intéresser pour des méchans. Vous me répondrez; j'insisterai; les choses s'éclairciront, et je prévois avec plaisir que je finirai toujours par me rendre. Nous passerons de là aux matières plus importantes. La raison me parlera par votre bouche, et vous connoîtrez à mon attention si je l'aime. Voilà l'enchantement que je me promets, et malheur à qui me viendra désenchanter.

Je suis, Monseigneur, avec tous les sentimens que vous me connoissez, etc.

JUGEMENT DE FÉNÉLON
SUR UN POÈTE DE SON TEMPS.

J'AI lu, monsieur, avec un grand plaisir l'ouvrage de poésie * que vous m'avez fait la grâce de m'envoyer. Je ne parlerois pas à un autre aussi librement qu'à vous ; et je ne vous dirai même ma pensée qu'à condition que vous n'en expliquerez à l'auteur que ce qui peut lui faire plaisir, sans m'exposer à lui faire la moindre peine. Ses vers sont pleins, ce me semble, d'une poésie noble et hardie ; il pense hautement, il peint bien et avec force ; il met du sentiment dans ses peintures, chose qu'on ne trouve guère en plusieurs poètes de notre nation. Mais je vous avoue que, selon mon foible jugement, il pourroit avoir plus de douceur et de clarté. Je voudrois un je ne sais quoi, qui est une facilité à laquelle il est très-difficile d'atteindre. Quand on est hardi et rapide, on court risque d'être moins clair et moins harmonieux. Les beaux vers de Malherbe sont clairs et faciles comme la prose la plus simple, et ils sont nombreux comme s'il n'avoit songé qu'à la seule harmonie. Je sais bien, monsieur, que cet assemblage de tant de choses qui semblent opposées, est presque impossible dans une versification aussi gênante que la nôtre. De là vient que Malherbe, qui a fait quelques vers si beaux et si parfaits suivant le langage de son temps, en a fait tant d'autres où l'on le méconnoît. Nous avons vu aussi plusieurs poètes de notre nation, qui, voulant imiter l'essor de Pindare, ont eu quelque chose de dur et de raboteux. Ronsard a beaucoup de cette dureté avec des traits hardis. Votre ami est infiniment plus doux et plus régulier. Ce qu'il peut y

* C'étoit, à ce que nous croyons, les Poésies choisies de J. B. ROUSSEAU.

avoir d'inégal en lui n'est en rien comparable aux inégalités de Malherbe; et j'avoue que ma critique, trop rigoureuse, n'a presque rien à lui reprocher, et est forcée de le louer presque partout. Ce qui me rend si difficile, est que je voudrois qu'un court ouvrage de poésie fût fait comme Horace dit que les ouvrages des Grecs étoient achevés, *ore rotundo*. Il ne faut prendre, si je ne me trompe, que la fleur de chaque objet, et ne toucher jamais que ce qu'on peut embellir. Plus notre versification est gênante, moins il faut hasarder ce qui ne coule pas assez facilement. D'ailleurs la poésie forte et nerveuse de cet auteur m'a fait tant de plaisir, que j'ai une espèce d'ambition pour lui, et que je voudrois des choses qui sont peut-être impossibles en notre langue. Encore une fois, je vous demande le secret, et je vous supplie de m'excuser sur ce que des eaux que je prends, et qui m'embarrassent un peu la tête, m'empêchent d'écrire de ma main. Il n'en est pas de même du cœur; car je ne puis rien ajouter, monsieur, aux sentimens très-vifs d'estime avec lesquels je suis votre, etc.

POÉSIES.

ODE

A L'ABBÉ DE LANGERON.

DESCRIPTION DU PRIEURÉ DE CARENAC[*].

MONTAGNES [**] de qui l'audace
Va porter jusques aux cieux
Un front d'éternelle glace
Soutien du séjour des dieux ;
Dessus vos têtes chenues
Je cueille au-dessus des nues
Toutes les fleurs du printemps.
A mes pieds, contre la terre,
J'entends gronder le tonnerre
Et tomber mille torrens.

Semblables aux monts de Thrace,
Qu'un géant audacieux
Sur les autres monts entasse
Pour escalader les cieux,
Vos sommets sont des campagnes

---

[*] Cette ode a été imprimée dans l'édition du Télémaque donnée en 1717 par le chevalier de Ramsai. Fénélon la composa en 1681, pendant le séjour qu'il fit en Périgord, auprès de l'évêque de Sarlat, son oncle, qui venoit de lui résigner le prieuré de Carenac, dans le diocèse de Sarlat. Voyez l'*Hist. de Fén.* liv. I, n. 21.

[**] Les montagnes du Périgord où étoit Fénélon lorsqu'il composa cette ode.

Qui portent d'autres montagnes ;
Et, s'élevant par degrés,
De leurs orgueilleuses têtes
Vont affronter les tempêtes
De tous les vents conjurés.

Dès que la vermeille Aurore
De ses feux étincelans
Toutes ces montagnes dore,
Les tendres agneaux bêlans
Errent dans les pâturages ;
Bientôt les sombres bocages,
Plantés le long des ruisseaux,
Et que les zéphyrs agitent,
Bergers et troupeaux invitent
A dormir au bruit des eaux.

Mais dans ce rude paysage,
Où tout est capricieux
Et d'une beauté sauvage,
Rien ne rappelle à mes yeux
Les bords que mon fleuve arrose ;
Fleuve où jamais le vent n'ose
Les moindres flots soulever,
Où le ciel serein nous donne
Le printemps après l'automne,
Sans laisser place à l'hiver.

Solitude *, où la rivière
Ne laisse entendre autre bruit
Que celui d'une onde claire
Qui tombe, écume et s'enfuit ;
Où deux îles fortunées,
De rameaux verts couronnées,
Font pour le charme des yeux

* Cette solitude est le prieuré de Carenac, situé sur les bords de la Dordogne.

Tout ce que le cœur désire ;
Que ne puis-je sur ma lyre
Te chanter du chant des dieux !

De zéphir la douce haleine,
Qui reverdit nos buissons,
Fait sur le dos de la plaine
Flotter les jaunes moissons
Dont Cérès emplit nos granges ;
Bacchus lui-même aux vendanges
Vient empourprer le raisin,
Et du penchant des collines
Sur les campagnes voisines
Verse des fleuves de vin.

Je vois au bout des campagnes,
Pleines de sillons dorés,
S'enfuir vallons et montagnes
Dans des lointains azurés,
Dont la bizarre figure
Est un jeu de la nature :
Sur les rives du canal,
Comme en un miroir fidèle,
L'horizon se renouvelle
Et se peint dans ce cristal.

Avec les fruits de l'automne
Sont les parfums du printemps,
Et la vigne se couronne
De mille festons pendans ;
Le fleuve aimant les prairies,
Qui dans des îles fleuries
Ornent ses canaux divers,
Par des eaux ici dormantes,
Là rapides et bruyantes,
En baigne les tapis verts.

Dansant sur les violettes,
Le berger mêle sa voix
Avec le son des musettes,
Des flûtes et des hautbois.
Oiseaux, par votre ramage,
Tous soucis dans ce bocage
De tous cœurs sont effacés ;
Colombes et tourterelles,
Tendres, plaintives, fidèles,
Vous seules y gémissez.

Une herbe tendre et fleurie
M'offre des lits de gazon,
Une douce rêverie
Tient mes sens et ma raison :
A ce charme je me livre,
De ce nectar je m'enivre,
Et les dieux en sont jaloux.
De la cour flatteurs mensonges
Vous ressemblez à mes songes,
Trompeurs comme eux, mais moins doux.

A l'abri des noirs orages
Qui vont foudroyer les grands,
Je trouve sous ces feuillages
Un asile en tous les temps :
Là, pour commencer à vivre
Je puise seul et sans livre
La profonde vérité ;
Puis la fable avec l'histoire
Viennent peindre à ma mémoire
L'ingénue antiquité.

Des Grecs je vois le plus sage*,
Jouet d'un indigne sort,

* Ulysse.

Tranquille dans son naufrage
Et circonspect dans le port;
Vainqueur des vents en furie,
Pour sa sauvage patrie
Bravant les flots nuit et jour.
O combien de mon bocage
Le calme, le frais, l'ombrage
Méritent mieux mon amour !

Je goûte, loin des alarmes,
Des Muses l'heureux loisir;
Rien n'expose au bruit des armes
Mon silence et mon plaisir.
Mon cœur, content de ma lyre,
A nul autre honneur n'aspire
Qu'à chanter un si doux bien.
Loin, loin, trompeuse fortune,
Et toi faveur importune;
Le monde entier ne m'est rien.

En quelque climat que j'erre,
Plus que tous les autres lieux
Cet heureux coin de la terre
Me plaît, et rit à mes yeux;
Là, pour couronner ma vie,
La main d'une Parque amie
Filera mes plus beaux jours;
Là reposera ma cendre;
Là Tyrcis * viendra répandre
Les pleurs dus à nos amours.

* Sous ce nom emprunté, Fénélon désigne l'abbé de Langeron, le plus cher de ses amis, à qui cette Ode est adressée.

SUR LA PRISE DE PHILISBOURG.

PAR LE DAUPHIN, FILS DE LOUIS XIV, EN 1688.

Depuis les colonnes d'Hercule,
Où le soleil éteint ses feux,
Jusques aux rivages qu'il brûle
Quand il remonte dans les cieux;
De la zone ardente du Maure
Jusques aux glaces du Bosphore,
D'effroi les peuples sont saisis;
Tout-à-coup un nouveau tonnerre,
En grondant, fait trembler la terre
Sous la main d'un nouveau Louis.

Philisbourg, c'est toi qu'il menace,
Par toi commencent ses hauts faits;
N'oppose point à son audace
Ni ton rocher, ni tes marais:
Sur tes murs va tomber la foudre,
Et tes guerriers mordront la poudre
Sous les coups du jeune vainqueur;
Frankendal, Manheim, Worms, Spire,
Bientôt ouvriront tout l'empire
A cette rapide valeur.

Tel qu'Hippolyte en son jeune âge,
Il amusoit, dans les forêts,
Sa noble ardeur et son courage;
Mais, lassé d'une longue paix,
Comme son père, après la gloire,
Sur les ailes de la victoire,
Il vole; et sa puissante main

Ne s'exercera dans la guerre
Qu'à purger, comme lui, la terre
Des monstres nourris dans son sein.

TRADUCTION DU PSAUME Ier.

Beatus vir, etc.

Heureux qui, loin de l'impie,
Loin des traces des pécheurs,
Dérobe sa pure vie
A cette peste des mœurs,
Et qui nuit et jour médite
La loi dans son cœur écrite.

Tel sur les rives des eaux
L'arbre voit ses feuilles vertes
De fleurs et de fruits couvertes
Orner ses tendres rameaux.
Non, non, tel n'est pas l'impie.
Comme poudre au gré des vents
Sa grandeur évanouie
Devient le jouet des ans.

De nos saintes assemblées,
Des faveurs du ciel comblées,
Il ne verra plus la paix ;
Et, dans l'horreur de son crime,
Sous ses pas s'ouvre l'abîme
Qui l'engloutit à jamais.

TRADUCTION DU PSAUME CXXXVI.

Super flumina Babylonis.

Sur les rives du fleuve, auprès de Babylone,
  Là, pénétrés d'affliction,
Chacun de nous assis aux larmes s'abandonne,
  Se ressouvenant de Sion.

Nos instrumens muets sont suspendus aux saules;
  Mais le peuple victorieux
Veut entendre le chant des divines paroles
  Qu'en paix chantèrent nos aïeux.

Ceux qui nous ont traînés hors de Sion, loin d'elle,
  Chantez, nous disent-ils, vos vers.
Hélas! comment chanter? cette terre infidèle
  Entendroit nos sacrés concerts!

Plutôt que t'oublier, ô Sion! ô patrie!
  Que ma langue, pour me punir,
Se sèche en mon palais! que ma droite j'oublie,
  Si je perds ton doux souvenir!

Seigneur, au jour des tiens, au grand jour de ta gloire,
  Souviens-toi des enfans d'Edom.
Ils ont dit : Effacez, effacez sa mémoire;
  En cendre réduisez Sion.

O Babylone impie, ô mère déplorable?
  Heureux qui ces maux te rendra!
Qui, traînant tes enfans hors de ton sein coupable,
  Sur la pierre les brisera!

ODE
SUR L'ENFANCE CHRÉTIENNE*.

Adieu vaine prudence,
Je ne te dois plus rien ;
Une heureuse ignorance
   Est ma science ;
Jésus et son enfance
   Est tout mon bien.

Jeune, j'étois trop sage,
Et voulois tout savoir ;
Je n'ai plus en partage
   Que badinage,
Et touche au dernier âge
   Sans rien prévoir.

Au gré de ma folie
Je vais sans savoir où :
Tais-toi, philosophie ;
   Que tu m'ennuie !

---

* Le P. de Querbeuf, en citant, dans la *Vie de Fénélon* (page 749, les deux premières strophes de cette Ode, fait les réflexions suivantes qu'il ne sera peut-être pas inutile de transcrire : « Un historien, bel-esprit, mais peu exact, » (Voltaire), a voulu cependant faire mourir Fénélon en philosophe qui se » livre aveuglément à sa destinée, sans crainte ni espérance. Il cite en preuve » quelques vers qu'il prétend que M. de Cambrai répéta dans les derniers » jours de sa maladie ; mais il n'a garde de faire observer que ces vers sont » tirés d'un cantique de M. de Fénélon sur cette simplicité d'une enfance » sainte et divine, qui renonce à la prudence humaine et aux inquiétudes de » l'avenir, pour s'abandonner, sans toutes ces prévoyances inutiles, et souvent » nuisibles, à la confiance dans la miséricorde de Dieu et dans les mérites de » Jésus-Christ. »

Les savans je défie,
　　Heureux les fous !

Quel malheur d'être sage,
Et conserver ce *moi*,
Maître dur et sauvage,
　　Trompeur volage !
O le rude esclavage
　　Que d'être à soi !

Loin de toute espérance,
Je vis en pleine paix
Je n'ai ni confiance,
　　Ni défiance,
Mais l'intime assurance
　　Ne meurt jamais.

Amour, toi seul peux dire
Par quel puissant moyen
Tu fais, sous ton empire,
　　Ce doux martyre
Où toujours l'on soupire
　　Sans vouloir rien.

Amour pur, on t'ignore ;
Un rien te peut ternir :
Le dieux jaloux abhorre
　　Que je l'adore,
Si, m'offrant, j'ose encore
　　Me retenir.

O Dieu ! ta foi m'appelle,
Et je marche à tâtons ;
Elle aveugle mon zèle,
　　Je n'entends qu'elle ;
Dans ta nuit éternelle
　　Perds ma raison.

Content dans cet abîme,
Où l'amour m'a jeté,
Je n'en vois plus la cime
. Et Dieu m'opprime ;
Mais je suis la victime
De vérité.

Etat qu'on ne peut peindre,
Ne plus rien désirer,
Vivre sans se contraindre
Et sans se plaindre,
Enfin ne pouvoir craindre
De s'égarer.

CONTRE LA PRUDENCE HUMAINE.

RÉPONSE.

Heureux, si la prudence
N'est plus pour nous un bien !
Une docte ignorance
Est la science
Qui, dans la sainte enfance,
Sert de soutien.

Ce seroit être sage,
De prétendre savoir
Quel sera le partage
Et l'avantage
Que dans le dernier âge
On peut avoir.

O la sage folie,
D'aller sans savoir où !
Sotte philosophie,

Je te défie
D'embarrasser la vie
　　D'un heureux fou.

En cessant d'être sage
Je sors enfin de toi ;
Je quitte l'esclavage
　　Dur et sauvage
D'un moi trompeur, volage,
　　Pour vivre en foi.

En perdant l'espérance,
On retrouve la paix ;
L'amour, sans confiance
　　Ni défiance,
Est l'unique assurance
　　Pour un jamais.

Amour, de qui l'empire
Est rigoureux et doux,
On souffre le martyre
　　Sans l'oser dire,
Quoique le cœur soupire
　　Dessous tes coups.

Il vit dans cet abîme
Où l'amour l'a jeté ;
Il ne voit plus de crime ;
　　Rien ne l'opprime,
Quoiqu'il soit la victime
　　De vérité.

LETTRE A BOSSUET,

Sur la campagne de Germigny.

De myrte et de laurier, de jasmins et de roses,
De lis, de fleurs d'orange en son beau sein écloses,
Germigny se couronne, et sème les plaisirs.
Taisez-vous, aquilons, dont l'insolente rage
Attaque le printemps, caché dans son bocage;
Zéphirs, portez-lui seuls mes plus tendres soupirs.
O souffles amoureux, allez caresser Flore;
Qu'en ce rivage heureux à jamais elle ignore
La barbare saison qui vient pour la ternir.
Loin donc les noirs frimats, loin la neige et la glace;
Verdure, tendres fleurs, que rien ne vous efface !
O jours doux et sereins, gardez-vous de finir !
Que par les feux naissans d'une vermeille aurore
Le sombre azur des cieux chaque matin s'y dore;
Que l'air exhale en paix les parfums du printemps;
Que le fleuve, jaloux des beaux lieux qu'il arrose,
Leur garde une onde pure, et que jamais il n'ose
Abandonner ses flots aux caprices des vents.
Hiver, cruel hiver, dont frémit la nature,
Ah ! si tu flétrissois cette vive peinture !
Hâtez-vous donc, forêts, montagnes d'alentour,
Défendez votre gloire, arrêtez son audace;
Tremblez, nymphes, tremblez, c'est Tempé qu'il menace;
Des grâces et des jeux c'est le riant séjour.

Voilà, monseigneur, ce qu'un de mes amis vous envoie; il vous prie d'en faire part à Germigny pour le consoler dans les disgrâces de la saison. Nous avons reçu votre lettre, partie de Meaux le même jour que vous étiez parti de Paris. Nous avons senti et admiré sa diligence. On travaille à profiter de l'avis. Je saurai de M. l'abbé Fleury s'il travaille à la traduction, pour ne mettre point ma faux en moisson étrangère. Je ne sais aucune nouvelle. Ce n'en est pas une de vous dire, monseigneur, que je suis tout ce que je dois être, et que je n'oserois dire, à cause que vous avez défendu à mes lettres tout compliment.

Paris, dimanche 7 décembre (1681 ou 1687.)

SOUPIRS DU POÈTE

POUR LE RETOUR DU PRINTEMPS.

Bois, fontaines, gazons, rivages enchantés,
Quand est-ce que mes yeux reverront vos beautés,
Au retour du printemps, jeunes et refleuries?
Cruel sort qui me tient! que ne puis-je courir?
    Creux vallons, riantes prairies,
    Où de si douces rêveries
A mon cœur enivré venoient sans cesse offrir
Plaisirs purs et nouveaux, qui ne pouvoient tarir!
Hélas! que ces douceurs pour moi semblent taries!
Loin de vous je languis, rien ne peut me guérir!
    Mes espérances sont péries,
    Moi-même je me sens périr.
Collines, hâtez-vous, hâtez-vous de fleurir.
Hâtez-vous, paroissez, venez me secourir.
Montrez-vous à mes yeux, ô compagnes chéries!
Puissé-je encore un jour vous revoir, et mourir.

FABLE.

Le Bouffon et le Paysan.

Un grand seigneur, voulant plaire à la populace,
Assembla les faiseurs de tours de passe-passe,
    Leur promettant des prix
S'ils pouvoient inventer quelque nouveau spectacle.
  Un bouffon dit : Chacun sera surpris
    En me voyant faire un miracle.
Aussitôt on accourt; tout le peuple empressé
Crie, pousse, se bat pour être bien placé.
Le bouffon paroît seul : on attend en silence.
    Il met le nez sous son manteau,
    Imite le cri d'un pourceau;
    Et déjà tout le peuple pense
    Qu'en son sein il porte un cochon.
    Secouez vos habits, dit-on;
    Sans que rien tombe, il les secoue.
      On l'admire, on le loue.
    J'en ferai demain autant,
    S'écria d'abord un paisan.
Qui, vous? Oui, moi. La suivante journée
    On vit grossir l'assemblée.
Chacun, se prévenant en faveur du bouffon,
De l'étourdi paisan se préparoit à rire.
Le bouffon recommence à faire le cochon,
    Derechef on l'admire.
Le paisan, comme l'autre, avoit mis son manteau
    En homme chargé d'un pourceau.
Mais qui l'eût soupçonné, voyant l'autre merveille?
Un vrai cochon pourtant étoit dans son giron;
Il le faisoit crier en lui pinçant l'oreille.

Chacun, se récriant, soutint que le bouffon
    Contrefaisoit mieux le cochon.
    On vouloit chasser le rustique;
    Alors, en montrant l'animal,
Faut-il donc, leur dit-il, que pour juger si mal
    De juger on se pique?

SIMONIDE.

FABLE.

Un athlète vainqueur, pour chanter sa victoire,
    Offrit à Simonide un prix.
Simonide s'enferme, et l'éloge promis
Lui semble un vil sujet. Pour rehausser sa gloire,
    Il l'enrichit d'ornemens étrangers,
Peint les brillans Gémeaux de la voûte céleste
    Par leurs travaux, leurs combats, leurs dangers,
    Il tâche d'ennoblir le reste.
    L'ouvrage plut : mais, malgré ses beautés,
Les deux tiers de son prix retranchés par l'athlète,
Qui me les payera? s'écrioit le poète;
Les deux dieux, répond-il, que ta muse a chantés.
Si tu n'es point fâché, viens souper, je te prie,
    Avec tous mes parens ce soir;
    Comme un d'entr'eux je te convie.
Pour cacher sa douleur, il va se faire voir
    Chez l'athlète à l'heure marquée.
Tout est riant, tout brille en ces riches lambris;
    Ils résonnent de mille cris.
Des mets les plus exquis la table est couronnée.
Mais, tout-à-coup, voilà qu'aux esclaves servans,
D'un air plus que mortel, deux jeunes combattans,
Tout fondans en sueur, tout couverts de poussière,

Font entendre une voix sévère.
Que Simonide vienne, et qu'il ne tarde pas.
A peine est-il sorti, que les murs qui s'affaissent
Ecrasent en tombant la troupe et le repas ;
Et les deux fils de Lède aussitôt disparoissent.
   La renommée en tous lieux
    Par cette histoire, publie
   Que Simonide tient la vie,
  Comme en récompense des dieux.

FABLE.

Le Vieillard et l'Ane.

  Qui change de gouvernement
  Sans nul profit change de maître.
Un timide vieillard, dans un pré faisant paître
Son âne, l'ennemi donne l'alarme au camp.
Fuyons, s'écria-t-il à la bête, autrement
Nous serons pris. Pourquoi nous enfuir de la sorte ?
  Dit l'animal fourrageant en repos ;
Le vainqueur mettra-t-il double faix sur mes os ?
  Non, dit l'homme. Hé bien, que m'importe,
Reprit l'âne, par qui le bât est sur mon dos !

L'ODYSSÉE D'HOMÈRE.

L'ODYSSÉE D'HOMÈRE.

PRÉCIS DU LIVRE PREMIER.

Après une invocation aux Muses, après les avoir suppliées, d'un style simple et modeste, de lui raconter les aventures du malheureux Ulysse, Homère le représente, le seul des héros qui avoient ruiné la fameuse Troie, toujours éloigné de sa patrie, toujours errant et contrarié dans son retour.

Il gémit, dit-il, il languit dans les antres de Calypso : peu sensible aux charmes de cette déesse, il ne soupire qu'après son île d'Ithaque, qu'après sa chère et constante Pénélope.

Neptune, irrité contre Ulysse, qui avoit privé de la vue le cyclope Polyphème son fils, étoit la seule divinité qui traversât son juste désir.

Minerve, profitant de l'absence du dieu de la mer, paroît dans le conseil des dieux; elle les trouve tous assemblés dans le palais de Jupiter. Là le père des dieux se plaignoit de ce que les hommes lui attribuoient les malheurs qu'ils ne s'attiroient que par leur imprudence ou leur perversité. N'ai-je pas fait avertir Égisthe? leur dit-il; et sa conscience ne lui annonçoit-elle pas tous les maux qui alloient fondre sur lui, s'il trempoit ses mains dans le sang du fils d'Atrée, s'il souilloit jamais sa couche nuptiale? Sourd à ma voix, sourd à celle de la raison, il a tout bravé; et Oreste l'a justement immolé à sa vengeance et aux mânes de son père Agamemnon.

Il méritoit de périr, répliqua Minerve. Mais Ulysse,

mais le sage et religieux Ulysse, mérite-t-il d'être si long-temps poursuivi par l'infortune ? Dieu tout-puissant, votre cœur n'en est-il point touché ? Ne vous laisserez-vous jamais fléchir ? N'est-ce pas le même Ulysse qui vous a offert tant de sacrifices sous les murs de Troie ?

Ce n'est pas moi, répondit le maître du tonnerre, qui suis irrité contre ce héros ; c'est Neptune, et vous en savez la raison. Comme il ne peut trancher le fil de ses jours, il le fait errer sur la vaste mer, et le tient éloigné de ses états. Mais prenons ici des mesures pour lui procurer un heureux retour. Neptune, cédant enfin, ne pourra pas tenir seul contre tous les dieux.

Envoyez donc Mercure, lui dit Minerve, envoyez promptement Mercure à l'île d'Ogygie, pour porter à Calypso vos ordres suprêmes, afin qu'elle ne s'oppose plus au départ d'Ulysse. Cependant j'irai à Ithaque pour inspirer au jeune Télémaque la force dont il a besoin : je l'enverrai à Sparte et à Pylos pour y apprendre des nouvelles de son père, et afin que par cette recherche empressée il acquière un renom immortel parmi les hommes.

Aussitôt Minerve s'élance du haut de l'Olympe, et, plus légère que les vents, elle traverse les mers et la vaste étendue de la terre. La déesse arrive à la porte du palais d'Ulysse, sous la figure de Mentès, roi des Taphiens. Dès que Télémaque l'aperçoit, empressé de remplir les devoirs de l'hospitalité, il s'avance, lui présente la main, prend sa pique pour le soulager et lui parle en ces termes : Etranger, soyez le bienvenu, reposez vous, prenez quelque nourriture, et vous nous direz ensuite le sujet qui vous amène.

Aussitôt Télémaque donne ses ordres, et tout se met en mouvement pour servir le prétendu roi des Taphiens.

Cependant les fiers poursuivans de Pénélope entrent dans la salle, se placent sur différens siéges, et ne paroissent occupés que de la bonne chère, que de la musique et de la danse, qui sont les agréables compagnes des festins.

Télémaque sembloit seul indifférent à tous ces plaisirs; il n'étoit occupé que de son nouvel hôte, et lui adressant la parole, il lui dit : Mon cher hôte, me pardonnerez-vous si je vous dis que voilà la vie que mènent ces insolens? Hélas! reprit la déesse en soupirant, vous avez bien besoin qu'Ulysse, après une si longue absence, vienne réprimer l'insolence de ces princes, et leur faire sentir la force de son bras. Ah! quel changement, s'il paroissoit ici tout à coup avec son casque, son bouclier et deux javelots, tel que je le vis dans le palais de mon père, lorsqu'il revint de la cour d'Ilus, fils de Mermérus! Pour vous, je vous exhorte à prendre les moyens de les chasser de votre palais : dès demain appelez tous ces princes à une assemblée; là vous leur parlerez, et prenant les dieux à témoin, vous leur ordonnerez de retourner chacun dans sa maison.

Après avoir congédié l'assemblée, vous prendrez un de vos meilleurs vaisseaux avec vingt bons rameurs, pour aller vous informer de tout ce qui concerne votre père : allez d'abord à Pylos, chez le divin Nestor, à qui vous ferez modestement des questions; de là vous irez à Sparte, chez Ménélas, qui est revenu de Troie après tous les Grecs. Si par hasard vous entendez dire des choses qui vous donnent quelque espérance que votre père est en vie et qu'il revient, vous attendrez la confirmation de cette bonne nouvelle encore une année entière, quelque douleur qui vous presse et quelque impatience que vous ayez de revenir : mais si l'on vous assure qu'il ne jouit plus de la lumière, alors vous reviendrez à Ithaque, vous lui élèverez un tombeau, vous lui ferez des funérailles magnifiques et dignes de lui, et vous donnerez à votre mère un mari que vous choisirez vous-même. Après cela, appliquez-vous à vous défaire des poursuivans ou par la force ou par la ruse; qu'une noble émulation aiguise votre courage : armez-vous donc de sentimens généreux pour mériter les éloges de la postérité.

Mon hôte, lui répond le sage Télémaque, vous venez de me parler avec toute l'amitié qu'un bon père peut témoigner à son fils; jamais je n'oublierai la moindre de vos paroles : mais souffrez que je vous retienne et que j'aie le temps de vous faire un présent honorable; il sera dans votre maison un monument éternel de mon amitié et de ma reconnoissance.

Le présent que votre cœur généreux vous porte à m'offrir, lui dit Minerve, vous me le ferez à mon retour, et je tâcherai de le reconnoître. En finissant ces mots, la déesse le quitte et s'envole comme un oiseau. Télémaque étonné, et se sentant animé d'une force et d'un courage extraordinaires, ne doute pas que ce ne soit un dieu qui lui a parlé.

Il rejoint les princes; ils écoutoient alors en silence le célèbre Phémius qui chantoit le retour des Grecs, que Minerve leur avoit rendu si funeste pour punir l'insolence d'Ajax le Locrien, qui avoit indignement profané son temple. La fille d'Icare entendit de son appartement ces chants divins : ils lui rappelèrent son cher Ulysse, et réveillèrent ses amères douleurs. Elle descendit, suivie de deux de ses femmes, et, s'arrêtant à l'entrée de la salle, le visage couvert d'un voile d'un grand éclat, et les yeux baignés de larmes, elle pria Phémius de choisir quelques sujets moins tristes, moins propres à renouveler ses chagrins.

Télémaque la reprit modestement et avec force, en l'exhortant à retourner dans son appartement et à ne se plus montrer aux poursuivans. Pénélope, étonnée de la sagesse de son fils, dont elle recueilloit avec soin toutes les paroles, se retira et continua de pleurer son cher Ulysse. Les princes, plus enflammés que jamais pour

Pénélope, font retentir la salle de leurs clameurs. Télémaque prend encore la parole : Que ce tumulte cesse, leur dit-il d'un ton ferme ; qu'on n'entende plus tous ces cris : il est juste et décent d'entendre tranquillement un chantre comme Phémius, qui est égal aux dieux par la beauté de sa voix, et par les merveilles de ses chants. Demain, dès la pointe du jour nous nous rendrons tous à l'assemblée que j'indique dès aujourd'hui ; j'ai à vous parler, pour vous déclarer que, sans aucun délai, vous n'avez qu'à vous retirer : sortez de mon palais, allez ailleurs faire des festins, en vous traitant tour à tour dans vos maisons.

Il parla ainsi, et tous ces princes se mordent les lèvres, et ne peuvent assez s'étonner de la vigueur avec laquelle il vient de parler. Antinoüs cependant et Eurymaque voulurent lui répondre. Télémaque les écouta sans changer de contenance ni de sentiment.

Les princes continuèrent de se livrer aux plaisirs de la danse et de la musique jusqu'à la nuit ; et lorsque l'étoile du soir eut chassé le jour, ils se retirèrent chacun dans leur maison.

Télémaque monta aussi dans son appartement, tout occupé de chercher en lui-même les moyens de faire le voyage que Minerve lui avoit conseillé.

PRÉCIS DU LIVRE II.

L'AURORE commençoit à peine à dorer l'horizon, que le fils d'Ulysse se lève, prend un habit magnifique, met sur ses épaules un baudrier d'où pendoit une riche épée, et sans perdre un moment, donne ordre à ses hérauts d'appeler les Grecs à l'assemblée. Télémaque se rend au milieu d'eux, tenant au lieu de sceptre une longue pique. Minerve avoit répandu sur toute sa personne une grâce toute divine; les peuples, en le voyant paroître, sont saisis d'admiration.

Le héros Egyptius parla le premier; il étoit courbé sous le poids des années, et une longue expérience l'avoit instruit. Peuples, dit-il en élevant la voix, peuples d'Ithaque, écoutez-moi. Nous n'avons vu tenir ici d'assemblée ni de conseil depuis le départ d'Ulysse; qui est donc celui qui nous assemble? quel pressant besoin lui a inspiré cette pensée? Qui que ce soit, c'est sans doute un homme de bien; puisse-t-il réussir dans son entreprise, et que Jupiter le favorise dans tous ses desseins!

Télémaque, touché de ce souhait qu'il prit pour un bon augure, se lève aussitôt et lui adresse la parole : Sage vieillard, celui qui a assemblé le peuple n'est pas loin de vous : c'est moi, c'est le fils d'Ulysse; c'est dans la douleur que me cause l'absence de mon père et le désordre qui règne dans son palais, que je vous ai tous appelés. Je vous en conjure au nom de Jupiter Olympien et de Thémis qui préside aux assemblées, opposez-vous aux injustices que j'éprouve et qui me ruinent. Il parle ainsi, le visage baigné de pleurs, et jette sa longue pique à terre pour mieux marquer son indignation. Le peuple en paroît ému; les princes demeurent dans le silence. Antinoüs est le seul qui ose lui répondre :

Télémaque, qui témoignez dans vos discours tant de hauteur et d'audace, que venez-vous de dire pour nous déshonorer? Ce ne sont point les amans de la reine votre mère qui sont cause de vos malheurs; c'est Pénélope elle-même, qui n'a recours qu'à des artifices pour nous amuser. Renvoyez-la chez son père Icare; engagez-la à se déclarer pour celui de nous qu'elle choisira et qu'elle trouvera plus aimable.

Il n'est pas possible, répondit le sage Télémaque, que

je fasse sortir par force de mon palais celle qui m'a donné le jour, et qui m'a nourri elle-même. Me pourrois-je mettre à couvert de la vengeance des dieux, après que ma mère chassée de ma maison auroit invoqué les redoutables Furies? Pourrois-je éviter l'indignation de tous les hommes qui s'élèveroient contre moi? Jamais un ordre si cruel et si injuste ne sortira de ma bouche.

Aussitôt il parut deux aigles dans les airs, qui planèrent quelque temps au-dessus de l'assemblée; ils sembloient arrêter leurs regards sur toutes les têtes des poursuivans, et leur annoncer la mort.

Les Grecs en furent saisis de frayeur. Le vieillard Halitherse, qui surpassoit en expérience tous ceux de son âge pour discerner le vol des oiseaux, et pour expliquer leurs présages, leur déclara que les aigles pronostiquoient le retour prochain d'Ulysse et la punition terrible des poursuivans de Pénélope.

Eurymaque lui répondit, en se moquant de ses menaces : Vieillard, retire-toi; va dans ta maison faire ces prédictions à tes enfans : je suis plus capable que toi de prophétiser et d'expliquer ce prétendu prodige. Si, en te servant des vieux tours que ton grand âge t'a appris, tu surprends la jeunesse du prince pour l'irriter contre nous, crois-tu que nous ne nous en vengerons point? Le seul conseil que je puis donner à Télémaque, c'est d'obliger sa mère à se retirer chez son père.

Ce seroit à vous à vous retirer, répondit prudemment le fils d'Ulysse. Mais je ne vous en parle plus; je vous demande seulement un vaisseau avec vingt rameurs qui me mènent de côté et d'autre sur la vaste mer : j'ai résolu d'aller à Sparte et à Pylos pour apprendre des nouvelles de mon père. Si je suis assez heureux pour entendre dire qu'il est encore en vie et en état de revenir, j'attendrai la confirmation de cette nouvelle une année entière avec toute l'inquiétude d'une attente toujours douteuse. Mais si j'apprends certainement qu'il ne vit plus, je reviendrai dans ma chère patrie, je lui élèverai un superbe tombeau, je lui ferai des funérailles magnifiques, et j'obligerai ma mère à se choisir un mari.

Dès que Télémaque eut achevé de parler, Mentor se leva ; c'étoit un des plus fidèles amis d'Ulysse, celui à qui, en s'embarquant pour Troie, il avoit confié le soin de toute sa maison.

Ecoutez-moi, dit-il au peuple d'Ithaque : quel est le roi qui désormais voudra être modéré, clément et juste ? Il n'y a donc parmi vous personne qui se souvienne du sage et divin Ulysse, personne qui n'ait oublié ses bienfaits ? Quoi ! vous gardez tous un honteux silence ? vous n'avez pas le courage de vous opposer, au moins par vos paroles, aux injustices de ses ennemis ?

Que venez-vous de dire, impudent Mentor ? lui répliqua Léocrite ; croyez-vous qu'il soit si facile de s'opposer aux poursuivans de Pénélope ? Ulysse lui-même, s'il l'entreprenoit à son retour, réussiroit-il à les chasser de son palais ? Vous avez donc parlé contre toute raison. Mais que le peuple se retire ; et vous, Mentor, préparez avec Halitherse, votre ami et celui d'Ulysse, tout ce qui est nécessaire pour le départ de Télémaque.

Ce jeune prince sortit avec tous les autres de l'assemblée, et s'en alla seul sur le rivage de la mer : après s'être lavé les mains dans l'onde salée, il adressa à Minerve une humble et tendre prière ; la déesse, touchée de sa confiance, prit la figure de Mentor, et lui dit en s'approchant de lui : Laissez là les complots et les machinations des amans insensés de votre mère ; ils n'ont ni prudence ni justice ; ils ne voient pas la punition terrible qui les attend. Le voyage que vous méditez ne sera pas long-temps différé ; je vous équiperai un vaisseau et je vous accompagnerai : retournez donc dans votre palais, vivez avec les princes à votre ordinaire, et préparez cependant les provisions dont vous avez besoin.

Dès que Télémaque paroît, Antinoüs l'attaque, et ose le plaisanter sur le discours qu'il avoit fait à l'assemblée, et sur le projet de son voyage. Télémaque y répond avec fermeté, et même avec menace : mais les poursuivans s'en moquent, et ne songent qu'à se divertir. Le jeune prince les quitte, et va trouver Euryclée qui l'avoit élevé : il lui ordonne d'ouvrir les celliers d'Ulysse dont elle avoit la garde ; et après lui en avoir demandé le secret avec serment, il communique à sa nourrice le projet de son voyage, et lui recommande de préparer en diligence le vin, la farine, l'huile et toutes les provisions dont il vouloit charger son vaisseau. Minerve, pour en faciliter le transport, ainsi que l'évasion de Télémaque, verse un doux et profond sommeil sur les paupières des poursuivans de Pénélope. On charge le vaisseau bien équipé de tout ce qui est nécessaire pour le voyage, on s'embarque; Minerve, sous la figure de Mentor, se place sur la poupe; Télémaque s'assied auprès d'elle ; on délie les cables; les rameurs se mettent sur leurs bancs; les voiles sont déployées, et le vaisseau fend rapidement le sein de l'humide plaine.

PRÉCIS DU LIVRE III.

Le soleil sortoit du sein de l'onde, et commençoit à dorer l'horizon, lorsque Télémaque arriva à la célèbre Pylos. Les Pyliens immoloient ce jour-là des taureaux noirs à Neptune. On avoit déjà goûté des entrailles et brûlé les cuisses des victimes sur l'autel, lorsque le vaisseau entra dans le port. Télémaque descend le premier;

et Minerve, sous la figure de Mentor, lui adresse ces paroles : Prince, il n'est plus temps d'être retenu par la honte, allez donc aborder Nestor avec une hardiesse noble et modeste.

Comment, répondit Télémaque, irai-je aborder le roi de Pylos ? Comment le saluerai-je ? Vous savez que j'ai peu d'expérience, que je manque de la sagesse nécessaire pour parler à un homme comme lui. La bienséance permet-elle à un jeune homme de faire des questions à un prince de cet âge ?

Télémaque, repartit Minerve, vous trouverez de vous-même une partie de ce qu'il faudra dire, et l'autre partie vous sera inspirée par les dieux, dans qui vous devez mettre votre confiance.

En achevant ces mots, la déesse s'avance la première : Télémaque la suit. Les Pyliens ne les eurent pas plus tôt aperçus, qu'ils allèrent au-devant d'eux. Pisistrate, fils aîné de Nestor, fut le premier qui, s'avançant, prit les deux étrangers par la main, et les plaça entre son père et son frère Thrasymède. D'abord il leur présenta une partie des entrailles des victimes, et remplissant de vin une coupe d'or, il la donna à Minerve, et lui dit : Etranger, faites votre prière au roi Neptune, car c'est à son festin que vous êtes admis à votre arrivée : vous donnerez ensuite la coupe à votre ami, afin qu'il fasse après vous ses libations et ses prières ; car je pense qu'il est du nombre de ceux qui reconnoissent les dieux ; il n'y a point d'homme qui n'ait besoin de leurs secours : mais je sais qu'il est plus jeune que vous ; c'est pourquoi il ne sera point fâché que je vous donne la coupe avant lui.

Minerve voit avec plaisir la prudence et la justice de ce jeune prince ; et après avoir invoqué Neptune, elle présente la coupe à Télémaque, qui fit les mêmes supplications.

Quand la bonne chère eut chassé la faim, Nestor dit

aux Pyliens : Présentement que nous avons reçu ces étrangers à notre table, nous pouvons, sans manquer à la décence, leur demander qui ils sont, et d'où ils viennent.

Télémaque répondit avec cette fermeté modeste que lui inspiroit Minerve : Nestor, fils de Nélée, et le plus grand ornement de la Grèce, vous demandez qui nous sommes. Nous venons de l'île d'Ithaque ; je suis fils d'Ulysse, qui, comme la renommée nous l'a appris, combattant avec vous a saccagé la ville de Troie. Le sort de tous les princes qui ont porté les armes contre les Troyens nous est connu. Ulysse est le seul dont le fils de Saturne nous cache la triste destinée. J'embrasse donc vos genoux pour vous supplier de m'apprendre ce que vous en savez. Que ni la compassion, ni aucun ménagement, ne vous engagent à me flatter. Si jamais mon père vous a heureusement servi ou de son épée ou de ses conseils devant les murs de Troie, où les Grecs ont souffert tant de maux, je vous conjure de me dire la vérité.

Que vous me rappelez de tristes objets ! lui répondit Nestor. Plusieurs années suffiroient à peine à faire le détail de tout ce que les Grecs ont eu à soutenir de maux dans cette guerre fatale : il n'y avoit pas un seul homme dans toute l'armée qui osât s'égaler à Ulysse en prudence ; car il les surpassoit tous, personne n'étoit plus fécond en ressources. Je vois bien que vous êtes son fils : vous me jetez dans l'admiration ; je crois l'entendre lui-même.

Pendant tout le temps qu'a duré le siége, le divin Ulysse et moi n'avons jamais été d'un avis différent, soit dans les assemblées, soit dans les conseils ; mais, animés d'un même esprit, nous avons toujours dit aux Grecs ce qui paroissoit devoir assurer le succès de notre entreprise.

Après que nous eûmes renversé la superbe Ilion, et partagé ses dépouilles, nous montâmes sur nos vaisseaux ;

la discorde et les tempêtes nous séparèrent. Je poursuivis ma route vers Pylos; et j'y arrivai heureusement avec les miens, sans avoir pu apprendre la moindre nouvelle de plusieurs de mes autres illustres compagnons : je ne sais pas même encore certainement ni ceux d'entre eux qui se sont sauvés, ni ceux qui ont péri.

Nestor lui raconte ensuite l'histoire et les malheurs de beaucoup de princes grecs; il insiste principalement sur la fin tragique d'Agamemnon et sur la vengeance d'Oreste.

Ah ! s'écria Télémaque, je ne demanderois aux dieux, pour toute grâce, que de pouvoir me venger, comme Oreste, de l'insolence des poursuivans de ma mère. Faudra-t-il que je dévore toujours leurs affronts, quelque durs qu'ils me paroissent !

Mon cher fils, repartit Nestor, puisque vous me faites ressouvenir de certains bruits sourds que j'ai entendus, apprenez-moi donc si vous vous soumettez à eux sans vous opposer à leur violence. Si Minerve vouloit vous protéger, comme elle a protégé votre père pendant qu'il a combattu sous les murs de Troie, il n'y auroit bientôt plus aucun de ces poursuivans qui fût en état de vous inquiéter. Je n'ai garde, dit Télémaque, d'oser me flatter d'un si grand bonheur; car mes espérances seroient vaines, quand les dieux mêmes voudroient me favoriser.

La douleur vous égare, repartit Minerve. Quel blasphème vous venez de prononcer ! Oubliez-vous donc que les dieux, quand ils le veulent, peuvent triompher de tout, et nous ramener des extrémités de la terre ?

Quittons ce discours, cher Mentor, reprit alors Télémaque, il n'est plus question de mon père; les dieux l'ont abandonné à sa noire destinée; ils l'ont livré à la mort. Dites-moi, je vous prie, sage Nestor, comment a été tué le roi Agamemnon, où étoit son frère Ménélas, quelle sorte de piége lui a tendu le perfide Egisthe; car il a tué un homme bien plus vaillant que lui.

Mon fils, lui répondit Nestor, je vous dirai la vérité. Il lui raconte ensuite tout ce qui est arrivé à Agamemnon depuis son départ de Troie, sa fin malheureuse, le honteux triomphe d'Egisthe et de Clytemnestre, et la mort de ces trop célèbres coupables.

Apprenez d'Oreste, ajouta-t-il en finissant, apprenez ce que vous devez faire contre les fiers poursuivans de Pénélope. Retournez dans vos états : mais je vous conseille et vous exhorte à passer auparavant chez Ménélas, peut-être pourra-t-il vous dire des nouvelles de votre père ; il n'y a pas long-temps qu'il est lui-même de retour à Lacédémone.

Ainsi parla Nestor ; et Minerve, prenant la parole, dit à ce prince : Vous venez de vous exprimer à votre ordinaire avec beaucoup de raison, d'éloquence et de sagesse ; mais n'est-il pas temps que nous songions à aller prendre quelque repos ? Déjà le soleil a fait place à la nuit ; et convient-il d'être si long-temps à table, aux sacrifices des dieux? Permettez-nous donc de retourner sur notre vaisseau. Non, non, reprit Nestor avec quelque chagrin ; il ne sera jamais dit que le fils d'Ulysse s'en aille coucher sur son bord pendant que je vivrai, et que j'aurai chez moi des enfans en état de recevoir les hôtes qui me feront l'honneur de venir dans mon palais.

Vous avez raison, sage Nestor, répondit Minerve : il est juste que Télémaque vous obéisse, il vous suivra donc, et profitera de la grâce que vous lui faites. Pour moi, je m'en retourne à notre vaisseau, pour rassurer nos compagnons, et leur donner les ordres nécessaires ; car, dans toute la troupe, il n'y a d'homme âgé que moi; tous les autres sont des jeunes gens qui ont suivi Télémaque par l'attachement qu'ils ont pour lui. Demain vous lui donnerez un char avec vos meilleurs chevaux, et un de vos fils, pour le conduire chez Ménélas.

En achevant ces mots, la fille de Jupiter disparoît sous

la forme d'une chouette. Nestor, rempli d'admiration, prend la main de Télémaque, et lui dit : Je ne doute pas, mon fils, que vous ne soyez un jour un grand personnage, puisque si jeune encore vous avez déjà des dieux pour conducteurs : et quels dieux ! c'est Minerve elle-même. Grande déesse, soyez-nous favorable : dès demain j'immolerai sur votre autel une génisse d'un an, qui n'a jamais porté le joug, et dont je ferai dorer les cornes pour la rendre plus agréable à vos yeux.

La déesse écouta favorablement cette prière : ensuite le vénérable vieillard, marchant le premier, conduisit dans son palais ses fils, ses gendres et son hôte. Il fit coucher Télémaque dans un beau lit, sous un portique, et voulut que le vaillant Pisistrate, le seul de ses fils qui n'étoit pas encore marié, couchât près de lui pour lui faire honneur.

Le lendemain, dès que l'aurore eut doré l'horizon, Nestor se leva, sortit de son appartement, et alla s'asseoir aux portes de son palais sur des siéges de pierre blanche et polie. Toute sa famille s'y rendit avec Télémaque. Quand il les vit tous rassemblés : Mes chers enfans, leur dit-il, exécutez promptement mes ordres pour le sacrifice que j'ai promis de faire à Minerve. Ils obéissent : on amène, on immole la victime. Quand les viandes furent bien rôties, on se mit à table ; et de jeunes hommes bien faits présentèrent le vin dans des coupes d'or. Le repas fini, Nestor prit la parole et dit : Mes enfans, allez promptement atteler un char pour Télémaque : choisissez mes meilleurs chevaux. Tout fut prêt en un instant ; le char s'avance ; la femme qui avoit soin de la dépense y met les provisions les plus exquises. Télémaque monte le premier ; Pisistrate, fils de Nestor, se place à ses côtés, et prenant les rênes, pousse ses généreux coursiers, qui, plus légers que le vent, s'éloignent des portes de Pylos, volent dans la plaine, et marchent sans s'arrêter.

PRÉCIS DU LIVRE IV.

Télémaque et le fils du sage Nestor arrivent à Lacédémone, qui est environnée de hautes montagnes : ils entrent dans le palais de Ménélas, et trouvent ce prince qui célébroit dans le même jour les noces de son fils et celles de sa fille ; car il marioit sa fille Hermione à Néoptolème, fils d'Achille : il la lui avoit promise dès le temps qu'ils étoient encore devant Troie. Pour son fils unique, le vaillant Mégapenthe, il le marioit à une princesse de Sparte même, à la fille d'Alector. Ménélas étoit à table avec ses amis et ses voisins. Le palais retentissoit de cris de joie, mêlés avec le son des instrumens, avec la voix et avec le bruit des danseurs.

Etéonée, un des principaux officiers de Ménélas, va demander à ce prince s'il doit dételer le char ou prier les étrangers d'aller chercher ailleurs l'hospitalité. Surpris de cette demande, Ménélas lui dit, en se rappelant ses longs voyages : N'ai-je point eu grand besoin moi-même de trouver l'hospitalité dans tous les pays que j'ai traversés pour revenir dans mes états ? Allez donc sans balancer, allez promptement recevoir ces étrangers et les amener à ma table. Etéonée part sans répliquer ; les esclaves détellent les chevaux, et l'on conduit les deux princes dans des appartemens d'une richesse éblouissante ; on les fait passer ensuite dans des bains ; on les lave ; on les parfume d'essences ; on leur donne les plus beaux habits ; on les mène à la salle du festin, où ils furent placés auprès du roi, sur de riches siéges à marche-pied ; on dressa des tables devant eux ; on leur servit dans des bassins toutes sortes de viandes, et l'on mit près d'eux des coupes d'or.

Alors Ménélas, leur tendant la main, leur parla en ces termes : Soyez les bienvenus, mes hôtes; mangez, recevez agréablement ce que nous nous faisons un plaisir de vous offrir : après votre repas nous vous demanderons qui vous êtes, quoique votre air nous le dise déjà ; des hommes du commun n'ont pas des enfans faits comme vous.

En achevant ces mots, il leur servit lui-même le dos d'un bœuf rôti qu'on avoit mis devant lui comme la portion la plus honorable. Télémaque, s'approchant de l'oreille du fils de Nestor, lui dit tout bas, pour n'être pas entendu de ceux qui étoient à table : Mon cher Pisistrate, prenez-vous garde à l'éclat et à la magnificence de ce palais? l'or, l'airain, l'argent, les métaux les plus rares et l'ivoire y brillent de toutes parts. Quelles richesses infinies ! je ne sors point d'admiration.

Ménélas l'entendit, et lui dit : Mes enfans, dans les grands travaux que j'ai essuyés, dans les longues courses que j'ai faites, j'ai amassé beaucoup de bien que j'ai chargé sur mes vaisseaux : mais, pendant que les vents contraires me font errer dans tant de régions éloignées, et que mettant à profit ces courses involontaires, j'amasse de grandes richesses, un traître assassine mon frère dans son palais, de concert avec son abominable femme ; et ce souvenir empoisonne toutes mes jouissances. Plût aux dieux que je n'eusse que la troisième partie des grands biens que je possède, et beaucoup moins encore, et que mon frère, et que tous ceux qui ont péri devant Ilion, fussent encore en vie ! Leur mort est un grand sujet de douleur pour moi. De tous ces grands hommes, il n'y en a point dont la perte ne me soit sensible. Mais il y en a un surtout dont les malheurs me touchent plus que ceux des autres. Quand je viens à me souvenir de lui, il m'empêche de goûter les douceurs du sommeil, et la table me devient odieuse : car jamais homme n'a souffert tant de peines, ni soutenu tant de travaux, que le grand Ulysse.

Nous n'avons de lui aucune nouvelle, et nous ne savons s'il est en vie ou s'il est mort.

Ces paroles plongèrent Télémaque dans une vive douleur ; le nom de son père fit couler de ses yeux un torrent de larmes ; et, pour les cacher, il se couvrit le visage de son manteau de pourpre. Ménélas s'en aperçut ; et pendant qu'il délibéroit sur les soupçons qu'il avoit que c'étoit le fils d'Ulysse, Hélène sort de son magnifique appartement : elle étoit semblable à la belle Diane, dont les flèches sont si sûres et si brillantes. Elle arrive dans la salle, considère Télémaque ; puis adressant la parole à Ménélas : Savons-nous, lui dit-elle, qui sont ces étrangers qui nous ont fait l'honneur de venir dans notre palais ? Je ne puis vous cacher ma conjecture : quelle parfaite ressemblance avec Ulysse ! J'en suis dans l'étonnement et l'admiration ; c'est sûrement son fils. Ce grand homme le laissa encore enfant quand vous partîtes avec tous les Grecs, et que vous allâtes faire une guerre cruelle aux Troyens pour moi malheureuse qui ne méritois que vos mépris. J'avois la même pensée, répondit Ménélas ; voilà le port et la taille d'Ulysse, voilà ses yeux, sa belle tête.

Alors Pisistrate prenant la parole : Grand Atride, lui dit-il, vous ne vous êtes pas trompé ; vous voyez devant vos yeux le fils d'Ulysse, le sage, le modeste, le malheureux Télémaque. Nestor, qui est mon père, m'a envoyé avec lui pour le conduire chez vous, car il souhaitoit ardemment de vous voir pour vous demander vos conseils.

O dieux ! s'écria Ménélas ; j'ai donc le plaisir de voir dans mon palais le fils d'un homme qui a donné tant de combats pour l'amour de moi ! Il s'étendit ensuite sur son amitié pour Ulysse, sur les éloges que méritoient son courage et sa prudence.

Tous se mirent à pleurer, et la belle Hélène surtout. Cependant, pour tarir ou suspendre la source de tant de larmes, elle s'avisa de mêler dans le vin qu'on servoit à table, une poudre qui calmoit les chagrins et faisoit oublier tous les maux. Après cette précaution elle se mit à raconter plusieurs des entreprises d'Ulysse pendant le siége de Troie. Ménélas enchérit sur Hélène, et donna à ce héros les plus grandes louanges.

Le sage Télémaque répondit à Ménélas : Fils d'Atrée, tout ce que vous venez de dire ne fait qu'augmenter mon affliction ; mais permettez que nous allions chercher dans un doux sommeil le soulagement à nos chagrins et à nos inquiétudes.

La divine Hélène ordonne aussitôt à ses femmes de dresser des lits sous un portique ; elles obéissent, et un héraut y conduit les deux étrangers.

L'aurore n'eût pas plus tôt annoncé le jour, que Ménélas se leva et se rendit à l'appartement de Télémaque. Assis près de son lit, il lui parla ainsi : Généreux fils d'Ulysse, quelle pressante affaire vous amène à Lacédémone, et vous a fait affronter les dangers de la mer ?

Grand roi, que Jupiter honore d'une protection spéciale, je suis venu dans votre palais, répondit Télémaque, pour voir si vous pouviez me donner quelque lumière sur la destinée de mon père. Ma maison périt, tous mes biens se consument, mon palais est plein d'ennemis ; les fiers poursuivans de ma mère égorgent continuellement mes troupeaux, et ils me traitent avec la dernière insolence.

O Dieu ! s'écria Ménélas, se peut-il que des hommes si lâches prétendent s'emparer de la couche d'un si grand homme ! Grand Jupiter, et vous, Minerve et Apollon, faites qu'Ulysse tombe tout à coup sur ces insolens ! Ménélas raconte ensuite ses propres aventures ; combien il avoit été retenu en Egypte ; comment il en sortit après avoir consulté Protée ; les ruses de ce dieu marin pour lui échapper ; comment il se changea d'abord en lion énorme, ensuite en dragon horrible, puis en léopard, en sanglier, en fleuve, et en un grand arbre. A tous ses changemens nous le serrions encore davantage, sans nous épouvanter, dit Ménélas, jusqu'à ce qu'enfin, las de ses artifices, il reprit sa première forme, et répondit à mes questions. Qu'il m'apprit de tristes événemens! Frappé de tout ce qu'il me racontoit, je me jetai sur le sable, que je baignai de mes larmes. Le temps est précieux, me dit alors Protée, ne le perdez pas ; cessez de pleurer inutilement. Etant donc revenu à moi, je lui demandai encore ce qu'étoit devenu votre père ; il me répondit : Ulysse est dans l'île de Calypso, qui le retient malgré lui, et qui le prive de tous les moyens de retourner dans sa patrie ; car il n'a ni vaisseau ni rameurs qui puissent le conduire sur les flots de la vaste mer.

Voilà tout ce que je puis vous apprendre, ajouta Ménélas : mais, cher Télémaque, demeurez encore chez moi quelque temps ; dans dix ou douze jours je vous renverrai avec des présens, je vous donnerai trois de mes meilleurs chevaux et un beau char : j'ajouterai à cela une belle coupe d'or, qui vous servira à faire des libations et à vous rappeler le nom et l'amitié de Ménélas.

Fils d'Atrée, répliqua Télémaque, ne me retenez pas ici plus long-temps ; les compagnons que j'ai laissés à Pylos s'affligent de mon absence. Pour ce qui est des présens que vous voulez me faire, souffrez, je vous en supplie, que je ne reçoive qu'un simple souvenir.

Ménélas, l'entendant parler ainsi, se mit à sourire, et lui dit, en l'embrassant : Mon cher fils, par tous vos discours vous faites bien sentir la noblesse du sang dont vous sortez. Je changerai donc mes présens, car cela m'est très-facile ; et parmi les choses rares que je garde dans mon palais, je choisirai la plus belle et la plus précieuse ; je vous donnerai une urne admirablement bien travaillée ; elle est toute d'argent, et ses bords sont d'un or très-fin : c'est un ouvrage de Vulcain même.

C'est ainsi que s'entretenoient ces deux princes. Cependant les désordres continuent dans Ithaque. Les poursuivans, instruits du départ de Télémaque, qu'ils avoient d'abord regardé comme une menace vaine, en paroissent inquiets, et par le conseil d'Antinoüs, ils s'assemblent et forment le projet d'armer un vaisseau, et d'aller attendre le fils d'Ulysse en embuscade, pour le surprendre et le faire périr à son retour.

Pénélope, apprenant en même temps et le voyage de Télémaque et le complot qu'on venoit de tramer contre lui, se livre à sa douleur et tombe évanouie. Ses femmes la relèvent, la font revenir, l'engagent à se coucher, et Minerve lui envoie un songe qui la calme et la console.

Ses fiers poursuivans profitent des ténèbres de la nuit pour s'embarquer secrètement : ils partent, ils voguent sur la plaine liquide, ils cherchent un lieu propre à exécuter leurs noirs desseins. Il y a au milieu de la mer, entre Ithaque et Samos, une île qu'on nomme Astéris ; elle est toute remplie de rochers, mais elle a de bons ports ouverts des deux côtés : ce fut là que les princes grecs se placèrent pour dresser des embûches à Télémaque.

LIVRE V.

L'aurore cependant quitta le lit de Tithon pour porter aux hommes la lumière du jour. Les dieux s'assemblent. Jupiter, qui du haut des cieux lance le tonnerre, et dont la force est infinie, présidoit à leur conseil. Minerve occupée des malheurs d'Ulysse leur rappela en ces termes toutes les peines que souffroit ce héros dans la grotte de Calypso : Jupiter, et vous, dieux à qui appartient le bonheur et l'immortalité, que les rois renoncent désormais à la vertu et à l'humanité, qu'ils soient cruels et sacriléges, puisque Ulysse est oublié de vous et de ses sujets, lui qui gouvernoit en père les peuples dont il étoit roi. Hélas! il est maintenant accablé d'ennuis et de peines dans l'île de Calypso; elle le retient malgré lui; il ne peut retourner dans sa patrie; il n'a ni vaisseaux ni pilotes pour le conduire sur la vaste mer : et ses ennemis veulent faire périr son fils unique à son retour à Ithaque; car il est allé à Pylos et à Sparte pour apprendre des nouvelles de son père.

Ma fille, lui répond le roi des cieux, que venez-vous de dire? N'avez-vous pas pris des mesures pour qu'Ulysse, de retour dans ses états, punisse et se venge des amans de Pénélope? Conduisez Télémaque, car vous en avez le pouvoir; qu'il revienne à Ithaque couvert de gloire; et que ses ennemis soient confondus dans leurs entreprises.

Ainsi parla Jupiter; puis s'adressant à Mercure, il lui dit : Allez, Mercure, car c'est vous dont la principale fonction est de porter mes ordres; allez déclarer mes intentions à Calypso; persuadez-lui de laisser partir Ulysse; qu'il s'embarque seul sur un frêle vaisseau; et que, sans le secours des hommes et des dieux, il arrive après des peines infinies et aborde le vingtième jour dans la fertile Schérie, terre des Phéaciens, dont le bonheur approche de celui des Immortels mêmes. Ces peuples humains et bienfaisans le recevront comme un dieu, le ramèneront dans ses états, après lui avoir donné de l'airain, de l'or, de magnifiques habits, et plus de richesses qu'il n'en eût apporté de Troie, s'il fût revenu chez lui sans accidens et avec tout le butin qu'il avoit chargé sur ses vaisseaux : car le temps marqué par le destin est venu, et Ulysse ne tardera pas à revoir ses amis, son palais et ses états.

Il dit, et Mercure, pour obéir à cet ordre, attache à ses pieds ces ailes avec lesquelles, plus vite que les vents, il traverse les mers et toute l'étendue de la terre : il prend son caducée dont il assoupit et réveille les hommes ; le tenant à la main il s'élève dans les airs, parcourt la Piérie, s'abat sur la mer, vole sur la surface des flots aussi légèrement que cet oiseau, qui, pêchant dans les golfes, mouille ses ailes épaisses dans l'onde : ainsi Mercure étoit penché sur la surface de l'eau. Mais dès qu'il fut proche de l'île reculée de Calypso, s'élevant au-dessus des flots, il gagne le rivage, et s'avance vers la grotte où la nymphe faisoit son séjour. A l'entrée il y avoit de grands brasiers, et les cèdres qu'on y avoit brûlés répandoient leur parfum dans toute l'île. Calypso, assise au fond de sa grotte, travailloit avec une aiguille d'or à un ouvrage admirable, et faisoit retentir les airs de ses chants divins. On voyoit, d'un côté, un bois d'aunes, de peupliers et de cyprès, où mille oiseaux de mer avoient leurs retraites ; de l'autre, c'étoit une jeune vigne qui étendoit ses branches chargées de raisins. Quatre grandes fontaines, d'un eau claire et pure, couloient sur le devant de cette demeure, et formoient ensuite quatre grands canaux autour des prairies parsemées d'amaranthes et de violettes. Mercure, tout dieu qu'il étoit, fut surpris et charmé à la vue de tant d'objets simples et ravissans. Il s'arrêta pour contempler ces merveilles, puis il entra dans la grotte. Dès que Calypso l'aperçut, elle le reconnut ; car un dieu n'est jamais inconnu à un autre dieu, quelque éloignée que soit leur demeure. Il n'y trouva point Ulysse : retiré sur le rivage, ce héros y alloit d'ordinaire déplorer son sort, la tristesse dans le cœur, et la vue toujours attachée sur la vaste mer qui s'opposoit à son retour.

Calypso se lève, va au-devant de Mercure, le fait asseoir sur un siége magnifique, et lui adresse ces paroles : Qui vous amène ici, Mercure ? Je vous chéris et vous respecte ; mais je ne suis point accoutumée à vos divins messages. Dites ce que vous désirez, je suis prête à l'exécuter, si ce que vous demandez est en mon pouvoir. Mais ne permettrez-vous pas qu'auparavant je remplisse les devoirs de l'hospitalité? Cependant elle met devant lui une table, qu'elle couvre d'ambrosie, et lui présente une coupe remplie de nectar. Mercure prend de cette nourriture immortelle, et lui parle ensuite en ces termes: Déesse, vous me demandez ce que je viens vous annoncer; je vous le dirai sans déguisement, puisque vous me l'ordonnez vous-même. Jupiter m'a envoyé dans votre île malgré moi; car qui prendroit plaisir à parcourir une si vaste mer pour venir dans un désert où il n'y a aucune ville, aucun homme qui puisse faire des sacrifices aux dieux, et leur offrir des hécatombes? Mais nul mortel, nul dieu ne peut désobéir impunément au grand fils de Saturne. Ce dieu sait que vous retenez dans votre île le plus malheureux des héros qui ont combattu neuf ans contre Troie, et qui, l'ayant prise la dixième année, s'embarquèrent pour retourner dans leur patrie.

Ils offensèrent Pallas, qui souleva contre eux les vents et les flots; presque tous ont péri: la tempête jeta Ulysse sur ces rivages. Jupiter vous commande de le renvoyer au plus tôt, car sa destinée n'est pas de mourir loin de ce qu'il aime: il doit revoir sa chère patrie, et le temps marqué par les dieux est arrivé.

Calypso frémit de douleur et de dépit à ces paroles de Mercure, et s'écria: Dieux de l'Olympe, dieux injustes et jaloux du bonheur des déesses qui habitent la terre, vous ne pouvez souffrir qu'elles aiment les mortels, ni qu'elles s'unissent à eux! Ainsi, lorsque l'Aurore aima le jeune Orion, votre colère ne fut apaisée qu'après que Diane l'eut percé de ses traits dans l'île d'Ortygie. Ainsi, quand Cérès céda à sa passion pour le sage Jasion, Jupiter, qui ne l'ignora pas, écrasa de son tonnerre ce malheureux prince. Ainsi, ô dieux, m'enviez-vous maintenant la compagnie d'un héros que j'ai sauvé, lorsque seul il abandonna son vaisseau brisé par la foudre au milieu de la mer. Tous ses compagnons périrent; le vent et les flots le portèrent sur cette rive : je l'aimois, je le nourrissois; je le voulois rendre immortel. Mais Jupiter sera obéi. Qu'Ulysse s'expose donc de nouveau aux périls d'où je l'ai tiré, puisque le ciel l'ordonne. Mais je n'ai ni vaisseau ni rameur à lui fournir pour le conduire. Tout ce que je puis faire, c'est, s'il veut me quitter, de lui donner les conseils dont il a besoin pour arriver heureusement à Ithaque. Renvoyez ce prince, répliqua le messager des dieux, et prévenez par votre soumission la colère de Jupiter : vous savez combien elle est funeste.

Il dit, et prend aussitôt son vol vers l'Olympe. En même temps, la belle nymphe, pour exécuter l'ordre du maître des dieux, sort de sa grotte et va chercher Ulysse. Il étoit sur le bord de la mer; ses yeux ne se séchoient point; le jour, il l'employoit à soupirer après son retour, qu'il ne pouvoit faire agréer à la déesse; les nuits, il les passoit malgré lui dans la grotte de Calypso. Mais, depuis le lever du soleil jusqu'à son coucher, il regardoit sans cesse la mer, assis sur quelque rocher qu'il inondoit de ses larmes, et qu'il faisoit retentir de ses gémissemens.

Calypso l'aborde et lui dit : Malheureux prince, ne vous affligez plus sur ce rivage; ne vous consumez plus en regrets; je consens enfin à votre départ. Préparez-vous, coupez des arbres dans cette forêt voisine; construisez-en un vaisseau, afin qu'il vous porte sur les flots; j'y mettrai des provisions pour vous garantir de la faim; je vous donnerai des habits, et je ferai souffler un vent favorable. Enfin, s'ils l'ont résolu, ces dieux, ces dieux dont les lumières sont bien au-dessus des miennes, tu reverras ta patrie, et je ne m'y oppose plus.

O déesse, répondit Ulysse étonné et consterné de ce

changement, vous cachez d'autres vues, et ce n'est pas mon départ que vous méditez, quand vous voulez que sur un vaisseau frêle et fait à la hâte je m'expose sur cette vaste mer. A peine, avec les meilleurs vents, de grands et forts navires pourroient-ils la traverser. Je ne partirai donc pas, malgré vous; je ne puis m'y déterminer, à moins que vous ne me promettiez, par des sermens redoutables aux dieux mêmes, que vous ne formez aucun mauvais dessein contre moi.

Calypso sourit; elle le flatta de la main, l'appela par son nom, et lui dit : Votre prévoyance est trop inquiète; quel discours vous venez de me tenir! J'en appelle à témoin le ciel, la terre, et les eaux du Styx par lesquelle les dieux mêmes redoutent de jurer; non, je ne forme aucun mauvais dessein contre vous, et je vous donne les conseils que je me donnerois à moi-même si j'étois à votre place : j'ai de l'équité, cher Ulysse, et mon cœur n'est point un cœur de fer; il n'est que trop sensible, que trop ouvert à la compassion.

Après avoir ainsi parlé, la déesse retourne dans sa demeure : Ulysse la suit; il entre avec elle dans sa grotte, et se place sur le siége que Mercure venoit de quitter. La nymphe lui fait servir les mets dont tous les hommes se nourrissent; elle s'asseoit auprès de lui, et ses femmes lui portent du nectar et de l'ambrosie. Quand leur repas fut fini, Calypso, prenant la parole, dit à ce prince : Illustre fils de Laërte, sage et prudent Ulysse, c'en est donc fait; vous allez me quitter; vous voulez retourner dans votre patrie : quelle dureté! quelle ingratitude! N'importe, je vous souhaite toute sorte de bonheur. Ah! si vous saviez ce qui vous attend de traverses et de maux avant que d'aborder à Ithaque, vous en frémiriez; vous prendriez le parti de demeurer dans mon île; vous accepteriez l'immortalité que je vous offre; vous imposeriez silence à ce désir immodéré de revoir votre Pénélope, après laquelle vous soupirez jour et nuit. Lui serois-je donc inférieure en esprit et en beauté ? Une mortelle pourroit-elle l'emporter sur une déesse ?

Ma tendre compagne ne vous dispute aucun de vos avantages, grande nymphe ; elle est en tout bien au-dessous de vous, car elle n'est qu'une simple mortelle. Mais souffrez que je le répète, et ne vous en fâchez pas ; je brûle du désir de la revoir ; je soupire sans cesse après mon retour. Si quelque divinité me traverse et me persécute dans mon trajet, je le supporterai ; ma patience a déjà été bien éprouvée : ce seront de nouveaux malheurs ajoutés à tous ceux que j'ai endurés sur l'onde et dans la guerre.

Il parla ainsi ; le soleil se coucha ; d'épaisses ténèbres couvrirent la terre. Calypso et Ulysse se retirèrent au fond de leurs grottes, et allèrent oublier pour quelque temps leurs chagrins et leurs inquiétudes dans les bras du sommeil.

Dès que l'aurore vint dorer l'horizon, Ulysse prit sa tunique et son manteau : la nymphe se couvrit d'une robe d'une blancheur éblouissante, et d'une finesse, d'une beauté merveilleuse ; c'étoit l'ouvrage des Grâces : elle la ceignit d'une ceinture d'or, mit un voile sur sa tête, et songea à ce qui étoit nécessaire pour le départ d'Ulysse.

Elle commença par lui donner une hache grande, facile à manier, dont l'acier, à deux tranchans, étoit attaché à un manche d'olivier bien poli ; elle y ajouta une scie toute neuve, et le conduisit à l'extrémité de l'île dans une forêt de grands chênes et de beaux peupliers, tous bois légers, et propres à la construction des vaisseaux. Quand elle lui eut montré les plus grands et les meilleurs, elle se retira et s'en retourna dans sa grotte. Ulysse se met à l'ouvrage ; il coupe, il taille, il scie avec l'ardeur et la joie que lui donnoit l'espérance d'un prompt retour.

Il abattit vingt arbres en tout, les ébrancha avec sa hache, les polit et les dressa. Cependant la nymphe lui

porta un instrument dont il fit usage pour les percer et
les assembler; il les emboîte ensuite, les joint et les af-
fermit avec des clous et des chevilles; il donne à son
vaisseau la longueur, la largeur, la tournure, les proportions que l'artisan le plus habile dans cet art difficile
auroit pu lui donner : il dresse des bancs pour les rameurs, fait des rames, élève un mât, taille un gouvernail, qu'il couvre de morceaux de chêne pour le fortifier
contre l'impétuosité des vagues. Calypso revient encore,
faisant porter de la toile pour faire des voiles. Ulysse y
travaille avec beaucoup de soin et de succès ; il les étend,
les attache avec des cordages dans son vaisseau, qu'il
pousse à la mer par de longues pièces de bois. Cet ouvrage
fut fini en quatre jours; le cinquième, Calypso le renvoya
de son île, après lui avoir fait prendre le bain : elle lui
fit présent d'habits magnifiques et bien parfumés, chargea son vaisseau de vin, d'eau, de vivres et de toutes
les provisions dont il pouvoit avoir besoin, et lui en-
voya un vent favorable. Ulysse, transporté de joie,
étendit ses voiles, et prenant son gouvernail, se met à
conduire son vaisseau. Le sommeil ne ferme point ses
paupières; et les yeux toujours ouverts, il contemploit
attentivement les Pléiades, le Bouvier qui se couche si
tard, la grande Ourse, qu'on appelle aussi le Chariot,
qui tourne toujours sur son pôle; il fixoit surtout l'Orion
qui est la seule constellation qui ne se baigne pas dans
l'Océan, et tâchoit de marcher constamment à sa gauche,
comme le lui avoit recommandé Calypso.

Il vogua ainsi pendant dix-sept jours : le dix-huitième
il découvrit les montagnes des Phéaciens, qui se perdoient
dans les nuages. C'étoit son chemin le plus court, et cette
terre sembloit s'élever comme un promontoire au milieu
des flots.

Neptune, qui revenoit d'Ethiopie, du haut des monts
de Solyme aperçut Ulysse dans son empire. Irrité de le

voir voguer heureusement, il branle la tête, et exhale sa fureur en ces termes : Que vois-je! les dieux ont-ils changé pendant mon séjour en Ethiopie ? sont-ils enfin devenus favorables à Ulysse ? Il touche à la terre des Phéaciens, et c'est là le terme des malheurs qui le poursuivent; mais avant qu'il y aborde, je jure qu'il sera accablé de douleurs et de misères.

Aussitôt il assemble les nuages, il trouble la mer, et de son trident il excite les tempêtes. La nuit se précipite du haut du ciel; le vent du midi, l'Aquilon, le Zéphir et Borée se déchaînent et soulèvent des montagnes de flots. Les genoux d'Ulysse se dérobent sous lui; son cœur s'abat; et, d'une voix entrecoupée de profonds soupirs, il s'écrie : Malheureux! que deviendrai-je! Calypso avoit bien raison, je ne le crains que trop, quand elle m'annonçoit qu'avant que d'arriver à Ithaque je serois rassasié de maux. Hélas ? sa prédiction s'accomplit. De quels affreux nuages Jupiter a couvert la surface des eaux ! Quelle agitation! quel bouleversement! les vents frémissent, tout me menace d'une mort prochaine.

Heureux, et mille fois heureux les Grecs qui, pour la querelle des Atrides, sont morts en combattant devant la superbe Ilion! Dieux! que ne me fîtes-vous périr le jour que les Troyens, dans une de leurs sorties, et lorsque je gardois le corps d'Achille, lancèrent tant de javelots contre moi ! on m'auroit rendu les derniers devoirs; les Grecs auroient célébré ma gloire. Falloit-il être réservé à mourir affreusement enseveli sous les flots !

Il achevoit à peine ces mots, qu'une vague épouvantable, s'élevant avec impétuosité, vint fondre, et briser son vaisseau : il est renversé; le gouvernail lui échappe des mains, il tombe loin de son navire; un tourbillon formé de plusieurs vents met en pièces le mât, les voiles, et fait tomber dans la mer les antennes et les bancs des rameurs. Ulysse est long-temps retenu sous les flots par l'effort de la vague qui l'avoit précipité, et par la pesanteur de ses habits, pénétrés de l'eau de la mer : il s'élève enfin au-dessus de l'onde, rejetant celle qu'il avoit avalée ; il en coule des ruisseaux de sa tête et de ses cheveux. Mais, tout éperdu qu'il est, il n'oublie point son vaisseau : il s'élance au-dessus des vagues, il s'en approche, le saisit, s'y retire, et évite ainsi la mort qui l'environne. La nacelle cependant est le jouet des flots qui la poussent et la ballottent dans tous les sens, comme le souffle impétueux de Borée agite et disperse dans les campagnes les épines coupées; tantôt le vent d'Afrique l'envoie vers l'Aquilon, tantôt le vent d'Orient la jette contre le Zéphir.

Leucothée, fille de Cadmus, auparavant mortelle, et jouissant alors des honneurs de la divinité au fond de la mer, vit Ulysse : elle eut pitié de ses maux ; et sortant du sein de l'onde, elle s'élève avec la rapidité d'un plongeon, va s'asseoir sur son vaisseau, et lui dit : Malheureux prince, quel est donc le sujet de la colère de Neptune contre vous ? il ne respire que votre ruine. Vous ne périrez pas cependant. Écoutez votre prudence ordinaire, suivez mes conseils ; quittez vos habits, abandonnez votre vaisseau, jetez-vous à la mer, et gagnez à la nage le rivage des Phéaciens. Le destin vous y fera trouver la fin de vos malheurs. Prenez seulement cette écharpe immortelle, mettez-la devant vous, et ne craignez rien ; vous ne périrez point, vous aborderez sans accident chez le peuple voisin. Mais dès que vous aurez touché la terre, détachez mon écharpe, jetez-la au loin dans la mer, et souvenez-vous en la jetant de détourner la tête. La nymphe cesse de parler, lui présente cette espèce de talisman, se plonge dans la mer orageuse, et se dérobe aux yeux d'Ulysse. Ce héros se trouve alors partagé et indécis sur le parti qu'il doit prendre. N'est-ce pas, s'écrie-t-il en gémissant, n'est-ce pas un nouveau piége que me tend la divinité qui m'ordonne de quitter mon vaisseau?

Non, je ne puis me résoudre à lui obéir. La terre où elle me promet un asile me paroît dans un trop grand éloignement. Voici ce que je vais faire, et ce qui me semble le plus sûr. Je demeurerai sur mon vaisseau tant que les planches en resteront unies ; et quand les efforts des vagues les auront séparées, il sera temps alors de me jeter à la nage. Je ne puis rien imaginer de meilleur. Pendant qu'il s'entretient dans ces tristes pensées, Neptune soulève une vague pesante, terrible, et la lance de toute sa force contre Ulysse. Comme un vent impétueux dissipe un amas de paille, ainsi furent dispersées les longues pièces du vaisseau. Ulysse en saisit une, monte dessus, comme un cavalier sur un cheval. Alors il se dépouille des habits que Calypso lui avoit donnés, s'enveloppe de l'écharpe de Leucothée, et se met à nager. Neptune l'aperçoit, branle la tête, et dit en lui-même : Va, erre sur la mer, tu n'arriveras pas sans peine chez ces heureux mortels que Jupiter traite si bien ; je ne crois pas que tu oublies si tôt ce que je t'ai fait souffrir.

En même temps le dieu marin pousse ses chevaux et arrive à Aigues, ville orientale de l'Eubée, où il avoit un temple magnifique.

Cependant Pallas, toujours occupée d'Ulysse et de son danger, enchaîne les vents et leur ordonne de s'apaiser. Elle ne laisse en liberté qu'un souffle léger de Borée, avec lequel elle brise et aplanit les flots, jusqu'à ce que le héros qu'elle protége eût échappé à la mort en abordant chez les Phéaciens.

Pendant deux jours et deux nuits entières il fut encore dans la crainte de périr et toujours ballotté sur les eaux. Mais quand l'aurore eut fait naître le troisième jour, les vents cessèrent, le calme revint, et Ulysse, soulevé par une vague, découvroit la terre assez près de lui. Telle qu'est la joie que sentent des enfans qui voient revenir la santé à un père abattu par une maladie qui le mettoit aux abois, et dont un dieu ennemi l'avoit affligé; telle fut la joie d'Ulysse quand il aperçut la terre et des forêts. Il nage avec une nouvelle ardeur pour gagner le rivage. Mais lorsqu'il n'en fut éloigné que de la portée de la voix, il entendit un bruit affreux. Les vagues qui venoient avec violence se briser contre les rochers mugissoient horriblement et les couvroient d'écume. Il ne voit ni port, ni asile; les bords sont escarpés, hérissés de pointes de rochers, semés d'écueils. A cette vue, Ulysse succombe presque, et dit en gémissant : Hélas ! je n'espérois plus voir la terre; Jupiter m'accorde de l'entrevoir, je traverse la mer pour y arriver, je fais des efforts incroyables, je la touche, et je n'aperçois aucune issue pour sortir de ces abîmes. Ce rivage est bordé de pierres pointues, la mer les frappe en mugissant; une chaîne de rochers forme une barrière insurmontable, et la mer est si profonde que je ne puis me tenir sur mes pieds et respirer un moment. Si j'avance je crains qu'une vague ne me jette contre une roche pointue, et que mes efforts ne me deviennent funestes. Si je nage encore pour chercher quelque port, j'appréhende qu'un tourbillon ne me repousse au milieu des flots, et qu'un dieu n'excite contre moi quelques-uns des monstres qu'Amphitrite nourrit dans son sein; car je n'ai que trop appris jusqu'où va le courroux de Neptune contre moi.

Dans le moment que ces pensées l'occupent et l'agitent, une vague le porte violemment contre le rivage hérissé de rochers. Son corps eût été déchiré, ses os brisés, si Minerve ne lui eût inspiré de se prendre au rocher et de le saisir avec les deux mains. Il s'y tint ferme jusqu'à ce que le flot fût passé, et se déroba ainsi à sa fureur : la vague en revenant le reprit et le reporta au loin dans la mer. Comme lorsqu'un polype s'est collé à une roche, on ne peut l'en arracher sans écorner la roche même; ainsi les mains d'Ulysse ne purent être détachées du rocher auquel il se tenoit, sans être déchirées et ensanglantées. Il fut quelque temps caché sous les ondes ; et ce malheureux prince y auroit trouvé son tombeau, si Minerve ne l'eût encore soutenu et encouragé. Dès qu'il fut revenu au-dessus de l'eau, il se mit à nager avec précaution, et chercha, sans trop s'approcher et sans trop s'éloigner du rivage, s'il ne trouveroit pas un endroit commode pour y aborder. Il arrive ainsi presque en louvoyant, à l'embouchure d'un fleuve, et trouve enfin une plage unie, douce, et à l'abri des vents. Il reconnut le courant, et adressa cette prière au dieu du fleuve : Soyez-moi propice, grand dieu dont j'ignore le nom : j'entre pour la première fois dans votre domaine, j'y viens chercher un asile contre la colère de Neptune. Mon état est digne de compassion, il est fait pour toucher le cœur d'une divinité. J'embrasse vos genoux, j'implore votre secours ; exaucez un malheureux qui vous tend les bras avec confiance, et qui n'oubliera jamais la protection que vous lui aurez accordée.

Il dit, et le dieu du fleuve modéra son cours, retint ses ondes, répandit une sorte de calme et de sérénité tout autour d'Ulysse, le sauva enfin en le recevant dans son embouchure, dans un lieu qui étoit à sec. Ulysse n'y est pas plus tôt, que les genoux, les bras lui manquent ; son cœur étoit suffoqué par les eaux de la mer, il avoit tout le corps enflé, l'eau sortoit de toutes ses parties ; sans voix, sans respiration, il étoit près de succomber à tant de fatigues. Revenu cependant de cette défaillance, il détache l'écharpe de Leucothée, la jette dans le fleuve : le courant l'emporte, et la déesse s'en empare promptement. Ulysse alors sort de l'eau, s'asseoit sur les joncs qui la bordent, baise la terre, et soupire en disant : Que vais-je devenir, et que va-t-il encore m'arriver ? Si je passe la nuit près du fleuve, le froid et l'humidité achèveront de me faire mourir, tant est grande la foiblesse où je suis réduit. Non, je ne résisterois pas aux atteintes de ce vent froid et piquant qui s'élève le matin sur les bords des rivières. Si je gagne cette colline, si j'entre dans l'épaisseur du bois, et que je me couche sur les broussailles, quand je serai à l'abri du froid et qu'un doux sommeil aura fermé mes yeux, je crains de devenir la proie des hôtes sauvages de la forêt. Ulysse se retira cependant après avoir bien délibéré, et prit le chemin du bois qui étoit le plus près du fleuve : il y trouve deux oliviers qui sembloient sortir de la même racine; ni le souffle des vents, ni les rayons du soleil, ni la pluie ne les avoient jamais pénétrés, tant ils étoient épais et entrelacés l'un dans l'autre. Ulysse profite de cette retraite tranquille, se cache sous leurs branches, se fait un lit de feuilles, et il y en avoit assez pour couvrir deux ou trois hommes dans le temps le plus rude de l'hiver. Charmé de cette abondance, il se couche au milieu de ces feuilles, et ramassant celles des environs, il s'en couvre pour se garantir des injures de l'air : comme un homme qui habite une maison écartée et loin de tout voisin, cache un tison sous la cendre pour conserver la semence du feu, de peur que, s'il venoit à lui manquer, il ne pût en trouver ailleurs; ainsi Ulysse s'enveloppe de ce feuillage. Minerve répandit un doux sommeil sur ses paupières, pour le délasser de ses travaux, et lui faire oublier ses infortunes, au moins pour quelques heures.

LIVRE VI.

Pendant qu'Ulysse, accablé de sommeil et de lassitude, repose tranquillement, la déesse Minerve descend dans l'île des Phéaciens. Ils habitoient auparavant les plaines de l'Hypérie auprès des Cyclopes, hommes fiers et violens, qui abusoient de leurs forces et les incommodoient beaucoup. Le divin Nausithoüs, lassé de leurs violences, abandonna cette terre avec tout son peuple, et pour se soustraire à tant de maux, vint s'établir dans Schérie, loin de cette odieuse nation. Il construisit une ville, l'environna de murailles, bâtit des maisons, éleva des temples, partagea les terres, et après sa mort laissa son trône et ses états à son fils Alcinoüs, qui les gouvernoit alors paisiblement.

Ce fut dans son palais que se rendit Minerve, pour ménager le retour d'Ulysse. Elle s'approche de l'appartement magnifique où reposoit Nausicaa, fille du Roi, toute semblable aux déesses en esprit et en beauté. Elle avoit auprès d'elle deux femmes faites et belles comme les Grâces. Elles étoient couchées aux deux côtés qui soutenoient la porte. Minerve s'avance vers la princesse comme un vent léger, sous la forme de la fille de Dymante, si fameux par sa science dans la marine. Cette jeune Phéacienne étoit de l'âge de Nausicaa et sa compagne chérie. Minerve, ayant son air et sa figure, lui parle en ces termes : Que vous êtes négligente et paresseuse, ma chère Nausicaa ! que vous avez peu de soin de vos plus beaux habits ! le jour de votre mariage approche, vous devez prendre la plus brillante de vos robes, et donner les autres à ceux qui vous accompagneront chez votre futur époux.

Mettez donc ordre à tout, dépêchez-vous de les laver, de les approprier : cet esprit d'arrangement nous fait estimer des hommes et comble de joie nos parens. Dès que l'aurore sera levée, ne perdez pas de temps, allez laver tous vos vêtemens : je vous accompagnerai, je vous aiderai. Il faut mettre à cela beaucoup de diligence, car vous ne serez pas long-temps fille : vous êtes recherchée des plus considérables d'entre les Phéaciens ; et ils ne sont pas à dédaigner, puisqu'ils sont vos compatriotes, et comme vous d'une illustre origine. Allez dès le matin, allez promptement trouver votre père, priez-le de vous faire préparer un char et des mulets pour nous conduire avec vos tuniques, vos voiles et vos manteaux ; les lavoirs sont très-éloignés, et il ne seroit pas convenable que nous y allassions à pied.

Après avoir ainsi parlé, Minerve disparut et vola sur le haut de l'Olympe, où l'on dit qu'est la demeure immortelle des dieux. Séjour toujours tranquille, jamais les vents ne l'agitent, jamais les pluies ne le mouillent, jamais la neige n'y tombe ; un air pur, serein, sans nuage, y règne, et une clarté brillante l'environne. Là les Immortels passent les jours dans un bonheur inaltérable : là se retire la sage Minerve.

L'aurore paroît, Nausicaa se réveille, elle se rappelle son songe avec étonnement : elle court pour en instruire son père et sa mère ; ils étoient dans leur appartement. La reine, assise auprès du feu avec les femmes qui la servoient, travailloit à des étoffes de pourpre ; Alcinoüs alloit sortir, accompagné des plus considérables de la nation, pour se rendre à l'assemblée où les Phéaciens l'avoient appelé. Nausicaa s'approche du roi son père et lui dit :

Mon père, ne me ferez-vous pas préparer votre char ? Je veux aller porter les habits dont j'ai le soin auprès du fleuve, pour les y laver, car ils en ont grand besoin. Vous qui présidez dans les assemblées, vous devez en avoir de propres. Deux de vos fils sont mariés, mais il y en a trois de très-jeunes qui ne le sont pas encore ; ils veulent toujours des habits bien lavés pour paroître avec plus d'éclat aux danses et aux fêtes si ordinaires parmi nous. C'est moi qui suis chargée de tout ce détail. La pudeur ne lui permit pas de parler de son mariage. Alcinoüs, qui pénétroit ses sentimens, lui répondit avec bonté : Ma fille, je vous donne mon char et mes mulets ; partez, mes gens auront soin de tout préparer. Aussitôt il donne ses ordres. On les exécute. Les uns tirent le char, les autres y attellent les mulets. La princesse arrive chargée de ses habits, et les arrange dans la voiture. La reine remplit une corbeille de viandes, verse du vin dans une outre, range toutes les provisions, et quand sa fille est montée sur le char, lui donne une bouteille d'or pleine d'essences, pour se parfumer avec ses femmes en sortant du bain.

Tout étant prêt, Nausicaa prend le fouet et les rênes, pousse les mulets, qui s'avancent, et traînent, en hennissant, les vêtemens avec la princesse et les filles qui l'accompagnoient. Mais lorsqu'elles furent proche du fleuve, vers l'endroit où étoient les lavoirs toujours pleins d'une eau pure et claire comme le cristal, elles dételèrent les mulets, les poussèrent dans les frais et beaux herbages dont les bords du fleuve étoient revêtus, prirent les habits, les portèrent dans l'eau, et se mirent à les laver avec une sorte d'émulation. Quand ils furent bien nettoyés, elles les étendirent avec ordre sur les cailloux du rivage qui avoient été battus et polis par les vagues de la mer. Elles se baignent et se parfument ensuite, et dînent sur le bord du fleuve. Le repas fini, Nausicaa et ses compagnes quittent leurs écharpes pour jouer en se poussant une balle les unes aux autres. Après cet exercice, la princesse se mit à chanter. Telle qu'on voit Diane suivie de ses nymphes prendre plaisir à poursuivre des cerfs et des sangliers sur les hautes montagnes de Taygète ou d'Érymanthe, et combler de joie le cœur de Latone; car Diane s'élève de la tête entière au-dessus de ses nymphes, et quoiqu'elles aient toutes une excellente beauté, on la reconnoît sans peine pour leur reine et leur déesse : ainsi brilloit Nausicaa entre les filles qui l'accompagnoient. Lorsque l'heure de s'en retourner fut venue, on attela les mulets, on plia les robes, on les transporta sur le char, et Minerve songea à éveiller

Ulysse, afin qu'il vît la princesse, et qu'elle le conduisît à la ville des Phéaciens.

Nausicaa prenant encore une balle, la pousse, pour s'amuser, à une de ses campagnes; celle-ci la manque, et la balle tombe dans le fleuve. Toutes ces filles jettent alors un grand cri. Ulysse s'éveille à ce bruit, se relève, et dit en lui-même :

O dieux! dans quel pays suis-je donc? chez quels hommes? sont-ils sauvages, cruels et injustes? ont-ils de l'humanité? Des voix douces et perçantes de jeunes filles viennent frapper mes oreilles. Sont-ce les nymphes de ce fleuve, de ces montagnes, de ces étangs, que j'aurois entendues? Ne seroit-ce point des hommes qui parlent dans ces environs? Allons, il faut que je m'en éclaircisse. En même temps il sort de sa retraite, pénètre dans le bois, rompt une branche chargée de feuilles, afin de s'en couvrir, et s'avance. Comme un lion nourri dans les montagnes, qui se confie dans sa force et brave les orages et les tempêtes; ses yeux étincellent; il se jette sur les bœufs, sur les brebis, sur les cerfs de la campagne; la faim le conduit et l'entraîne, malgré le danger, jusque dans les bergeries mêmes : tel Ulysse cède à la nécessité; et, quoique sans habits, il marche et se présente à Nausicaa et à ses femmes. Comme il étoit couvert de l'écume de la mer, il leur parut un spectre affreux, et elles s'enfuirent vers les endroits du rivage les plus propres à les cacher. La seule fille d'Alcinoüs attend sans s'étonner : Minerve avoit banni la crainte de son cœur et lui avoit inspiré une noble et courageuse fermeté. Elle demeure donc tranquille. Ulysse ne savoit s'il devoit se jeter aux pieds de la princesse, ou s'il devoit la supplier de loin de lui montrer la ville et de lui donner des habits. Il prit le dernier parti, de peur que s'il alloit embrasser les genoux de Nausicaa, elle ne se mît en colère. Il lui dit donc d'une manière douce et insinuante :

Vous voyez un suppliant à vos pieds. Vous êtes une déesse ou une mortelle. Si vous habitez le ciel, je ne doute pas que vous ne soyez la belle et modeste Diane; car, par votre air, par votre beauté, par votre taille, vous lui ressemblez. Si vous êtes mortelle, ô trois fois heureux ceux qui vous ont donné le jour! ô trois fois heureux vos frères! vous êtes pour eux une source de joie qui ne tarit point quand ils vous voient danser et faire l'ornement des fêtes. Mais le plus heureux de tous les hommes sera celui, qui après vous avoir comblée de présens, sera préféré à ses rivaux, et aura l'avantage de vous mener dans son palais. Mes yeux n'ont jamais rien vu de mortel semblable à vous; je suis saisi d'admiration en vous regardant. Autrefois dans l'île de Délos, près de l'autel d'Apollon, j'ai vu un jeune palmier qui s'élevoit majestueusement comme vous; car, dans un voyage qui a été bien malheureux pour moi, j'ai passé dans cette île avec une suite nombreuse; à la vue de cet arbre, je fus étonné, je n'avois jamais vu s'élever de terre une plante semblable; ainsi suis-je frappé à votre vue, ainsi je vous admire et je crains d'embrasser vos genoux.

Vous voyez, hélas! un homme accablé de douleur et de tristesse. Hier j'abandonnai la mer après avoir été vingt jours le jouet des tempêtes et des vents: je revenois de l'île d'Ogygie; une divinité m'a jeté sur ce rivage. Seroit-ce pour me faire souffrir encore de la colère de Neptune? ne seroit-elle point apaisée? ce dieu me prépareroit-il de nouveaux malheurs?

O princesse, ayez compassion de moi! Après tant de maux, vous êtes la première personne que j'ose implorer: je n'ai vu, je ne connois aucun des hommes qui habitent cette contrée. Enseignez-moi le chemin de la ville; donnez-moi un manteau pour me couvrir, car vous en avez apporté ici plusieurs. Que les dieux exaucent vos désirs, qu'ils vous donnent un mari digne de vous, et une famille où règne la concorde. Rien n'approche du bonheur d'un mari et d'une femme qui vivent dans une étroite et tendre union; c'est le désespoir de leurs ennemis, c'est la joie de leurs amis, et c'est pour eux une source de gloire et de paix.

Nausicaa lui répondit : Malheureux étranger, votre ton et la sagesse que vous faites paroître, montrent aussi que vous n'êtes pas un homme ordinaire. Jupiter, du haut de l'Olympe, distribue les biens aux bons et aux méchans comme il le veut, et s'il vous afflige, il faut le supporter : mais puisque vous êtes venu dans nos contrées, vous ne manquerez ni d'habits, ni de tous les secours qu'on doit donner à un étranger persécuté par l'infortune. Je vous apprendrai le chemin de notre ville, et le nom de ceux qui l'habitent : ce sont les Phéaciens. Alcinoüs mon père les gouverne avec une douce et sage autorité.

Elle dit, et s'adressant aux femmes qui la suivoient, elle leur crie : Revenez, chères compagnes : pourquoi fuyez-vous à la vue de cet étranger? Le prenez-vous pour un ennemi? Non, non, il n'y a personne et il n'y en aura jamais qui ose venir porter la guerre chez les Phéaciens. Nous craignons les dieux, nous en sommes aimés, nous habitons à l'extrémité du monde, environnés de la mer, et séparés de tout commerce avec tous les autres humains. La tempête a jeté cet infortuné sur nos rives, nous devons en prendre soin. Les pauvres et les étrangers sont sous la protection spéciale de Jupiter : quand on ne leur donneroit que peu, ce peu lui est toujours agréable. Venez donc, donnez-lui à manger, et menez-le se baigner dans un endroit du fleuve, où il soit à l'abri des vents.

A ces mots elles accourent; et, pour obéir à Nausicaa, elles conduisent Ulysse dans un lieu commode, mettent auprès de lui une tunique et un manteau, lui donnent de l'essence dans une bouteille d'or, et lui disent de se laver dans le fleuve.

Ulysse leur parla ainsi : Belles nymphes, tenez-vous un peu à l'écart, je vous en supplie, pendant que j'ôterai l'écume de la mer qui me couvre, et que je me parfumerai ; il y a long-temps que je n'ai pu me procurer cet avantage : mais je ne me laverai pas devant vous, j'aurois honte de paroître à vos yeux dans l'état où je suis. Alors elles s'éloignent, et vont rendre compte à Nausicaa de ce qui les obligeoit à se retirer.

Cependant Ulysse se jette dans le fleuve, fait tomber en se nettoyant les ordures qui s'étoient attachées à ses cheveux, ainsi que l'écume qui avoit couvert ses épaules et tout son corps ; après s'être bien lavé, bien parfumé, il se revêt des habits magnifiques que lui avoit donnés la princesse. Minerve alors fait paroître sa taille plus grande, donne de nouvelles grâces à ses beaux cheveux, qui, semblables à des fleurs d'hyacinthe, et tombant par gros anneaux, ombrageoient ses épaules.

De même qu'un habile artisan, instruit dans son art par Minerve et par Vulcain, versant l'or autour de l'argent, en fait un chef-d'œuvre ; ainsi Minerve répand sur toute sa personne la noblesse et l'agrément. Il s'arrête fièrement sur les bords du fleuve, puis s'avance tout rayonnant de grâces et de beauté.

Nausicaa, frappée à cette vue, s'adresse à ses femmes, et leur dit : Non, ce n'est pas contre la volonté des dieux que cet inconnu est venu chez les heureux Phéaciens. D'abord son air me sembloit affreux ; à cette heure il est comparable aux Immortels qui sont dans le ciel. Plût aux dieux que le mari que Jupiter me destine fût fait comme lui, qu'il voulût s'établir dans cette région, et qu'il s'y trouvât heureux ! Dépêchez-vous, donnez à manger à cet étranger, il doit en avoir grand besoin. On obéit promptement, on sert devant Ulysse des viandes et du vin : il boit et mange avec l'avidité d'un homme qui depuis longtemps n'avoit pris de nourriture. Alors Nausicaa plie ses habits, les met sur le char, fait atteler ses mulets, monte sur le siége, et dit à Ulysse : Levez-vous, étranger, il est temps d'aller à la ville; et je vous ferai conduire dans le palais de mon père; vous y verrez les plus considérables des Phéaciens. Vous me paroissez un homme sage, ne vous écartez donc pas de ce que je vais vous prescrire. Pendant que nous traverserons la campagne, suivez-moi doucement avec mes femmes. Je marcherai devant vous. La ville n'est pas éloignée, elle est environnée de hautes murailles; un port magnifique s'étend des deux côtés, l'entrée en est étroite, les vaisseaux y sont parfaitement à l'abri des vents. Près de la place publique, autour du temple de Neptune, on voit des magasins de grandes pierres de taille, où les Phéaciens renferment tout ce qui est nécessaire à l'armement de leur marine. Ils font des cordages et polissent des rames : ils négligent les flèches et les arcs, mais ils s'occupent à construire des vaisseaux sur lesquels ils parcourent les mers les plus éloignées. Quand nous approcherons de nos murs, il faudra nous séparer, car je crains leurs discours piquans; ils aiment fort à médire; afin que nul ne puisse dire en nous rencontrant : Qui est cet homme si beau et si bien fait, qui suit Nausicaa? où l'a-t-elle trouvé? Il sera son mari. Nous n'avons point de voisins; il faut que ce soit quelque étranger, qui, ayant été jeté sur nos bords avec son vaisseau, a été si bien reçu d'elle. Ne seroit-ce point un dieu descendu du ciel, qu'elle prétend retenir toujours? elle préfère sans doute un tel mari qu'elle a rencontré en se promenant; car elle méprise sa nation, et refuse sa main aux plus nobles des Phéaciens qui la recherchent. Voilà ce qu'ils diroient, et ce qui me couvriroit de honte. En effet, je blâmerois moi-même une fille qui tiendroit une pareille conduite, et qui paroîtroit en public avec un homme à l'insu de ses parens, et avant que son mariage eût été célébré solennellement. Soyez donc attentif à ce que je vous dis, afin que mon père se presse de faciliter votre retour. Nous trouverons sur notre chemin un bois de peupliers consacré à Minerve. Il est arrosé d'une fontaine et entouré d'une très-belle prairie. Là sont les jardins de mon père, éloignés de la ville de la distance d'où peut s'entendre la voix d'un homme. Vous vous arrêterez en cet endroit, et vous y attendrez autant de temps qu'il nous en faut pour nous rendre au palais. Quand vous jugerez que nous y sommes arrivées, entrez dans la ville, et demandez la maison d'Alcinoüs mon père. Elle est facile à trouver, un enfant vous y conduiroit, car il n'y en a aucune qui l'égale en apparence et en beauté. Mais lorsque vous aurez passé la cour et gagné l'entrée du palais, traversez vite tous les appartemens jusqu'à ce que vous arriviez à celui de ma mère. Vous la trouverez auprès d'un grand feu, appuyée contre une colonne, et filant des laines couleur de pourpre. Toutes ses esclaves sont à ses côtés, ainsi que mon père, que vous verrez assis sur un trône magnifique. Ne vous arrêtez point à lui; mais allez embrasser les genoux de ma mère, afin d'obtenir par sa protection les moyens les plus sûrs et les plus prompts de retourner dans votre pays. Si elle vous reçoit favorablement, livrez-vous à la douce espérance de revoir bientôt vos parens, vos amis et votre patrie.

En finissant ces mots, Nausicaa pousse ses mulets; ils quittent à l'instant le rivage, ils courent, et de leurs pieds touchent légèrement la terre. Mais elle ménage les coups et conduit ses coursiers de manière qu'Ulysse et ses femmes puissent la suivre à pied. Le soleil se couche. Ulysse entre dans le bois, il s'y asseoit, et fait cette prière à la fille de Jupiter : Déesse invincible, exaucez-moi : vous ne m'avez point écouté pendant que j'étois poursuivi par la colère de Neptune; soyez-moi aujourd'hui favorable; faites que je sois bien reçu des Phéaciens; faites que j'excite leur compassion. Pallas l'exauça, mais elle ne lui apparut cependant pas. Elle redoutoit le dieu de la mer, toujours irrité contre Ulysse, toujours opposé à son retour dans ses états.

LIVRE VII.

Ainsi prioit Ulysse : cependant Nausicaa arrive au palais de son père. Elle n'est pas plus tôt entrée dans la cour, que ses frères, beaux comme les Immortels, s'empressent à l'entourer. Les uns détellent les mulets, les autres transportent ses habits. Elle monte dans son appartement, Euryméduse y allume du feu. Des vaisseaux partis d'Epire avoient enlevé cette vieille femme, et l'on en avoit fait présent à Alcinoüs, parce qu'il commandoit aux Phéaciens, et que le peuple l'écoutoit comme un oracle. Elle avoit élevé Nausicaa dans le palais de son père : alors elle étoit occupée à lui faire du feu, et à lui préparer à souper. Ulysse ne tarde point à se mettre en route pour la ville : Minerve répandit autour de lui un épais nuage, de peur que quelque Phéacien ne lui dît des paroles de raillerie, ou ne lui fît des demandes indiscrètes. Cette déesse, ayant pris la forme d'une jeune fille qui tient une cruche à la main, s'approche de lui au moment où il entre dans la ville. Ulysse la questionne en cette manière : Ma fille, ne pourriez-vous pas me conduire chez Alcinoüs, qui commande dans cette ville ? Je suis étranger, je viens d'un pays fort éloigné, et je ne connois aucun des habitans de ce pays. Je vous mènerai volontiers au palais d'Alcinoüs, lui répondit Minerve :

nous logeons dans son voisinage. Mais gardez le silence; je vais marcher la première : si vous rencontrez quelqu'un, ne lui parlez point. Les Phéaciens reçoivent assez mal les étrangers, ils aiment peu ceux qui viennent des autres pays. Ils ont une grande confiance dans leurs vaisseaux, avec lesquels ils fendent les flots de la mer ; car Neptune leur a donné des navires aussi légers que les airs et que la pensée.

En finissant ces mots, Minerve s'avance la première. Ulysse suit la déesse. Les Phéaciens ne l'aperçoivent pas, quoiqu'il marche au milieu d'eux. C'est que la fille de Jupiter l'avoit enveloppé d'un nuage qui le déroboit aux yeux. Le roi d'Ithaque regardoit avec étonnement le port, les vaisseaux, les places, la longueur et la hauteur des murailles. Quand ils furent arrivés tous deux à la demeure magnifique d'Alcinoüs, la déesse dit à Ulysse : Etranger, voilà le palais où vous m'avez commandé de vous mener. Vous y trouverez à table avec le roi les principaux des Phéaciens. Entrez sans crainte. Un homme confiant réussit plus sûrement dans tout ce qu'il entreprend. Vous vous adresserez d'abord à la reine : elle se nomme Areté, et elle est de la même maison qu'Alcinoüs. Nausithoüs étoit, comme vous le savez, fils de Neptune et de Péribée, la plus belle de toutes les femmes, et la plus jeune fille de cet Eurymédon qui régna sur les superbes Géans. Il fit périr tous ses sujets dans les guerres injustes et téméraires qu'il entreprit; il y périt lui-même. Neptune, devenu amoureux de sa fille, en eut Nausithoüs, qui fut roi des Phéaciens et père de Rhexenor et d'Alcinoüs. Apollon tua Rhexenor dans son palais. Il n'avoit qu'une fille qui s'appeloit Areté, et c'est elle qu'Alcinoüs a épousée. Il l'honore tellement, que nulle femme au monde n'est ainsi honorée de son mari. Ses amis, ses enfans, les peuples, ont un grand respect pour elle. On reçoit ses réponses, quand elle marche dans la ville, comme on recevroit celles d'une déesse. Elle a l'esprit excellent. Tous les différens qui s'élèvent entre ses sujets, elle les termine avec sagesse ; si vous pouvez vous la concilier et gagner son estime, espérez de voir tous vos souhaits accomplis.

Minerve, ayant ainsi parlé, disparut, quitta la Schérie ; et prenant son vol vers les plaines de Marathon, elle se rendit à Athènes et alla visiter la célèbre cité d'Erechthée.

Ulysse entre alors dans le palais : il ne peut, en y entrant, se défendre des mouvemens de surprise et de crainte qui l'agitoient. Toute la maison d'Alcinoüs jetoit un éclat semblable à celui que répand le soleil ou la lune. Les murs étoient d'airain ; autour régnoit une corniche d'azur ; une porte d'or fermoit le palais, elle tournoit sur des gonds d'argent, et étoit appuyée sur un seuil de cuivre. Le dessus étoit d'argent, et la corniche d'or. Aux deux côtés de la porte on voyoit deux chiens d'argent de la main de Vulcain : ils gardoient toujours le palais, n'étant sujets ni à la mort ni à la vieillesse. Le long des murailles il y avoit des siéges bien affermis, depuis la porte jusqu'aux coins : ils étoient garnis de tapis délicatement faits par les femmes d'Areté. Là étoient assis les plus considérables des Phéaciens. Ils faisoient un superbe festin, et célébroient une fête qui revenoit tous les ans. Sur de magnifiques piédestaux étoient des statues d'or représentant de jeunes hommes debout et tenant à la main des torches allumées pour éclairer la table du festin. Il y avoit dans le palais cinquante belles esclaves : les unes avec une grosse pierre brisoient le froment, les autres travailloient à faire des toiles. Elles étoient assises à la suite l'une de l'autre, et l'on voyoit leurs mains se remuer en même temps, comme les branches des plus hauts peupliers quand ils sont agités par les vents. Les étoffes qu'elles travailloient étoient d'une finesse et d'un éclat qu'on ne pouvoit se lasser d'admirer. L'huile, tant elles étoient serrées, auroit coulé dessus sans les pénétrer. Car autant que les Phéaciens surpassent les autres hommes dans l'art de conduire un vaisseau léger sur la vaste mer, autant leurs femmes excellent-elles dans les ouvrages de tapisserie. Minerve les a remplies d'adresse et d'industrie pour ces travaux.

De la cour on entre dans un grand jardin de plusieurs arpens : une haie vive l'entoure et le ferme de tous côtés. Il est planté de grands arbres chargés de fruits délicieux. On y voit des poiriers, des grenadiers, des orangers, des figuiers d'une rare espèce, des oliviers toujours verts : ils ne sont jamais sans fruits, ni en hiver, ni en été. Un doux zéphir entretient leur fraîcheur : il fait croître les uns et donne aux autres la dernière maturité. On voit des poires mûrir quand d'autres poires sont passées ; les figues succèdent aux figues ; et l'orange, la grenade, à la grenade et à l'orange. Dans les mêmes vignes il y en a une partie sèche qu'on couvre de terre, une autre qui fleurit et qu'on découvre pour être échauffée par le soleil, une autre dont on cueille les grappes, et une autre enfin dont on presse le raisin ; on en voit qui commencent à fleurir, et à côté on en voit qui sont remplies de grains et d'un jus délicieux.

Le jardin est terminé par un potager très-bien cultivé, très-abondant en légumes de toutes les saisons de l'année. Il y a deux fontaines : l'une arrose tout le jardin en se partageant en plusieurs canaux ; l'autre va se décharger à la porte du palais, et communique les eaux à toute la ville. Tels étoient les présens que les dieux avoient faits à Alcinoüs.

Ulysse ne se lassoit point de les admirer. Après avoir contemplé toutes ces beautés, il pénètre dans le palais, et trouve les Phéaciens armés de coupes et faisant des libations à Mercure ; c'étoient les dernières du festin, et ils les réservoient pour cette divinité, afin qu'elle leur procurât le repos de la nuit qu'ils se disposoient à goûter. Ulysse, toujours couvert du nuage dont Minerve l'avoit enveloppé, s'avance sans être aperçu. Il s'approche d'Areté et d'Alcinoüs, embrasse les genoux de la reine : aussitôt l'air obscur qui l'entouroit se dissipe. Les Phéaciens, étonnés de le voir tout à coup, demeurent dans le silence ; ils le regardent avec surprise : et Ulysse, tenant toujours les genoux de la reine, lui parle en ces termes :

O Areté, ô fille du divin Rhexenor, après avoir échappé aux maux les plus cruels, je viens implorer votre secours, celui de votre mari et de toute cette auguste assemblée. Que les dieux vous donnent une vie heureuse ! Puissiez-vous laisser à vos enfans les richesses de vos palais et les honneurs que vous avez reçus de vos peuples ! Je vous conjure de me faire revoir bientôt ma patrie, car il y a long-temps que je souffre, éloigné de tout ce que j'aime.

Ayant ainsi parlé, il se retira contre le foyer, se tenant assis sur la cendre proche du feu : tout le monde se taisoit. Enfin le vieil Echénus, le plus sage des Phéaciens, et qui les surpassoit tous en savoir et en éloquence, prit la parole et dit :

Alcinoüs, il n'est point convenable de laisser cet étranger couché sur la cendre. Les conviés attendent vos ordres. Relevez-le donc, et faites-le asseoir sur un de ces siéges d'argent. Commandez aux hérauts de verser du vin afin que nous fassions des libations au dieu qui lance la foudre et qui accompagne les étrangers. Que la maîtresse de l'office lui serve une table couverte des mets les plus exquis.

Alcinoüs n'eut pas plus tôt entendu ces paroles, qu'il alla prendre Ulysse par la main : il le relève, il le place à ses côtés sur un siége magnifique qu'il lui fit céder par son fils Laodamas qui étoit assis près de lui, et qu'il aimoit plus que tous ses autres enfans. Une belle esclave verse de l'eau d'une aiguière d'or sur un bassin d'argent, et donne à laver à Ulysse. Elle dresse ensuite une table ; et une autre femme, qui avoit un air vénérable, la couvre de ce qu'elle a de meilleur. Ulysse en profite avec reconnoissance. Alcinoüs prend alors parole, et dit à un de ses hérauts : Pontonoüs, remplissez une urne de vin, et distribuez-le à tous les convives, afin que nous fassions des libations à Jupiter, le puissant protecteur des étrangers et des supplians.

Il dit : Pontonoüs obéit. Les libations finies, et chacun des convives ayant bu autant qu'il vouloit, Alcinoüs leur parla encore ainsi : Ecoutez-moi, chefs des Phéaciens. Puisque le repas est fini, vous pouvez vous retirer, il en est temps, et vous pouvez vous aller jeter dans les bras de Morphée. Demain nous assemblerons un plus grand nombre de vieillards, nous traiterons notre nouvel hôte dans le palais, nous offrirons des sacrifices aux dieux, et puis nous songerons à son retour, afin que, délivré de peines et d'afflictions, il ait la consolation et la joie de voir, par notre secours, sa chère patrie, et qu'il y arrive, quelque éloignée qu'elle soit, sans éprouver rien de fâcheux dans le voyage. Lorsqu'il sera chez lui, il attendra paisiblement ce que la destinée et les Parques inexorables lui ont préparé dès le moment de sa naissance. Peut-être est-ce quelque dieu descendu du ciel qui paroît sous la figure de cet étranger. Les dieux se déguisent souvent ; ils viennent au milieu de nous quand nous leur immolons des hécatombes ; ils assistent alors à nos sacrifices, et mangent avec nous comme s'ils étoient mortels. Quelquefois on ne croit trouver qu'un voyageur, et les dieux se découvrent, mais c'est quand nous tâchons de leur ressembler par nos vertus, comme les Cyclopes se ressemblent tous par leur injustice et par leur impiété.

Ulysse reprit aussitôt : Ayez d'autres sentimens, Alcinoüs : je ne suis en rien semblable aux dieux, ni par le corps, ni par l'esprit; vous ne voyez qu'un homme mortel persécuté par les plus grandes et les plus déplorables infortunes. Non, et vous en conviendriez si je vous racontois les maux que j'ai endurés par l'ordre des dieux; non, personne n'a plus souffert que celui qui réclame aujourd'hui votre bienfaisance. Mais laissons ces tristes détails : permettez que je satisfasse à la faim qui me dévore, quoique je sois noyé dans l'affliction. Il n'y a point de nécessité plus impérieuse que ce besoin. La tristesse, les pertes les plus désastreuses, les malheurs les plus opiniâtres, rien ne fait oublier de la satisfaire. Elle commande en ce moment, et je cède à son pouvoir. Mais vous, princes hospitaliers, demain, dès que l'aurore paroîtra, daignez me fournir les moyens de retourner dans ma patrie. Quelques maux que j'aie endurés, pourvu que je la voie encore, je consens à perdre la vie.

Il dit, et tous les Phéaciens applaudirent, et se promirent de seconder les désirs de cet étranger qui venoit de parler avec tant de force et de sagesse. Les libations étant donc faites, ils se retirèrent pour aller goûter les douceurs du sommeil. Ulysse demeura dans le palais; Areté et Alcinoüs ne le quittèrent point. Pendant qu'on ôtoit les tables, la reine le fixa plus attentivement; et ayant reconnu le manteau et les habits dont il étoit revêtu, et qu'elle avoit faits elle-même avec ses femmes, elle lui adressa la parole : Etranger, permettez-moi, lui dit-elle, de vous demander qui vous êtes, d'où vous venez, qui vous a donné ces habits. Ne m'avez-vous pas dit que la tempête vous a jeté sur nos rivages?

Grande reine, répondit le prudent Ulysse, il me seroit difficile de vous raconter les malheurs sans nombre dont les dieux m'ont accablé, mais je vais répondre à ce que vous me demandez. Très-loin d'ici, au milieu de la mer, il y a une grande île nommée Ogygie. Elle est habitée par Calypso, fille d'Atlas. C'est une puissante et redoutable déesse. Aucun dieu ni aucun homme n'a de commerce avec elle. La fortune ennemie me conduisit seul en ce lieu. Jupiter, du feu de son tonnerre, avoit brûlé mon vaisseau. Tous mes compagnons périrent à mes yeux. Dans ce péril je saisis une planche du débris de mon naufrage : neuf jours entiers je fus, sans la quitter, le jouet des flots irrités ; enfin le dixième, pendant l'obscurité de la nuit, les dieux me poussèrent sur les côtes d'Ogygie. Calypso me reçut, me traita très-favorablement, m'offrit même de me rendre immortel et de me garantir de la vieillesse. Mais ses offres ne me touchèrent point. Je passai sept ans entiers auprès d'elle, arrosant tous les jours de mes larmes les habits que m'avoit donnés cette nymphe. La huitième année, contre mon attente, elle me pressa de partir : Jupiter avoit changé ses dispositions, et Mercure étoit venu lui signifier les ordres du maître des dieux et des hommes. Elle me renvoya sur un vaisseau, me fit beaucoup de présens, me donna du vin, des viandes, des habits, et fit souffler un vent favorable. Je voguai heureusement pendant dix-sept jours : le dix-huitième, je découvrois déjà les noirs sommets des montagnes de la Phéacie ; mon cœur étoit transporté de joie. Hélas ! je n'étois pas au terme de mes maux ! Neptune m'en préparoit de nouveaux. Pour me fermer le chemin de ma patrie, il déchaîna les vents contre moi, il souleva les flots. Les vagues en courroux ne me permirent pas long-temps de demeurer sur mon frêle navire. Je l'invoquai en vain ; je remplissois inutilement l'air de mes cris ; un tourbillon brisa mon vaisseau, je tombai dans la mer, les vagues me poussèrent contre le rivage. Mais comme j'étois prêt à sortir de l'eau, un flot me rejeta avec violence contre d'énormes rochers. Je m'en éloignai ; et nageant encore, et à force de bras et d'adresse, j'arrivai à l'embouchure du fleuve.

Là je découvris une retraite sûre, commode et à l'abri des vents : je gagnai la terre, où j'abordai presque sans vie. J'y repris mes esprits ; et lorsque la nuit fut venue, je m'éloignai du fleuve et me couchai dans les broussailles. J'amassai des feuilles pour me couvrir, et un dieu versa un doux sommeil sur mes paupières. Je dormis toute la nuit et la plus grande partie du jour. Je ne me réveillai que lorsque le soleil étoit lui-même presque au moment de se coucher. J'aperçus alors les femmes de la princesse votre fille qui jouoient ensemble ; elle paroissoit au milieu d'elles comme une déesse. Je la conjurai de me secourir, je la trouvai pleine d'humanité. Devois-je m'attendre à tant de générosité de la part d'une jeune personne que je voyois par hasard et pour la première fois? on est d'ordinaire très-inconsidéré à cet âge. Elle me fit donner des viandes, du vin, des habits, des parfums, et me fit laver dans le fleuve. Voilà la vérité pure, et tout ce que l'affliction qui me suffoque me permet de vous apprendre.

Cher étranger, reprit Alcinoüs, je serois encore plus content de ma fille, si elle vous avoit conduit elle-même avec ses femmes. Ne le devoit-elle pas, puisque c'étoit la première personne que vous rencontriez et dont vous imploriez le secours? Grand roi, répond Ulysse, ne la blâmez pas. Elle m'avoit prié de la suivre : c'est moi qui ne l'ai pas voulu, de peur qu'en me voyant avec elle, vous ne désapprouvassiez sa conduite. Des malheureux comme moi appréhendent tout.

Étranger, dit Alcinoüs, je ne suis pas porté à tant de défiance, et le parti de l'humanité me paroît toujours le meilleur. Plût à Jupiter, à Minerve et à Apollon, qu'étant tel que vous paroissez, et ayant les mêmes sentimens que vous m'inspirez, vous voulussiez épouser ma fille et demeurer avec nous ! Je vous donnerois un beau palais et de grandes richesses, si vous vouliez fixer ici votre séjour. Cependant ni moi ni aucun de nos Phéaciens ne vous y retiendra malgré vous. Le dieu de l'Olympe le désapprouveroit. Demain donc, sans différer, tout sera prêt pour votre retour. Dormez en attendant, dormez avec sûreté. Mes nautonniers profiteront du temps le plus favorable pour vous ramener dans votre patrie. Ils y réussiront, dussiez-vous aller au-delà de l'Eubée, qui est, comme nous le savons, fort éloignée de nous. Quelques-uns de nos pilotes y ont déjà pénétré et conduit Rhadamanthe, lorsqu'il alla visiter Titye, le fils de la Terre. Ils le menèrent, et, malgré cette longue distance, en revinrent le même jour.

Vous connoîtrez vous-même de quelle bonté sont nos vaisseaux, et avec quelle adresse nos jeunes Phéaciens frappent la mer de leurs rames. Ainsi parla Alcinoüs. La joie se répandit dans le cœur d'Ulysse, et, s'adressant à Jupiter, il s'écria : O dieu, si Alcinoüs accomplit ce qu'il promet, sa gloire sera immortelle, et moi je reverrai ma patrie.

Vers la fin de ce doux et paisible entretien, Areté commanda à ses femmes de dresser un lit sous le beau portique du palais, de le garnir de belles étoffes de pourpre, d'étendre dessus et dessous des peaux et des couvertures très-fines. Elles sortent aussitôt, tenant à la main des flambeaux allumés ; et quand tout fut arrangé, elles vinrent en avertir Ulysse. Il se retira, les suivit sous le superbe portique, où tout étoit préparé pour le recevoir.

Alcinoüs le quitte aussi pour aller se reposer auprès d'Areté, dans l'appartement le plus reculé de son palais.

LIVRE VIII.

Lorsque l'aurore parut, Alcinoüs et Ulysse se levèrent, et tous deux ils sortirent pour se rendre au lieu de l'assemblée qu'on devoit tenir devant les vaisseaux. Quand ils y furent arrivés avec les Phéaciens, on s'assit sur des siéges de pierre bien polie.

Minerve prit alors la figure d'un des hérauts d'Alcinoüs; elle alla par la ville, et, pour disposer le retour d'Ulysse, s'approchant des principaux Phéaciens, elle leur disoit : Hâtez-vous, venez au conseil, écoutez-y les prières de cet étranger qui arriva hier au palais du roi : il a long-temps erré sur les flots de la mer, et je trouve qu'il ressemble aux Immortels. Par ces paroles, Minerve les excite et leur inspire de la diligence et de l'intérêt. La place et les siéges sont bientôt remplis : tout le monde regarde avec étonnement le prudent fils de Laërte. Pallas lui avoit donné une grâce toute divine : elle le faisoit paroître plus grand et plus fort, afin que par sa taille et par son air il attirât l'estime et l'attention des Phéaciens, et pour qu'il réussît dans les jeux militaires qu'on devoit lui proposer pour éprouver sa vigueur et son adresse.

Lorsque tout le monde fut placé, Alcinoüs prit la parole et dit : Ecoutez-moi, chefs des Phéaciens : je ne connois point cet étranger; j'ignore d'où il est venu, et si c'est de l'orient ou de l'occident; il nous conjure de lui fournir les secours et les moyens de retourner dans sa patrie. Ne nous démentons point en cette occasion : jamais nous n'avons fait soupirer long-temps après leur retour aucun de ceux qui ont abordé dans notre île. Qu'on

« mette donc en mer un de nos meilleurs vaisseaux, et choisissons promptement parmi le peuple cinquante-deux jeunes gens des plus habiles à manier la rame ; qu'ils préparent tout, et qu'ils viennent ensuite dans mon palais pour y manger et se disposer à partir : je fournirai toutes les provisions nécessaires.

Pour vous, qui êtes les plus considérables des Phéaciens, venez m'aider à traiter honorablement ce nouvel hôte. Que personne ne s'en dispense, et qu'on appelle Démodocus, cet excellent musicien, qui a reçu du ciel une voix si mélodieuse, et qui charme tous ceux qui l'entendent. En finissant ces mots, le roi se lève et marche le premier ; les autres le suivent. Un héraut va prendre Démodocus. Les cinquante-deux hommes choisis se rendent aussitôt sur le rivage, lancent à l'eau un excellent vaisseau, dressent le mât, y attachent des voiles, rangent les rames, et les lient avec des nœuds de cuir. Quand tout fut prêt, ils se rendirent au palais d'Alcinoüs. Les portiques, les cours, les salles furent bientôt remplis. Le roi fit égorger douze moutons, huit cochons et deux bœufs. On les dépouilla, et le festin fut promptement préparé. Le héraut amène Démodocus : il étoit aveugle ; mais les Muses, qui le chérissoient, lui avoient donné une voix délicieuse. Pontonoüs le place sur un siége d'argent, au milieu des conviés, et il l'appuie contre une colonne élevée, à laquelle il attache sa lyre au-dessus de sa tête, en lui montrant comment il la pourroit prendre au besoin. Il met devant lui une table, la couvre de viandes, et pose dessus une coupe remplie de vin, afin que Démodocus pût boire quand il voudroit. Les conviés profitent de la bonne chère ; et quand ils furent rassasiés, les Muses inspirèrent à leur favori de chanter les aventures et la gloire des héros les plus célèbres. Il commença par un événement qui avoit mérité l'attention des dieux mêmes : c'est la querelle fameuse sur une entre Achille et Ulysse dans le festin d'un sacrifice sous le rempart de Troie. Agamemnon paroissoit ravi que les chefs des Grecs fussent divisés. Apollon le lui avoit prédit, lorsque, prévoyant les malheurs qui menaçoient la Grèce et les Troyens, il se rendit dans le superbe temple de Python pour y consulter l'oracle.

Démodocus ravit de joie et d'admiration tous les assistans. Ulysse, attendri, prit son manteau, l'approcha de son visage, et se cacha pour que les Phéaciens ne le vissent pas répandre des larmes. Dès que Démodocus cessoit de chanter, Ulysse essuyoit ses yeux, se découvroit le visage, prenoit une coupe et faisoit des libations aux dieux immortels. Mais lorsque les Phéaciens, charmés d'entendre ce chantre divin, le pressoient de recommencer, Ulysse recommençoit aussi à répandre des larmes, et s'efforçoit de les cacher. Aucun des conviés ne le remarqua, à l'exception d'Alcinoüs, qui avoit fait asseoir son hôte à côté de lui. Les soupirs qui lui échappoient l'avoient pénétré; et pour les faire cesser, s'adressant aux convives, il leur dit : Je crois, chers Phéaciens, que vous ne voulez plus manger et que vous avez assez entendu de musique, qui est cependant l'accompagnement le plus agréable des festins. Sortons donc de table; montrons à cet étranger notre adresse dans les jeux et les exercices, afin que, de retour dans sa patrie, il puisse raconter à ses amis combien nous surpassons les autres nations dans les combats du ceste, à la lutte, à la course et à la danse.

Il se lève en même temps, il sort de son palais : les Phéaciens le suivent. Pontonoüs suspend à une colonne la lyre de Démodocus, le prend par la main, le conduit hors de la salle du festin, et le mène par le chemin que tenoient les Phéaciens pour aller voir et admirer les exercices qu'on venoit d'annoncer. Ils arrivèrent dans une place immense; une foule innombrable de peuple s'y étoit déjà rassemblée. Plusieurs jeunes gens alertes et très-bien faits se présentent pour disputer le prix.

C'étoient Acronée, Euryale, Elatrée, Nautès, Prumnès, Anchiale fils du constructeur Polynée, Cretmès, Pontès, Prorès, Thoon, Anabesinès, Amphiale, semblable au dieu terrible de la guerre, et Naubolide, qui, après le prince Laodamas, surpassoit tous les Phéaciens en force et en beauté. Les trois fils d'Alcinoüs se présentèrent aussi, Laodamas, Halius et le divin Clytonée. Voilà ceux qui se levèrent pour la course. On leur désigna la carrière qu'il falloit parcourir. Ils partent tous en même temps, ils volent, et font lever en courant des nuages de poussière qui les dérobent presque aux yeux des spectateurs. Mais Clytonée, plus agile qu'eux, les devance, et les laisse tout aussi loin derrière lui que de fortes mules traçant des sillons dans un champ, laissent derrière elles des bœufs pesans et tardifs.

Après la course, on vint au pénible exercice de la lutte. Euryale obtint la palme. Amphiale fit admirer à ses concurrens mêmes sa grâce et sa légèreté à la danse; Elatrée remporta le prix du disque, et Laodamas celui du ceste.

Après ces premiers essais, Laodamas prit la parole et leur dit: Mes amis, demandons à cet étranger s'il ne s'est point appliqué à quelques-uns de nos exercices. Il est très-bien fait; ses jambes, ses cuisses, ses mains, ses épaules marquent une grande vigueur. Il ne manque point de jeunesse, mais peut-être est-il affoibli par les grandes fatigues qu'il a essuyées. Les travaux de la mer sont, à ce que je pense, ce qui épuise le plus un homme, quelque robuste qu'il puisse être.

Vous avez raison, répond Euryale à Laodamas; j'approuve fort la pensée qui vous est venue. Allez donc, et provoquez vous-même votre hôte. A ces mots le brave fils d'Alcinoüs s'élance au milieu de l'assemblée, et parle à Ulysse en ces termes : Venez, généreux étranger, et entrez en lice si vous savez quelques-uns de nos jeux, et vous paroissez les savoir tous. Pour moi, je ne vois rien de plus glorieux pour un homme, que de réussir dans les exercices du corps. Venez donc vous éprouver contre nous. Eloignez la tristesse de votre esprit, votre départ ne sera pas long-temps différé. On a déjà lancé à l'eau le vaisseau qui doit vous porter, et vos rameurs sont tout prêts.

Le prudent Ulysse lui répondit : Laodamas, pourquoi vous moquez-vous de moi en me faisant cette proposition? Je suis bien plus occupé de mes maux que de vos combats. Quel souvenir amer et désolant que celui de tout ce que j'ai souffert! je ne parois ici que pour solliciter le secours dont j'ai besoin pour m'en retourner. Que le roi, que le peuple exauce mes vœux, et je n'ai plus rien à désirer.

Euryale réplique inconsidérément : Vous ne vous êtes donc pas formé à ces combats établis chez toutes les nations célèbres? N'auriez-vous passé votre vie qu'à courir les mers pour trafiquer ou pour piller? N'auriez-vous commandé qu'à des matelots, et songé qu'à tenir registre de provisions, de marchandises et de profits? Vous n'avez effectivement pas l'air et le ton d'un athlète ou d'un guerrier.

Ulysse, le regardant avec des yeux pleins d'indignation, lui dit : Jeune homme, vous vous oubliez : quel propos vous osez me tenir sans me connoître ! Nous ne le voyons que trop, les dieux partagent et divisent leurs faveurs. Il est rare qu'on trouve rassemblés dans un seul homme la bonne mine, le bon esprit et l'art de bien parler. L'un manque de beauté, mais les dieux l'en dédommagent par le talent de la parole; il se distingue et se fait admirer par son éloquence; il parle avec assurance; il ne lui échappe rien qui l'expose au repentir; il s'exprime avec une douceur et une modestie qui entraînent et persuadent la multitude; il est l'oracle des assemblées, et, dès qu'il paroît, on le suit comme une divinité. Un autre a la beauté des Immortels, mais les grâces ne sont pas répandues sur ses lèvres. N'en êtes-vous pas une preuve? Vous êtes parfaitement bien fait, je ne vois pas ce que les dieux mêmes pourroient ajouter à vos avantages extérieurs. Mais vous manquez de discrétion, vous parlez légèrement, et je n'ai pu vous entendre sans colère. Non, je ne suis point ce que vous pensez, et les exercices que vous estimez tant ne me sont point étrangers. J'y excellois même dans ma jeunesse. L'âge et les revers, les fatigues de la mer et d'une longue guerre que j'ai soutenues, car il y a long-temps que le malheur me poursuit, ont épuisé mes forces. Cependant, quelque affoibli que je sois, je veux entrer en lice; vos reproches m'ont vivement piqué; ils ont réveillé mon courage. Il dit; et s'avançant brusquement, sans se débarrasser même de son manteau, il prend un disque beaucoup plus grand, plus épais et plus pesant que ceux dont se servoient les Phéaciens: après lui avoir fait faire plusieurs tours avec le bras, il le pousse d'une main si forte que la pierre siffle en fendant les airs, et que plusieurs Phéaciens tombèrent étonnés de l'effort avec lequel elle fut jetée. Le disque ainsi poussé passe de très-loin les marques de ses rivaux. Minerve, sous la figure d'un homme, désigne elle-même l'endroit où le disque s'arrête, et s'écrie avec admiration qu'un aveugle le distingueroit sans peine en tâtonnant, tant il est éloigné de tous les autres. Prenez courage, ajoute la déesse; personne ici n'ira aussi loin, personne ne pourra vous surpasser. Ulysse est étonné et ravi de trouver quelqu'un dans l'assemblée qui le favorise si hautement. Il se radoucit, et dit aux Phéaciens avec une modeste hardiesse : Que les plus jeunes et les plus robustes d'entre vous atteignent ce disque s'ils le peuvent ; je vais en lancer un autre aussi pesant et beaucoup plus loin à ce que j'espère. Pour ce qui est des autres exercices, puisque vous m'avez défié, je consens à éprouver mes forces contre le premier qui osera me le disputer, soit au ceste, soit à la lutte ou à la course ; je ne refuse personne excepté Laodamas. Il est mon hôte ; et qui voudroit combattre contre un prince dont il a été si humainement traité ? Il n'y a qu'un insensé, un homme dépourvu de tout sentiment, qui pût se permettre de disputer le prix des jeux, dans un pays étranger, à celui même qui l'a accueilli avec bonté : ce seroit la méconnoître et agir contre ses propres intérêts. Mais pour les autres braves Phéaciens, je ne refuse ni ne dédaigne aucun de ceux qui voudront éprouver mon adresse. Je puis dire que je n'en manque pas à ces sortes de jeux. Je sais aussi me servir de l'arc ; j'ai souvent frappé au milieu de mes ennemis celui que je choisissois, quoiqu'il fût environné de compagnons d'armes tenant leur arc bandé contre moi. Le seul Philoctète me surpassoit quand nous nous exercions sous les murs de Troie ; mais je crois l'emporter sur tous les autres hommes qui sont aujourd'hui sur la terre et qui se nourrissent des dons de Cérès. Je ne prétends pas au reste m'égaler aux héros qui existoient avant nous, tels qu'étoient Hercule et Eurytus d'Œchalie. Ils le cédoient à peine aux dieux mêmes. Eurytus fut puni de cette arrogante présomption, et ne parvint point à un âge avancé, car Apollon, irrité de ce qu'il avoit eu l'audace de le défier, lui ôta la vie. Je lance une pique plus loin qu'un autre ne darde une flèche. Je craindrois seulement que quelqu'un de vous ne me surpassât à la course ; car je n'ai plus de forces ; je les ai consumées à lutter pendant plusieurs jours contre les flots et contre la faim, après que mon vaisseau a été brisé par la tempête.

Ainsi parla Ulysse : personne n'osa lui rien répliquer. Le seul Alcinoüs, prenant la parole, lui dit : Cher étranger, rien de plus convenable que ce que vous venez de dire. Nous ne vous blâmons point ni de la sensibilité que vous témoignez pour les reproches si déplacés d'Euryale, ni de la proposition que vous nous faites d'essayer vos forces et votre adresse contre nous. Peut-on, sans être injuste, méconnoître votre mérite et vos talens ? Mais écoutez-moi, je vous en prie, afin qu'un jour, retiré dans vos états et conversant à table avec votre femme, vos enfans et les hôtes que vous y admettrez, vous puissiez leur raconter ce que vous avez vu chez les Phéaciens, la vie qu'ils mènent, leurs occupations, leurs amusemens, et les exercices dans lesquels ils ont constamment excellé. Nous ne sommes pas les meilleurs lutteurs du monde, ni ceux qui se servent le mieux du ceste ; mais nul peuple ne court ni n'entend la navigation comme nous. Nous aimons les festins, la musique et la danse ; nous prenons plaisir à changer souvent d'habits, à prendre le bain chaud ; nous sommes jaloux de tout ce qui rend la vie agréable et commode.

Allons donc, jeunes Phéaciens, vous surtout qui vous distinguez dans la danse, montrez à cet illustre étranger tout ce que vous savez, afin qu'à son retour il apprenne aussi à ses amis combien nous surpassons les autres peuples à la course, à la danse, dans la musique et dans l'art de conduire des vaisseaux. Que quelqu'un aille promptement chercher la lyre de Démodocus, qu'on a laissée suspendue à une colonne dans mon palais.

Ainsi parla le divin Alcinoüs : un héraut se détache aussitôt pour aller prendre cet instrument. Neuf juges furent choisis au sort pour présider aux jeux et régler tout ce qui étoit nécessaire. Ils se pressent de faire aplanir le lieu où l'on devoit danser. Le héraut arrive ; il donne la lyre à Démodocus, qui se place dans le centre. Les jeunes gens se rangent autour de lui; ils commencent, ils frappent la terre de leur pied léger. Ulysse les regarde en applaudissant à l'agilité, à la justesse de leurs mouvemens. Démodocus chantoit sur sa lyre les amours de Mars et de Vénus, le début de cette intrigue, les présens que le dieu de la guerre fit à la déesse de la beauté, l'accueil qu'elle lui fit. Phébus en fut témoin, il en avertit Vulcain. A cette nouvelle le dieu vole dans son atelier; il redresse son enclume, et, pour se venger, il forge des filets qu'on ne pouvoit ni rompre ni relâcher. Sa fureur contre Mars lui fait imaginer cette espèce de piége. Quand il l'eut mis en état de servir son ressentiment, il entre dans son appartement, il l'entoure de ses liens indissolubles : ils étoient comme des fils de toiles d'araignée ; nul homme, nul dieu même ne pouvoit les apercevoir, tant le travail en étoit fin et délicat. Vulcain, après avoir dressé le piége où devoient se prendre les deux amans, annonça qu'il partoit pour Lemnos, qu'il préfère à toutes les autres contrées où on l'honore. Mars, qui l'épioit, crut légèrement qu'il s'absentoit, et court aussitôt chez la belle Cythérée..... Les mauvaises actions sont rarement impunies, s'écria un des dieux présens à cette honteuse scène. La lenteur a surpassé la vitesse : le tardif Vulcain a attrapé Mars, le plus léger de tous les dieux..... Démodocus chantoit toutes ces aventures. Ulysse et les Phéaciens étoient ravis de l'entendre. Alcinoüs commanda à ses deux fils, Halius et Laodamas, de danser seuls, car nul autre n'osoit se mesurer à ces deux princes. Pour montrer leur adresse, ils se saisissent d'abord d'un ballon couleur de pourpre, brodé par les mains habiles de Polybe. L'un d'eux, se pliant et se renversant en arrière, le pousse jusqu'aux nues; l'autre le reprend en sautant, et le repousse avant qu'il tombe à leurs pieds. Après s'être ainsi essayés, ils se mirent à danser avec une grâce et une justesse merveilleuses. Les jeunes gens qui étoient debout autour de l'enceinte battoient des mains, et tout retentissoit de leurs applaudissemens. Alors Ulysse dit à Alcinoüs : Vous aviez grande raison de me promettre d'excellens danseurs : vous tenez bien votre parole. Je ne puis vous exprimer le plaisir qu'ils me font et l'admiration qu'ils me causent.

Alcinoüs parut touché de cet éloge ; et, s'adressant aux Phéaciens, il leur dit : Cet étranger me semble un homme sage et d'une rare prudence ; faisons-lui, selon l'usage pratiqué pour les hôtes d'un grand mérite, faisons-lui des présens convenables. Vous êtes ici douze princes de la nation, qui la gouvernez sous moi qui suis le treizième. Que chacun de nous lui offre un manteau, une tunique bien lavée, et un talent d'or. Apportons-les au plus vite, afin que, touché de notre générosité, ce soir il se mette à table avec plus de joie. J'exhorte aussi Euryale à l'apaiser par des excuses et par des présens, car il a manqué à la justice et aux égards qu'il lui devoit.

Il dit : tous les princes approuvent Alcinoüs, et chacun d'eux commande aussitôt à son héraut d'aller prendre les présens. Euryale lui-même, s'adressant à Alcinoüs promet de donner à Ulysse la satisfaction qu'on exige. Il lui présente une épée d'un acier très-fin, dont la poignée est d'argent et le fourreau couvert d'un ivoire merveilleusement travaillé. J'espère, dit-il à Ulysse, que vous ne trouverez pas cette arme indigne de vous : acceptez-la, ô mon père ; et s'il m'est échappé quelques reproches que vous ne méritez pas, que les vents les emportent, et qu'ils sortent pour toujours de votre mémoire. Fassent les dieux que vous ayez bientôt la consolation de revoir votre femme et votre patrie ? N'y a-t-il pas assez long-temps que le malheur vous persécute et vous tient éloigné de tout ce qui vous aime ? Cher Euryale, repartit Ulysse, je prie les dieux de vous combler de joie et de prospérité. Puissiez-vous ne sentir jamais le besoin de cette épée! Tout ce que vous m'avez dit est réparé par le don magnifique que vous me faites, et par les douces paroles qui l'accompagnent. En achevant ces mots, le roi d'Ithaque met à son côté cette riche épée. Le soleil alloit se coucher : les autres présens arrivent, portés par des hérauts. On les dépose aux pieds d'Alcinoüs ; ses enfans les prennent et les portent eux-mêmes chez la reine. Le roi marchoit à leur tête. Lorsqu'ils furent arrivés dans l'appartement d'Areté, et qu'on eut placé et fait asseoir les chefs des Phéaciens, Alcinoüs dit à la reine : Ma femme, faites apporter ici la plus belle de mes cassettes, mettez-y un beau manteau et une tunique neuve. Ordonnez à vos esclaves de faire chauffer de l'eau ; il faut faire baigner notre hôte, étaler ensuite et ranger proprement nos présens. J'espère que ce beau coup d'œil lui donnera une joie secrète, et le préparera à goûter mieux le plaisir de la table et de la musique. Pour moi, je le prie d'accepter une belle coupe d'or, afin qu'il se souvienne de moi, et qu'il fasse tous les jours des libations à Jupiter et aux autres dieux.

La reine commande aussitôt à ses femmes de mettre un trépied sur le feu : elles obéissent, portent un grand vaisseau d'airain, le remplissent d'eau, mettent dessous beaucoup de bois. Dans un moment la flamme s'élève et l'eau commence à frémir.

Cependant Areté se fait apporter une belle cassette pour Ulysse : elle y dépose les habits, l'or, tous les présens des Phéaciens ; elle y ajoute pour elle-même une tunique et un manteau magnifique. Quand tout fut rangé avec beaucoup d'ordre, la reine lui dit : Considérez tout ce que cette cassette renferme, mettez-y votre sceau, afin que dans le voyage on n'en dérobe rien pendant que vous dormirez dans votre vaisseau.

Le fils de Laërte, après avoir admiré tous ces riches présens, après en avoir marqué sa reconnoissance, baisse le couvercle de la cassette, et la scelle d'un nœud merveilleux dont Circé lui avoit donné le secret. On l'avertit ensuite d'entrer dans le bain ; il le trouve chaud : il en paroît ravi, car il n'en avoit point usé depuis qu'il étoit sorti de la grotte de Calypso. Alcinoüs ne lui laisse rien à désirer, et après que les femmes d'Areté l'ont fait baigner, après qu'elles lui ont prodigué les parfums les plus exquis, elles lui jettent de magnifiques habits. Ulysse quitte la salle des bains et se rend dans celle des festins. Nausicaa, dont la beauté égaloit celle des déesses mêmes, étoit à l'entrée de la salle. Dès qu'elle aperçut Ulysse, elle fut frappée d'étonnement, et lui dit : Etranger, je vous salue. Quand vous serez arrivé dans votre patrie, ne m'oubliez pas ; car je suis la première qui vous ai secouru, et c'est à moi que vous devez la vie.

Ulysse lui répondit : Belle Nausicaa, fille du grand Alcinoüs, que Jupiter me conduise auprès de ma femme et de mes amis, et je vous promets de me souvenir sans cesse de vous, et de vous adresser tous les jours des vœux comme à une déesse tutélaire à qui je dois la vie et mon bonheur.

Après ce remercîment fait à Nausicaa, Ulysse s'asseoit auprès d'Alcinoüs. On sert les viandes découpées, on mêle le vin dans les urnes : un héraut amène par la main Démodocus ; il le place au milieu des convives et contre une colonne qui lui servoit d'appui. Alors le fils de Laërte, s'adressant au héraut, prend la meilleure partie du morceau qu'on lui avoit servi par honneur, et le charge de le porter de sa part à Démodocus, et de lui dire que la tristesse qui flétrit son âme ne le rend point insensible à ses chants divins. Les chantres comme lui, ajoute Ulysse, doivent être chéris et honorés de tous les hommes. Ce sont les Muses qui les inspirent, et ils en sont les principaux favoris.

Il dit, et le héraut s'acquitte de sa commission. Démodocus est touché de cette attention. Les convives se livrent au plaisir de la bonne chère; et quand l'abondance eut chassé la faim, Ulysse adresse la parole à Démodocus. Il n'y a point d'hommes, lui dit-il, qui méritent plus de louanges que vous. Vous êtes instruit par les Muses, ou plutôt par Apollon lui-même. Quand vous auriez été au siége de Troie, quand du moins quelques-uns de ceux qui s'y sont le plus distingués vous en auroient parlé, vous ne pourriez pas chanter d'une manière plus touchante les travaux des Grecs et tout ce qu'ils y ont fait et souffert. Mais continuez, et racontez-nous, je vous prie, l'aventure du cheval de bois que construisit Epéus avec le secours de Minerve; de quelle manière Ulysse le fit conduire dans la citadelle, après l'avoir rempli des guerriers qui devoient saccager Ilion. Si vous réussissez à nous dépeindre ce merveilleux stratagème, je publierai partout que c'est Apollon qui vous a inspiré de si beaux chants.

Aussitôt Démodocus, saisi d'un divin enthousiasme, se met à chanter. Il commence au moment que les Grecs mirent le feu à leurs tentes, et firent semblant de se retirer sur les vaisseaux. Ulysse, avec plusieurs des principaux capitaines, étoit au milieu de la ville, caché dans les flancs du cheval de bois, et les Troyens ont l'imprudence de le traîner jusque dans la citadelle. Après l'y avoir placé, ils délibèrent autour de cette énorme machine, et il y eut trois avis : les uns vouloient qu'on la mît en pièces, les autres conseilloient de la précipiter du haut des remparts dans les fossés, et les troisièmes de la conserver et de la consacrer aux dieux pour les apaiser. Cet avis devoit prévaloir. Le destin avoit résolu la ruine de Troie, puisqu'il avoit permis qu'on fît entrer dans son enceinte ce colosse immense avec les guerriers qui alloient y porter la désolation et la mort. Il chante ensuite comment les Grecs, sortis des flancs de ce cheval comme d'une vaste caverne, saccagèrent la ville ; il représente leurs plus braves héros portant partout le fer et la flamme. Il dépeint Ulysse semblable au dieu Mars, et courant avec Ménélas au palais de Déiphobus ; le combat furieux et long-temps incertain qu'ils y soutinrent, et la victoire qu'ils remportèrent par le secours de Minerve. Ainsi chantoit Démodocus. Ulysse fondoit en larmes, et son visage en étoit couvert. L'attendrissement qu'il éprouvoit n'étoit pas moins touchant que celui d'une femme, qui, voyant tomber son mari combattant pour sa patrie et pour ses concitoyens, sort éperdue, et se jette en gémissant sur son corps expirant, le serre entre ses bras, et semble braver les ennemis cruels qui redoublent leurs coups et préparent à cette infortunée une dure servitude, une longue suite de misères et de travaux. Uniquement occupée de sa perte présente, elle ne déplore qu'elle, elle se lamente, elle ne songe qu'à sa douleur actuelle. Ainsi pleuroit Ulysse. Les Phéaciens ne s'en aperçurent point : Alcinoüs, auprès de qui il étoit, fut le seul qui vit couler ses pleurs et qui entendit ses sanglots. Sensible à l'état où il paroissoit, il pria les convives de trouver bon qu'il fît cesser Démodocus. Ce qu'il chante, dit-il, ne fait pas la même impression de plaisir sur tous les assistans. Depuis que nous sommes à table, et que ce divin musicien s'accompagne de la lyre, mon nouvel hôte n'a cessé de pleurer et de gémir. Une profonde tristesse s'est emparée de lui ; écartons ce qui peut la causer : que Démodocus suspende ses chants, et que cet étranger partage gaiement avec nous le plaisir que nous trouvons à le traiter. Cette fête n'est que pour lui ; c'est pour lui que nous équipons un vaisseau ; c'est à lui que nous adressons des présens : un étranger, un suppliant doivent être regardés comme frères par tout homme qui a l'âme honnête et sensible. Mais, étranger, ne refusez pas de répondre exactement à ce que je vais vous demander. Apprenez-moi le nom que votre père et votre mère vous ont donné, et sous lequel vous êtes connu de vos voisins ; car tout homme, quel qu'il soit, en reçoit un en naissant. Dites-nous quelle est votre patrie, quelle est la ville que vous habitez, afin que nous vous y remenions sur nos vaisseaux qui sont doués d'intelligence. Car il faut que vous sachiez que les vaisseaux des Phéaciens n'ont besoin ni de pilotes ni de gouvernail pour les conduire : ils ont de la connoissance comme les hommes, savent les chemins des villes et de tous les pays ; ils parcourent les plus longs espaces, toujours enveloppés d'épais nuages qui les empêchent d'être découverts par les pirates ou nos ennemis, et jamais ils n'ont à craindre ni les orages ni les écueils.

Je me souviens seulement d'avoir entendu dire à mon père Nausithoüs, que Neptune entreroit en colère contre nous, parce que nous devions nous charger trop facilement de reconduire tous les hommes, sans distinction, qui réclameroient notre secours, et qu'il nous menaçoit qu'un jour, pour nous punir d'avoir remené dans sa patrie un étranger qu'il n'aimoit pas, il feroit périr notre vaisseau, et que notre ville seroit écrasée par la chute d'une montagne voisine. Voilà la prédiction de ce vénérable vieillard. Les dieux peuvent l'accomplir ou la laisser sans effet, selon leur volonté : racontez-nous à présent, sans déguisement et sans crainte, quelle tempête vous a fait perdre votre route ; dans quelles contrées, dans quelles villes vous avez été ; quels sont les peuples que vous avez trouvés cruels, sauvages, injustes ; quels sont ceux qui vous ont paru humains et hospitaliers. Apprenez-nous pourquoi vous pleurez et vous soupirez quand vous entendez parler des Troyens et des Grecs. Les dieux qui permirent la chute de cette fameuse ville, nous font trouver dans cette catastrophe de quoi les célébrer et nous instruire. Avez-vous perdu devant cette place un beau-père, un gendre, quelques autres parens encore plus proches? y auriez-vous vu périr un ami, compagnon d'armes, sage et fidèle? car un tel ami n'est pas moins digne qu'un frère de nos tendres et éternels regrets.

LIVRE IX.

Comment se refuser aux prières du plus juste et du plus humain des rois? répondit Ulysse à Alcinoüs. Ne vaudroit-il pas mieux cependant entendre Démodocus, dont les chants égalent par leur douceur celui des Immortels? Non, je ne connois rien de plus agréable que de voir régner l'aisance et la joie dans tout un peuple, que de voir goûter paisiblement les plaisirs de la table et de la musique : c'est l'image ravissante du bonheur.

Ne seroit-ce pas le troubler, ce bonheur, ne seroit-ce pas réveiller tous mes chagrins, que de vous raconter l'histoire de mes malheurs? Par où commencer ce triste récit, et par où dois-je le finir? Car il est peu de traverses que les dieux ne m'aient fait éprouver.

Je vous dirai d'abord mon nom : daignez le retenir. Si les dieux me protégent contre les malheurs qui me menacent encore, malgré la longue distance qui sépare ma patrie de la vôtre, accordez-moi de vous demeurer toujours uni par les liens de l'hospitalité.

Je suis Ulysse, Ulysse fils de Laërte. J'ai acquis quelque réputation par mon adresse et ma prudence; les dieux mêmes ont applaudi à mon courage et à mes succès dans la guerre. Ma patrie est l'île d'Ithaque, dont l'air est très-sain, et qui est célèbre par le mont Nérite tout couvert de bois; elle est environnée de plusieurs autres îles toutes habitées et qui en dépendent, de Dulichium, de Samé, de Zacynthe qui n'est presque qu'une forêt. Ithaque touche pour ainsi dire au continent : elle est plus septentrionale que les autres îles ; car celles-ci sont, les unes au midi, et les autres au levant. Le sol en est pierreux et peu fertile, mais on y élève des hommes braves et robustes. Tel est le lieu de ma naissance ; il y en a de plus beaux, mais il n'y en a point de plus cher à mon cœur.

J'en ai été très-long-temps éloigné. Calypso a voulu me retenir dans ses états et m'a offert sa main immortelle. Circé, si célèbre par ses secrets merveilleux, a tout tenté inutilement pour me fixer dans son palais enchanté. J'ai résisté à leurs promesses et à leurs charmes. Rien n'a pu me faire oublier ma patrie, mes parens et mes amis. J'ai cédé à ce sentiment si profond et si légitime : je lui ai sacrifié les honneurs, les richesses, les plaisirs, et l'immortalité même.

Mais il est temps de vous raconter mon histoire et les malheurs, qui, par l'ordre des dieux, ont traversé mon retour depuis la trop fameuse expédition de Troie. Dès que je quittai cette ville infortunée, dès que je mis à la voile, un vent furieux et contraire me poussa sur les côtes des Ciconiens, vers le mont Ismare. J'y fis une descente, je pillai et saccageai leur principale ville. Les richesses et les captifs furent partagés avec égalité, après quoi je pressai mes compagnons de partir et de se rembarquer au plus vite. Les insensés refusèrent de m'obéir, et s'amusèrent à faire bonne chère sur le rivage. Le vin ne fut point épargné ; ils égorgèrent quantité de bœufs et de moutons. Pendant ce temps-là, ce qui restoit des Ciconiens implora le secours de ses voisins. Ils étoient plus éloignés de la mer. De ces endroits bien peuplés il s'assemble une armée d'hommes plus aguerris que les premiers, beaucoup mieux disciplinés, et très-accoutumés à combattre à pied et à cheval. Ils parurent dès le lendemain en aussi grand nombre que les feuilles et les fleurs que font naître le printemps et les larmes de l'aurore. Alors tout change, les dieux se déclarent contre nous ; et ce furent là nos premiers, mais non pas nos derniers malheurs.

Nos ennemis s'avancent, nous attaquent devant nos vaisseaux à coups d'épées et de javelots armés de pointes d'acier. Nous résistâmes long-temps et courageusement. Pendant tout le matin, les efforts de cette multitude ne nous ébranlèrent point ; mais quand le soleil pencha vers son déclin, nous fûmes enfoncés, et les Ciconiens eurent l'avantage sur les Grecs. Chacun de nos vaisseaux perdit six hommes, le reste se sauva, et nous nous éloignâmes précipitamment d'une plage qui nous avoit coûté tant de sang. Quand nous fûmes en pleine mer, nous nous arrêtâmes, et nous ne partîmes qu'après avoir prononcé tristement et à haute voix le nom de ceux de nos compagnons qui étoient tombés sous le fer des Ciconiens. Cette funèbre cérémonie finie, nous dirigeâmes notre marche vers Ithaque. Jupiter alors fit souffler un vent de Borée très-violent : la tempête devient furieuse, d'épais nuages nous cachent la terre et la mer, la nuit tombe en quelque sorte du ciel sur nos navires ; ils sont poussés dans mille sens contraires, et ne peuvent tenir de route certaine. Les vents déchaînés déchirent nos voiles : nous nous pressons de les baisser, de les plier pour éviter la mort, et à force de rames nous gagnons une rade sûre et bien abritée. Nous y demeurâmes deux jours et deux nuits, accablés de travail et d'affliction ; mais le troisième, dès l'aurore, nous élevâmes les mâts, nous étendîmes nos voiles bien réparées, et nous nous remîmes en mer. Les pilotes, à l'aide d'un vent favorable, prirent la route la plus certaine et la plus courte. Je me flattois d'arriver bientôt, quand je me vis encore contrarié par les courans et par le souffle impétueux de Borée. En doublant le cap de Malée, je fus jeté loin de l'île de Cythère, et durant neuf jours je me vis le jouet de cette seconde tempête. Le dixième nous abordâmes au pays des Lotophages, ainsi appelés parce qu'ils se nourrissent du fruit d'une plante connue dans leur pays. Nous y mîmes pied à terre, et y puisâmes de l'eau. Mes compagnons dînèrent sur le rivage proche de nos vaisseaux. Quand ils eurent satisfait à ce besoin, j'en choisis deux avec un héraut, que je chargeai d'aller reconnoître le terrain et les hommes qui l'habitoient. Ils nous quittent et se mêlent avec les Lotophages. Ce peuple ne leur fit aucun mal, mais il leur donna à goûter du fruit du lotos. Ceux qui en mangèrent ne songeoient plus à venir nous joindre ; ils oublioient jusqu'à leur patrie, et vouloient rester avec ces nouveaux hôtes, afin d'y vivre d'un fruit qui leur paroissoit si délicieux. Je les contraignis de revenir : malgré leurs larmes je les fis monter sur les vaisseaux ; et pour prévenir leur désertion, on les y attacha aux bancs des rameurs. Je commandai à mes autres compagnons de se rembarquer promptement, de peur que quelqu'un d'entre eux, venant à goûter de ce lotos, ne voulût nous abandonner.

Ils montent sans différer, s'asseoient, et, rangés avec ordre, frappent les flots de leurs rames. Le port s'éloigne, la hauteur du rivage décroît, nous approchons de la terre des Cyclopes, hommes arrogans, injustes, et qui, se fiant au hasard, ne plantent ni ne sèment, et se nourrissent des fruits que la terre produit d'elle-même. Tout y vient sans culture, le froment, l'orge, les vignes : les pluies et la chaleur les font croître et mûrir. Ils ne tiennent point d'assemblée nationale, ne connoissent point de lois ; ils n'observent aucune règle de police. Ils habitent sur le haut des montagnes ou dans des cavernes profondes ; chacun y gouverne sa famille et règne souverainement sur sa femme et sur ses enfans, sans se mettre en peine des autres.

Proche du port, et à quelque distance du continent, on trouve une île couverte de grands arbres et pleine de chèvres sauvages. Elles n'y sont point épouvantées par les chasseurs, qui s'exerçant ailleurs à poursuivre des bêtes fauves dans les bois et sur les montagnes, ne vont jamais dans cette île inhabitée. On n'y voit donc ni bergers ni laboureurs. Tout y est inculte et sans autres habitans que ces troupeaux bêlans. Les Cyclopes ne peuvent point s'y transporter, parce qu'ils n'ont ni vaisseaux ni constructeurs qui sachent en bâtir pour aller dans d'autres pays, comme tant de peuples qui traversent les mers et vont et viennent pour leurs affaires. S'ils avoient eu des vaisseaux, ils se seroient emparés de cette île, car le sol n'en est pas mauvais, et, dans la saison, il peut porter toutes sortes de fruits. Il y a des prairies grasses et fraîches qui s'étendent le long du rivage ; les vignes y seroient excellentes ; on recueilleroit dans son temps de gros épis de blé : tout y annonce la fertilité. Elle a de plus un port sûr et commode ; les cables y sont inutiles : il n'y faut point jeter l'ancre ni y retenir les vaisseaux par de longues cordes. Ils y demeurent jusqu'à ce que les pilotes veuillent les en faire sortir, ou que l'haleine des vents les en chasse.

A l'extrémité du port coule une eau très-pure : sa source est dans un antre que des peupliers environnent. Nous abordâmes dans cet endroit sans l'avoir découvert. Un dieu nous y conduisit à travers les ténèbres de la nuit ; nos vaisseaux étoient entourés d'une épaisse obscurité : la lune, enveloppée de nuages, ne jetoit point de lumière. Aucun de nous n'avoit aperçu cette île, et ce fut dans le port même que nous entendîmes le bruit des flots qui, après avoir frappé le rivage, revenoient sur eux-mêmes en mugissant. Dès que nous nous sentons en lieu de sûreté, nous plions les voiles, nous descendons sur la rive, nous y dormons jusqu'au jour. Le lendemain, l'aurore à peine levée, nous regardons l'île, et nous la parcourons tout étonnés de sa beauté. Les nymphes, filles de Jupiter, firent partir devant nous des chèvres sauvages par troupeaux. Ce fut une ressource dont mes compagnons ne tardèrent pas à profiter. Ils volent chercher leurs arcs et leurs flèches suspendus dans les vaisseaux; et, nous étant partagés en trois bandes, nous nous mettons à les poursuivre. Les dieux rendirent notre chasse heureuse. Douze vaisseaux me suivoient : je pris neuf chèvres pour chacun d'eux; mes compagnons en choisirent dix pour le mien. Nous passâmes toute la journée à boire et à manger. Le vin ne nous manquoit pas encore : nous en avions rempli de grandes cruches quand nous pillâmes la ville des Ciconiens.

Nous découvrions aisément la terre des Cyclopes, qui n'étoit séparée de nous que par un petit trajet; nous voyions la fumée qui sortoit de leurs cavernes, et nous entendions le bêlement de leurs troupeaux de brebis et de chèvres.

Cependant le soleil se couche; nous passons la nuit à terre, sur le bord de la mer. Quand l'aurore parut, j'assemblai mes compagnons et je leur dis : Mes amis, attendez-moi ici; avec un seul de mes vaisseaux je vais reconnoître la terre qui est si près de nous, et les hommes qui habitent cette contrée. Je vais m'assurer s'ils sont inhumains et injustes, ou s'ils craignent les dieux et s'ils exercent l'hospitalité.

Aussitôt je monte sur mon vaisseau : mes compagnons me suivent; ils délient les cables, s'asséoient sur les bancs et font force de rames. Lorsque nous fûmes arrivés près d'une campagne peu éloignée, nous aperçumes dans l'endroit le plus reculé, assez près de la mer, une caverne profonde et entourée de lauriers épais. Il en sortoit le cri de plusieurs troupeaux de moutons et de chèvres, et l'on entrevoyoit tout autour une basse-cour spacieuse et creusée dans le roc. Elle étoit fermée par de grosses pierres et ombragée de grands pins et de hauts chênes. C'étoit l'habitation d'un énorme géant qui paissoit seul ses troupeaux loin des autres Cyclopes, avec qui il n'avoit nul commerce. Toujours à l'écart, il mène une vie brutale et sauvage.

Ce monstre est étonnant : il ne ressemble à aucun mortel, mais à une montagne couverte de bois qui s'élève au-dessus des autres montagnes ses voisines. Alors j'ordonnai à mes compagnons de m'attendre et de bien garder mon vaisseau. J'en choisis douze d'entre eux des plus courageux, et je m'avançai, portant avec moi une outre remplie d'un vin délicieux. Il m'avoit été donné par Maron, fils d'Evanthès et prêtre d'Apollon qu'on révère dans Ismare. Par respect et par esprit de religion, j'avois épargné ce pontife, sa femme, ses enfans, et empêché qu'on ne profanât le bois consacré à Apollon, et qu'on ne pillât la demeure du ministre de ses autels. Il me fit présent de cet excellent vin par reconnoissance, et il y ajouta sept talens d'or, une belle coupe d'argent, remplit douze grandes urnes de ce breuvage délicieux, et en fit boire abondamment à mes compagnons. Aucun de ses esclaves, aucun même de ses enfans ne connoissoit l'endroit où il étoit renfermé : lui seul, avec sa femme et la maîtresse de l'office, en avoit la clef. Quand on en buvoit chez lui, il y mettoit vingt mesures d'eau, et la coupe exhaloit encore une odeur céleste qui parfumoit toute la maison. Aussi ne pouvoit-on résister au plaisir et au désir de boire de cette liqueur, quand on l'avoit goûtée.

J'en pris une outre bien pleine, et je l'emportai avec quelques autres provisions, car j'avois une sorte de pressentiment que l'homme que j'allois chercher étoit d'une force prodigieuse et qu'il méconnoissoit également toutes les lois de l'humanité, de la justice et de la raison. En peu de temps nous arrivons dans sa caverne. Il n'y étoit pas, il avoit mené ses troupeaux aux pâturages. Nous entrons dans son antre, nous le visitons, et nous y trouvons tout dans un ordre admirable. Des corbeilles pleines de fromages, des bergeries remplies d'agneaux et de chèvres, mais séparées et différentes pour les différens âges et les différens animaux : d'un côté étoient les petits, de l'autre les plus grands, d'un autre ceux qui ne faisoient que de naître. De grands vases étoient pleins de lait caillé. Tout étoit rangé, les bassins, les terrines déjà disposés pour traire les troupeaux quand il les ramèneroit du pâturage.

Alors mes compagnons me conjurèrent de prendre quelques fromages, d'enlever quelques moutons, de regagner promptement nos vaisseaux et de nous remettre en mer. J'eus l'imprudence de dédaigner leur conseil : les dieux m'en ont puni. Mais j'avois la curiosité, ou plutôt la témérité de voir ce Cyclope. Je me flattois qu'il ne violeroit pas les droits de l'hospitalité, et que j'en recevrois quelque présent. Quelle erreur! et que sa rencontre devint funeste à quelques-uns de mes compagnons !

Nous demeurâmes donc dans la caverne; nous y allumâmes du feu pour offrir aux dieux des sacrifices, et, en attendant notre hôte, nous mangeâmes quelques fromages. Il arrive enfin : il portoit une énorme charge de bois sec, pour préparer son souper; il la jette à terre en entrant, et cette charge tombe avec un si grand fracas, que la peur nous saisit tous, et que nous allons nous cacher dans un coin de la caverne. Polyphème y introduit ses troupeaux; et après avoir bouché sa demeure avec un rocher que vingt charrettes attelées des bœufs les plus forts auroient à peine ébranlé, il s'asseoit, sépare les boucs et les béliers des brebis qu'il se mit à traire lui-même. Il fait ensuite approcher les agneaux de leurs mères, partage son lait, dont il verse une partie dans des corbeilles pour en faire des fromages, et se réserve l'autre pour le boire à son souper. Tout ce ménage étant fini, il allume du feu, nous aperçoit et nous crie : Etrangers, qui êtes-vous ? d'où venez-vous ? Est-ce pour le négoce que vous voguez sur la mer ? Errez-vous sur les flots à l'aventure pour piller inhumainement comme des pirates au péril de votre honneur et de votre vie ? Il dit : la crainte glaça notre cœur ; son épouvantable voix, sa taille prodigieuse, nous firent trembler. Cependant je me déterminai à lui répondre en ces termes : Nous sommes Grecs, nous revenons de Troie ; des vents contraires nous ont fait perdre la route de notre patrie, après laquelle nous soupirons : ainsi l'a voulu Jupiter, le maître de la destinée des hommes. Compagnons d'Agamemnon, dont la gloire remplit la terre entière, nous l'avons aidé à ruiner cette ville superbe et à détruire cet empire florissant. Traitez-nous comme vos hôtes ; faites-nous les présens d'usage : nous nous jetons à vos genoux. Respectez les dieux, nous sommes vos supplians : souvenez-vous qu'il y a dans l'Olympe des vengeurs de ceux qui violent les droits de l'hospitalité : souvenez-vous que le maître des dieux protége les étrangers et punit ceux qui les outragent.

Malheureux, répondit cet impie, il faut que tu viennes d'un pays bien éloigné, et où l'on n'ait jamais entendu parler de nous, puisque tu m'exhortes à craindre les dieux et à traiter les hommes avec humanité. Les Cyclopes se mettent peu en peine de Jupiter et des autres Immortels. Nous sommes plus forts et plus puissans qu'eux. La crainte de les irriter ne te mettra point à l'abri de ma colère non plus que tes compagnons, si mon cœur de lui-même ne se tourne à la pitié. Mais dis-moi où tu as laissé ton vaisseau : est-il près d'ici ? est-il à l'extrémité de l'île ? Je veux le savoir.

Ces paroles étoient un piége qu'il me tendoit. J'opposai la ruse à la ruse, et je ne balançai pas à répondre que Neptune, qui, de son trident, soulève et bouleverse les flots, avoit brisé mon vaisseau en le poussant contre des rochers qui sont à la pointe de l'île. Les vents, lui dis-je, et les flots en ont dispersé les débris, et ce n'est que par les plus grands efforts que moi et mes compagnons nous avons conservé la vie.

Le barbare ne me répond rien, mais il étend ses bras monstrueux et se saisit de deux de mes compagnons, les écrase contre une roche comme de jeunes faons. Leur cervelle rejaillit de tous côtés, leur sang inonde la terre. Il les déchire en plusieurs morceaux, en prépare son souper, les dévore comme un lion qui a couru les montagnes sans trouver de proie. Il mange non-seulement les chairs, mais les entrailles et les os. A cette vue nous élevons les mains au ciel, nous tombons dans un affreux désespoir. Pour le Cyclope, content de ce repas détestable et de plusieurs cruches de lait qu'il avale, il se couche dans son antre et s'endort paisiblement au milieu de ses troupeaux.

Cent fois je fus tenté de me jeter sur ce monstre et de lui percer le cœur de mon épée. Ce qui me retint, ce fut la crainte de périr dans cette caverne. En effet il nous eût été impossible de repousser l'énorme rocher qui en fermoit l'ouverture. Nous attendîmes donc dans l'inquiétude et dans la douleur le retour de l'aurore. Dès qu'elle parut, dès qu'elle commença à dorer la cime des montagnes, le Cyclope allume du feu, se met à traire ses brebis, approche d'elles leurs agneaux, fait son ouvrage ordinaire, et massacre deux autres de mes compagnons, dont il fait son dîner. Il ouvre ensuite sa caverne, fait sortir ses troupeaux, sort avec eux, referme la porte sur nous avec cet horrible rocher qu'il remue avec la même aisance que si c'eût été le couvercle d'un carquois. Ce géant s'éloigne et mène ses brebis paître sur des montagnes qu'il fait retentir de l'horrible son de son chalumeau.

Renfermé dans cet antre, je méditai, avec ce qui me restoit de compagnons, les moyens de nous venger, si Minerve vouloit m'aider et m'accorder la gloire de purger la terre de ce monstre. De tous les partis qui se présentèrent à mon esprit, voici celui qui me parut le meilleur. J'aperçus une longue massue d'olivier encore vert, que le Cyclope avoit coupée pour la porter quand elle seroit sèche. Elle nous parut semblable au mât d'un vaisseau de vingt rames. Elle en avoit l'épaisseur et la hauteur. J'en coupai moi-même environ la longueur de quatre coudées, et je chargeai mes compagnons de la dégrossir et de l'aiguiser par le bout. Ils m'obéissent. Quand elle fut dans l'état où je la voulois, je la leur retirai, j'y mis la dernière main, et après en avoir fait durcir la pointe au feu, je la cachai dans l'un des grands tas de fumier dont nous étions environnés. Ensuite je fis tirer au sort, afin que la fortune choisît ceux de mes compagnons qui auroient la hardiesse de m'aider à enfoncer le pieu dans l'œil du Cyclope quand il dormiroit. Le sort tomba sur les quatre plus intrépides. Je fus le cinquième et le chef de cette entreprise dangereuse.

Cependant, vers le coucher du soleil, Polyphême revient. Il fait entrer tous ses troupeaux dans son antre. Il n'en laisse aucun à la porte, soit qu'il appréhendât quelque surprise, soit qu'un dieu le permît ainsi pour nous sauver du plus grand des dangers. Après qu'il eut fermé la caverne, il s'asseoit, trait ses brebis à son ordinaire, et quand tout fut fait, se saisit encore de deux de mes compagnons dont il fait son souper.

Dans ce moment je m'approche de lui et lui présente une coupe, en lui disant : Prenez, Cyclope, et buvez de ce vin ; vous devez en avoir besoin pour digérer la chair humaine que vous venez de manger. J'en avois sur mon vaisseau une grande provision, et je destinois le peu que j'en ai sauvé à vous faire des libations comme à un dieu, si touché de compassion pour moi, vous daigniez m'épargner et me fournir les moyens de retourner dans ma patrie. Quelle cruauté vous venez d'exercer ! Et qui osera désormais aborder dans votre île, puisque vous traitez les étrangers avec tant de barbarie ?

Le monstre prend la coupe, la vide sans daigner me répondre, et m'en demande un second coup : Verse, ajoute-t-il, sans l'épargner, et dis-moi ton nom, pour que je te fasse un présent d'hospitalité en reconnoissance de ta délicieuse boisson. Notre terre porte de bon vin, mais il n'est pas comparable à celui que je viens de boire. C'est ce qu'il y a de plus exquis dans le nectar et dans l'ambrosie. Ainsi parla le Cyclope. Je lui versai de cette liqueur jusqu'à trois fois, et trois fois il eut l'imprudence de vider son énorme coupe. Elle fit son effet, ses idées se brouillèrent. Je m'en aperçus; et m'approchant alors, je lui dis d'une voix douce : Vous m'avez demandé mon nom, il est assez connu dans le monde. Je vais vous l'apprendre, et vous me ferez le présent que vous m'avez promis. Je m'appelle *Personne;* c'est ainsi que me nomment mon père, ma mère et tous mes amis. Oh bien, répliqua-t-il avec brutalité, tous tes compagnons seront dévorés avant toi, et Personne sera le dernier que je mangerai. Voilà le présent d'hospitalité que je lui destine. Il dit et tombe à la renverse; le sommeil, qui dompte tout, s'empare de lui; il vomit le vin et les morceaux de chair humaine qu'il avoit avalés. Je tire aussitôt du fumier le pieu que j'y avois caché, je le fais chauffer et durcir dans le feu, je parle à mes compagnons pour les soutenir et les encourager. Le pieu s'échauffe : tout vert qu'il est, il alloit s'enflammer. Je le saisis et me fais suivre et escorter des quatre que le sort m'avoit associés. Un dieu nous inspire une intrépidité surhumaine. Nous prenons le pieu, nous l'appuyons par la pointe sur l'œil du Cyclope; je pèse dessus, je l'enfonce et le fais tourner. Comme quand un charpentier perce une planche avec un vilebrequin, pour l'employer à la construction d'un vaisseau, il pèse sur l'instrument par-dessus, et ses compagnons au-dessous le font tourner en tous les sens avec sa courroie : de même nous agitons la pointe embrasée de cet énorme pieu, en la faisant pénétrer jusqu'au fond de l'œil du Cyclope. Le sang sort en abondance ; les sourcils, les paupières, la prunelle, deviennent la proie du feu ; on entend un sifflement horrible et semblable à celui dont retentit une forge lorsque l'ouvrier plonge dans l'eau froide une hache ou une scie ardente, pour les tremper et les endurcir. Le tison siffle de même dans l'œil de Polyphême. Le monstre en est réveillé, et pousse un cri horrible qui fait mugir les voûtes de l'antre. Nous nous retirons épouvantés. Il arrache ce bois tout dégouttant de sang, il le jette loin de lui, et appelle à son secours les Cyclopes qui habitoient sur les montagnes voisines. Ils accourent en foule à l'épouvantable son de sa voix, ils s'approchent de sa caverne et lui demandent quelle est la cause de sa douleur. Que vous est-il arrivé, Polyphême ? pourquoi ces cris affreux ? qui vous oblige à nous réveiller au milieu de la nuit, et à nous appeler à votre secours ? a-t-on attenté à votre vie ? quelque téméraire a-t-il essayé d'enlever vos troupeaux ? Hélas ! mes amis, *Personne*, répondit Polyphême du fond de son antre. Plus il leur dit *Personne*, plus ils sont trompés par cette équivoque. Si ce n'est personne, lui répètent-ils, qui vous a mis dans cet état ? vos maux viennent sans doute de Jupiter ; et que pouvons-nous faire pour vous en délivrer ? Adressez-vous à Neptune ; c'est de lui, non de nous, qu'il faut attendre du secours : ainsi nous nous retirons. Je ne pus m'empêcher de rire en moi-même de l'erreur où les avoit jetés le nom que je m'étois donné. Le Cyclope en gémit, et, rugissant de rage et de douleur, il s'approche en tâtonnant de la porte de sa caverne ; il repousse le rocher qui la bouchoit, s'asseoit au milieu de l'entrée et tient les bras étendus, dans l'espérance de nous saisir tous quand nous voudrions sortir avec ses troupeaux. Mais c'eût été s'exposer à une mort inévitable. Je me mis donc à penser au moyen d'échapper à ce danger. La crise étoit violente, il s'agissoit de la vie; aussi y a-t-il peu de ruses et de stratagèmes qui ne me vinssent à l'esprit. Voici enfin le parti que je crus devoir prendre.

Il y avoit dans les troupeaux du Cyclope des béliers très-grands, bien nourris, couverts d'une laine violette fort longue et fort épaisse. Je choisis les plus grands, je les liai trois à trois avec les branches d'osier qui servoient de lit à ce monstre. Le bélier du milieu portoit un homme, les deux autres l'escortoient et servoient à mes compagnons de rempart contre Polyphême. Il y en avoit un d'une grandeur et d'une force extraordinaire, il marchoit toujours à la tête du troupeau; je le réservai pour moi. Je me glissai sous son ventre, et m'y tins collé comme mes autres compagnons, en empoignant avec les deux mains son épaisse toison. Nous passâmes ainsi le reste de la nuit, non sans crainte et sans inquiétude. Enfin, quand le jour parut, le Cyclope fit sortir ses troupeaux pour les envoyer dans leurs pâturages accoutumés. Les brebis qu'on n'avoit pas eu le soin de traire, se sentant trop chargées de lait, remplissoient l'air de leurs bêlemens, et leur berger, malgré la douleur qu'il éprouvoit, passoit la main sur le dos de ses moutons à mesure qu'ils sortoient; mais jamais il ne lui vint dans la pensée de la passer sous le ventre; jamais il ne soupçonna la ruse que j'avois imaginée pour me sauver avec mes compagnons. Le bélier, sous lequel j'étois, sortit le dernier, et vous pouvez croire que je n'étois pas sans alarme. Il le tâta comme les autres, et surpris de sa lenteur, il la lui reproche en ces termes : D'où vient tant de paresse, mon cher bélier? pourquoi sors-tu le dernier de mon antre? n'est-ce point à toi à guider les autres? n'avois-tu pas coutume de marcher à leur tête? ne les précédois-tu pas dans les vastes prairies et dans les eaux du fleuve? le soir ne revenois-tu pas le premier dans ton étable ? Aujourd'hui tous les autres t'ont devancé. Quelle est la cause de ce changement? Serois-tu sensible à la perte de mon œil? un méchant nommé *Personne* me l'a crevé avec le secours de ses détestables compagnons. Le perfide avoit pris, avant, la précaution de m'enivrer. Ah! qu'ils en seroient tous bientôt punis si tu pouvois parler, et me dire où ils se cachent pour se dérober à ma fureur! Je les écraserois contre ces rochers. Ah! quel soulagement pour moi, si leur sang étoit répandu, si leur cervelle étoit dispersée dans mon antre, si je pouvois me venger des maux que m'a faits ce scélérat de *Personne* !

Après ce discours, qui me parut bien long, il laissa passer le bélier. Dès que nous fûmes assez éloignés de la caverne pour ne rien craindre, je me détachai le premier de dessous le bélier, j'allai délier ensuite mes compagnons, et, sans perdre de temps, nous choisîmes ce qu'il y avoit de meilleur dans les troupeaux, que nous conduisîmes avec nous jusqu'à notre vaisseau. On nous vit reparoître avec joie, on y avoit presque perdu l'espérance de nous revoir ; et quand on s'aperçut de ceux qui nous manquoient et qui avoient péri dans l'antre du Cyclope, on leur donna des larmes, on poussa des cris de regrets et de douleur. Je leur fis signe de les suspendre, de s'embarquer sans délai avec notre proie, et de s'éloigner promptement de ces tristes bords. Ils obéissent. Quand nous fûmes à une certaine distance, mais cependant à la portée de la voix, j'élevai la mienne, et m'adressant à Polyphême, je lui criai de toute ma force : As-tu raison de te plaindre, malheureux Cyclope ? n'as-tu point abusé de tes avantages contre nous ? Nous étions foibles, sans défense ; nous réclamions les droits de l'hospitalité. Tu n'as écouté ni ce que les dieux, ni ce que l'humanité devoit t'inspirer ; tu as dévoré six de mes compagnons. Jupiter s'est vengé par ma main : et cela n'étoit-il pas juste?

Ces reproches, qu'il entendit, l'enflammèrent de colère. Il détache de la montagne une roche énorme et la lance avec fureur jusqu'au devant de notre vaisseau : il en fut repoussé vers le rivage par le mouvement violent que causa cette masse prodigieuse en tombant dans la mer. Nous allions nous briser contre ces bords escarpés, si je n'avois paré ce malheur en me saisissant d'un aviron pour éviter ce choc furieux, et pour gagner la haute mer : mes matelots me secondent; dociles à mes ordres, ils font force de rames. Mais quand nous fûmes un peu avancés, je me mis à vomir encore des injures contre le Cyclope. Mes compagnons effrayés tâchent en vain de m'imposer silence. Cruel que vous êtes, me disent-ils, vous venez de nous exposer à périr; quelle peine n'avons-nous pas eue à éviter le naufrage et vous provoquez encore la fureur de ce monstre ? S'il entend votre voix et vos insultes, n'est-il pas à craindre qu'il ne nous écrase, nous et nos vaisseaux, en lançant de nouveau quelque énorme quartier de roche contre nous ? Leurs remontrances ne m'arrêtèrent point. J'étois moi-même trop irrité; je lui criai donc encore : Cyclope Polyphême, si un jour quelqu'un te demande quel est le brave qui a osé t'arracher l'œil, tu peux répondre que c'est Ulysse, roi d'Ithaque, fils de Laërte, et le destructeur des villes.

Quand il entendit mon nom, il redoubla ses cris. Les voilà donc accomplis ces anciens oracles ! dit en gémissant le barbare Polyphême : il y avoit autrefois parmi nous un nommé Télémus, fils d'Eurymus ; il excelloit dans l'art de deviner, et il a passé sa longue vie à prédire ce qui devoit nous arriver. Il m'avoit annoncé que je serois douloureusement privé de la vue par les mains d'Ulysse. Sur cette prédiction je m'attendois à voir arriver un jour dans mon antre un champion, digne par sa taille et par sa vigueur de se mesurer à moi; et c'est un homme petit, foible, de peu d'apparence, qui, à l'aide d'un breuvage séducteur, m'endort et me prive de la lumière. Ah! viens, Ulysse, viens que je te fasse les présens de l'hospitalité, et que je supplie Neptune avec toi de t'accorder un prompt retour dans ta patrie. Ce dieu est mon père, il ne m'a jamais désavoué pour son fils, il peut me guérir s'il le veut, et je n'attends ce bienfait d'aucun autre dieu ni d'aucun homme.

Non, lui répondis-je, non, Neptune ne te guérira pas; ne t'en flatte point, j'en suis sûr : et que ne le suis-je autant de t'arracher la vie et de te précipiter dans le sombre royaume de Pluton! Polyphême, piqué de cette nouvelle insulte, lève les mains au ciel, et s'adressant à Neptune, il lui dit :

Grand dieu, qui ébranlez la mer jusque dans ses fondemens, écoutez-moi favorablement; si je suis votre fils, si vous êtes mon père, vengez-moi d'Ulysse, empêchez-le de retourner dans son palais; et si les destins s'opposent au succès de ma prière, faites du moins qu'il n'y arrive de long-temps, qu'il y parvienne alors en triste équipage, sur un vaisseau d'emprunt, seul, et après avoir vu périr tous ses compagnons, et qu'il trouve enfin sa maison remplie de troubles et de désordres.

Il dit. Je n'ai que trop éprouvé par la suite que Neptune l'avoit exaucé. Le barbare aussitôt prend une roche plus grande que la première, la soulève et la lance contre nous à tour de bras. Elle tombe auprès de nous. Peu s'en fallut qu'elle ne fracassât le gouvernail; les flots, soulevés par la chute de cette masse énorme, nous poussèrent vers l'île où nous avions laissé notre flotte très-inquiète de notre longue absence. Nous abordons enfin, nous tirons notre vaisseau sur le sable, et descendons sur le rivage. Mon premier soin fut de partager les moutons que nous avions enlevés au Cyclope. Tous mes compagnons en eurent leur part, et voulurent, d'un commun accord, me réserver et me donner à moi seul le bélier qui m'avoit sauvé. Je l'immolai, sur le bord de la mer, au maître souverain des dieux et des hommes. Il n'agréa pas sans doute ce sacrifice, car j'éprouvai bientôt de nouveaux malheurs; je perdis mes vaisseaux et mes compagnons.

Nous passâmes le reste du jour à faire bonne chère et à boire de mon excellent vin. Quand le soleil fut couché, et que la nuit eut répandu ses sombres voiles sur la terre, nous nous endormîmes sur le rivage même : et le lendemain, au premier lever de l'aurore, je fais embarquer tout mon monde ; on délie les câbles, on se range sur les bancs, et, de nos avirons, nous fendons les flots écumeux. Nous voyons avec joie s'éloigner cette malheureuse contrée, et le souvenir des compagnons victimes de la fureur de Polyphême nous arrache encore des larmes et des regrets.

LIVRE X.

Nous abordâmes bientôt et sans accident à l'île d'Eolie, où régnoit le fils d'Hippotas, Eole, le favori des dieux. Son île est flottante, bordée de rochers escarpés, et environnée d'une mer d'airain. Ce roi a douze enfans, six garçons et six filles. Il a marié les frères avec les sœurs, et tous passent leur vie auprès de leur père et de leur mère, dans des plaisirs et des festins continuels. Le jour on ne respire que parfums exquis, on n'entend que le son harmonieux des instrumens et que des cris de joie. La nuit, on se repose sur des tapis et dans des lits magnifiques. C'est dans ce superbe palais que nous arrivâmes. J'y fus bien accueilli : Eole me retint, et me régala pendant un mois. Il me fit plusieurs questions sur le siége de Troie, sur la flotte des Grecs et sur leur retour.

Je répondis à tout, et lui racontai, pour le satisfaire, et dans le plus grand détail, nos trop célèbres aventures. Je me recommandai ensuite à lui pour mon retour, et le suppliai de m'en fournir les moyens et les facilités. Il ne me refusa point, et donna ses ordres pour me fournir tout ce qui me seroit nécessaire. Mais la grande faveur qu'il me fit, fut de me donner une outre de peau de bœuf, dans laquelle il renferma les vents qui excitent les tempêtes. Jupiter l'en a rendu le maître et le dispensateur; il les fait souffler, il retient leur haleine, comme il lui plaît. Eole attacha lui-même cette outre au mât de mon vaisseau, et l'y assujétit avec un cordon d'argent, afin qu'il n'en échappât aucun qui me contrariât dans ma route. Il laissa seulement en liberté le zéphir, avec le secours duquel je pouvois voguer heureusement. Mais nous ne sûmes pas profiter de cette faveur, et l'imprudence, l'infidélité de mes gens, nous mirent tous à deux doigts de notre perte. Notre navigation fut très-fortunée pendant neuf jours entiers : le dixième, nous commencions à découvrir notre chère Ithaque, nous apercevions le rivage et les feux allumés pour éclairer et guider les vaisseaux. Soit sécurité, soit fatigue, je me laissai surprendre par le sommeil. Jusqu'alors je n'avois point fermé les yeux, tenant toujours le gouvernail, et n'ayant voulu le confier à personne, tant je désirois d'arriver sûrement et promptement. Pendant que je dormois, mes compagnons se communiquent leurs réflexions, considèrent l'outre que j'avois dans mon vaisseau, et s'imaginent qu'Eole l'a remplie d'or et d'argent. Qu'Ulysse est heureux ! disent-ils ; comme il gagne tous ceux chez qui il arrive ! comme il en est honoré ! que de riches présens il emporte chez lui ! Pour nous, qui avons partagé cependant ses travaux et ses dangers, nous nous en retournons les mains vides. Voilà encore une outre dont Eole lui a fait don; elle renferme sûrement de grandes richesses; ouvronsla et donnons-nous au moins le plaisir de les contempler.

Ainsi parlèrent quelques-uns de mes compagnons, ils entraînèrent les autres : tous de concert ouvrent cette outre fatale ; les vents en sortent en foule ; ils excitent une tempête furieuse qui emporte mes vaisseaux et les jette loin de ma patrie. Les cris de mes compagnons, le fracas de l'orage, me réveillent. A ce triste spectacle le désespoir s'empare de moi ; je délibère si je ne me précipiterois pas dans les flots, ou si je ne supporterois pas ce revers inattendu sans recourir à la mort. Je pris le parti de la patience comme le plus digne de l'homme, et surtout d'un héros. Je m'enveloppe donc de mon manteau et me tiens caché au fond de mon vaisseau. Les vents nous repoussèrent sur les côtes de l'Eolie dont nous étions partis. Nous descendîmes sur le rivage, nous puisâmes de l'eau, fîmes un léger repas auprès de nos vaisseaux. Après avoir satisfait à ce besoin, suivi d'un héraut et de deux de mes compagnons, je prends la route du palais d'Eole. Il étoit à table avec sa femme et ses enfans. Nous nous arrêtons à la porte de la salle : étonnés de me revoir, ils me demandent la cause de mon retour subit. Quelque dieu, nous dirent-ils, a-t-il contrarié votre navigation ? Nous vous avions donné tous les moyens d'assurer votre voyage et d'aborder heureusement dans votre île d'Ithaque.

Hélas ! leur répondis-je dans l'amertume de mon cœur, j'ai cédé malgré moi aux charmes invincibles du sommeil ; mes compagnons en ont profité, ils m'ont trahi. Mais vous avez le pouvoir de réparer tout le mal qu'ils m'ont fait : ne me refusez pas cette grâce, je vous en conjure. Je tâchai ainsi de les attendrir par mes suppliantes paroles. Tous gardèrent le silence, à l'exception d'Eole. Sors, malheureux, me dit-il avec indignation, sors au plus vite de mes domaines. Non, je ne puis plus ni recevoir ni assister un homme à qui les dieux ont voué sans doute une haine éternelle. Retire-toi, encore une fois, puisque tu es chargé de leur colère redoutable et immortelle.

Il me renvoya ainsi de son palais, sans que mon état et mes plaintes puissent l'attendrir. Je vais rejoindre, en gémissant, les compagnons que j'avois laissés sur le rivage : je les trouve eux-mêmes abattus de fatigues et de tristesse. Nous nous remettons en mer. Hélas ! l'espérance ne nous soutenoit presque plus ; le souvenir de leur imprudence les désoloit, et nous voguons sans savoir ce que nous allons devenir. Nous marchons cependant six jours entiers ; le septième, nous arrivons à la hauteur de Lamus, capitale de la vaste Lestrigonie....Nous nous présentons pour entrer dans le port : il est environné de rochers ; des deux côtés le rivage s'avance et forme deux pointes qui en rendent l'entrée fort étroite et peu facile ; ma flotte y pénètre cependant, et y trouve une mer tranquille. Je ne les suivis point, je m'arrêtai à l'extrémité de l'île, et j'y amarrai mon vaisseau à une grosse roche. Descendu à terre, je monte sur un lieu fort élevé ; je parcours des yeux la campagne, je n'y vois aucune trace de labourage, et la fumée qui s'élève en quelques endroits me fait seulement conclure que cette terre est habitée. Pour m'en assurer davantage, je choisis deux de mes compagnons que j'envoie à la découverte avec un héraut. Ils partent, prennent un chemin battu et par lequel les chariots portoient à la ville le bois des montagnes voisines. Près des murs, ils rencontrent une jeune fille qui alloit puiser de l'eau à la fontaine d'Artacie. C'étoit la fille d'Antiphate, roi des Lestrigons. Ils l'abordent, et lui demandent quels étoient les peuples qui habitoient cette contrée, et quel étoit le nom du roi qui les gouvernoit. Elle leur montre le palais de son père. Ils y vont avec confiance, et trouvent à la porte la femme d'Antiphate : elle étoit d'une taille énorme, et ils en furent effrayés. Elle appelle Antiphate son mari, qui étoit à la place publique, et qui s'avance, ne respirant que leur mort. Il saisit un de ces malheureux, et le dévore pour son dîner : les deux autres prennent la fuite et regagnent notre flotte. Mais ce monstre appelle les Lestrigons : ses cris épouvantables en font accourir un grand nombre, ils marchent vers le port. Ce n'étoient pas des hommes ordinaires, mais de véritables géans. Ils lancent contre nous de grosses pierres ; un bruit confus d'hommes mourans et de vaisseaux brisés s'élève de ma flotte. Les Lestrigons percent mes malheureux compagnons, les enfilent comme des poissons, et les emportent pour les dévorer. J'entends ce tumulte, je vois le danger dont je vais être menacé ; je prends mon épée, je coupe le cable qui attachoit mon vaisseau, j'ordonne à mes gens de faire force de rames pour éviter la mort cruelle qu'on venoit de faire subir à nos compagnons ; la mer blanchit sous nos efforts. Nous gagnons le large, et nous nous mettons hors de la portée des quartiers de rocher qu'on lançoit contre nous : mais les autres périrent tous dans le port ; nous nous en éloignâmes, très-affligés de leur perte, et nous arrivâmes à l'île d'Æa. Circé, aussi recommandable par la beauté de sa voix que par celle de sa figure, en est la souveraine ; c'est la sœur du sévère Æétès, et tous deux sont enfans du soleil et de la nymphe Persa, fille de l'Océan. Un dieu sans doute nous conduisit dans le port ; nous y entrâmes sans faire de bruit, nous mettons pied à terre, et nous y passons deux jours à nous reposer, car nous étions accablés de douleur et de fatigue.

Dès l'aube du troisième jour, je prends ma lance et mon épée, et je m'avance dans la campagne pour aller à la découverte du pays, et m'assurer s'il étoit habité et cultivé. Je monte sur une éminence, je promène mes yeux de tous côtés, et j'aperçois de loin, à travers les bocages et de grands arbres, la fumée qui sortoit du palais de Circé. Mon premier mouvement fut d'y aller moi-même ; mais à la réflexion je me déterminai à retourner vers mes compagnons, afin de me faire précéder par quelques-uns d'entre eux. Un dieu, touché sans doute de la disette de vivres où nous étions, eut pitié de moi, et me fit rencontrer sur la route un cerf d'une prodigieuse grandeur, qui sortoit de la forêt voisine pour aller se désaltérer dans le fleuve : comme il passoit devant moi, je le perçai de ma lance ; il tombe en jetant un grand cri, il expire. J'accours sur lui, je lui mets le pied sur la gorge, j'arrache ma lance, je la laisse à terre, et de plusieurs branches d'osier je fais une corde de quatre coudées, dont je me sers pour lier les pieds de ce monstrueux animal ; je le charge ensuite sur mes épaules, et, à l'appui de ma lance, je marche, non sans peine, et vais rejoindre mon vaisseau. En arrivant, je jetai ma proie sur le rivage, et je dis à mes compagnons : Mes amis, nous ne sommes pas encore descendus dans le royaume de Pluton ; le jour marqué par les destins n'est point arrivé pour nous. Où est donc votre courage ? levez-vous ; je vous apporte des provisions, profitons-en, et chassons ensemble la faim qui commençoit à nous déclarer une guerre cruelle.

Mon discours les console et les ranime ; ils jettent leurs manteaux, dont ils s'étoient enveloppé la tête par désespoir ; ils accourent, regardent avec admiration cette bête énorme, et, après s'être donné le plaisir de la contempler, ils se lavent les mains et en préparent leur souper. Nous passâmes le reste du jour à boire et à manger ; et quand la nuit eut répandu ses ombres sur les campagnes, nous nous livrâmes aux douceurs du sommeil sur le rivage même, et non loin de notre vaisseau.

Le lendemain, au lever de l'aurore, j'éveillai mes campagnons : Mes chers amis, leur dis-je alors, je ne connois ni ce pays où nous avons abordé, ni sa situation; est-il au nord, au midi, au couchant ou au levant d'Ithaque ? c'est ce que j'ignore absolument. Voyons donc ce que nous avons à faire, prenons un parti : et plaise aux dieux que nous en prenions un bon et avantageux ! J'ai déjà parcouru des yeux, de dessus une éminence, la terre qui est devant nous : c'est une île fort basse, environnée d'une vaste mer : mais elle n'est point inhabitée ; car, à travers les arbres, j'ai entrevu un palais d'où il sortoit de la fumée.

A ces mots, qui leur firent soupçonner que je voulois les envoyer à la découverte, ils se rappelèrent, en se lamentant, les funestes aventures de Polyphême et du roi des Lestrigons ; ils ne purent retenir leurs larmes et leurs gémissemens, ressources inutiles dans la détresse où nous nous trouvions : c'est ce que je représentai ; après quoi je les partageai en deux bandes ; je donnai pour chef Euryloque à l'une de ces bandes, et je me réservai le commandement de l'autre ; je jetai ensuite des billets dans un casque, afin que le sort décidât lequel d'Euryloque ou de moi iroit avec sa troupe reconnoître le pays ; le sort se déclara pour Euryloque. Il part aussitôt avec ses vingt-deux compagnons, et cette séparation nous coûta à tous bien des larmes.

Ils trouvent, dans le fond d'un agréable vallon, le palais de Circé : il étoit bâti de très-belles pierres, et environné de bois. Autour de cette magnifique demeure, on voyoit errer des loups et des lions, auxquels ses enchantemens avoient fait perdre leur férocité. Ils ne se jettent donc point sur mes gens, et n'en approchent que pour les caresser : on les auroit pris pour des chiens qui attendent, en flattant leur maître, qu'il leur donne quelque douceur lorsqu'il sort de table : ces loups et ces lions en avoient la douceur et l'empressement. Cette rencontre ne laissa pas d'abord d'effrayer mes compagnons ; ils avancent cependant. Arrivés à la porte, ils entendent Circé qui chantoit admirablement bien, en travaillant à un ouvrage de tapisserie avec presque autant d'adresse et de succès que Minerve ou les autres Immortelles.

Politès, le plus prudent de la troupe, et celui aussi que j'estimois et que je chérissois le plus, dit aux autres pour les rassurer : N'entendez-vous pas cette voix mélodieuse? c'est une femme ou une déesse, qui, par ses doux accens, charme l'ennui et la fatigue du travail, allons à elle, parlons-lui avec confiance. Il dit : aussitôt ils élèvent la voix pour appeler. Circé quitte son ouvrage, et vient elle-même leur ouvrir la porte ; elle les fait entrer : ils ont l'imprudence de se rendre à ses invitations ; Euryloque seul soupçonne quelque piége, et refuse d'entrer.

La déesse fait asseoir mes compagnons sur des siéges magnifiques, et leur sert ensuite un breuvage et des mets composée de fromages, de farine et de miel, détrempés dans du vin de Pramne ; elle y avoit mêlé des drogues enchantées pour leur faire oublier leur patrie. Dès qu'ils eurent goûté de ces mets empoisonnés, elle les frappe de sa baguette magique, et les enferme dans des étables. Ils sont tout à coup métamorphosés en pourceaux ; ils en ont la tête, la voix et les soies : mais leur esprit n'éprouve aucun changement. Ils se lamentent ; et Circé, pour les consoler, remplit une auge de gland et de tout ce qui sert de nourriture à ces vils animaux.

Euryloque, effrayé et consterné, revient en courant vers notre vaisseau, et nous apprend, les larmes aux yeux et le cœur pénétré de douleur, le sort déplorable de nos compagnons. Quel fut notre étonnement quand nous le vîmes triste et abattu ! il vouloit parler, il ne le pouvoit pas ; nous l'interrogeons, nous le pressons de répondre ; enfin, d'une voix sanglottante et entrecoupée, il me dit : Divin Ulysse, nous avons traversé ce bois selon vos ordres : dans une riante vallée nous avons trouvé un beau palais ; le son d'une voix charmante s'est fait entendre à nous ; c'étoit celle de Circé. Mes compagnons l'ont appelée ; elle a laissé son ouvrage pour venir leur faire ouvrir les portes ; ils se sont rendus malheureusement à ses perfides invitations. Plus défiant qu'eux, j'y ai résisté et je les ai attendus en dehors. Attente vaine ! ils n'ont point reparu, et sans doute qu'ils ne sont plus.

A peine Euryloque eut-il fini de parler, que je pris mon épée et mes autres armes, et que je lui ordonnai de me conduire par le chemin qu'il avoit tenu. Ah ! me dit-il en gémissant, je me jette à vos genoux, généreux fils de Laërte, et je vous conjure de renoncer à ce funeste dessein. N'allez point chercher la mort, et ne me forcez pas du moins de vous accompagner. Hélas ! quoi que ce soit, vous ne les ramènerez sûrement pas ici. Laissez-moi donc, ou plutôt fuyons tous au plus vite avec ce qui nous reste de nos malheureux compagnons ; fuyons ce séjour redoutable, fuyons, il y va sûrement de notre vie.

Euryloque, lui répondis-je, demeurez auprès de nos vaisseaux, puisque vous le voulez ; reposez-vous, profitez des provisions que nous avons : je pars, c'est un devoir pour moi de m'informer du sort de ceux qui vous ont suivi ; je ne saurois y manquer.

Je quitte donc le rivage, je parcours le bois voisin ; et lorsque je traversois le vallon, et que je m'approchois du palais de Circé, Mercure se présente à moi sous la forme d'un homme qui est à la fleur de la jeunesse et qui a toutes les grâces de cet âge ; il me prend la main, et me dit : Où allez-vous, malheureux ? quelle témérité de vous engager seul et sans connoissance dans ces routes dangereuses ! ceux que vous cherchez sont dans le palais que vous voyez ; l'enchanteresse Circé les y retient métamorphosés en vils pourceaux. Prétendez-vous les délivrer?

Folle prétention! vous n'y réussirez jamais, et vous en augmenterez vraisemblablement le nombre. Mais non, je veux vous garantir de leur sort déplorable, j'ai pitié de vous. Voilà un antidote contre ses charmes; avec lui vous pouvez entrer avec confiance chez la déesse, il rendra tous ses enchantemens inutiles. Apprenez de moi que rien n'égale ses artifices et sa perfidie. Dès qu'elle vous aura introduit dans son palais, elle vous préparera un breuvage dans lequel elle aura jeté des drogues plus dangereuses que les poisons les plus mortels; mais cette boisson ne vous fera aucun mal, parce que je vous donne de quoi vous en préserver, et voici comme il faudra vous conduire : dès que vous aurez avalé le breuvage qu'elle vous aura présenté, elle vous frappera de sa baguette; mettez alors l'épée à la main, jettez-vous sur elle comme si vous vouliez lui ôter la vie; la peur la saisira; elle cherchera à vous calmer : ne rebutez pas ses offres, écoutez-les même, afin d'obtenir la délivrance de vos compagnons, et pour vous et pour eux les secours qui vous sont nécessaires; faites-la jurer ensuite par les eaux du Styx, qu'elle n'abusera pas de votre confiance, et qu'elle ne vous rendra pas la victime de ses charmes et de ses artifices.

Après cette instruction, Mercure me mit dans la main cet antidote admirable : c'étoit une plante dont il m'enseigna les vertus; les racines en sont noires, et sa fleur a la blancheur du lait. Les dieux l'appellent Moly. Les mortels ne peuvent que difficilemement l'arracher de terre, mais les Immortels font tout aisément.

En finissant ces mots, Mercure me quitte, s'élève dans les airs, s'envole dans l'Olympe. Je continuai à marcher vers le palais de Circé, l'esprit inquiet et agité : je m'arrête à la porte; j'appelle l'enchanteresse; elle m'entend, accourt et me fait entrer. Je la suis d'un air triste et rêveur. Arrivé dans une salle magnifique, elle me fait asseoir sur un siége merveilleusement travaillé, et me présente cette boisson mixtionnée dont mes compagnons avoient éprouvé les terribles effets. Je pris de ses mains la coupe d'or qui la renfermoit; je la vidai, sans aucune des suites qu'elle espéroit. Elle me frappe de sa baguette magique, en me disant d'aller rejoindre dans leur étable les malheureux qu'elle avoit transformés : je tire aussitôt mon épée, je cours sur elle comme pour l'immoler à ma vengeance. Etonnée de mon audace, Circé crie, se prosterne à mes genoux, me demande, le visage inondé de ses larmes, qui je suis, d'où je viens. Comment arrive-t-il que mes charmes ne produisent dans vous aucun changement? jamais aucun mortel n'a pu y résister : dès qu'on les touche du bout des lèvres, il faut céder à leur force. Il faut que vous ayez dans vous quelque chose de plus puissant que mon art enchanteur, ou que vous soyez le prudent Ulysse. En effet, je me rappelle que Mercure m'a prédit la visite de ce héros à son retour de Troie. Mais remettez votre épée dans le fourreau, faisons la paix, et vivons dans l'union et la confiance.

Elle me parla ainsi; mais j'étois en garde contre des avances si suspectes, et je lui répondis : Comment, Circé, puis-je compter sur vos promesses? vous avez traité mes amis très-inhumainement; si j'accepte vos offres, si je me laisse désarmer, dois-je m'attendre à un meilleur traitement? Non, je ne consentirai à rien, à moins que vous ne me juriez, par le serment redoutable aux Immortels, que vous ne me tendrez aucun piége. Je le jure, répliqua-t-elle sans balancer. Je m'apaisai alors, et les armes me tombèrent des mains.

Circé avoit près d'elle, et à son service, quatre nymphes, filles des fontaines, des bois et des fleuves qui portent le tribut de leurs eaux dans la vaste mer; elles étoient d'une beauté ravissante et dignes des vœux des Immortels : l'une couvre les siéges et le parquet de tapis de pourpre d'une finesse et d'un travail merveilleux; l'autre dresse une table d'argent et la couvre de corbeilles d'or; la troisième verse le vin dans des urnes et prépare des coupes; la quatrième apporte de l'eau, allume du feu et dispose tout pour le bain. J'y entrai quand tout fut prêt; l'on versa l'eau chaude sur ma tête, sur mes épaules ; on me parfuma d'essences exquises; et lorsque je ne me ressentis plus de la lassitude de tant de peines et de maux que j'avois souffert, et que je voulus sortir de ce bain, on me couvrit d'une belle tunique et d'un manteau magnifique; après quoi j'allai dans la salle pour y rejoindre Circé. Asseyez-vous, me dit-elle ; mangez, choisissez de tous ces mets ceux qui vous plaisent le plus. Je n'étois guère en état de lui obéir : mon cœur, mon esprit, ne présageoient rien que de funeste. Circé s'en aperçoit; elle s'approche de moi, elle me reproche ma tristesse : Mangez, me dit-elle : que craignez-vous ? que pouvez-vous craindre après le serment que je vous ai fait? votre silence, votre réserve, me sont injurieux. Hélas ! grande déesse, m'est-il possible de me livrer au plaisir de manger et de boire avant que mes compagnons soient délivrés, avant que j'aie eu la consolation de les voir de mes propres yeux ? Quelle idée auriez-vous de moi ? que penseriez-vous d'Ulysse ? Ne le croiriez-vous pas sans honneur et sans sentiment, s'il pensoit à ce vil besoin, et qu'il oubliât ces malheureux ?

Aussitôt Circé s'arme de sa baguette, quitte la salle, ouvre elle-même la porte de ses vastes étables, et m'amène mes compagnons sous la figure de pourceaux; elle fait sur eux ses tours magiques, et les frotte d'une drogue de sa façon; ils changent de figure, leurs longues soies tombent; ils redeviennent hommes, et paroissent plus beaux, plus jeunes et plus grands qu'auparavant. Ils me reconnoissent; nous nous embrassons tendrement; notre joie éclate. Circé elle-même en paroît touchée, et me dit : Allez, Ulysse, allez à votre vaisseau, retirez-le à sec sur le rivage ; cachez dans les grottes voisines vos provisions, vos richesses, vos armes, et revenez au plus vite me trouver avec tous vos compagnons.

J'obéis, je pars à l'instant, je regagne la rive, j'y trouve tout ce que j'y avois laissé de monde, plongé dans la tristesse et dans les inquiétudes. Comme de jeunes génisses s'attroupent en bondissant autour de leur mère, lorsqu'elles la voient revenir le soir des pâturages, comme rien alors ne les retient et qu'elles franchissent toutes les barrières pour courir au-devant d'elle, et l'appeler par leurs mugissemens; de même mes compagnons volent à ma rencontre, et me pressent avec tendresse et avec larmes : Vous voilà ! me dirent-ils : que nous sommes contens ! non, nous ne le serions pas davantage si nous revoyions notre chère patrie, si nous débarquions sur la terre qui nous a vus naître, et où nous avons été élevés. Mais que sont devenus nos camarades ? racontez-nous leur sort déplorable.

Cessez, leur répondis-je, de vous désoler; prenez courage, ils ne sont point à plaindre. Mettons notre vaisseau à l'abri des flots, cachons dans ces grottes nos agrès, nos armes, nos provisions; suivez-moi ensuite, et allons ensemble rejoindre nos amis : ils sont dans le palais de Circé parfaitement bien traités, et jouissent de la plus grande abondance.

A cette nouvelle, ils s'empressent d'exécuter mes ordres, et se disposent à m'accompagner : Euryloque cependant veut s'y opposer. Malheureux ! s'écrie-t-il, vous courez à votre perte. Que pouvez-vous attendre de la perfide Circé ? N'en doutez pas, elle vous transformera en pourceaux, en loups, en lions, pour garder les avenues de son palais. Pourquoi tenter cette aventure ? ne vous souvenez-vous plus du cyclope Polyphême ? six de ceux qui entrèrent avec Ulysse n'ont plus reparu; leur mort cruelle ne peut-elle pas être imputée à la témérité de leur chef ?

Irrité de ce reproche, j'allois m'en venger et lui abattre la tête de mon épée, malgré son alliance avec ma maison ; on se mit heureusement au-devant de moi ; on me pria, on me fléchit. Laissez-le ici, me dit-on, il gardera notre vaisseau, il veillera sur tout ce que nous laissons. Pour nous, nous voulons vous suivre ; nous voulons voir Circé et son magnifique palais.

Nous partons aussitôt : Euryloque même nous accompagna ; il craignit ma colère. Circé, pendant mon absence, avoit eu grand soin de mon monde ; nous les trouvâmes baignés, parfumés, vêtus magnifiquement, et assis devant des tables abondamment servies. Cette entrevue fut des plus touchantes ; tous s'embrassèrent, se parlèrent, se racontèrent leurs aventures : ce récit provoqua leurs larmes et leurs gémissemens, le palais en retentissoit ; j'en étois saisi moi-même.

Circé me pria de faire cesser tous ces sanglots : Je n'ignore pas, dit-elle, tout ce que vous avez enduré de fatigues sur la mer ; je sais tout ce que des hommes inhumains et barbares vous ont fait souffrir : mais présentement profitez du repos que vous avez, prenez de la nourriture, réparez vos forces, souvenez-vous de ce que vous étiez en partant d'Ithaque, et reprenez la vigueur et le courage que vous aviez alors. Le souvenir de vos malheurs ne sert qu'à vous abattre, et à vous empêcher de goûter les plaisirs qui se présentent.

La déesse me persuada ; nous nous remîmes à table, et nous y passâmes tout le jour. Notre séjour dans ce palais fut d'une année entière. La bonne chère et les plaisirs ne firent point oublier leur patrie à mes compagnons ; après quatre saisons révolues, ils me firent leurs remontrances : Ne vous souvenez-vous plus de votre chère Ithaque ? me dirent-ils. N'est-il pas dans l'ordre des destinées que vous ne négligiez rien pour nous procurer le bonheur de revoir nos dieux pénates ?

J'eus égard à de si justes désirs, dès ce jour même presque tout consacré aux plaisirs de la table. Quand le soleil se coucha, quand la nuit eut répandu ses sombres voiles sur la terre, quand mes compagnons se furent retirés, et que je me trouvai seul avec Circé, j'embrassai ses genoux, et la trouvant disposée à m'écouter favorablement, je lui parlai en ces termes. Vous m'avez comblé de grâces, grande déesse; j'ose cependant vous en demander une encore, et ce sera la dernière. Vous m'avez promis de favoriser mon retour, il est temps d'accomplir cette promesse : Ithaque est toujours l'objet de mes vœux. Mes compagnons ne soupirent aussi qu'après elle ; ils se plaignent du long séjour que je fais ici, et me le reprochent dès qu'ils peuvent me parler sans que vous puissiez les entendre.

Non, cher Ulysse, non je ne prétends pas vous retenir : mais vous avez encore un royaume à visiter avant que d'arriver dans le vôtre, c'est celui de Pluton et de Proserpine : il faut que vous y alliez consulter l'âme de Tirésias le Thébain. Ce devin est aveugle ; mais en revanche son esprit est plein de lumières, et pénètre dans l'avenir le plus sombre. Il doit à Proserpine ce rare privilége, de conserver après la mort toute l'intelligence qui le rendoit si recommandable pendant la vie : les autres ombres ne sont auprès de lui que de vains fantômes.

A ces paroles, frappé comme d'un coup de foudre, je tombai sur un lit de repos, je l'arrosai de mes larmes, je ne voulois plus vivre ni voir la lumière du soleil. Enfin, revenu de mon étonnement, ou plutôt de mon désespoir, Quelle entreprise ! m'écriai-je ; qui me guidera dans ce voyage inouï? quel est le vaisseau qui a jamais pu aborder sur cette triste rive ?

Ne vous mettez point en peine de conducteur, valeureux Ulysse ; élevez votre mât, déployez vos voiles, et tenez-vous en repos ; le souffle de Borée vous fera marcher. Après avoir traversé l'Océan, vous trouverez une plage commode, bordée par les bois de Proserpine; ce sont des peupliers, des saules, tous arbres stériles : arrêtez-vous là, c'est justement l'endroit où l'Achéron reçoit dans son lit le Phlégéthon et le Cocyte qui est un écoulement du Styx. Avancez jusqu'à la roche où est le confluent de ces deux fleuves, dont les eaux roulent et se précipitent avec fracas; vous ne serez pas loin alors du palais ténébreux de Pluton. Creusez une fosse sur ces bords; qu'elle soit d'une coudée en carré.

Faites-y pour les morts trois sortes de libations : la première, de lait et de miel; la seconde, de vin pur; la troisieme, d'eau où vous aurez détrempé de la farine. En faisant ces effusions, adressez des prières aux ombres des morts; engagez-vous à leur sacrifier, à votre retour à Ithaque, une génisse qui n'aura jamais porté, et qui soit la plus belle de vos troupeaux; promettez de leur élever un bûcher, d'y jeter ce que vous avez de plus précieux, et d'immoler, en l'honneur de Tirésias en particulier, un bélier tout noir, et qui soit la fleur de vos bergeries. Vos prières et vos vœux achevés, égorgez un bélier noir et une brebis noire; vous tiendrez leurs têtes tournées du côté de l'Erèbe, et vous tournerez vos regards vers l'Océan, vous verrez arriver en foule les ombres des morts. Pressez dans ce moment vos compagnons de dépouiller les victimes immolées, de les brûler, et d'adresser encore des prières et des vœux aux dieux infernaux, et surtout au redoutable Pluton et à la sévère Proserpine. Pour vous, tenez-vous tout auprès l'épée à la main, pour écarter les ombres, et empêcher qu'elles n'approchent du sang des victimes avant que vous ayez consulté le devin Tirésias : il ne tardera point à paroître, et c'est de lui que vous devez apprendre la route que vous devez tenir pour arriver heureusement à Ithaque.

A peine Circé eut-elle fini de parler, que l'aurore parut sur son trône d'or : je prends mes habits; c'étoient des présens de la déesse, et ils étoient magnifiques ; elle-même se para, prit une robe de toile d'argent et d'un travail exquis, l'arrêta avec une ceinture d'or, et se couvrit la tête d'un voile fait par les Grâces.

Je cours réveiller mes compagnons. Mes amis, vous voulez partir; réveillez-vous donc ; le temps presse, profitons de la permission que nous en donne la déesse. Cette nouvelle les comble de joie, et ils font la plus grande diligence.

Mais, au moment du départ, j'éprouvai encore un grand malheur. Elpénor, le plus jeune de tous, et le moins sage, le moins valeureux, chaud du vin qu'il avoit bu la veille avec excès, étoit monté sur une des plates-formes du palais, pour y prendre le frais et s'y reposer à l'aise : le bruit que nous fîmes et les préparatifs de notre départ le réveillent en sursaut; il se lève précipitamment, et, au lieu de prendre le chemin de l'escalier, il marche à demi endormi devant lui, il tombe du haut du toit, se tue, et va nous précéder sur les bords du Cocyte.

Mes compagnons s'assemblent autour de moi pour prendre mes ordres : je leur déclarai alors que leur attente alloit être trompée, qu'ils se flattoient sans doute que nous allions prendre la route d'Ithaque, mais que Circé exigeoit de moi que je fisse auparavant un autre voyage, et qu'il falloit que j'allasse tout de suite et que je tentasse de descendre dans le royaume de Pluton et de Proserpine, pour y consulter l'ombre du devin Tirésias.

Ils en furent consternés, s'arrachèrent les cheveux de douleur, et jetèrent des cris lamentables : mais tout cela étoit inutile, et il n'y avoit aucun moyen de contredire ou d'éluder les ordres de la déesse. Elle vint nous trouver au moment que nous allions nous embarquer ; elle fut témoin de leurs larmes amères, attacha dans notre vaisseau deux moutons noirs, un mâle et une femelle, et disparut sans être aperçue : car qui peut suivre et découvrir les traces d'une divinité, lorsqu'elle veut dérober sa marche aux yeux des mortels.

PRÉCIS DU LIVRE XI.

Avec le vent favorable que nous donna Circé, et les efforts de nos rameurs, nous voguâmes heureusement, et arrivâmes, vers le coucher du soleil, à l'extrémité de l'Océan : c'est là qu'habitent les Cimmériens ; une éternelle nuit étend ses sombres voiles sur ces malheureux. Nous abordâmes sur ces tristes rivages; nous y mîmes notre vaisseau à sec, débarquâmes nos victimes, et courûmes chercher l'endroit que Circé nous avoit marqué. Nous y creusâmes une fosse, fîmes les libations ordonnées et les vœux prescrits pour les ombres : j'égorgeai ensuite les victimes sur la fosse. Nous sommes bientôt environnés de vains fantômes, qui accourent du fond de l'Erèbe ; je les écarte avec mon épée, et j'empêche qu'ils n'approchent du sang des victimes avant que je n'aie entendu la voix de Tirésias.

L'ombre d'Elpénor fut la première qui se présenta à moi : nous avions laissé son corps sans sépulture. L'empressement que nous avions de partir nous avoit fait négliger ce devoir : il s'en plaignit, et me conjura, par mon père, par Pénélope, et par mon fils, de nous souvenir de lui quand nous serions arrivés dans l'île de Circé : Je sais, me dit-il, que vous y aborderez encore en vous en retournant ; brûlez mon corps avec toutes mes armes, et élevez-moi un tombeau sur le bord de la mer, afin que tous ceux qui passeront sur cette rive apprennent mon malheureux sort.

Tout à coup je vis paroître l'ombre de ma mère Anticlée ; elle étoit fille du magnanime Autolycus, et je l'avois laissée pleine de vie à mon départ pour Troie. Je m'attendris en la voyant ; mais, quelque touché que je fusse, je ne la laissai point approcher avant l'arrivée de Tirésias. Je l'aperçois enfin, portant un sceptre à la main ; il me reconnut et me parla le premier. Fils de Laërte, me dit-il, pourquoi avez-vous quitté la lumière du soleil pour venir voir cette sombre demeure ? Vous êtes bien malheureux ! éloignez-vous, détournez votre épée, afin que je boive de ce sang, et que je vous annonce ce que vous voulez savoir de moi.

J'obéis : l'ombre s'approche, boit, et me prononce ces oracles : Ulysse, vous voulez retourner heureusement dans votre patrie, un dieu vous rendra ce retour difficile et laborieux ; Neptune est encore irrité contre vous, et veut venger son fils Polyphême. Cependant, malgré sa colère, vous y arriverez après bien des travaux et des peines : mais vous passerez par l'île de Trinacrie ; vous y verrez des bœufs et des moutons consacrés au soleil qui voit tout : n'y touchez pas, empêchez vos compagnons d'y toucher ; car si vous manquez à ce que je vous recommande, je vous prédis que vous périrez, vous, votre vaisseau et vos compagnons. Si, par le secours des dieux, vous échappez à cette tentation dangereuse, vous aurez la consolation de revoir Ithaque, mais après de longues années, et après avoir perdu tout votre monde. Vous trouverez dans votre palais de grands désordres, des princes insolens qui poursuivent Pénélope : vous les punirez. Mais après que vous les aurez sacrifiés à votre vengeance, prenez une rame, mettez-vous en chemin, et marchez jusqu'à ce que vous arriviez chez des peuples qui n'ont aucune connoissance de la marine. Vous rencontrerez un passant qui vous dira que vous portez un van sur votre épaule ; alors, sans lui faire aucune question, plantez à terre votre rame, offrez en sacrifice à Neptune un mouton, un taureau et un verrat, c'est-à-dire un pourceau mâle : offrez ensuite des hécatombes parfaites à tous les dieux qui habitent l'Olympe, sans en excepter un seul ; après cela, du sein de la mer sortira le trait fatal qui vous donnera la mort, et vous fera descendre dans le tombeau à la fin d'une vieillesse exempte de toute infirmité, et vous laisserez vos peuples heureux. Voilà tout ce que j'ai à vous prédire.

Je remercie cette ombre vénérable, et voyant ma mère triste et en silence, je lui en demandai la raison. C'est, me répondit-il, qu'il n'y a que les ombres à qui vous permettez d'approcher de la fosse et de boire du sang qui puissent vous reconnoître et vous parler.

Je profitai de cet avis. En effet, dès que ma mère eut bu, elle me reconnut et me parla en ces termes : Mon fils, comment êtes-vous venu plein encore de vie dans ce séjour de ténèbres? Ma mère, lui répondis-je, la nécessité de consulter l'ombre de Tirésias m'a fait entreprendre ce terrible voyage. J'erre depuis long-temps, éloigné d'Ithaque, sans pouvoir y aborder. Mais vous, ma mère, comment êtes-vous tombée dans les liens de la mort? C'est, répondit cette tendre mère, c'est le regret de ne plus vous voir, c'est la douleur de vous croire exposé tous les jours à de nouveaux périls, c'est le souvenir si touchant de vos rares qualités, qui ont abrégé ma vie. A ces mots, je voulus embrasser cette chère ombre; trois fois je me jetai sur elle, et trois fois elle se déroba à mes embrassemens.

Je vis ensuite arriver les femmes et les filles des plus grands capitaines. La première qui se présenta, ce fut Tyro, fille du grand Salmonée et femme de Créthée, fils d'Eolus; elle avoit eu de Neptune deux enfans, Pélias qui régna à Iolcos, où il fut riche en troupeaux, et Nélée, qui fut roi de Pylos sur le fleuve Amathus; et de Créthée son mari, Æson, Phérès et Amythaon, qui se plaisoient à dresser des chevaux.

Après Tyro, je vis approcher la fille d'Asopus, Antiope, qui eut de Jupiter deux fils, Zéthus et Amphion, les premiers qui jetèrent les fondemens de la ville de Thèbes, et élevèrent ses tours et ses murailles. Alcmène, femme d'Amphitryon, et mère du fort, du patient et du courageux Hercule, parut après elle, ainsi que Mégare, épouse de ce héros. Je vis aussi Epicaste, mère d'OEdipe, qui, par son imprudence, commit un grand forfait en épousant son fils, son propre fils, qui venoit de tuer son père.

Après Epicaste, j'aperçus Chloris, la plus jeune des filles d'Amphion, fils de Jasius. Nélée l'épousa à cause de sa parfaite beauté; elle régna avec lui à Pylos, et lui donna trois fils, Nestor, Chromius et le fier Périclymène, et une fille nommée Péro, qui par sa beauté et sa sagesse fut la merveille de son temps.

Chloris étoit suivie de Léda, qui fut femme de Tyndare, et mère de Castor, grand dompteur de chevaux, et de Pollux, invincible dans les combats du ceste. Ils sont les seuls qui retrouvent la vie dans le sein même de la mort.

Après Léda vint Epimédée, femme d'Aloeus : elle eut deux fils, dont la vie fut très-courte, le divin Otus et le célèbre Ephialtès, les deux plus grands et les deux plus beaux hommes que la terre ait jamais nourris; car ils étoient d'une taille prodigieuse, et d'une beauté si grande, qu'elle ne le cédoit qu'à la beauté d'Orion : ce sont eux qui entreprirent d'entasser le mont Ossa sur l'Olympe, et le Pélion sur l'Ossa, afin de pouvoir escalader les cieux. Jupiter les foudroya pour les punir de leur audace.

Je vis ensuite Phèdre, Procris, et la belle Ariadne,

fille de l'implacable Minos, que Thésée enleva autrefois de Crète. Après Ariadne, parurent Mœra, Clymène, et l'odieuse Ériphile, qui préféra un collier d'or à la vie de son mari. Mais je ne puis vous nommer toutes les femmes et toutes les filles des grands personnages qui passèrent devant moi : les astres qui se lèvent m'avertissent qu'il est temps de se reposer, ou ici, dit Ulysse à Alcinoüs, dans votre magnifique palais, ou sur le vaisseau que vous m'avez fait équiper.

Areté, les Phéaciens et leur roi, parurent enchantés de tout ce que leur racontoit le fils de Laërte; ils résolurent de lui faire de nouveaux présens, qui pussent le dédommager de ses pertes, et le pressèrent de rester encore quelques jours avec eux, et d'achever l'histoire de ses aventures et de ses malheurs.

N'auriez-vous pas vu, lui dit Alcinoüs, n'auriez-vous pas vu dans les enfers quelques-uns de ces héros qui ont été avec vous au siége de Troie, et qui sont morts dans cette expédition?

Après que Proserpine, répliqua Ulysse, eut fait retirer les ombres dont je viens de parler, je vis arriver celle d'Agamemnon, environnée des âmes de tous ceux qui avoient été tués avec lui dans le palais d'Égisthe. A cette vue je fus saisi de compassion, et, les larmes aux yeux, je lui dis : Fils d'Atrée, le plus grand des rois, comment la Parque cruelle vous a-t-elle fait éprouver son pouvoir? Il me raconte sa fin déplorable. Vous n'avez rien à craindre de semblable de la fille d'Icarius, ajoute Agamemnon; votre Pénélope est un modèle de prudence et de sagesse : ne souffrez pas cependant que votre vaisseau entre en plein jour dans le port d'Ithaque. Avez-vous appris quelque nouvelle de mon fils Oreste? Je ne sais, lui répondis-je, ce qu'il est devenu.

Nous vîmes alors les ombres d'Achille, de Patrocle, d'Antiloque et d'Ajax. Comment, me dit Achille, avez-vous eu l'audace de descendre dans le palais de Pluton ? Je lui en dis la raison. Mon fils, me répliqua alors Achille, suit-il mes exemples ? se distingue-t-il à la guerre, et promet-il d'être le premier des héros ? Savez-vous quelque chose de mon père ? Je n'ai appris, lui dis-je, aucune nouvelle du sage Pélée : mais pour Néoptolème, il ne cède la gloire du courage à aucun de nos héros ; il a immolé à vos mânes une infinité de vaillans hommes. A ces mots, l'âme d'Achille, pleine de joie du témoignage que je venois de rendre à la valeur de son fils, s'en retourna à grands pas dans une prairie parsemée de fleurs.

Les autres âmes s'arrêtèrent pour me conter leurs peines et leurs douleurs. Mais l'ombre d'Ajax, fils de Télamon, se tenoit un peu à l'écart, toujours possédée par la fureur où l'avoit jeté la victoire que je remportai sur lui lorsqu'on m'adjugea les armes d'Achille.

Je vis l'illustre fils de Jupiter, Minos, assis sur son trône, le sceptre à la main, et rendant la justice aux morts. Un peu plus loin j'aperçus le grand Orion, encore en équipage de chasseur. Au-delà c'étoit Titye ; deux vautours lui déchirent le foie, pour le punir de son audace. Après Titye, je vis Tantale, plongé dans un étang, sans pouvoir se désaltérer. Le tourment si connu de Sisyphe ne me parut pas moins terrible.

Après Sisyphe, j'aperçus le grand Hercule, c'est-à-dire son image, car pour lui il est avec les dieux immortels, et assiste à leurs festins : son arc toujours tendu, et la flèche appuyée sur la corde, il jetoit des regards terribles comme prêt à tirer. Hercule me reconnut, et s'écria : Ah ! malheureux Ulysse, es-tu aussi poursuivi par le même destin qui m'a persécuté pendant la vie ? Après avoir conté ses travaux, il s'enfonce dans le ténébreux séjour, sans attendre ma réponse.

Je demeurai quelque temps encore, dans l'espérance

de voir quelque autre des héros les plus célèbres, comme Thésée et Pyrithoüs ; mais je craignis enfin que la sévère Proserpine n'envoyât du fond de l'Erèbe la terrible tête de la Gorgone, pour l'exposer à mes yeux. Je regagnai donc promptement mon vaisseau, et, à l'aide des rames et du vent, je m'éloignai de ces funèbres bords.

PRÉCIS DU LIVRE XII.

Arrivés promptement à l'île d'Æa, nous entrons dans le port ; et dès que l'aurore eut annoncé le retour du soleil, j'envoie chercher le corps d'Elpénor, qui étoit mort le jour de mon départ. Je lui rends les honneurs funèbres, et lui élève un tombeau au haut duquel je place sa rame. À peine avions-nous achevé, que Circé arrive suivie de ses femmes et avec toutes sortes de rafraîchissemens. Reposez-vous à présent, nous dit-elle, profitez de ces provisions ; demain vous pourrez vous rembarquer pour continuer votre route. Je vous enseignerai moi-même ce que vous devez faire pour éviter les malheurs où vous précipiteroit votre imprudence.

La déesse me tira à l'écart, et voulut savoir tout ce qui m'étoit arrivé dans mon voyage ; je lui en fis le détail. Après quoi elle me dit : Vous avez encore d'autres dangers à courir. Vous trouverez dans votre chemin les Sirènes. Elles enchantent tous les hommes qui arrivent près d'elles. Passez sans vous arrêter, et ne manquez pas de boucher avec de la cire les oreilles de vos compagnons, de peur qu'ils ne les entendent. Pour vous, si vous avez la curiosité d'entendre sans danger ces voix délicieuses, faites-vous bien lier auparavant à votre mât ; et si, transporté de plaisir, vous ordonnez à vos gens de vous détacher, qu'ils vous lient au contraire plus fortement encore.

Sorti de ce péril, vous tomberez dans un autre; vous aurez à passer devant Charybde et Scylla. Si quelque vaisseau approche malheureusement de l'un de ces deux écueils, il n'y a plus d'espérance pour lui. Le seul qui se soit tiré de ces abîmes, c'est le célèbre navire Argo, qui, chargé de la fleur des héros de la Grèce, passa par là en revenant de la Colchide; et c'est à Junon que le chef des Argonautes, Jason, dut alors son salut. De ces deux écueils l'un porte sa cime jusqu'aux cieux. Il n'y a point de mortel qui y pût monter ni en descendre. C'est une roche unie et lisse, comme si elle étoit taillée et polie. Au milieu il y a une caverne obscure dans laquelle demeure la pernicieuse Scylla. Sa voix est semblable aux rugissemens d'un jeune lion. C'est un monstre affreux; elle a douze griffes qui font horreur, six cous d'une longueur énorme, et sur chacun une tête épouvantable avec une gueule béante garnie de trois rangs de dents. L'autre écueil n'est pas loin de là, il est moins élevé; on voit dessus un figuier sauvage dont les branches, chargées de feuilles, s'étendent fort loin. Sous ce figuier est la demeure de Charybde, qui engloutit les flots et les rejette ensuite avec des mugissemens horribles. Eloignez-vous-en, surtout quand elle absorbe les flots; passez plutôt du côté de Scylla, car il vaut encore mieux que vous perdiez quelques-uns de vos compagnons que de les perdre tous et de périr vous-même.

Mais, lui dis-je alors, si Scylla m'enlève six de mes gens pour chacune de ses six gueules, ne pourrai-je pas m'en venger?

Ah! mon cher Ulysse, toujours tenter l'impossible, même dans l'état où vous êtes! Toute la valeur humaine ne sauroit résister à Scylla. Le plus sûr est de se dérober à sa fureur par la fuite. Passez vite : invoquez Cratée, qui a mis au monde ce monstre horrible ; elle arrêtera sa violence, et l'empêchera de se jeter sur vous. Vous arriverez à Trinacrie, où paissent des troupeaux de bœufs et de moutons ; ils appartiennent au Soleil, et il en a donné la garde à Phaétuse et à Lampétie, deux nymphes ses filles qu'il a eues de la déesse Néérée. Gardez-vous de toucher à ces troupeaux, si vous voulez éviter la perte certaine de votre vaisseau et de vos compagnons.

Ainsi parla Circé : l'aurore vint annoncer le jour : la déesse reprit le chemin de son palais, et je retournai à mon vaisseau. Je donne aussitôt l'ordre pour le départ ; on lève l'ancre, et nous voguons avec un vent favorable. J'instruis alors mes compagnons des avis que Circé venoit de me donner : pendant que je les entretenois, nous arrivons à l'île des Sirènes. Nous exécutons à la lettre ce qu'on nous avoit prescrit, et nous échappons à ce premier danger ; mais nous n'eûmes pas plus tôt quitté cette île que j'aperçus une fumée affreuse, que je vis les flots s'amonceler, que j'entendis des mugissemens horribles. Les bras tombent à mes compagnons, ils sont saisis de crainte, ils n'ont la force ni de ramer ni de faire aucune manœuvre. Je les presse, je les exhorte : Jupiter, leur dis-je, Jupiter veut peut-être que notre vie soit le prix de nos grands efforts ; éloignons-nous de l'endroit où vous voyez cette fumée et ces flots amoncelés. On m'obéit, mais nous nous approchions de Scylla ; et pendant que nous avions les yeux attachés sur cette monstrueuse Charybde pour éviter la mort dont elle nous menaçoit, Scylla allonge son cou et enlève avec ses six gueules six de mes compagnons. Je vis encore leurs pieds et leurs mains qui s'agitoient en l'air comme elle les enlevoit, et je les entendis qui m'appeloient à leur secours. Mais ce fut pour la dernière fois que je les vis et que je les entendis : non, jamais je n'éprouvai de douleur aussi vive et aussi désolante. Nous marchions toujours cependant, et nous nous trouvâmes vis-à-vis de l'île du Soleil. J'ordonnai à mes compagnons de s'en éloigner, en leur rappelant les menaces que m'avoient faites Circé et Tirésias.

Euryloque prit alors la parole, et me dit d'un ton fort aigre : Il faut, Ulysse, que vous soyez le plus dur et le plus impitoyable des hommes. Nous sommes accablés de lassitude ; nous trouvons un port commode, un pays abondant en rafraîchissemens : et vous voulez que nous tenions la mer pendant la nuit, qui est le temps des orages et des tempêtes ! Ne vaut-il pas mieux descendre à terre, manger et dormir sur le rivage, et attendre l'aurore pour gagner le large ?

Tous mes gens furent de son avis : seul contre tous, je ne pus leur résister ; mais je leur fis promettre avec serment qu'ils ne tueroient aucun des bœufs ou des moutons qu'ils trouveroient à terre. Ils le jurèrent tous ensemble. Nous descendîmes à terre. La nuit fut effectivement très-orageuse, la tempête dura un mois entier. Tant que durèrent nos provisions, on s'abstint de toucher aux troupeaux du Soleil. Mais un jour que je m'étois enfoncé dans un bois voisin pour adresser paisiblement mes prières aux dieux de l'Olympe, Euryloque profita de mon absence pour représenter à mes compagnons que la nécessité ne connoissoit point de loi, et que la faim qui les dévoroit les dispensoit du serment qu'ils avoient fait d'épargner les troupeaux du Soleil. Choisissons-en quelques-uns, leur dit-il, des meilleurs, pour en faire un sacrifice aux Immortels. Arrivés à Ithaque, nous apaiserons le père du jour par de riches présens. S'il a juré notre perte, ne vaut-il pas encore mieux périr au milieu des flots, que de mourir lentement de faim dans cette île déserte.

Ce pernicieux conseil fut loué et suivi. Le sacrifice étoit déjà commencé quand je revins ; je sentis en m'approchant une odeur de fumée, et je ne doutai pas de mon malheur. La belle Lampétie alla porter au Soleil la nouvelle de cet attentat. Ce dieu s'en plaignit au maître du tonnerre, et la perte de mes compagnons et de mon vaisseau fut résolue.

Quand j'eus regagné mon vaisseau, je fis à mes compagnons de sévères réprimandes ; mais le mal étoit sans remède, et ils passèrent six jours entiers à faire bonne chère. La tempête ayant cessé, pour ne point perdre de temps nous nous rembarquâmes. Dès que nous eûmes perdu l'île de vue, à peine étions-nous en pleine mer, ne voyant presque plus que le ciel et les flots, que du flanc d'un nuage obscur sortit le violent Zéphyre accompagné d'un déluge de pluie et d'affreux tourbillons. Notre navire en devient le jouet et la victime ; il nous porte dans le gouffre de Charybde. Je me prends en y entrant à ce figuier sauvage dont je vous ai parlé, je demeure suspendu à ses branches jusqu'à ce que je voie sortir de cet abime les débris de mon vaisseau. Je me précipite sur le mât à demi brisé, et pendant neuf jours j'erre ainsi porté au gré des vents et des flots ; et le dixième jour j'aborde dans l'île d'Ogygie : Calypso, qui en est souveraine, m'y reçut et m'y traita avec bonté.

PRÉCIS DU LIVRE XIII.

Les Phéaciens écoutoient le récit des aventures d'Ulysse dans un silence d'admiration qui dura encore quand il eut cessé de parler. Enfin Alcinoüs, leur roi, prit la parole et lui dit : Je ne crois pas, prince d'Ithaque, que vous éprouviez, en sortant de mes états, les traverses qui vous ont tant fait souffrir. Oui, j'espère que vous reverrez bientôt votre patrie ; mais je veux réparer vos pertes, et que vous y arriviez plus riche encore que si vous emportiez le butin que vous avez fait à Troie. Nous ajouterons donc à tous nos présens chacun un trépied et une cuvette d'or.

Tous les princes applaudirent au discours d'Alcinoüs, et se retirèrent dans leurs palais pour aller prendre quelque repos. Le lendemain, dès que l'étoile du matin eut fait place à l'aurore, on offrit à Jupiter le sacrifice d'un taureau, et l'on prépara un grand festin; Démodocus le rendit délicieux par ses chants admirables. Mais Ulysse tournoit souvent la tête pour regarder le soleil, dont la course lui paroissoit trop lente; quand il pencha vers son coucher, sans perdre un moment, il adressa la parole aux Phéaciens, et surtout à leur roi : Faites promptement vos libations, je vous en supplie, afin que vous me renvoyiez dans l'heureux état où vous m'avez mis, et que je vous dise mes derniers adieux. Vous m'avez comblé de présens : que les dieux vous en récompensent et vous donnent toutes les vertus ! qu'ils répandent sur vous à pleines mains toutes sortes de prospérités, et qu'ils détournent tous les maux de dessus vos peuples !

Puis s'adressant à Areté, et lui présentant sa coupe pleine d'un excellent vin, il lui parla en ces termes : Grande princesse, soyez toujours heureuse au milieu de vos états, et que ce ne soit qu'au bout d'une longue vieillesse que vous payiez le tribut que tous les hommes doivent à la nature ! Je m'en retourne dans ma patrie comblé de vos bienfaits. Que la joie et les plaisirs n'abandonnent jamais cette demeure, et que, toujours aimée et estimée du roi votre époux et des princes vos enfans, vous receviez continuellement de vos sujets les marques d'amour et de respect qu'ils vous doivent !

En achevant ces mots, Ulysse sort de la salle, il arrive au port : on embarque les provisions, on part, et les rameurs font blanchir la mer sous leurs efforts.

Cependant le sommeil s'empare des paupières d'Ulysse, et lui fait oublier toutes ses peines. Le vaisseau qui le porte fend les flots avec rapidité; le vol de l'épervier, qui est le plus vite des oiseaux, n'auroit pu égaler la célérité de sa course : et quand l'étoile brillante qui annonce l'arrivée de l'aurore se leva, il aborde aux terres d'Ithaque; il entre dans le port du vieillard Phorcys, un des dieux marins. Ce port est couronné d'un bois d'oliviers, qui, par leur ombre, y entretiennent une fraîcheur agréable; et près de ce bois est un antre profond et délicieux, consacré aux Naïades. Ce lieu charmant est arrosé par des fontaines dont l'eau ne tarit jamais.

Les rameurs d'Ulysse entrent dans ce port qu'ils connoissoient depuis long-temps. Ils descendent à terre, enlèvent le roi d'Ithaque, l'exposent sur le rivage, sans qu'il s'éveille; mettent tous ses habits, tous ses présens, au pied d'un olivier, hors du chemin, de peur qu'ils ne fussent exposés au pillage, si quelqu'un venoit à passer. Ils se rembarquent ensuite, et reprennent la route de Scérie.

Neptune, irrité de voir Ulysse dans sa patrie, malgré les menaces qu'il lui avoit faites et le désir qu'il avoit de de l'en empêcher, s'en plaint à Jupiter. Le maître du tonnerre lui laisse toute la liberté de se venger sur les Phéaciens, et de les punir de l'accueil qu'ils avoient fait au roi d'Ithaque, et des moyens qu'ils lui avoient fournis pour revoir promptement ses états. Neptune, satisfait, l'en remercie; et le fils de Saturne lui suggère la manière dont il doit exercer sa vengeance. Quand tout le peuple, lui dit-il, sera sorti de la ville pour voir arriver le vaisseau qui a transporté Ulysse dans sa patrie, et qu'on le verra s'avancer à pleines voiles, changez-le tout à coup en un grand rocher près de la terre, et conservez-lui la figure de vaisseau, afin que tous les hommes qui le verront soient frappés de crainte et d'étonnement : ensuite couvrez leur ville d'une haute montagne qui ne cessera jamais de les effrayer.

Neptune se rendit promptement à l'île de Schérie, et fit à la lettre ce que Jupiter venoit de lui permettre. Alcinoüs, à la vue de ce prodige, se rappela ce que lui avoit prédit son père ; il le raconta aux Phéaciens, et après avoir solennellement renoncé à conduire désormais les étrangers qui aborderoient dans leur île, ils tâchèrent d'apaiser Neptune, en lui immolant douze taureaux choisis.

Cependant Ulysse se réveille ; il ne reconnoît pas la terre chérie après laquelle il avoit tant soupiré. Minerve avoit enveloppé ce héros d'un épais nuage qui l'empêchoit de rien distinguer ; elle vouloit avoir le temps de l'avertir des précautions qu'il avoit à prendre : car il étoit important qu'il ne fût pas reconnu lui-même, ni de sa femme ni d'aucun de ses sujets, avant qu'il eût tiré vengeance des poursuivans de Pénélope. Ulysse s'écria donc en s'éveillant : Malheureux que je suis, dans quel pays me trouvé-je ? Grands dieux ! les Phéaciens n'étoient donc pas si sages ni si justes que je le pensois : ils m'avoient promis de me ramener à ma chère Ithaque, et ils m'ont exposé sur une terre étrangère.

Pendant qu'il est plongé dans ces tristes pensées, Minerve s'approche de lui sous la figure d'un jeune berger. Ulysse, ravi de cette rencontre, lui adresse ces paroles : Berger, je vous salue ; ne formez pas contre moi de mauvais desseins, sauvez-moi toutes ces richesses, (en lui montrant les présens qu'on avoit débarqués sur le rivage) et sauvez-moi moi-même. Je vous adresse mes prières comme à un dieu tutélaire, et j'embrasse vos genoux comme votre suppliant. Quelle est cette terre ? quelle est son peuple ? Est-ce une île ? ou n'est-ce ici que la plage de quelque continent ?

Ce pays est célèbre, lui répondit Minerve ; c'est une île qu'on appelle Ithaque. J'en ai fort entendu parler, dit

Ulysse qui vouloit dissimuler son nom et sa joie. Il se donne même à la déesse pour un Crétois qu'une affaire malheureuse forçoit à chercher un asile loin de sa patrie. La déesse sourit de sa feinte, et le prenant par la main, elle lui parla en ces termes : O le plus dissimulé des mortels, homme inépuisable en détours et en finesse, dans le sein même de votre patrie vous ne pouvez vous empêcher de recourir à vos déguisemens ordinaires ! Mais laissons là ces tromperies. Ne reconnoissez-vous point encore Minerve qui vous assiste, qui vous soutient, qui vous a tiré de tant de dangers, et procuré enfin un heureux retour dans votre patrie ? Gardez-vous bien de vous faire connoître à personne : souffrez dans le silence tous les maux, tous les affronts et toutes les insolences que vous aurez à essuyer de la part des poursuivans et de vos sujets.

Ne m'abusez-vous pas, grande déesse ? répliqua Ulysse ; est-il bien vrai que je sois à Ithaque ?

Vous êtes toujours le même, repartit Minerve, toujours soupçonneux et défiant. En achevant ces mots, elle dissipe le nuage dont elle l'avoit environné, et il reconnut avec transport la terre qui l'avoit nourri. Après cela, il chercha avec la déesse à mettre ses trésors en sûreté dans l'antre des Naïades, à la garde desquelles il se confia : puis il la pria de lui inspirer la même force et le même courage qu'elle lui avoit inspirés lorsqu'il saccagea la superbe ville de Priam. Je vous protégerai toujours, répondit Minerve : mais, avant toutes choses, je vais dessécher et rider votre peau, faire tomber ces beaux cheveux blonds, et vous couvrir de haillons : ainsi changé, allez trouver votre fidèle Eumée, à qui vous avez donné l'intendance d'une partie de vos troupeaux; c'est un homme plein de sagesse, et qui est entièrement dévoué à votre fils et à la sage Pénélope. Demeurez près de lui pendant que j'irai à Sparte chercher Télémaque, qui est allé chez Ménélas pour apprendre de vos nouvelles. En finissant ces mots, elle touche Ulysse de sa baguette, et le métamorphose en pauvre mendiant ; et, après avoir pris les mesures les plus propres à faire réussir les projets de vengeance du fils de Laërte, la fille de Jupiter s'envole à Sparte pour ramener Télémaque.

PRÉCIS DU LIVRE XIV.

Ulysse s'éloigne du port où il avoit entretenu Minerve, s'avance vers sa demeure, et trouve Eumée sous des portiques qui régnoient autour de la belle maison qu'il avoit bâtie de ses épargnes. Les chiens, apercevant Ulysse sous la figure d'un mendiant, se mirent à aboyer, et l'auroient dévoré si le maître des pasteurs ne fût accouru promptement. Quel danger vous venez de courir ! s'écria-t-il. Vous m'avez exposé à des regrets éternels, les dieux m'ont envoyé assez d'autres déplaisirs sans celui-là. Je passe ma vie à pleurer l'absence et peut-être la mort de mon cher maître.

En achevant ces mots, il fait entrer Ulysse, et l'invite à s'asseoir. Celui-ci, ravi de ce bon accueil, lui en témoigne sa reconnoissance avec une sorte d'étonnement. Eumée lui réplique que quand il seroit dans un état plus vil, il ne lui seroit pas permis de le mépriser. Tous les étrangers, lui dit-il, tous les pauvres sont sous la protection spéciale de Jupiter, c'est lui qui nous les adresse. Je ne suis pas en état de faire beaucoup pour eux ; j'aurois plus de liberté si mon cher maître étoit ici ; mais les dieux lui ont fermé toute voie de retour. Je puis dire qu'il m'aimoit : et que d'avantages n'aurois-je pas retirés de son affection, s'il avoit vieilli dans son palais ! mais il ne vit peut-être plus.

Ayant ainsi parlé, il se pressa de servir à manger à Ulysse, et lui raconta tout ce qu'il avoit à souffrir des poursuivans de Pénélope, et avec quelle douleur il les voyoit consumer les richesses immenses du roi d'Ithaque, dont il lui fait le détail. Le prétendu mendiant demande au bon Eumée le nom de son maître, qu'il a peut-être vu dans quelques-unes des contrées qu'il a parcourues. Ah! mon ami, répondit l'intendant des bergers, ni ma maîtresse ni son fils n'ajouteront plus de foi à tous les voyageurs qui se vanteront d'avoir vu Ulysse; on sait que les étrangers qui ont besoin d'assistance forgent des mensonges pour se rendre agréables; et ne disent presque jamais la vérité. Peut-être que vous-même, bon homme, vous inventeriez de pareilles fables si l'on vous donnoit de meilleurs habits à la place de ces haillons. Mais il est certain que l'âme d'Ulysse est à présent séparée de son corps.

Mon ami, répondit Ulysse, quoique vous persistiez dans vos défiances, je ne laisse pas de vous assurer, et même avec serment, que vous verrez bientôt votre maître de retour. Que la récompense pour la bonne nouvelle que je vous annonce soit prête; je vous demande que vous changiez ces vêtemens délabrés en magnifiques habits : mais, quelque besoin que j'en aie, je ne les recevrai qu'après son arrivée; car je hais et je méprise ceux qui, cédant à la pauvreté, ont la bassesse de recourir à des fourberies.

Eumée, peu sensible à ces belles promesses, le pria de n'en plus parler, et de ne point réveiller inutilement son chagrin. Racontez-moi, lui dit-il, vos aventures; dites-moi, sans déguisement, qui vous êtes, votre nom, votre patrie, sur quel vaisseau vous êtes venu, car la mer est le seul chemin qui puisse mener dans cette île.

Ulysse, à son ordinaire, lui bâtit une fable, il feignit d'être de l'île de Crète, fils d'un homme riche, et ajouta que l'envie de voyager lui avoit fait faire beaucoup de courses sur mer, qu'il s'y étoit enrichi ; mais que, dans une expédition sur le fleuve Egyptus, ses gens, contre son intention, pillèrent les fertiles champs des Egyptiens : ils en furent punis ; les habitans les massacrèrent tous, ou les firent esclaves ; lui-même se rendit au roi, qui lui sauva la vie, et, après l'avoir retenu dans son palais pendant sept ans, le renvoya comblé de richesses et de présens. Il se confia à un Phénicien, grand imposteur, qui le séduisit par de belles paroles. Je partis sur son vaisseau, dit Ulysse : une affreuse tempête me jeta sur la terre des Thesprotes. Le héros Phidon, qui régnoit dans cette contrée, me traita avec bonté et avec magnificence ; pressé de m'en retourner, je m'embarquai sur un vaisseau qui partoit pour Dulichium. Le patron et ses compagnons, malgré les ordres et les recommandations de leur roi, me dépouillèrent de mes beaux habits, m'enlevèrent mes richesses, me couvrirent de ces vieux haillons, et me lièrent à leur mât. Je rompis mes liens pendant la nuit ; je me jetai à la mer, et j'abordai, à la nage, près d'un grand bois où je me suis caché. C'est ainsi que les dieux m'ont sauvé des mains de ces barbares, et qu'ils m'ont conduit dans la maison d'un homme sage et plein de vertu.

Que vous m'avez touché par le récit de vos aventures ! repartit Eumée : mais soit que ce soient des contes, soit que vous m'ayez dit la vérité, ce n'est point là ce qui m'oblige à vous bien traiter ; c'est Jupiter, qui préside à l'hospitalité, et dont j'ai toujours la crainte devant les yeux ; c'est la compassion que j'ai naturellement pour les malheureux.

Que vous êtes défiant ! répondit Ulysse. Mais faisons un traité vous et moi : si votre roi revient dans ses états comme et dans le temps que je vous ai dit, vous me donnerez des habits magnifiques et un vaisseau bien équipé pour me rendre à Dulichium ; et, s'il ne revient pas, je consens que vous me fassiez précipiter du haut de ces grands rochers.

Non, non, dit le bon Eumée, vous ne périrez pas de ma main quoi qu'il arrive. Que deviendroit ma réputation de bonté que j'ai acquise parmi les hommes? que deviendroit ma vertu, qui m'est encore plus précieuse que ma réputation, si j'allois vous ôter la vie, et violer ainsi toutes les lois de l'hospitalité?

Mais l'heure de souper approche, mes bergers vont entrer, et je vais tout préparer et pour notre léger repas et pour le sacrifice qui doit le précéder.

Aussitôt il se met en mouvement, et, après avoir tout disposé, il demande à tous les dieux, par des vœux très-ardens, qu'Ulysse revienne bientôt dans son palais, et immole ensuite les victimes; il en fait sept parts, et en présente la plus honorable à son hôte. Celui-ci, ravi de cette distinction, lui en témoigne sa reconnoissance en ces termes :

Eumée, daigne le grand Jupiter vous aimer autant que je vous aime pour le bon accueil que vous me faites, en me traitant avec tant d'honneur, malgré l'état misérable où je me trouve.

Le souper fini, on songea à aller se coucher : Ulysse, qui craignoit le froid de la nuit, dont ses haillons l'auroient mal défendu, eut recours à un apologue pour se procurer un bon manteau. Eumée, qui l'entendit, lui en fit donner un par ses bergers, et lui prépara un bon lit auprès du feu.

PRÉCIS DU LIVRE XV.

Minerve, qui venoit de quitter Ulysse sur le rivage d'Ithaque, se transporte à Lacédémone pour presser Télémaque de quitter la cour de Ménélas. Hâtez-vous, lui dit la déesse en l'abordant, hâtez-vous de retourner dans vos états. Ne savez-vous pas que vos biens y sont la proie des poursuivans avides de Pénélope? Cette reine abandonnée ne cédera-t-elle pas enfin aux sollicitations mêmes de sa famille, qui semble décidée à accepter les offres d'Eurymaque? Prévenez ce malheur, engagez Ménélas à vous renvoyer; ne tardez pas à aller mettre ordre à vos affaires. Je vous avertis encore que les plus déterminés des poursuivans en veulent à votre vie, et qu'ils se tiennent en embuscade entre l'île de Samos et celle d'Ithaque pour vous y surprendre à votre passage. Eloignez-vous donc de ces îles, ne voguez que la nuit, mettez pied à terre au premier endroit d'Ithaque où vous aborderez; allez trouver le fidèle Eumée, renvoyez votre vaisseau sans vous, dans un de vos ports, et faites partir Eumée de son côté pour donner avis à Pénélope de votre retour.

La déesse disparoît aussitôt, et s'envole dans l'Olympe. Télémaque, empressé de lui obéir, réveille le fils de Nestor. Hâtons-nous, lui crie-t-il, hâtons-nous, mon cher Pisistrate, d'atteler notre char, et de nous mettre en chemin pour Pylos. Il est nuit encore, lui répondit le fils de Nestor; attendons le lever de l'aurore; attendons que nous puissions remercier Ménélas, et donnez-lui le temps de faire porter dans notre char les présens qu'il vous destine.

Dès que le jour paroît, le fils d'Ulysse se lève ; Ménélas l'avoit prévenu, et il entre au même instant sous le beau portique où ses hôtes avoient couché. Télémaque lui témoigne l'impatience qu'il a d'aller retrouver sa mère. Ménélas se rend après avoir exigé qu'il lui étalât les présens qu'il vouloit lui faire. Que ne consentez-vous, ajouta-t-il, à traverser la Grèce et le pays d'Argos ? je vous accompagnerois avec plaisir, et il n'y a aucune de nos villes qui ne vous fît l'accueil que mérite le fils du grand Ulysse.

Grand roi, dit Télémaque, vous n'ignorez pas combien je suis nécessaire à Pénélope ; vous savez le désordre que mon absence peut causer dans mon palais ; souffrez donc que je vous quitte promptement. Partez donc, puisque c'est un devoir, lui répondit Ménélas ; Hélène va donner ses ordres pour qu'on vous serve à manger, et, pendant ce temps-là, je vais chercher avec elle et avec mon fils Mégapenthe ce que je pourrai vous offrir de plus précieux et de plus propre à me rappeler à votre souvenir.

Ils reviennent bientôt tous trois, et Ménélas offre à Télémaque une coupe d'argent, et dont les bords sont de l'or le plus fin : c'étoit un chef-d'œuvre de l'art, et l'ouvrage de Vulcain même. Mégapenthe met ensuite à ses pieds une urne d'argent, et la belle Hélène lui présente un voile merveilleux qu'elle avoit fait elle-même. Il vous servira, lui dit-elle, cher Télémaque, à orner la princesse que vous épouserez. Le jeune prince le reçoit avec reconnoissance, et ne peut se lasser d'en admirer l'élégance et la richesse. Il monte sur son char, et dit à ses illustres hôtes en les quittant : Plaise aux dieux qu'à mon arrivée je puisse trouver mon père, et lui conter toutes les marques de bonté et de générosité dont vous m'avez comblé !

En finissant ces mots, il pousse ses coursiers, et, après

avoir passé chez Dioclès, ils arrivent aux portes de Pylos. Alors Télémaque dit au fils de Nestor : Vous m'aimez, cher Pisistrate; vous savez combien il est important pour moi d'arriver à Ithaque : souffrez donc que je me rende tout de suite à mon vaisseau. Je connois Nestor et toute sa générosité : je suis incapable de lui résister ; il voudra me retenir, et le moindre délai pourroit me devenir funeste.

Pisistrate cède à la prière de son ami; il le mène sur le rivage : Transportons vos présens, lui dit-il, sur votre vaisseau; montez-y vous-même; partez sans différer; éloignez-vous avant que mon père sache notre retour, car il viendroit lui-même s'il vous savoit ici, et vous forceroit à prolonger votre séjour.

Au moment que Télémaque finissoit le sacrifice qu'il offroit à Minerve sur la poupe, pour implorer son secours, il se présente à lui un étranger obligé de quitter Argos pour un meurtre qu'il avoit commis : c'étoit un devin, descendu en droite ligne du célèbre Mélampus, qui demeuroit anciennement dans la ville de Pylos. Il y possédoit de grandes richesses et un superbe palais, que l'injustice et la violence de Nélée, son oncle, l'avoient obligé d'abandonner. Ce premier malheur le précipita dans beaucoup d'autres; il en fait à Télémaque le triste récit : ce jeune prince en est touché, se découvre à lui, lui déclare son nom, sa patrie, consent à le recevoir sur son vaisseau, et le fait asseoir auprès de lui. On dresse le mât; on déploie les voiles; on se couche sur les rames; et, à l'aide d'un vent favorable envoyé par Minerve, on fend rapidement les flots de la mer : on passe les courans de Crunes et de Chalcis; on arrive à la hauteur de Phée; on côtoie l'Elide près de l'embouchure du Pénée; et alors, au lieu de prendre le droit chemin à gauche entre Samos et Ithaque, Télémaque fait pousser vers les îles appelées Pointues, qui font partie des Echinades, pour arriver à Ithaque par le côté du septentrion, et éviter par ce moyen l'embuscade qu'on lui dressoit du côté du midi, dans le détroit de Samos.

Pendant ce temps-là, Ulysse et Eumée étoient à table avec les bergers. Ulysse, pour éprouver le chef de ses pasteurs, parut craindre de lui être à charge, et lui demanda le chemin de la ville pour y aller chercher de quoi vivre. Eh! bon homme, lui dit Eumée en colère, avez-vous donc envie de périr à la ville sans aucun secours? quelle idée de vouloir vous présenter aux poursuivans, et de compter sur votre dextérité et votre adresse! Vraiment les esclaves qui les servent ne sont pas faits comme vous; ils sont tous jeunes, beaux et très-magnifiquement vêtus. Demeurez ici, vous n'y êtes point à charge; quand le fils d'Ulysse sera de retour, il vous donnera des habits tels que vous devez les avoir, et vous fournira les moyens d'aller partout où vous voudrez.

Ulysse, charmé de ces marques d'affection, en remercie le bon Eumée. Il lui demande ensuite des nouvelles de sa mère, de Laërte son père, et lui fait raconter son origine à lui-même, et par quel malheur il avoit été réduit à l'esclavage. Eumée satisfit avec plaisir à toutes les demandes d'Ulysse; et celui-ci, après l'en avoir remercié, le félicita d'être tombé entre les mains d'un maître qui l'aimoit et qui fournissoit abondamment à ses besoins.

Cependant Télémaque et ses compagnons abordent au rivage d'Ithaque. Le jeune prince descend à terre, et leur recommande de ramener le vaisseau dans le port de la capitale : Je vais seul, leur dit-il, visiter une terre que j'ai près d'ici, et voir mes bergers; je vous rejoindrai après avoir vu comment tout s'y passe. Alors le devin Théoclymène lui demanda où il iroit, et s'il pourroit prendre la liberté d'aller tout droit au palais de la reine. Dans un autre temps, lui répondit Télémaque, je ne souffrirois pas que vous allassiez ailleurs ; mais aujourd'hui ce seroit un parti trop dangereux. Comme il disoit ces mots, on vit voler un vautour, qui est le plus vite des messagers d'Apollon; il tenoit dans ses serres une colombe. Théoclymène tirant alors le jeune prince à l'écart, lui déclare que c'est un oiseau des augures, et qu'il lui prédit qu'il aura toujours l'avantage sur ses ennemis.

Que votre prédiction s'accomplisse, Théoclymène, lui répondit Télémaque, vous recevrez de moi des présens considérables ; en attendant je charge Pirée, fils de Clytius, de prendre soin de vous, et de ne vous laisser manquer d'aucune des choses que demande l'hospitalité.

Après ces mots, le fils d'Ulysse se met en chemin pour aller visiter ses nombreux troupeaux, sur lesquels le bon Eumée veilloit avec beaucoup d'attention et de fidélité.

PRÉCIS DU LIVRE XVI.

A peine Eumée aperçoit-il Télémaque, qu'il se lève avec précipitation; les vases qu'il tenoit lui tombent des mains ; il court au-devant de son maître, il lui saute au cou, il l'embrasse en pleurant : Vous voilà donc revenu, mon cher prince! hélas! j'avois presque perdu l'espérance de vous revoir. Qu'alliez-vous faire à Pylos? que j'ai craint pour vous les périls de ce voyage! Entrez, prince : vous trouverez tout dans l'ordre. Que ne venez-vous plus souvent nous visiter et nous surveiller?

Il est important, comme vous savez, répondit Télémaque, que je me tienne à la ville, et que j'observe de près les menées des poursuivans; mais avant que de m'y rendre, j'ai voulu vous voir, et savoir de vous si ma mère est encore dans le palais, et si elle n'a pas cédé enfin à l'importunité des princes qui l'obsèdent.

Son courage et sa fidélité ne se sont point encore démentis, mon cher fils ; Pénélope est toujours digne de vous et du divin fils de Laërte.

Télémaque entre, il aperçoit Ulysse qui veut lui céder sa place ; son fils, qui ne peut le reconnoître, refuse de la prendre par respect pour les lois de l'hospitalité. Ils se mettent à table, et après le repas, Télémaque demande quel est ce pauvre étranger. Eumée lui répète en peu de mots le roman que lui a fait Ulysse. Son fils en paroît touché, et voudroit le secourir. Mais comment, lui dit-il, vous introduire dans mon palais dans l'état où vous êtes? il est rempli d'insolens ; je suis jeune, je suis seul contre eux tous, et il me seroit impossible de vous garantir des insultes qu'ils ne manqueroient pas de vous faire.

Ulysse, prenant la parole, lui dit : O mon cher prince, puisque vous me permettez de vous répondre, j'avoue que je souffre du récit que vous me faites des désordres que commettent sous vos yeux les poursuivans de Pénélope. N'êtes-vous pas d'âge à les contenir et à vous en venger ? Que ne suis-je le fils d'Ulysse, ou Ulysse lui-même ! ou je périrois les armes à la main dans mon palais, ou j'en chasserois tous ces fiers ennemis.

Les plus grands princes des îles voisines, de Dulichium, de Samos et de Zacynthe, les principaux d'Ithaque, voilà ceux qui aspirent à la main de ma mère ; voilà ceux qui remplissent mon palais, et qui consument tout mon bien. Ulysse lui-même, tout grand guerrier qu'il est, pourroit-il, s'il étoit seul, nous en délivrer ?

Cependant, cher Eumée, courez à la ville, apprenez à ma mère mon arrivée ; dites-lui que je me porte bien : mais ne parlez qu'à elle, qu'aucun de ses amans ne le sache, ils sèmeroient ma route de piéges, car ils ne cherchent qu'à me faire périr.

Eumée, pressé de partir, se met en chemin. Minerve apparoît dans ce moment à Ulysse, sans se laisser voir à son fils. Fils de Laërte, lui dit-elle, il n'est plus à propos de vous cacher à Télémaque, découvrez-vous à lui ; prenez ensemble des mesures pour faire périr ces fiers poursuivans ; comptez sur ma protection, je combattrai à vos côtés. En finissant ces mots, elle le touche de sa verge d'or, lui rend sa taille, sa bonne mine, sa première beauté, et disparoît après ce nouveau changement. Télémaque, étonné de cette métamorphose, le prend pour un dieu, et lui promet des sacrifices. Vous vous trompez, cher Télémaque, lui dit alors Ulysse ; ne me regardez pas comme un des Immortels ; je suis Ulysse, je suis votre père, dont la longue absence vous a coûté tant de larmes et de soupirs. En achevant ces mots, il l'embrasse avec tendresse.

Mais Télémaque ne peut encore se persuader que c'est son père. Non, vous n'êtes point Ulysse : c'est quelque dieu qui veut m'abuser par un faux espoir. Mon cher Télémaque, réplique Ulysse, que votre surprise et votre admiration cessent ; le prodige qui vous étonne est l'ouvrage de Minerve : tantôt elle m'a rendu semblable à un mendiant, et tantôt elle m'a donné la figure d'un jeune homme de bonne mine, et vêtu magnifiquement. Télémaque alors se jette au cou de son père, et l'arrose de ses larmes ; Ulysse pleure de même. Enfin, après avoir satisfait à ce premier besoin de leur tendresse mutuelle, ils s'asseoient, et Ulysse demande à son fils le nombre et la qualité des poursuivans de Pénélope, et paroît décidé à les attaquer tous. Télémaque, surpris de cette résolution, le témoigne à son père, qui lui répond qu'ils auront pour eux deux Jupiter et Minerve, et qu'avec leur secours ils seront invincibles. Ayez soin seulement, dès que je vous en donnerai le signal, de faire porter au haut du palais toutes les armes qui sont dans l'appartement bas ; si les princes en paroissent surpris, dites-leur que c'est pour leur sûreté, et que vous craignez que dans le vin ils n'en abusent pour se venger des querelles si ordinaires quand on se livre aux excès de la table. Vous ne laisserez que deux épées, deux javelots et deux boucliers, dont nous nous saisirons quand nous voudrons les immoler à notre vengeance. J'ai encore une chose à vous recommander, c'est de contenir la joie que vous avez de me revoir, et de ne dire encore notre secret à personne, pas même à Laërte, pas même à Pénélope.

Mon père, répondit Télémaque, je vous obéirai, et j'espère vous faire connoître que je ne déshonore pas votre sang, et que je ne suis ni foible ni imprudent.

Pendant que le père et le fils s'entretiennent de leurs projets, Eumée arrive au palais. Pénélope en est ravie; et la nouvelle du retour de Télémaque s'y répand avec rapidité. Les poursuivans, tristes et confus, s'assemblent, forment la résolution atroce de se défaire par violence de Télémaque. Pénélope, instruite par le héraut Médon de ce détestable complot, s'en plaint à ces princes, et plus particulièrement à Antinoüs, le plus violent de ses persécuteurs. Eurymaque, fils de Polybe, la rassure et lui promet sur sa tête qu'on n'attentera pas à la vie de son fils. Sur cette promesse trompeuse, la princesse, un peu calmée, se retire dans son appartement pour y pleurer son cher Ulysse.

Sur le soir, Eumée revient de son ambassade; mais avant qu'il entre dans la maison, Minerve fait reprendre à Ulysse sa figure de vieillard et de mendiant. Télémaque, après avoir demandé des nouvelles de Pénélope, l'interroge sur tout ce qui se passoit à Ithaque, et sur le retour des princes qui l'attendoient à la hauteur de Samos. Je n'ai point eu la curiosité, répondit le chef des bergers, de m'informer de ce qui se passoit à la ville; mais j'ai aperçu, en revenant, un vaisseau qui entroit dans le port, et qui étoit plein d'hommes armés de lances et de boucliers. Télémaque sourit; et après avoir soupé avec son père, ils allèrent goûter les douceurs d'un paisible sommeil.

PRÉCIS DU LIVRE XVII.

Dès que la belle aurore eut annoncé le jour, le fils d'Ulysse mit ses brodequins, et, prenant une pique, il se disposa à partir pour la ville. Il recommanda, en partant, à Eumée d'y mener aussi son hôte; car, ajouta-t-il, le malheureux état où je me trouve ne me permet pas de me charger de tous les étrangers. Prince, lui dit alors Ulysse, je ne souhaite nullement d'être retenu ici; un mendiant trouve beaucoup mieux de quoi se nourrir à la ville qu'à la campagne.

Télémaque sort, et marche à grands pas, méditant la ruine des poursuivans. En arrivant dans son palais, il pose sa pique près d'une colonne, et entre dans la salle. Pénélope, instruite de son retour, descend de son appartement; elle ressembloit à Diane et à la belle Vénus : elle embrasse son fils, elle lui demande des nouvelles d'un voyage qui lui a causé bien des alarmes; elle gémit, elle soupire, elle pleure. Ma mère, lui dit Télémaque, ne m'affligez pas par vos larmes; n'excitez pas dans mon cœur de tristes souvenirs : prions les dieux de nous secourir et de nous consoler; espérons tout de leur bonté.

Après cette tendre entrevue, Télémaque sort pour aller chercher son hôte Théoclymène, et le mener dans son palais : il le fait baigner, parfumer, et lui donne des habits magnifiques : on leur dresse ensuite une table couverte de toutes sortes de mets. Pénélope revient dans la salle; et s'asseyant auprès d'eux avec sa quenouille et ses fuseaux, elle demande à son fils ce qu'il a appris dans son voyage. J'ai été, lui raconte-t-il, parfaitement reçu de Nestor, qui ne sait ce qu'est devenu mon père. Pour Ménélas, il assure qu'il vit encore, et qu'il a appris d'un dieu marin que Calypso le retenoit malgré lui dans son île. Puisqu'il vit encore, s'écrie Pénélope, espérons que nous le verrons. Oui, grande reine, lui dit Théoclymène, vous le verrez bientôt; il est déjà dans sa patrie, il s'y tient caché, et il se prépare à se venger avec éclat de tous les poursuivans : je prends à témoin de ce que je vous dis le grand Jupiter, cette table hospitalière, et ce foyer sacré où j'ai trouvé un asile.

Cependant Ulysse et Eumée partent pour la ville; ils rencontrent sur la route Mélanthius, fils de Dolius, qui suivi de deux bergers menoit les chèvres les plus grasses de tout le troupeau pour la table des poursuivans : c'étoit l'ennemi d'Eumée; et dès qu'il l'aperçut il l'accabla d'injures ainsi que son compagnon, qui eut bien de la peine à se retenir. Non content des injures qu'il vomit contre eux, il s'approche d'Ulysse, et, en passant, lui donne un coup de pied de toute sa force. Ce coup, quoique rude, ne l'ébranla point : il retint même les mouvemens de colère qu'excitoit la brutalité de Mélanthius, et prit le parti de souffrir en silence. Pour le bon Eumée, il en fut indigné, et pria les dieux de faire revenir Ulysse pour rabaisser l'orgueil et punir l'insolence de ce domestique.

Arrivés au palais, ils s'arrêtèrent à la porte. Comment nous conduirons-nous? dit le fidèle Eumée : voulez-vous entrer le premier, et vous présenter aux poursuivans? Passez d'abord, lui dit Ulysse; je vous attendrai ici : ne vous mettez point en peine de ce qui pourra m'arriver, je suis accoutumé aux insultes; mon courage et ma patience ont été mis à bien des épreuves. Pendant qu'ils parloient ainsi, un chien qu'Ulysse avoit élevé, le reconnut et mourut de joie en le voyant.

Dès que Télémaque aperçut Eumée, il lui fit signe de s'approcher; Ulysse entre bientôt après lui, sous la figure d'un mendiant et d'un vieillard fort cassé, appuyé sur son bâton. Il s'assit sur le seuil de la porte. Minerve le poussa à aller demander l'aumône aux poursuivans, afin qu'il pût juger par là de leur caractère et connoître ceux qui avoient de l'humanité et de la justice. Il alla donc aux uns et aux autres avec un air si naturel, qu'on eût dit qu'il n'avoit fait d'autre métier toute sa vie. Les poursuivans ne purent, en le voyant, se défendre d'un mouvement de pitié; ils lui donnèrent tous : mais Antinoüs, choqué de ce qu'on l'avoit introduit dans la salle, le reprocha durement à Eumée; et quand Ulysse s'approcha de lui, il le repoussa avec dédain. Ulysse, en s'éloignant, lui dit : Antinoüs, vous êtes beau et bien fait; mais le bon sens et l'humanité n'accompagnent pas cette bonne mine. Antinoüs, irrité de ces paroles, prend son marchepied, le lance de toute sa force. Tous les poursuivans furent irrités des violences et des emportemens d'Antinoüs; Ulysse seul, quoique rudement frappé à l'épaule, n'en parut point ébranlé; il conjura seulement les dieux protecteurs des pauvres de punir ce jeune emporté.

Télémaque sentit dans son cœur une douleur extrême de voir son père si maltraité; il retint cependant ses larmes, de peur de trahir son secret. Pénélope, instruite de ce qui s'étoit passé, pria Apollon de punir cette impiété; car c'en étoit une à ses yeux que de maltraiter un pauvre : elle fit monter Eumée, et lui dit qu'elle vouloit voir cet étranger. Il a beaucoup voyagé, lui dit-elle, et peut-être a-t-il rencontré mon cher Ulysse. Attendez l'entrée de la nuit, réplique Eumée, pour ne pas donner d'inquiétude aux poursuivans; vous le verrez alors à votre aise : il sait beaucoup de choses; il les raconte bien, et vous ne pourrez pas l'entendre sans y prendre beaucoup d'intérêt.

PRÉCIS DU LIVRE XVIII.

Eumée étoit à peine parti, qu'on vit paroître à la porte du palais un mendiant célèbre dans Ithaque par sa gloutonnerie ; car il mangeoit toujours et étoit toujours affamé. Quoiqu'il fût d'une taille prodigieuse, il n'avoit ni force ni courage : on l'appeloit Irus. En arrivant, il voulut chasser Ulysse de son poste. Retire-toi, lui dit-il, vieillard décrépit ; retire-toi, ou je t'y forcerai en te traînant par les pieds.

Ulysse, le regardant d'un air farouche, lui répondit : Mon ami, je ne te dis point d'injures, je ne te fais aucun mal, je n'empêche pas qu'on ne te donne ; cette porte peut suffire pour nous deux.

Grands dieux ! s'écria Irus en colère, voilà un gueux qui a la langue bien pendue ; si je le prends, je l'accommoderai mal.

Les princes, pour se divertir, les excitèrent, les mirent aux mains, et promirent au vainqueur une bonne récompense. Princes, leur dit Ulysse, un vieillard comme moi, accablé de calamités et de misères, ne devroit point entrer en lice avec un adversaire jeune et vigoureux ; je ne m'y refuse cependant pas, pourvu que vous me promettiez de ne mettre pas la main sur moi pour favoriser Irus.

Aussitôt il se découvre ; on vit avec étonnement ses cuisses fortes et nerveuses, ses épaules carrées, sa poitrine large, ses bras forts comme l'airain : Irus, en les voyant, en fut tout découragé ; il fallut le traîner dans l'arène. Les voilà donc tous deux aux prises. Irus décharge un grand coup de poing sur l'épaule d'Ulysse. Celui-ci le frappe au haut du cou avec tant de force, qu'il lui brise la mâchoire et l'étend à terre : il le traîne ensuite hors des portiques ; il lui met un bâton à la main, en le faisant asseoir et lui disant : Demeure là, mon ami, et ne t'avise plus, toi qui es le dernier des hommes, de traiter les étrangers et les mendians comme si tu étois leur roi. Les princes félicitèrent Ulysse, et lui envoyèrent amplement de la nourriture.

Dans ce même moment, Minerve inspire à la fille d'Icarius, à la sage Pénélope, le dessein de se montrer aux poursuivans, afin qu'elle les repaisse de vaines espérances, et qu'elle soit plus honorée de son fils et de son mari. En arrivant dans la salle où tout le monde étoit rassemblé, elle adresse d'abord la parole à son fils : touchée du traitement qu'Antinoüs avoit fait à Ulysse, qu'elle n'avoit pas encore reconnu, elle reproche à Télémaque d'avoir souffert qu'on maltraitât, en sa présence, un étranger qui étoit venu chercher un asile dans le palais. J'en suis affligé, répondit son fils ; mais que vouliez-vous, ma mère, que je fisse seul contre tous ?

Eurymaque, s'approchant alors de Pénélope, lui parla de sa beauté, de sa taille, de sa sagesse, de toutes ses admirables qualités. Hélas ! dit-elle, je ne songe plus à ces avantages depuis le jour que les Grecs se sont embarqués pour Ilion, et que mon cher Ulysse les a suivis. S'il revenoit dans sa patrie, ma gloire en seroit plus grande : et ce seroit là toute ma beauté.

Ulysse fut ravi d'entendre le discours de Pénélope. Les poursuivans ne renoncèrent cependant pas de leur côté à leurs espérances, et firent de beaux présens à la reine d'Ithaque. La reine les fit porter dans son appartement par ses femmes, et on passa le reste de la journée dans les plaisirs de la danse et de la musique.

Eurymaque prend querelle avec Ulysse, et lui jette à

la tête un marche-pied, que celui-ci évita heureusement. Télémaque, pour en prévenir les suites, les congédie tous, et les exhorte à se retirer. Etonnés de l'air d'autorité que prend ce jeune prince, ils n'osent cependant lui résister, et le sage Amphinome, fils de Nisus, leur dit : Pourquoi maltraitez-vous cet étranger ? Laissons-le dans le palais de Télémaque, puisqu'il est son hôte ; faisons des libations, et allons goûter les douceurs du repos.

PRÉCIS DU LIVRE XIX.

Ulysse, étant demeuré seul dans le palais, prend avec Minerve des mesures pour donner la mort aux poursuivans de Pénélope. Tout plein de cette pensée, il appelle Télémaque : Ne perdons pas un moment, lui dit-il ; portons au haut du palais toutes les armes. Télémaque obéit à son père, et charge la prudente Euryclée d'empêcher les femmes de sa mère de sortir de leur appartement, tandis qu'ils les transporteroient. Son ordre fut exécuté. Le père et le fils se mettent à porter les casques, les boucliers, les épées, les lances, et Minerve marche devant eux avec une lampe d'or qui répand une lumière extraordinaire. Télémaque, surpris de ce prodige, en parle à son père qui lui répond : Gardez le silence, mon fils, retenez votre curiosité : ne sondez pas les secrets du ciel ; contentez-vous de profiter de ses faveurs avec reconnoissance. Mais il est temps que vous alliez vous reposer : votre mère va descendre, et m'a demandé un entretien

Pénélope paroît en effet, suivie de ses femmes. Mélantho, la plus insolente de celles qui l'accompagnoient, fâchée de trouver Ulysse dans la salle, veut l'en faire sortir, et l'accable d'injures. Pourquoi m'attaquez-vous avec tant d'aigreur? lui répond Ulysse en la regardant avec colère. Est-ce parce que je ne suis plus jeune et que je n'ai que de méchants habits ? J'ai été autrefois environné de toute la magnificence qui attire les regards ; Jupiter a renversé cette grande fortune : que cet exemple vous rende plus sage ; craignez de perdre cette faveur qui vous relève au-dessus de vos compagnes.

Pénélope la reprend aussi, et lui impose silence. Elle fait asseoir Ulysse auprès d'elle, et lui demande quel est son nom, où il a pris naissance, et ce que font ses parens. Ulysse feint qu'il est de l'île de Crète ; qu'il y tenoit un rang distingué lorsque le roi d'Ithaque y a passé pour aller à Ilion : il le dépeint avec la plus grande exactitude, lui parle de l'habit qu'il portoit et de ceux qui l'accompagnoient : il les a tous perdus, ajoute-t-il, à son retour ; et je sais qu'il a été le seul à se sauver d'une tempête excitée par la colère des dieux. Pénélope lui dépeint à son tour ses inquiétudes et le chagrin que lui cause l'absence d'Ulysse. Je suis, dit-elle, persécutée par les princes que vous voyez : mon cœur se refuse aux engagemens qu'ils me sollicitent de prendre ; de peur de les irriter, je les amuse par des espérances que je ne voudrois pas réaliser. Je leur avois promis de me décider quand j'aurois achevé de broder un grand voile ; j'y travaillois le jour, et la nuit je défaisois l'ouvrage que j'avois fait : quelques-unes de mes femmes m'ont trahie, et leur ont découvert cette innocente ruse. Je ne trouve plus d'expédient pour reculer, et je suis la plus malheureuse des femmes.

Temporisez encore, lui dit Ulyssse, et ne pleurez plus ; le roi d'Ithaque est vivant : vous le verrez bientôt. Je jure, par ce foyer où je me suis réfugié, qu'il reviendra dans cette année.

Dieu veuille que ce bonheur m'arrive, comme vous me le promettez ! répondit la sage Pénélope ; mais, si j'en crois mes pressentimens, il ne reviendra pas, et personne ne pourra vous fournir les moyens de retourner dans votre patrie.

Cependant la reine, touchée de ce que cet étranger venoit de lui raconter, ordonne à ses femmes d'en prendre soin, de lui dresser un bon lit, de lui laver les pieds et de le parfumer d'essences. Celle, dit-elle, qui le maltraiteroit, ou qui lui feroit la moindre peine, encourroit mon indignation ; les hommes n'ont sur la terre qu'une vie fort courte ; c'est pourquoi il faut l'employer à faire du bien.

Princesse, répondit Ulysse, modérez votre générosité ; je ne suis point accoutumé à tant d'égards ; je ne souffrirai pas que ces jeunes femmes me rendent les services que vous exigez d'elles.

Recevez-les du moins, lui dit Pénélope, d'Euryclée, la nourrice de mon cher et infortuné Ulysse : vous m'avez inspiré un véritable intérêt, et de tous les étrangers qui sont venus dans mon palais, il n'y en a point qui aient marqué dans leurs discours et dans leurs actions tant de vertu et tant de sagesse. Allez donc, dit-elle à Euryclée, allez laver les pieds de cet hôte qui paroît de même âge que mon cher prince : je m'imagine qu'Ulysse est fait comme lui, et dans un état aussi pitoyable ; car les hommes dans la misère vieillissent promptement.

Ah ! s'écrie alors Euryclée, c'est son absence qui cause tous mes chagrins. Seroit-il l'objet de la haine de Jupiter, malgré sa piété ? car jamais prince n'a offert à ce dieu tant de sacrifices, ni des hécatombes si parfaites. Je vous l'avoue, pauvre étranger, malgré votre misère vous me causez de grandes agitations : je n'ai vu personne qui ressemblât à Ulysse autant que vous : c'est sa taille, sa voix, toute sa démarche. Vous n'êtes pas la seule, lui dit Ulysse, qui ayez été frappée de cette ressemblance.

Euryclée prit alors un vaisseau ; et lorsqu'elle lui lava les pieds, elle le reconnut à une cicatrice qui lui restoit d'une blessure que lui avoit faite un sanglier sur le mont Parnasse, où il étoit allé chasser autrefois avec le fils d'Autolycus, son aïeul maternel père d'Anticlée sa mère. Ulysse, se jetant sur elle, lui mit la main sur la bouche, et de l'autre il la tira à lui, et lui dit : Ma chère nourrice, gardez-vous de parler, vous me perdriez, et je m'en vengerois. Ah ! mon cher fils, répondit-elle, ne connoissez-vous pas ma fidélité et ma constance ? Je garderai votre secret, et je serai aussi impénétrable que la pierre la plus dure, que le fer même.

Après qu'elle eut achevé de laver les pieds d'Ulysse, et qu'elle les eut frottés et parfumés, il s'approcha du feu pour se chauffer. Alors Pénélope lui dit : Je ne vous demande plus qu'un moment d'entretien, car voilà bientôt l'heure du repos pour ceux que le chagrin n'empêche pas de goûter les douceurs du sommeil : pour moi je ne puis presque plus fermer la paupière. Comme la plaintive Philomèle pleure sans cesse son cher Ityle, qu'elle a tué par une cruelle méprise, moi-même je pleure sans cesse, et mon esprit est agité de pensées tristes et diverses : des songes cruels me tourmentent, et il faut que je vous raconte le dernier que j'ai eu. J'ai dans ma basse-cour vingt oisons domestiques que je nourris, et que j'aime à voir : il m'a semblé qu'un aigle est venu du sommet de la montagne voisine fondre sur ces oisons, et leur a rompu le cou ; puis, avec une voix articulée comme celle d'un homme, il m'a crié de dessus les créneaux de la muraille où il étoit allé se poser : Fille d'Icarius, prenez courage, ce n'est pas ici un vain songe ; ces oisons ce sont les poursuivans, et moi je suis votre mari qui viens vous délivrer et les punir.

26.

Grande reine, reprit Ulysse, n'en doutez pas, la mort va fondre sur la tête des poursuivans ; aucun d'eux ne pourra se dérober à sa cruelle destinée.

Hélas ! dit alors Pénélope, rien de plus incertain que les songes, et je n'ose me flatter que le mien s'accomplisse. Le jour de demain est le malheureux jour qui va m'arracher de cette demeure : je vais proposer un combat dont je serai le prix ; celui qui se servira le mieux de l'arc d'Ulysse, et fera passer ses flèches dans des bagues suspendues à douze piliers, m'emmènera avec lui, et pour le suivre je quitterai ce palais si riche, où je suis venue dès ma première jeunesse, et dont je ne perdrai jamais le souvenir, même dans mes songes.

Ulysse, plein d'admiration pour la prudence de Pénélope, l'exhorte à ne pas différer de proposer ce combat; car, lui dit-il, vous verrez plutôt votre mari de retour que vous ne verrez les poursuivans se servir de son arc, et faire passer les flèches au travers de tous ces anneaux.

Que je trouve de charmes dans cette conversation ! s'écria la reine en soupirant ; que je serois aise de la prolonger ! mais il n'est pas juste de vous empêcher de dormir : les dieux ont réglé la vie des hommes ; ils ont fait le jour pour le travail, et la nuit pour le repos. Je vais donc me coucher sur ce triste lit, témoin de mes douleurs, et si souvent arrosé de mes larmes.

En disant ces mots, elle le quitte et monte dans son magnifique appartement.

PRÉCIS DU LIVRE XX.

Ulysse se retire dans le vestibule, et se couche sur une peau de bœuf qui n'avoit point été préparée : le sommeil ne ferma pas ses paupières ; il étoit trop occupé de trouver des moyens de se venger de ses ennemis. Cependant les femmes de Pénélope sortent secrètement de l'appartement de la reine pour aller aux rendez-vous ordinaires qu'elles avoient avec les poursuivans. La vue de ce désordre excita la colère d'Ulysse : il délibéra s'il ne les en puniroit pas sur l'heure ; mais, à la réflexion, il s'apaisa. Supportons encore cet affront, se dit-il à lui-même ; attendons que nous ayons puni les insolens qui veulent me ravir Pénélope.

Comme il étoit dans ces agitations, Minerve descendit des cieux, et vint se placer auprès de lui. Malheureux Ulysse, pourquoi ne dormez-vous pas ? lui dit la déesse : vous vous retrouvez dans votre maison, votre femme est fidèle, et vous avez un fils tel qu'il n'y a point de père qui ne voulût que son fils lui ressemblât.

Je mérite vos reproches, grande déesse, lui répondit Ulysse ; mais je roule dans la tête de grands projets, je veux les exécuter, et j'en redoute les suites.

Vous ne comptez donc, reprit Minerve, que sur vos forces et votre prudence : ignorez-vous que je vous protége ? et douterez-vous toujours de mon pouvoir ? Dormez tranquillement, et attendez tout de mon secours : bientôt vous verrez finir les malheurs qui vous accablent.

En finissant ces mots, Minerve versa sur ses yeux un doux sommeil qui calma ses chagrins, et reprit son vol vers l'Olympe. Mais la sage Pénélope, succombant à ses peines, s'écria en gémissant: Que les dieux, témoins de mon désespoir, m'ôtent la vie, qui m'est odieuse! qu'ils me permettent d'aller rejoindre mon cher Ulysse dans le séjour même des ténèbres et de l'horreur! que je ne sois pas réduite à faire la joie d'un second mari!

Ulysse entendit les gémissemens de Pénélope: il craignit d'en avoir été reconnu. Il délibéra s'il n'iroit pas se présenter à elle; mais auparavant il lève les mains au ciel, et fait aux dieux cette prière: Père des dieux et des hommes, grand Jupiter, dirigez mes pas; que je puisse tirer quelque bon augure des premiers mots que j'entendrai prononcer! que je sois rassuré par quelque prodige de votre puissance.

Le dieu du ciel exauça sa prière; il fit gronder la foudre. Une femme occupée à moudre de l'orge et du froment, étonnée d'entendre le tonnerre, quoique le ciel fût sans nuages, s'écria: Sans doute, père des dieux, que vous envoyez à quelqu'un ce merveilleux prodige! Hélas! daignez accomplir le désir d'une malheureuse; faites qu'aujourd'hui les poursuivans prennent leur dernier repas dans ce palais!

Ulysse eut une joie extrême d'avoir eu un prodige dans le ciel, et un bon augure sur la terre; et il ne douta plus qu'il n'exterminât bientôt ses ennemis.

Le jour commençoit à paroître; les femmes allument du feu, et se distribuent dans les différens offices dont elles étoient chargées. Les cuisiniers arrivent; les pourvoyeurs leur portent des provisions. Philétius, qui avoit l'intendance des troupeaux d'Ulysse dans l'île des Céphaliens, leur mène une génisse grasse et des chèvres; c'étoit malgré lui: il étoit attaché à son ancien maître; il aimoit Télémaque, et voyoit avec douleur tout ce qui se passoit dans le palais.

A la vue d'un étranger couvert de haillons, il est attendri. Hélas ! dit-il, peut-être qu'Ulysse, s'il n'est pas mort, n'est-pas mieux traité de la fortune. Que ne vient-il mettre fin aux désordres insupportables dont nous sommes témoins !

Rassurez-vous, lui dit alors Ulysse ; je vous jure que votre maître arrivera ici avant que vous en sortiez.

Ah ! répondit le pasteur, daigne le grand Jupiter accomplir cette grande promesse.

Les poursuivans se mettent à table. Télémaque entre dans la salle ; il y introduit Ulysse, et recommande avec autorité à tous les convives de respecter son hôte. Ils en furent étonnés, et Ctésippe, pour braver les menaces de Télémaque, se saisit d'un pied de bœuf et le lance avec violence à la tête d'Ulysse, qui évite le coup. Son fils, en colère, lui dit qu'il est bien heureux de n'avoir pas blessé ce pauvre étranger, qu'il l'en auroit puni sur-le-champ en le perçant de sa pique. Que personne, ajouta-t-il, ne s'avise de suivre cet exemple ; je ne suis plus d'âge à souffrir de pareils excès chez moi.

Télémaque a raison, dit Agélaüs, fils de Damastor : mais, pour mettre fin à tout ce qu'il peut souffrir de nos poursuites, que ne conseille-t-il à la reine de choisir un mari ? il n'y a plus d'espoir de retour pour Ulysse, et tous les délais de Pénélope tournent à la ruine de son fils.

Quoi qu'il m'en puisse coûter, lui répondit Télémaque, je ne contraindrai jamais ma mère à sortir de mon palais, ni à faire un choix qui peut lui déplaire.

Cependant Minerve aliène les esprits des poursuivans, et leur inspire une envie démesurée de rire. Ils avaloient des morceaux de viande tout sanglans ; leurs yeux étoient noyés de larmes, et ils poussoient de profonds soupirs avant-coureurs des maux qui les attendoient.

Le devin Théoclymène, effrayé de ce qu'il voyoit, s'écria : Ah ! malheureux ! qu'est-ce que je vois ? Que vous est-il arrivé de funeste ?

Eurymaque, s'adressant aux convives, leur dit : Cet étranger extravague, il vient sans doute tout fraîchement de l'autre monde : qu'on fasse sortir ce fou de la salle : qu'on le conduise à la place publique.

Je sortirai très-bien tout seul, répondit Théoclymène ; j'en sortirai avec grand plaisir, car je vois ce que vous ne voyez pas ; je vois les maux qui vont fondre sur vos têtes.

Tous s'écrièrent que Télémaque étoit bien mal en hôtes ; l'un, dirent-ils, est un misérable mendiant, et l'autre nous donne des extravagances pour des prophéties.

Voilà les beaux propos que tenoient les poursuivans. Télémaque ne daigne pas y répondre. Mais si le dîner leur fut agréable, le souper qui le suivit ne lui ressembla pas.

PRÉCIS DU LIVRE XXI.

Minerve inspira à Pénélope de proposer dès ce jour aux poursuivans l'exercice de tirer la bague avec l'arc d'Ulysse : il étoit suspendu, avec un carquois rempli de flèches, dans un appartement qui étoit au haut du palais, et où elle avoit renfermé les richesses et les armes de son mari. Cet arc étoit un présent qu'Iphitus, fils d'Eurytus, égal aux Immortels, avoit fait autrefois à Ulysse dans le pays de Lacédémone, où ils s'étoient rencontrés dans le palais d'Orsiloque. La reine fait porter, par ses femmes, à l'entrée de la salle, l'arc, le carquois et le coffre où étoient les bagues qui devoient servir à l'exercice qu'elle alloit proposer. Princes, leur dit-elle, puisque vous vous obstinez à demander ma main, je la donnerai à celui qui tendra cet arc merveilleux le plus facilement, et qui fera passer sa flèche dans les bagues suspendues à ces douze piliers.

Alors Télémaque, prenant la parole, dit : Je ne puis pas être simple spectateur d'un combat qui doit me coûter si cher. Non, non ; comme vous allez faire vos efforts pour m'enlever Pénélope, il faut que je fasse aussi les miens pour la retenir : si je suis assez heureux pour réussir, je n'aurai pas la douleur de voir ma mère me quitter et suivre un second mari ; car elle n'abandonnera pas un fils qu'elle verra en état de suivre les grands exemples de son père.

Aussitôt il se lève, quitte son manteau et son épée, et se met lui-même à dresser les piliers et à suspendre les bagues. Il prend l'arc ensuite, il essaie trois fois de le bander : mais ses effort sont inutiles. Il ne désespéroit cependant pas encore, lorsqu'Ulysse, qui vit que cela pourroit être contraire à ses desseins, lui fit signe d'y renoncer.

Léodès, fils d'Enops, prit l'arc qu'avoit abandonné Télémaque, et s'efforça vainement de le bander, et prophétisa que les autres n'y réussiroient pas mieux, et trouveroient la mort dans ce prétendu jeu. Antinoüs, offensé de cette prédiction, lui reprocha sa foiblesse avec aigreur, et chargea le berger Mélanthius de faire fondre de la graisse pour en frotter l'arc, et le rendre plus souple et plus maniable.

Dans ce moment, Eumée et Philétius, très-attachés à Ulysse, sortent de la salle ; le roi d'Ithaque les suit, se déclare à eux, leur demande s'il peut compter sur leur courage et leur fidélité, leur donne ses ordres et leur assigne les postes qu'ils doivent occuper ; ils rentrent ensuite l'un après l'autre, et trouvent Eurymaque désespéré de ne pouvoir tendre l'arc qu'il tenoit à la main.

Quelle honte pour nous, s'écrioit-il, de ne pouvoir faire aucun usage de cette arme dont Ulysse se servoit si facilement !

Antinoüs, toujours confiant, lui dit : Ce n'est pas la force qui nous manque, mais nous avons mal pris notre temps ; c'est aujourd'hui une grande fête d'Apollon : est-il permis de tendre l'arc ? Tenons-nous aujourd'hui en repos ; faisons un sacrifice à ce dieu, qui préside à l'art de tirer des flèches, et, favorisés de son secours, nous achèverons heureusement cet exercice.

Ulysse se lève alors ; il applaudit au discours d'Antinoüs, et demande cependant la permission de manier un moment cet arc, pour éprouver ses forces et voir si elles sont encore entières, et comme elles étoient avant ses fatigues et ses malheurs.

Malheureux vagabond, lui dit Antinoüs irrité, ainsi que tous les poursuivans, de tant d'audace, le vin te trouble la raison : demeure en repos, ne cherche point à entrer en lice avec des hommes si fort au-dessus de toi.

Pourquoi non ? dit Pénélope : cet étranger n'aspire pas sans doute à m'épouser ; je me flatte qu'il n'est pas assez insensé pour se bercer d'une telle espérance.

Mais, dit Eurymaque, quelle humiliation pour nous, grande princesse, si un vil mendiant nous surpassoit en force et en adresse !

C'est votre conduite, lui répliqua la reine, qui doit vous couvrir de confusion. Donnez-lui donc cet arc, afin que nous voyions ce qu'il sait faire ; s'il vient à bout de le tendre, je lui donnerai une belle tunique, un beau manteau, des brodequins, une épée, un long javelot, et je le ferai conduire où il voudra.

Eumée remet l'arc entre les mains d'Ulysse ; Pénélope se retire dans son appartement par le conseil de Télémaque, et ce jeune prince ordonne à Euryclée d'en fermer les portes, afin qu'aucune des femmes de sa mère ne puisse en sortir. Ulysse alors examine son arc, s'assure qu'il est en bon état, et soutient, sans s'émouvoir, toutes les mauvaises plaisanteries des poursuivans. Il le tend ensuite, sans aucun effort, et aussi facilement qu'un maître de lyre tend une corde à boyau en tournant une cheville. Pour éprouver la corde, il la lâcha; la corde lâchée résonna, et fit un bruit semblable à la voix de l'hirondelle. Après cette épreuve, il prend la flèche, il l'ajuste sans se lever de son siége, et tire avec tant de justesse qu'il enfile les anneaux de tous les piliers. Jeune prince, dit-il ensuite à son fils, votre hôte ne vous fait point de honte; il n'a point manqué le but; je ne méritois point le mépris et les reproches des poursuivans.

En même temps il fait signe à Télémaque, qui l'entend, prend son épée, s'arme d'une bonne pique, et se tient debout près du siége de son père.

PRÉCIS DU LIVRE XXII.

Ulysse jette ses haillons, saute sur le seuil de la porte avec son arc et son carquois, verse à ses pieds toutes ses flèches; et s'adressant aux poursuivans : Il est temps que tout ceci change de face, et que je me propose un but plus sérieux; nous verrons si j'y atteindrai, et si Apollon m'accordera cette gloire.

Il dit, et tire en même temps sur Antinoüs : il portoit à la bouche une coupe pleine de vin; la pensée de la mort étoit alors bien éloignée de lui; il tombe percé à la gorge, et inonde la table de son sang. Les convives jettent un grand cri; ils se lèvent, courent aux armes : mais ils ne trouvent ni bouclier, ni pique; Ulysse avoit eu la précaution de les faire enlever. Ne pouvant donc pas lui résister par la force, ils tâchent de l'intimider par des injures. Ulysse, les regardant avec des yeux terribles, se fit alors connoître. Lâches, leur dit-il, vous ne vous attendiez pas que je reviendrois des rivages de Troie, et, dans cette confiance, vous consumiez ici tous mes biens ; vous déshonoriez ma maison par vos infâmes débauches, et vous poursuiviez ma femme, sans vous remettre devant les yeux ni la crainte des dieux ni la vengeance des hommes.

Il dit, et une pâle frayeur glace leurs esprits. Le seul Eurymaque eut l'assurance de lui répondre, que, s'il étoit véritablement Ulysse, il avoit raison de se plaindre ; mais qu'Antinoüs étoit le plus coupable, qu'il s'en étoit vengé, et que pour eux ils étoient prêts à réparer tous les dommages qu'ils lui avoient faits.

Non, non, répliqua le roi d'Ithaque ; ce ne sont pas vos biens qui pourront me satisfaire, j'en veux à votre vie ; vous n'avez qu'à vous défendre ou à prendre la fuite.

Eurymaque alors tire son épée, se lance sur Ulysse ; celui-ci le prévient, et lui perce le cœur d'une flèche. Amphinome tombe sous les coups de Télémaque, qui lui laisse la pique dans le corps, et avertit son père qu'il va chercher des javelots et des boucliers, et armer les deux fidèles pasteurs qu'il avoit chargés de garder les portes. Allez, mon fils, répondit Ulysse ; apportez-moi ces armes, j'ai encore assez de flèches pour me défendre quelque temps : mais ne tardez pas ; car on forceroit enfin ce poste que je défends tout seul.

Télémaque, sans perdre un moment, monte à l'appartement où étoient les armes ; il en apporte pour son père, pour lui-même, pour le fidèle Eumée, et pour Philétius. Mélanthius, voyant que le fils d'Ulysse avoit négligé de fermer la porte de l'arsenal, y monte par un escalier dérobé, et en rapporte aux poursuivans des boucliers, des casques et des javelots. Ulysse, s'apercevant de la trahison de Mélanthius, et le voyant enfiler encore l'escalier dérobé, ordonne à Eumée et à Philétius de le suivre, de le saisir, de le lier, de le suspendre à une colonne de l'appartement, et de laisser là tout en vie souffrir long-temps les peines qu'il a méritées. L'ordre est ponctuellement exécuté.

Mais les amans de Pénélope, bien armés, se préparent au combat, semblent ne respirer que le sang et le carnage. Minerve alors, sous la figure de Mentor, se joint à Ulysse, qui la reconnoît, et l'exhorte à l'aider à se défendre. Les poursuivans, qui la prennent pour le véritable Mentor, cherchent à l'intimider par les plus terribles menaces. Minerve en fut indignée, et disparut après avoir encouragé Ulysse et Télémaque : mais elle rendit inutiles les efforts de leurs ennemis, et détourna tous les coups qu'ils vouloient porter au roi d'Ithaque. Il n'en fut pas de même de ceux d'Ulysse ; les quatre plus braves tombèrent sous ses traits, et le reste ne tarda pas à périr victime de sa vengeance.

Le chantre Phémius, cherchant à éviter la mort, et ne pouvant l'éviter par la fuite, vint alors se jeter aux pieds d'Ulysse. Fils de Laërte, lui dit-il, vous me voyez à vos genoux, ayez pitié de moi, donnez-moi la vie. Vous auriez une douleur amère d'avoir fait périr un chantre qui fait les délices des hommes et des dieux ; je n'ai eu dans mon art d'autre maître que mon génie. C'est malgré moi que je suis venu dans votre palais pendant votre absence. Pouvois-je résister à des princes si fiers, et qui avoient en main l'autorité et la force ?

Télémaque intercéda pour Phémius, et pria aussi son père d'épargner le héraut Médon, qui a pris tant de soin de son enfance. Médon, encouragé par la supplique de Télémaque, se montra alors, et sortit de dessous un siége où il s'étoit couvert d'une peau de bœuf nouvellement dépouillé. Ulysse leur accorda la vie à tous les deux, et les fit sortir de ce lieu de carnage.

Après avoir fait mordre la poussière à tous les poursuivans, il appelle Euryclée, et lui demande le nom des femmes de Pénélope qui ont participé à leurs crimes; elles paroissent tremblantes et le visage couvert de larmes. Ulysse leur ordonne d'emporter les morts, de nettoyer la salle, et de laver les siéges et la table: après quoi, pour les punir de leur trahison et de leurs désordres, il les condamne toutes à perdre la vie.

Cette horrible exécution faite, Ulysse, pour purifier son palais, demande du feu et du soufre, et fait descendre ensuite dans la salle les autres femmes de Pénélope; elles se jetèrent à l'envi au cou de ce prince: il les reconnut toutes, et répondit à leurs caresses par des larmes et des sanglots.

PRÉCIS DU LIVRE XXIII.

Euryclée, transportée de joie, monte à l'appartement de la reine. Le zèle lui redonne les forces de la jeunesse; elle marche d'un pas ferme et assuré, et dans un moment elle arrive près du lit de la princesse, et lui crie: Eveillez-vous, ma chère Pénélope; Ulysse est enfin revenu, il est dans ce palais, il s'est vengé des princes qui aspiroient à votre main.

La sage Pénélope, éveillée, lui répond dans sa surprise: Pourquoi venez-vous me tromper? pourquoi troubler un sommeil qui suspendoit toutes mes douleurs?

Je ne vous trompe pas, réplique Euryclée; Ulysse est de retour; c'est l'étranger même à qui vous avez parlé, et qu'on a si maltraité dans votre maison.

Pénélope alors ouvre son cœur à la joie, saute de son lit, embrasse sa chère nourrice, et la conjure de lui dire la vérité, et de lui raconter comment on a pu se défaire en si peu de temps de tant de concurrens. Puis, retombant dans ses inquiétudes, elle lui dit : Ce sont des contes que tout ce que vous me rapportez. N'est-ce pas quelqu'un des Immortels, qui, ne pouvant souffrir les mauvaises actions de ces princes, leur a donné la mort? Pour mon cher Ulysse, il a perdu toute espérance de retour : il a perdu la vie! Descendons néanmoins, allons trouver mon fils, et voir l'auteur de ce grand exploit.

En finissant ces mots, elle s'avance en délibérant sur la conduite qu'elle devoit tenir. La crainte de donner dans quelque piége funeste à son honneur la rendit très-réservée. Télémaque, surpris de son embarras, lui reproche sa froideur; elle s'excuse sur le saisissement que lui cause toute cette aventure. Je n'ai, dit-elle, la force ni de parler à cet étranger, ni de le regarder; mais s'il est véritablement mon cher Ulysse, il lui est fort aisé de se faire connoître sûrement.

Ulysse dit alors en souriant à Télémaque : Mon fils, donnez le temps à votre mère de m'examiner; laissez-la me faire des questions : elle me méconnoît, parce qu'elle me voit malpropre et couvert de haillons; elle ne peut s'imaginer que je sois Ulysse : cela changera. Pensons à nous mettre à couvert des suites que nous devons craindre de tant de princes immolés à notre vengeance; tâchons de donner le change au public, avant que le bruit de cette expédition éclate; mettons tout en ordre dans la maison; prenons le bain; parons-nous de nos plus beaux habits; que tout le palais retentisse de cris de joie et d'allégresse, et que le peuple trompé s'imagine que Pénélope a fait son choix, et vient de donner la main à un de ses prétendans.

On exécute les ordres d'Ulysse. Lui-même, après

s'être baigné et parfumé, se couvre d'habits magnifiques : Minerve lui donne un éclat extraordinaire de beauté et de bonne mine. Il va se présenter à la reine ; il s'asseoit auprès d'elle ; il lui reproche son air d'indifférence.

Prince, lui répond Pénélope, mon embarras ne vient ni de fierté ni de mépris. Vous me paroissez Ulysse : mais je ne me fie pas encore assez à mes yeux ; et la fidélité que je dois à mon mari, et ce que je me dois à moi-même, demandent les plus exactes précautions et les sûretés les plus grandes. Mais, Euryclée, allez, faites porter hors de la chambre de mon mari le lit qu'il s'est fait lui-même : garnissez-le de tout ce que nous avons de meilleur et de plus beau, afin qu'il aille prendre du repos.

Cela est impossible, répondit Ulysse, à moins qu'on n'ait scié les pieds de ce lit qui étoient attachés au plancher.

A ces mots la reine tombe presque évanouie ; elle ne doute plus que ce ne soit son cher Ulysse. Enfin revenue de sa foiblesse, elle court à lui, le visage baigné de pleurs ; et en l'embrassant avec toutes les marques d'une véritable tendresse, elle lui dit : Mon cher Ulysse, ne soyez point irrité contre moi, ne me faites plus de reproches. Depuis votre départ j'ai été dans une appréhension continuelle que quelqu'un ne vînt me surprendre par des apparences trompeuses. Combien d'exemples de ces surprises ! Hélène même, quoique fille de Jupiter, ne fut-elle pas trompée ? Présentement que vous m'en donnez des preuves si fortes, je vous reconnois pour mon cher Ulysse que je pleure depuis si long-temps.

Ces paroles attendrirent Ulysse, et le remplirent d'admiration pour la vertu et la prudence de Pénélope. Hélas ! lui dit-il alors en soupirant, nous ne sommes pas encore à la fin de tous nos travaux ; il m'en reste un à entreprendre, et c'est le plus long et le plus difficile, comme Tirésias me le déclara le jour que je descendis dans le ténébreux palais de Pluton pour consulter ce devin sur les moyens de retourner dans ma patrie.

Quel est-il? répliqua Pénélope : comment se terminera-t-il?

Heureusement, lui répondit Ulysse, et le devin m'a assuré que la mort ne trancheroit le fil de mes jours qu'au bout d'une longue et paisible vieillesse, qu'après que j'aurois rendu mon peuple heureux et florissant.

Ulysse lui raconta ensuite tout ce qu'il avoit éprouvé de malheurs, tout ce qu'il avoit couru de dangers depuis son départ de Troie : il commença par la défaite des Ciconiens; il lui fit le détail des cruautés du cyclope Polyphème, et de la vengeance qu'il avoit tirée du meurtre de ses compagnons, que ce monstre avoit dévorés : il lui raconta son arrivée chez Eole, les caresses insidieuses de Circé, sa descente aux enfers pour y consulter l'âme de Tirésias; il lui peignit les rivages des Sirènes, les merveilles de leurs chants et le péril qu'il y avoit à les entendre; il lui parla des écueils effroyables de Charybde et de Scylla, de son arrivée dans l'île de Trinacrie, de l'imprudence de ses compagnons qui tuèrent les bœufs du Soleil, du naufrage et de la mort de ses compagnons en punition de ce crime, et de la pitié que les dieux eurent de lui en le faisant aborder seul dans l'île de Calypso; il n'oublia pas les efforts de la déesse pour le retenir, ni les offres qu'elle lui fit de l'immortalité. Enfin il lui raconta comment, après tant de travaux, il étoit arrivé chez les Phéaciens, et de là à Ithaque.

Il finit là son histoire : le sommeil vint le délasser de ses fatigues; et, quand l'aurore parut, il partit pour aller embrasser son père, en ordonnant à Pénélope de se tenir dans son appartement, et de ne se laisser voir à personne.

PRÉCIS DU LIVRE XXIV.

Cependant Mercure avoit assemblé les âmes des poursuivans de Pénélope. Il tenoit à la main sa verge d'or, et ces âmes le suivoient avec une espèce de frémissement. Arrivées dans la prairie d'Asphodèle, où habitent les ombres, elles trouvèrent l'âme d'Achille, celle de Patrocle, celle d'Antiloque, celle d'Ajax, le plus beau et le plus vaillant des Grecs après le fils de Pélée. L'âme d'Agamemnon étoit venue les joindre. Achille, lui adressant la parole, lui dit : Fils d'Atrée, nous pensions que de tous les héros vous étiez le plus chéri du maître du tonnerre ; la Parque inexorable a donc tranché le fil de vos jours avant le temps ?

Fils de Pélée, lui répondit Agamemnon, que vous êtes heureux d'avoir terminé votre vie sur le rivage d'Ilion ! les plus braves des Grecs et des Troyens furent tués autour de vous, et jamais guerrier ne fut pleuré plus amèrement, jamais monarque ne reçut tant d'honneurs au moment de ses funérailles. La déesse votre mère, avertie par nos cris de votre mort funeste, sortit de la mer avec ses nymphes ; elles environnèrent votre bûcher ; et quand les flammes de Vulcain eurent achevé de vous consumer, elle nous donna une urne d'or, présent de Bacchus et chef-d'œuvre de Vulcain, pour renfermer vos cendres précieuses avec celles de votre ami Patrocle. Toute l'armée travailla ensuite à vous élever un magnifique tombeau sur le rivage de l'Hellespont. Oui, divin Achille, la mort même n'a eu aucun pouvoir sur votre nom ; il passera d'âge en âge, avec votre gloire, jusqu'à la dernière postérité. Et moi, quel avantage ai-je retiré de mes travaux ?

J'ai péri honteusement, victime du traître Egisthe et de ma détestable femme.

Ils s'entretenoient encore, lorsque Mercure leur présenta les âmes des poursuivans. Achille et Agamemnon ne les virent pas plus tôt, qu'ils s'avancèrent au-devant d'elles : ils reconnurent le fils de Mélanthée, le vaillant Amphimédon. Quel accident, lui dirent-ils, a fait descendre dans ce séjour ténébreux, une si nombreuse et si vaillante jeunesse?

C'est, répondit Amphimédon, la colère d'Ulysse : nous le croyions enseveli sous les eaux; nous poursuivions la main de Pénélope : elle ne rejetoit ni n'acceptoit aucun de nous; mais elle nous faisoit de vaines et inutiles promesses, dans l'espérance que son cher et vaillant Ulysse viendroit tôt ou tard la délivrer de nos poursuites. Il est arrivé après vingt ans de courses et de travaux; et aidé de son seul Télémaque, il s'est, comme vous le voyez, cruellement vengé de notre témérité et de notre insolence.

Ah! s'écria aussitôt Agamemnon, que vous êtes heureux, fils de Laërte, d'avoir trouvé une femme si sage et si vertueuse! Quelle prudence dans cette fille d'Icarius! quelle fidélité pour son mari! La mémoire de sa vertu ne mourra jamais, et pour l'instruction des mortels, elle recevra l'hommage de tous les siècles. Pour la fille de Tyndare, elle sera le sujet de chants odieux et tragiques, et son nom sera à jamais couvert de honte et d'opprobre.

Ainsi s'entretenoient ces ombres dans le royaume de Pluton. Cependant Ulysse et Télémaque arrivent à la campagne du vieux Laërte : elle consistoit en quelques pièces de terre qu'il avoit augmentées par ses soins et par son travail, et dans une petite maison qu'il avoit bâtie; tout auprès l'on voyoit une espèce de ferme où logeoient ses domestiques peu nombreux qu'il avoit conservés : il avoit auprès de lui une vieille femme de Sicile, qui gouvernoit sa maison, et prenoit un grand soin de sa vieillesse dans ce désert où il s'étoit confiné. Ulysse ordonna à son fils et aux bergers qui l'accompagnoient, de se retirer dans la maison, d'y porter ses armes et d'y préparer le dîner. Pour lui, il s'avança vers un grand verger où il trouva son père seul, occupé à arracher les mauvaises herbes qui croissoient autour d'un jeune arbre : il étoit vêtu d'une tunique fort usée, portoit de vieilles bottines de cuir, avoit aux mains des gants fort épais, et sur la tête un casque de peau de chèvre.

Quand Ulysse aperçut son père dans cet équipage pauvre et lugubre, il ne put retenir ses larmes : puis, se déterminant à l'aborder, et craignant de se faire connoître trop promptement, il feignit d'être un étranger qui doutoit s'il étoit dans l'île d'Ithaque. Il lui demande donc quelle est la région où il se trouve, le félicite sur le succès de ses travaux, la propreté de son jardin, et l'abondance de légumes et de fruits qu'il lui procuroit. Vous êtes, ajouta-t-il, vêtu comme un pauvre esclave, et cependant vous avez la mine d'un roi ; que ne jouissez-vous donc du repos et des avantages que vous pourriez avoir?

Il lui parla ensuite d'Ulysse, de l'hospitalité qu'il lui avoit donnée, des présens qu'il lui avoit faits. Hélas ! s'écria Laërte au nom d'Ulysse, mon cher fils n'est plus ! s'il étoit vivant, il répondroit à votre générosité.

Après ces mots, le vieillard tombe presque de foiblesse. Ulysse se jette alors tendrement à son cou, et lui dit : Mon père, je suis celui que vous pleurez. Si vous êtes Ulysse, ce fils si cher, répondit Laërte, donnez-moi un signe certain qui me force à vous croire.

Ulysse alors lui montre la cicatrice de l'énorme plaie que lui fit autrefois un sanglier sur le mont Parnasse, lorsqu'il alla voir son grand-père Autolycus. Si ce signe ne suffit pas, je vais vous montrer dans ce jardin les arbres que vous me donnâtes autrefois, lorsque dans mon enfance je vous les demandai. Je vous en dirai le nombre et l'espèce.

A ces mots, le cœur et les genoux manquent à Laërte ; mais revenu bientôt à lui, il s'écrie : Grand Jupiter ! il y a donc encore des dieux dans l'Olympe, puisque ces impies poursuivans ont été punis de leurs violences et de leurs injustices ! Mais ne voudroit-on pas venger leur mort ?

Ne craignez rien, répond Ulysse : allons dans votre maison, où j'ai envoyé Télémaque avec Eumée et Philétius, pour nous préparer à manger.

Ils entrent : la vieille Sicilienne baigne son maître Laërte, le parfume d'essences, et lui donne un habit magnifique pour honorer ce grand jour. Dolius arrive aussi avec ses enfans : nouvelle reconnoissance très-attendrissante. On se met à table ; et à peine a-t-on dîné, qu'on apprend qu'Eupithès, à la tête des habitans d'Ithaque, qu'il avoit soulevés pour venger la mort de son fils Antinoüs, arrivoit pour attaquer Ulysse.

On prend les armes. Laërte et Dolius s'en couvrent comme les autres, quoiqu'ils soient accablés sous le poids des ans. Ulysse fait ouvrir les portes ; il sort fièrement à la tête de sa petite troupe, et dit à Télémaque : Mon fils, voici une occasion de vous distinguer, et de montrer ce que vous êtes ; ne déshonorez pas vos ancêtres, dont la valeur est célèbre dans tout l'univers.

Mon père, répondit Télémaque, j'espère que ni vous, ni Laërte vous n'aurez point à rougir de moi, et que vous reconnoîtrez votre sang.

Laërte, ravi d'entendre ces paroles pleines d'une si noble fierté, s'écrie : Quel jour pour moi ! quelle joie ! Je vois de mes yeux mon fils et mon petit-fils disputer de valeur, et se montrer à l'envi dignes de leur naissance.

Il s'avance, et, fortifié par Minerve qu'il invoque, il

lance sa pique avec roideur; elle va donner dans le casque d'Eupithès, dont elle perce et brise le crâne. Ulysse alors et son généreux fils se jettent sur la troupe déconcertée de la mort de leur chef; ils portent la mort dans tous les rangs, et il ne s'en seroit pas échappé un seul, si Minerve, en inspirant aux ennemis une telle frayeur que les armes leur tomboient des mains, n'eût aussi inspiré à Ulysse des sentimens de compassion et de paix. Cette déesse, sous la figure du sage Mentor, en dicta les conditions, et l'on ne songea plus qu'à les cimenter par les sacrifices et les sermens accoutumés.

FIN DU TOME VINGT-UNIÈME.

TABLE.

DIALOGUES SUR L'ÉLOQUENCE EN GÉNÉRAL,
ET SUR CELLE DE LA CHAIRE EN PARTICULIER.

Premier dialogue. Contre l'affectation de bel-esprit dans les sermons. Le but de l'éloquence est d'instruire les hommes, et de les rendre meilleurs : l'orateur n'atteindra pas ce but, s'il n'est désintéressé. . . . . *Page* 3

Second dialogue. Pour atteindre son but, l'orateur doit *prouver, peindre*, et *toucher*. Principes sur l'art oratoire, sur la méthode d'apprendre et de débiter par cœur les sermons, sur la méthode des divisions et sous-divisions L'orateur doit bannir sévèrement du discours les ornemens frivoles. 36

Troisième dialogue. En quoi consiste la véritable éloquence. Combien celle des livres saints est admirable. Importance et manière d'expliquer l'Ecriture sainte. Moyens de se former à la prédication. Quelle doit être la matière ordinaire des instructions. Sur l'éloquence et le style des Pères. Sur les panégyriques. 68

DIVERS OPUSCULES LITTÉRAIRES.

Discours prononcé par M. l'abbé de Fénélon, pour sa réception à l'Académie française à la place de M. Pélisson, le mardi 31 mars 1693. 107
Réponse de M. Bergeret, directeur de l'académie. . . 115
Mémoire sur les occupations de l'académie française. . 124
Première partie. Occupations de l'Académie pendant qu'elle travaille encore au Dictionnaire. . . . . *ibid.*
Seconde partie. Occupations de l'Académie après que le Dictionnaire sera achevé. 129
Lettre a M. Dacier, secrétaire perpétuel de l'Académie française, sur les occupations de l'Académie. 133
I. Du Dictionnaire. . . . . *ibid.*
II. Projet de Grammaire. 134
III. Projet d'enrichir la langue. 136

IV. Projet de Rhétorique. 140
V. Projet de Poétique. 158
VI. Projet d'un traité sur la Tragédie. 181
VII. Projet d'un traité sur la Comédie. 189
VIII. Projet d'un traité sur l'Histoire. 194
IX. Réponse à une objection sur ces divers projets. 203
X. Sur les anciens et les modernes. . . . . *ibid.*

CORRESPONDANCE LITTÉRAIRE DE FÉNÉLON
AVEC HOUDAR DE LA MOTTE, DE L'ACADÉMIE FRANÇAISE.

LETTRE I. *De La Motte à Fénélon.* Il se montre sensible au souvenir et à l'estime de l'archevêque de Cambrai. . . . 224
II. *De Fénélon à La Motte.* Sur les défauts de la poésie française, et sur la traduction de l'Iliade en vers français que La Motte étoit sur le point de publier. 225
III. *De La Motte à Fénélon.* Sur le même sujet. 226
IV. *De Fénélon à La Motte.* Sur la nouvelle traduction de l'Iliade, par La Motte. 228
V. *Du même.* Sur le même sujet. 229
VI. *De La Motte à Fénélon.* Sur le même sujet, et sur la dispute des anciens et des modernes. 231
VII. *Du même.* Sur le même sujet. 233
VIII. *De Fénélon à La Motte.* Sur la dispute des anciens et des modernes. 236
IX. *De La Motte à Fénélon.* Sur la lettre du prélat à M. Dacier touchant les occupations de l'Académie française. . . 239
X. *De Fénélon à La Motte.* Sur la dispute des anciens et des modernes. 240
XI. *De La Motte à Fénélon.* Sur le même sujet. 243
Jugement de Fénélon sur un poète de son temps. 245

POÉSIES.

Ode à l'abbé de Langeron. Description du prieuré de Carenac. 247
Sur la prise de Philisbourg, par le Dauphin, fils de Louis XIV, en 1688. 252
Traduction du Psaume Ier, *Beatus vir*, etc. 253
Traduction du Psaume CXXXVI, *Super flumina Babylonis*. . 254
Ode sur l'enfance chrétienne. 255
Contre la prudence humaine. Réponse. 257

Lettre à Bossuet, sur la campagne de Germigny. 259
Soupirs du poète pour le retour du printemps. 260
Le Bouffon et le Paysan, *fable*. 261
Simonide, *fable*. 262
Le Vieillard et l'Ane, *fable*. 263

L'ODYSSÉE D'HOMÈRE.

Précis du livre premier. 267
Précis du livre II. 271
Précis du livre III. 275
Précis du livre IV. 281
Livre V. 286
Livre VI. 299
Livre VII. 309
Livre VIII. 319
Livre IX. 334
Livre X. 351
Précis du livre XI. 368
Précis du livre XII. 374
Précis du livre XIII. 378
Précis du livre XIV. 383
Précis du livre XV. 387
Précis du livre XVI. 391
Précis du livre XVII. 395
Précis du livre XVIII. 398
Précis du livre XIX. 400
Précis du livre XX. 405
Précis du livre XXI. 408
Précis du livre XXII. 411
Précis du livre XXIII. 414
Précis du livre XXIV 418

FIN DE LA TABLE DU TOME VINGT-UNIÈME.

www.ingramcontent.com/pod-product-compliance
Lightning Source LLC
Chambersburg PA
CBHW050909230426
43666CB00010B/2093